民法总论

（第二版）

法律硕士专业学位研究生统编教材

费安玲
朱庆育
吴香香　著
张　翔
张平华

高等教育出版社·北京

内容提要

本教材系法律硕士专业学位研究生统编教材之一。本教材将有关民法总论的基本内容通过4编12章的架构进行了系统的分析与阐述，具体包括：

第一编：绪论。该编通过对民法语源的分析和对民法典的历史溯源，揭示出民法的起源、法典化的表现形式及其特征；通过对权利神圣、契约自由、人格平等、诚实信用等民法基本原则的阐释，揭示出民法的理念和行为准则的理论依据；通过对民事法律关系及其类别的阐释，揭示出民事法律活动的基本元素和判断方法。

第二编：权利主体。该编主要按照《民法总则》中有关民事主体的规定，展开对自然人、法人和其他团体的讨论。

第三编：法律行为。该编将法律行为的一般原理、法律行为的效力瑕疵和代理作为讨论的内容，揭示出民事主体取得权利、行使权利、权利变动等活动的基本形式及其法理问题。

第四编：权利。该编主要阐释有关权利的一般原理、对权利的救济制度，并对权利的时间属性即有关权利的时效制度进行了详细阐述。

图书在版编目（CIP）数据

民法总论／费安玲等著．--2版．--北京：高等教育出版社，2018.9

ISBN 978-7-04-050561-0

Ⅰ．①民… Ⅱ．①费… Ⅲ．①民法-中国-研究生-教材 Ⅳ．①D923

中国版本图书馆CIP数据核字(2018)第203355号

MIN FA ZONG LUN

策划编辑 程传省　　责任编辑 程传省　　封面设计 张志奇　　版式设计 王艳红
责任校对 刁丽丽　　责任印制 田　甜

出版发行 高等教育出版社
社　　址 北京市西城区德外大街4号
邮政编码 100120
印　　刷 三河市宏图印务有限公司
开　　本 787mm×1092mm 1/16
印　　张 17.75
字　　数 420千字
购书热线 010-58581118
咨询电话 400-810-0598
网　　址 http://www.hep.edu.cn
　　　　 http://www.hep.com.cn
网上订购 http://www.hepmall.com.cn
　　　　 http://www.hepmall.com
　　　　 http://www.hepmall.cn
版　　次 2011年9月第1版
　　　　 2018年9月第2版
印　　次 2018年9月第1次印刷
定　　价 39.80元

物 料 号 50561-00

作者简介

费安玲 满族，北京人，法学博士，中国政法大学民商法学教授、博士生导师，中国民法学研究会常务理事、中国版权学会常务理事。研究和教学领域为民法、著作权法、罗马法、保险法。在国内发表学术论文67篇，在国外发表学术论文13篇。出版《罗马继承法研究》《著作权权利体系之研究——以原始性利益人为主线的理论探讨》《中国物权法教程》《中国侵权责任法教程》《罗马私法学》《著作权法教程》等30多部著作、教材以及3部译著。

朱庆育 法学博士，浙江大学光华法学院教授、博士生导师，中国民法学研究会理事。曾出版个人专著《意思表示解释理论——精神科学视域中的私法推理理论》，发表文章20余篇。

张　翔 法学博士，西北政法大学民商法学教授，西北政法大学民商法学院院长，中国民法学研究会理事，陕西省法学会民法学研究会副会长。在《法学研究》《法律科学》《法商研究》等法学核心期刊上发表论文10余篇，出版个人专著《自然人格的法律构造》。

张平华 山东栖霞人，烟台大学民商法学教授。在《法学研究》《法律科学》等期刊上发表论文40余篇。代表性著作为《私法视野里的权利冲突导论》。先后主持省部级课题3项；获得省级优秀成果奖4项。

吴香香 法学博士，中国政法大学民商经济法学院副教授。2008年9月至2009年9月获国家留学基金委资助赴德国哥廷根大学法学院访问学习。主要研究领域为民商法学、民法方法论。

第二版说明

《民法总论》系法律硕士专业学位研究生统编教材之一，同时也是法学研究生和法学理论研究者和法律实务工作者可资阅读的专业教材。该教材第一版问世后，得到了法学界同仁的关注并收到了不少有益的反馈，亦获得法律硕士研究生和法学硕士研究生的认可与鼓励。该教材还得到了法学界同仁的厚爱，被评为北京市精品教材。我们特在此一并感谢！我国《民法总则》的问世，不仅是我国民法典立法的一个重要里程碑，而且彰示出我国民法法学理论研究的发展和立法的进步。这些内容应当在研究生教材中加以体现，故而我们决定将该教材加以修订。在程传省编辑的精心安排与细致工作下，该教材第二版的修订工作顺利完成。

与第一版相比，本教材第二版在体系结构上没有做大的调整，但在内容上、案例选取上和扩展阅读的资料上做了较大修改，既契合了我国《民法总则》的内容，又纳入了值得关注的我国民法学理论的一些最新信息，还纳入了一些新的有助于开阔阅读者比较视野的域外法学理论与法律实务信息。

虽然作为研究生教材，其体量和字数不宜太多，但是我们通过撰写该教材将自己的学习心得、所思与所悟奉献给阅读者之初心不受任何影响。我们希望通过我们的努力，能够提升法律硕士研究生的培养质量，推进我国法学教育的发展。在此，我们亦对高等教育出版社及程传省编辑对该教材的出版所做的辛勤工作表示真诚的谢意。

作者

2018年6月

前　言

民法总论的核心含义，在于对有关民法的基本理论与知识给予一个框架式的体系描述。其不仅能够使学生对民法的全貌有一个系统的了解，还可为其进一步学习民法各论奠定基础。综观国内民法总论的教材体系，虽然林林总总各有特点，但是多数教材的基本体系大致相同。本教材的作者认为，中国法律硕士研究生的教育旨在培养未来的精英型的法律职业人，因此，作为整个法律体系中最具有基础性质的民法总论，其写作应当考虑如下三个基本要素：

第一，理念的确立。理念是行为的前导，无理念的行为是盲目的行为，理念不清的行为是混乱的行为。对民法而言，关注权利主体、关注权利的内容、关注权利行使的自由与限制、关注确认权利的立法模式是贯穿于整个民法理论始终的核心内容，故而，民法应当彰示权利神圣、意思自治、不滥用权利和诚实信用的基本理念。民法的全部制度架构和内容安排都应当在这些基本理念的引导下形成，并直接影响到社会的经济活动和司法、仲裁案件的审理活动。

第二，主线的架构。教材写作体系体现着作者对民法理念的认识。本教材作者采纳了以权利为主线的分析体系，即在阐释民法与民法典、民法的基本原则和民事法律关系的基础上，将权利主体、权利取得与行使的基本样态——法律行为、权利内容及救济与权利时间属性作为分析的主线，以引导学生从不同的层面认识、理解民法作为权利法的实质所在。

第三，实务的强化。作为法律职业人所用的教材，应当特别强调理论与法律实践的结合，尤为重视从法律实践中筛选具有说明价值的实际案例加以分析，以培养学生的法律思维能力，即发现问题、分析问题并解决问题的综合能力。因此，本书与本系列教材的基本风格一致，在强调案例式阐释理论方面作出了一定的尝试。

本书各作者的分工如下（按照所撰写章节的顺序排序）：

费安玲：第一编。

朱庆育：第二编第四、五章。

吴香香：第二编第六章。

张　翔：第三编。

张平华：第四编。

作者

2011年4月

凡　例

《中华人民共和国民法总则》……《民法总则》
《中华人民共和国民法通则》……《民法通则》
《中华人民共和国合同法》……《合同法》
《中华人民共和国物权法》……《物权法》
《中华人民共和国侵权责任法》……《侵权责任法》
《中华人民共和国著作权法》……《著作权法》
《中华人民共和国专利法》……《专利法》
《中华人民共和国著作权法实施条例》……《著作权法实施条例》
《中华人民共和国立法法》……《立法法》
《中华人民共和国婚姻法》……《婚姻法》
《中华人民共和国继承法》……《继承法》
《中华人民共和国收养法》……《收养法》
《中华人民共和国担保法》……《担保法》
《中华人民共和国民事诉讼法》……《民事诉讼法》
《中华人民共和国未成年人保护法》……《未成年人保护法》
《中华人民共和国事业单位登记管理暂行条例》……《事业单位登记管理暂行条例》
《中华人民共和国社会团体登记管理条例》……《社会团体登记管理条例》
《中华人民共和国基金会管理条例》……《基金会管理条例》
《中华人民共和国民办非企业单位登记管理暂行条例》……《民办非企业单位登记管理暂行条例》
《中华人民共和国公司法》……《公司法》
《中华人民共和国国家赔偿法》……《国家赔偿法》
《中华人民共和国农民专业合作社法》……《农民专业合作社法》
《中华人民共和国公司登记管理条例》……《公司登记管理条例》
《中华人民共和国合伙企业法》……《合伙企业法》
《中华人民共和国户口登记条例》……《户口登记条例》
《中华人民共和国土地管理法》……《土地管理法》
《中华人民共和国农村土地承包法》……《农村土地承包法》
《城乡个体工商户管理暂行条例》……《个体工商户条例》
《最高人民法院关于贯彻执行〈中华人民共和国民法通则〉若干问题的意见（试行)》(法（办）发［1988］6号)……《民通意见》

《最高人民法院关于确定民事侵权精神损害赔偿责任若干问题的解释》（法释［2001］7号）……《精神损害赔偿责任解释》

《最高人民法院关于审理城镇房屋租赁合同纠纷案件具体应用法律若干问题的解释》（法释［2009］11号）……《房屋租赁合同解释》

《最高人民法院关于审理商品房买卖合同纠纷案件适用法律若干问题的解释》……《商品房买卖合同解释》

《最高人民法院关于适用〈中华人民共和国合同法〉若干问题的解释（一）》（法释［1999］19号）……《合同法解释（一）》

《最高人民法院关于适用〈中华人民共和国合同法〉若干问题的解释（二）》（法释［2009］5号）……《合同法解释（二）》

《最高人民法院关于审理民事案件适用诉讼时效制度若干问题的规定》（法释［2008］11号）……《诉讼时效解释》

《最高人民法院关于审理无正本提单交付货物案件适用法律若干问题的规定》（法释［2009］1号）……《提单交货解释》

《最高人民法院关于审理涉及金融不良债权转让案件工作座谈会纪要》（法发［2009］19号）……《不良债权座谈纪要》

《最高人民法院关于适用〈中华人民共和国民事诉讼法〉的解释》（法释［2015］5号）……《民诉法解释》

《最高人民法院关于贯彻执行〈中华人民共和国继承法〉若干问题的意见》（法（民）发［1985］22号）……《继承法意见》

《最高人民法院关于审理名誉权案件若干问题的解答》（法发［1993］15号）……《名誉权解答》

目　　录

第一编　绪　　论

第二编　权利主体

第三编 法律行为

第一编　绪　　论

第一章　民法与民法典

本章要点

民法有实体部门法和法典两种不同的内涵，对民法的认识应当基于历史的和现实的不同视角。本章从公法与私法的划分出发，考证了民法的语源和文化源，阐述了民法的体系、民法的法源及民法的时间效力、空间效力和对人的效力，并用相当的篇幅阐释了民法典的编纂。上述内容使得学生能够对民法有初步的理解，并为后续的民法学习奠定基础。

本章的学习重点主要在于掌握民法体系、民法的效力和民法的法源；学习难点主要在于理解公法和私法的划分，领会民法和商法的关系。

第一节　公法与私法

[本节要点]

公法和私法的划分反映了人们对主体利益不同状态的认识，其不仅在人类法律发展历史上发挥了相当重要的作用，即使在现代社会公法与私法之间出现相当的混合状态时，公法与私法理论依然是理解法的本质的基础。公法与私法的划分理论是使学生准确地解释现代社会法律现象的基础理论之一。

一、公法与私法的划分起源

法（拉丁文 *ius*，德文 recht，英文 law，法文 droit，意大利文 diritto）与广义的法律含义相同，是人类社会活动中具有强制力的共同生活规范。法的核心目的在于彰示善良和公正，故而，作为法治国家而言，法应当是“善良和公正的艺术”①。

自罗马法以来，在法学分类理论中，公法（拉丁文 *ius publicum*）和私法（拉丁文 *ius privatum*）是最基础的法学类别。从法律所涉及的利益的视角看，公法是指以涉及国家稳定的公共权力与公共利益为内容的法律规范的总称，主要包括宪法、刑法、行政法、诉讼法等。私法是指以确认和保护私主体的私权和利益为内容的法律规范的总称，主要包括民法、商法等。

这一类别的划分源于古罗马社会的法学家乌尔比安（*Ulpianus*，约 170—228 年，著名的法学家）的观点。乌尔比安认为，对法的研究，应当从公法与私法两个角度进行。

乌尔比安分别给公法和私法作出了简明扼要的解释：公法是涉及罗马国家稳定昌盛的、造

① 拉丁文原文是“*ius est ars boni et aequ*”。罗马法原始文献 D. 1，1，1pr.，参阅《学说汇纂》（第 1 卷），罗智敏译，中国政法大学出版社 2008 年版，第 5 页。

福于公共利益的法；私法是涉及个体利益并造福于私的利益的法①。其中，公法的规范具有强制性，需要人们无条件地遵守；而私法所涉及的主体包括个人、家庭和非公法意义上的团体，私法规范尤其是有关契约的规范，具有明显的任意性，人们可以通过协商来产生行为规则。私法广泛涉及人、婚姻、家庭、继承、物、所有权、他物权、契约、私犯行为等内容。罗马法将涉及私利益的事物都纳入私法范围内，甚至诸如"诚信之诉""诈欺之诉""对人之诉""对物之诉"等大量涉及私利益的诉权和程序也都被放入私法之中，这是因为有关程序的规定被认为是为了个人利益而进行的。一些在现代法看来属于公法领域的问题，如盗窃、诽谤等，在罗马法中也被纳入私法的领域，因为罗马人认为其行为侵犯的是私利益。根据乌尔比安的观点，私法由三部分构成，即自然法、市民法、万民法②。

尽管现代公法与私法理论起源于罗马法，但是，伴随着社会的发展，其内容有了比较大的变化。例如，现代公法通常是指宪法、刑法、行政法、诉讼法等，而现代私法则包括了民法、商法等。此外，还有一些法律是公法与私法融合的产物，如环境保护法、保险法、劳动法、社会保障法等将公法与私法的内容紧密地结合在一起。如果简单地用非公法即私法的观念，就难以理智地理解这些法律的规则。

二、公法与私法划分的制度价值与局限性

（一）公法与私法划分的制度价值

划分公法与私法的目的，重在对法律体系的理念追求和为法律制度设计的决策提供基础。公法与私法划分的核心在于公共利益与私利益的划分。所谓公共利益，就是公法彰显的社会公众的整体利益。社会公共事务的管理、公共财产的产生与调配利用、公权力机构的产生与运行、公权力的法源与行使、国家安全等均与公众利益息息相关。所谓私利益，就是私法彰显的社会普通成员各自的人格利益和财产利益。其中的"社会普通成员"不仅包括自然人，还包括团体，如法人。

在社会的法益体系中，任何社会都是由个体即私主体组成的，如果不关注私主体的利益，不对私主体的利益给予充分保护，这个社会将会是一个充满藐视私主体尤其是自然人及其人格利益的社会，甚至可能成为涂炭生灵的恐怖的社会。因此，法治社会应当以确认和保护私主体利益的私法为重心来建构法律体系。但与此同时，我们也必须注意到，在一个忽视公众整体利益即公共利益的社会中，到处泛滥的私利益不可能获得任何保障。公共利益不是凭空产生的，它来源于诸多私利益的共通性和共存性。也就是说，它将诸多私主体利益所共有的内容提炼出来，形成社会公共利益，体现着社会公众的共同需要。因此，当私利益与公共利益发生冲突时，私利益应当让位于公共利益。当然，这不意味着公共利益可以完全替代私利益，同样也不意味着公法可以替代私法。公共利益与私利益需要依公平公正理念而共存，公法和私法亦共同构成法律制度体系的基础。

就法的功能而言，宪法、刑法、行政法等公法规则一方面为私法所确认的私权行使提供着

① 拉丁文原文是"*pubblicum ius est quod ad statum rei Romanae spectat, privatum quod ad singulorum utilitatem*"。罗马法原始文献 D.1，1，1，2，参见费安玲主编：《罗马私法学》，中国政法大学出版社 2009 年版，第 24 页。

② 费安玲主编：《罗马私法学》，中国政法大学出版社 2009 年版，第 24 页。

“保障法”的功能，另一方面也对私权行使设定必要的限制。例如，为自己私利益而故意造成他人财产损失的行为，法律不仅予以禁止，且还予以法律惩治。在西方法学中，“法”（拉丁文 *ius*）的表达来自于拉丁文“*iustitia*”，其意为“正义的”“公正的”①。基于社会公共利益与私主体利益的不同而将法区分为公法与私法，其制度价值就在于，“法”作为人类行为规范和司法审判规范乃至社会活动的准则，应当始终体现着正义与公正。

（二）公法与私法划分的局限性

公法与私法的划分固然重要，但需要注意如下几点：第一，公法与私法的划分并非自古以来普遍存在的，其仅源自罗马国家的法学理论和法律实践，其他国家和地区是在受到罗马法有关公法与私法划分理论影响后对其加以继受的。第二，公法与私法的划分虽然是法的体系中的一个基础性分类，但在现代社会其已经出现变化，因为现代法律思维强调，法的共同目的在于维持国家生活的秩序②。目前我国法学界流行的“社会法”的说法即反映了对公法与私法划分的反思。所谓的社会法被认为是公法与私法之间的第三法域，劳动法、经济法、反垄断法等即属于该领域的法③。虽然，目前社会法的理论尚需更具说服力的论证，但是，其提出的问题确实值得我们深入思考。

三、公法与私法的比较

在理论上，对公法与私法的划分标准并不统一，从不同的视角有不同的认识。例如，有将公法定位于公共利益和将私法定位于私人利益的“利益说”④，有将公法定位于调整隶属关系和将私法定位于调整平等关系的“关系说”，有将公法定位于因存在公权力主体而形成公法关系和将私法定位于因存在私主体而形成私法关系的“主体说”⑤。这些学说的存在，说明了对公法和私法的划分难以找到唯一的标准，尤其在社会现实中很难将全部的法律都放置在“非公即私”的类型中。此外，公法与私法的划分不能完全适用于立法技术领域，也就是说，在立法中，鉴于立法本身的逻辑需要和立法技术的考量，在一部立法中会存在多数条款为私法内容而少数条款为公法内容，或者多数条款为公法内容而少数条款为私法内容的情形。前者如《民法通则》，该法是我国私法的典型立法，但该法条款中存在着若干刑事责任和行政责任的条款；后者如《土地管理法》，该法是典型的充满公法色彩的立法，但其中也不乏私法的内容。但是，出于对这个很古老的法律分类标准有所了解的需要，下面我们对公法和私法作一个基本的比较。

（一）对主体之间合意的认可度不同

从法律关系的角度而言，在私法关系中，如果存在双方或者多方主体，则不同主体间的合意就是该法律关系形成的基础。主体之间合意的真实性将直接决定着该法律关系是否生效。因

---

① 罗马法原始文献 D. 1，1，1pr.，参阅《学说汇纂》（第 1 卷），罗智敏译，中国政法大学出版社 2008 年版，第 5 页。

② 梅仲协：《民法要义》，中国政法大学出版社 1998 年版，第 4 页。

③ 在我国，最早从理论上阐释“社会法”见解的学者有史探径等，请参阅史探径：《社会法论》，中国劳动社会保障出版社 2007 年版。

④ 该说始见于古罗马法学家乌尔比安的观点，罗马法原始文献，D. 1，1，2，参阅《学说汇纂》（第 1 卷），罗智敏译，中国政法大学出版社 2008 年版，第 7 页。

⑤ 史尚宽：《民法总论》，中国政法大学出版社 2000 年版，第 4 页。

此，私法关系对主体之间的合意认可度极高。

在公法关系中，法律关系主体的合意并不重要，因为公法关系的产生与约束力直接来自于法律的规定，与当事人的合意并无关联。例如，在选举关系中，公民的选举权与被选举权来自宪法的规定，任何人均不能通过合意将该权利废除；在行政法律关系中，公权力机关依法行政的义务来自于行政法律法规的规定，合意免除该义务的行为无效。不过，法律有特别规定的，依特别规定，例如，犯罪人依法应当承担的刑事责任，不得通过合意约定将其免除，但根据《刑事诉讼法》第 277、278、279 条的规定，对于法律明确规定的情形，允许犯罪人通过向被害人赔偿损失、赔礼道歉等方式与被害人达成和解的合意，根据该合意，公安机关可以向检察院提出从宽处理的建议，检察院可以向法院提出从宽处罚的建议。

（二）国家介入程度不同

在私法活动中，私主体是私法活动的主要主体，非依法律的规定，国家不得肆意介入或者干预私主体的活动。例如，对于当事人是否缔结商品买卖合同，如果当事人的行为没有违背法律的禁止性规范，国家或代表国家行使公权力的机关就不得干预。

在公法活动中，代表国家公权力的机关是活动的主要主体，它们对社会生活的参与即代表着国家的介入。例如，代表公权力的著作权管理机关组织实施甚至直接参与打击盗版活动，国家税务机关要求纳税人缴纳税赋的活动，尤其是国家公权力机关依当事人的诉请甚至直接依法强制当事人从事某种活动时，即彰显出在公法活动领域内国家强力介入社会生活的程度。

（三）承担的法律责任不同

违反公法范畴义务者，主要承担的责任是行政责任或者刑事责任。例如，国家工作人员怠于履行职务的，应当承担记过、开除公职等行政责任，甚至承担刑事责任。只有在造成他人人格权或财产权损害时，才同时承担民事责任。

违反私法范畴义务者，主要承担的责任是民事责任，只有在触犯行政法或者刑法相关规定时才同时承担行政责任或者刑事责任。

（四）争议解决路径不同

因私法法律关系产生纷争时，当事人可以选择通过诉讼或者仲裁路径加以解决。在进行诉讼或者仲裁过程中，法院或者仲裁委员会作为公正审理案件的机构，直接根据当事人的请求并在其请求范围内进行裁判。①

因公法法律关系产生纷争时，当事人只能依法向行政机关提出解决纠纷的申请。对行政机关作出的决定不服的，只能向法院诉请解决。唯有劳动法律关系纠纷能够通过仲裁解决，但这不是当事人选择的结果，而是基于法律的直接规定。

值得注意的是，当对于商事合同等私法之法律关系产生纠纷时，如果合同双方在合同中约定了仲裁条款，则依照我国仲裁法的规定，合同双方只能在仲裁委员会提出解决纠纷的诉请。

① 在德国，私法纠纷主要由普通法院审理，而公法纠纷主要由行政法院审理。参阅［德］迪特尔·梅迪库斯：《德国民法总论》，邵建东译，法律出版社 2000 年版，第 7 页。

[案例 1-1-1]① 甲施工公司与乙测绘公司签订了《建设工程测量合同》。双方在该合同第 17 条中约定："因该合同的履行发生争议时，双方当事人协商解决或由双方主管部门调解，协商或调解不成的，双方当事人同意由北京市仲裁委员会进行仲裁（如果双方当事人未在合同中约定仲裁机构，事后又未达成书面仲裁协议的，可向人民法院起诉）。"在该合同履行过程中，双方发生争议。甲施工公司向法院提出诉请，认为双方基于合同产生的纠纷应当由法院进行裁判。其主张是：双方约定的是由北京市仲裁委员会仲裁，但北京实际上并无该名称的仲裁委员会，分别有北京仲裁委员会和中国国际经济贸易仲裁委员会两家。故该仲裁条款属于对仲裁委员会约定不清楚的无效条款。法院经庭审后认为，根据双方合同约定的内容，北京市仲裁委员会的表述中多了一个"市"字，但从名称表述上不会产生将仲裁委员会指向中国国际经济贸易仲裁委员会的必然理解，双方不会因此产生其他歧义。该情形虽对仲裁机构名称表述不规范，但可以从该名称中确定仲裁机构即为北京仲裁委员会。为此，应当认定双方约定的仲裁机构是明确的。虽然双方约定了"如果没有约定仲裁机构，事后又未达成书面仲裁协议的，可以向人民法院起诉"的内容，但是，从表述上看，这是双方在未选定仲裁机构时方可适用的条款内容。现双方已达成仲裁协议，故该内容并不适用。该合同的仲裁约定对双方有约束力，故法院驳回了甲施工公司的诉请。

第二节　民法的意义

[本节要点]

自光绪三十三年（1907 年）起草《大清民律草案》以来，"民法"一词就为中国法学界所接受。从语源和文化源上看，民法是继受传承罗马私法的产物。对于作为一个法律术语的"民法"，澄清其语源及文化源是制度移植和借鉴的基础。

一、民法的语源

"民"与"法"这两个汉字组成一个术语，用于表述以私权的确认和保护为核心内容的基本部门法，这来源于日本学者对西语的创造性翻译。日本学者津田真道在庆应四年（1868 年）向日本国民介绍欧洲法律文明时，把荷兰语的"burgerlyk regt"译为"民法"。但是，事实上该词是从拉丁语"*ius civile*"转译而成的，其原意为"市民法"。日本法学界接受了"民法"这个译名。

在松冈义正等日本学者帮助清朝政府进行立法时，"民法"这个词被引入中国，并且被中国法学界所接受。1907 年清朝政府立法兼顾过去将"法"称为"律"的惯例和对"民法"观念的接受，取名为《大清民律草案》。"民律"即为现代汉语中的"民法"。

虽然在我国古代典籍《尚书·孔传》中也有"民法"的表达："咎单，臣名，主土地之官，作《明居民法》一篇，亡。"但是，此处的"民法"与近现代"民法"的含义与理念完全没有关系。民法作为基本部门法的概念，不是中华法律文化固有的内容，因为我国从未出现

① 参见北京市第三中级人民法院（2016）京 03 民特 6 号民事裁定书，原文有删节。

过足以产生民法的社会条件。

二、民法的文化源

民法以私权的确认和保护为其核心内容，它产生于对人、人格和人的意志比较尊重的社会环境中。理解民法的理念，必须首先了解民法的文化之源，因为民法不仅是法律制度与规则，更是一种法律文化现象。中国现代民法的文化起源是多元的，既受到西学东渐的西方法律文化的影响，也受到中国古代社会习惯法的影响。但其主要影响来源于西方法律文化，包括以罗马法为基础的大陆法系法律文化和以判例法为特质的英美法系法律文化。在立法形式上则传承了中国古代的“典律”文化并接受了大陆法系的成文法立法文化。大陆法系各国或地区虽然各自的民族文化多有差异，但是在法律文化上则具有大致相同的特征，即均使用着源于罗马法的法律概念体系。综观大陆法系各国或地区的民法，虽然各具其国家特点或者民族特点，但这些不同国家或地区所颁布的民法，其法律理念、法律结构体系、概念、规范内容等都具有相同或相似之处。

在罗马法中，“民法”是“市民法”的简称，其表达来源于拉丁文“*ius civile*”。其中，“*ius*”有法、权利、执法地点等意思，“*civile*”是“市民的、文明的”的意思。实际上，民法的发展确与社会文明程度有着密切关联。文明程度越高的社会，其民法规范就越能够体现法律人文精神和正义观。在罗马法学家们的作品中，“法”被解释为“善良与公正的艺术”①；“正义”被理解为“给每个人以应有权利的稳定而永恒的意志”②。源于古希腊哲学思维的权利观念与道德观念在罗马法中获得了极大的发展，并共同构成了早期罗马自然法思想的基本内涵。罗马法学家们从自然法的理想观去设计和发展法律，形成了法律的宗旨就是确认和保护权利的观念，并成为建构罗马市民法以权利的确认和保护为核心特征的基础。市民法是市民社会在法律上的体现，在罗马社会演进的过程中，罗马市民法通过建构权利体系来维持市民社会的秩序，规定了国家权力的依据与范围，确立了国家权力对私主体利益不得随意干预的制度理念。伴随着罗马社会中罗马市民身份特权化的消失，亦伴随着市民社会逐渐走向成熟，人格、自由和平等成为近现代社会诸法治国家所共同追求的法治目的，“市民法”演进为具有普世性的“民法”，成为适用于任何社会普通成员的法律规范体系。

三、对民法概念的解读

“民法”这一术语，主要在两个意义上使用：一是指“大陆法系”作为实体部门法之一的民法，二是指民法典。

（一）作为部门法的民法

民法作为法律体系中的实体部门法之一，是调整社会普通成员之间人身关系和财产关系的法律规范系统。从这个意义上讲，对民法的解读主要包括如下内容：

1. 民法是实体部门法。在整个法律体系中，民法是部门法之一，它与行政法、刑法等属于同一层次，是仅次于宪法的基本部门法。

---

① 罗马法原始文献D.1，1，1pr.，参阅《学说汇纂》（第1卷），罗智敏译，中国政法大学出版社2008年版，第5页。

② 费安玲主编：《罗马私法学》，中国政法大学出版社2009年版，第3页。

2. 民法是调整实体法律关系的部门法。民法是调整平等主体之间的人身关系和财产关系的实体部门法。在社会生活中，当不同社会地位、不同宗教信仰、受教育程度不同的人们以社会普通成员的身份平等地彼此相待与相互交往时，即形成了一种无任何隶属、服从、命令关系的法律关系。这种关系，自罗马法以来就被称为“私的关系”。在我国《民法通则》第 2 条中，这种“私的关系”被称为由民法调整的“平等主体的公民之间、法人之间、公民和法人之间的财产关系和人身关系”。

［案例 1-2-1］① 陈某向法院起诉称：甲县水务局在对该县水库开闸泄洪时，未尽到相应的管理和通知义务，导致自己栽种在水库下游的农作物被淹，侵害了自己的合法权益，请求判令水务局赔偿。一审法院以该案不属于民事案件受理范围为由，裁定不予立案。陈某不服，提出上诉。二审法院认为：行政法调整的是行政关系，而民法调整的是平等主体之间的关系。本案中，陈某主张水务局泄洪的行为导致其农作物受灾。在泄洪之时，水务局与陈某间不存在行政管理与被管理的关系，依法不应归于行政法调整。依照《中华人民共和国民法总则》第 2 条“民法调整平等主体的自然人、法人和非法人组织之间的人身关系和财产关系”的规定，民事主体合法的财产权利受到侵犯的，依法属于我国民法调整的范畴。遂裁定撤销一审法院裁定，指令其立案受理。

人身关系是民事主体基于彼此的人格和身份而形成的相互关系。人身关系包括人格关系和身份关系。其中，人格关系是人们彼此之间基于人的生命、身体、健康等物质要素和自由、姓名、肖像、名誉、隐私、荣誉等精神要素而形成的相互关系。人格关系的内容以尊重人格为核心，具有人格不得抛弃、不得转让和不得被非法剥夺的特征。身份关系是人们基于彼此之间的血缘和姻亲关系而形成的相互关系。民法调整的是平等主体之间的人身关系，那些与选举权的行使有关的公民身份关系，因具有明显的公法色彩而不在民法调整范围之内。

财产关系是民事主体基于彼此的经济利益而形成的相互关系。广义的财产包括可以带来利益的物、知识信息、各种物权等有支付能力的财产（拉丁文 *res solvendo esse*）和可以带来经济负担的债务即无支付能力的财产（拉丁文 *res non solvendo esse*）。狭义的财产仅指可以带来利益的物、知识信息、各种物权等有支付能力的财产。财产具有经济价值、与人格无关、人能够支配的特征。民法调整的是平等主体之间的财产关系，凡具有行政隶属关系等非平等性质的财产关系，均不在民法调整范围之内。

（二）作为民法典的民法

民法典是指将全部的或者主要的民法基本规范有体系地汇集在一起所形成的立法规则的表现形式。民法典是法典化国家民事或民商事立法的经典表现形式。“法典”的表达来自于拉丁文“*Codex*”，其意为法律的汇集。② 将法律规则法典化自古即存在，最经典的法典有《汉姆拉比法典》和罗马法中的《优士丁尼法典》《哈德良法典》等。从古至今，法典化的进程是一个逐渐强化行为规范与裁判规范的统一、逐渐确立以演绎逻辑为基础的体系化方法的过程。公元 11 世纪罗马法的复兴及其后大量法学人才的培养，使得罗马法的法典化理念受到了欧陆国家

① 云南省文山壮族苗族自治州中级人民法院（2017）云 26 民终 1331 号民事裁定书，原文有删节。

② L. Castiglio, *S. Mariotti*: *Vocabolario della lingua latina*, 3 Edizione, Loescher, p. 184.

的追捧，并扩展至拉丁美洲、亚洲许多国家。

就立法编制技术而言，民法典有两种不同的模式：

第一，无总则的编制方式。其源于罗马法的《法学阶梯》体系①，故而又被称为“法学阶梯式”（Institute System）的民法典。在该编制方式中，没有总则的内容，直接将民法所涉及的内容按照逻辑分类分设为人、物、权利等不同部分。法国、意大利的民法典即采用该编制方式。《法国民法典》中设有人、财产和财产取得三编，《意大利民法典》设有人与家庭、继承、所有权、债、劳动和权利的保护六编，二者均无总则的编制。

第二，有总则的编制方式。其同样源于罗马法，但是源于罗马法的《学说汇纂》体系②，故而又被称为“学说汇纂式”（Pandekten System）的民法典。该编制方式的特点在于有总则编。最典型的是《德国民法典》，其设有总则、债权、物权、亲属和继承五编。

迄今为止，在法典化国家中，无论采取上述何种民法典立法模式，多未在民法典中涉及知识产权规范。这是由于不少法典化国家在制定民法典时，对知识产权规则的理论研究尚不足，不具备将知识产权纳入法典化体系的基础。仅《西班牙民法典》《意大利民法典》《俄罗斯民法典》等少数国家民法典立法中或详或略地规定了知识产权内容。伴随着社会经济的发展和法治建设的深化，法典化国家将知识产权内容纳入民法典是未来的发展趋势，但在立法技术上会有所不同。

我国自清末以来，经过反复论证，确立了民事立法采法典化的思路。究其原因，主要在于：其一，我国自秦朝以来即采成文立法方式，形成了每个王朝均以成文法的形式颁行规则的立法惯例与法律文化；其二，在我国漫长的法律实践活动中，司法活动与官府的行政活动没有被截然区分开，更没有“一判决一判例”的司法传统，对纠纷的解决依赖于对法律规则的了解与执行；其三，清朝末期协助立法的学者多来自大陆法系国家，这使得法典化的立法思维占据上风。因此，我国采纳法典式立法思维即成为必然的选择。故而，学习民法不仅是对其法律体系、法律制度、法律规则的学习，也需要研究民法典的编制技术及其理念，这有助于我们更好地认识和理解民法典。

四、民法在整个法律体系中的定位

以罗马法为基础而形成的大陆法系的民法观念，始终强调从法律体系的宏观视野来看待法律。因为任何法律规则都不是孤立地产生与存在的，它一定在一个体系中与相关的规则相互呼应、相互制约、相互填补，共同发挥着规范人们行为的功能。民法、刑法、行政法、程序法概莫能外。

在整个法律体系中，在作为国家基本法的宪法基础上，民法以权利为核心，以确认权利、规范权利、保护权利为己任。从一定意义上讲，民法可以被认为就是权利法。

与民法不同，刑法的功能在于对犯罪行为的惩罚。这些犯罪行为大多既严重侵害了民事权利，也严重影响到社会生活的安宁与社会秩序的正常运行。例如，盗窃行为、贪污行为或者伤害行为、杀人行为之所以被追究刑事责任，是因为这些行为人严重侵害了他人的财产所有权或

① 有关罗马法的《法学阶梯》体系的分析，请见本书第一章第三节的相关内容。

② 有关罗马法的《学说汇纂》体系的分析，请见本书第一章第三节的相关内容。

者他人的身体权、健康权、生命权；被追究侵害知识产权责任的人，其行为因侵害知识产权的程度相当严重而被追究刑事责任，但是，犯罪人承担刑事责任并不免除其应当承担的民事侵权责任。

至于行政法，其作为与刑法同具公法性质的部门法，从政府行政行为的角度规制与限制着民事权利的行使，并且通过行政权力的配置、行政机构的建构等立法内容来完善行政规则自身的体系建设。

程序法则从程序正义的理念出发，对人们在行使权利与遵守规则过程中发生的纠纷进行裁判以彰示法律的公平与正义。

总之，在整个法律体系中，民法确认并保护着人们可以按照自己意愿实施行为的范围与可能性，刑法、行政法等公法在保护私权及其行使的同时，也在规制与限制着私权行使的范围与程度；程序法则通过公正的程序去解决实体法实施中所发生的纠纷并作出符合法律正义精神的裁判。

作为权利法，民法特别强调如下主要内容：

1. 民事主体应当具有自由的、平等的法律地位。在不违背法律的禁止性和强制性规则的情况下，民事主体的自由意志应当得到他人的尊重。

2. 民事主体的物权应当获得保护。因为由所有权和他物权共同构成的物权是民事主体法律地位的物质体现和物质保障，这也是法律古谚“无财产者即无人格”所要揭示的内涵。因此，一个社会对民事主体享有的物权尤其是所有权的保护程度，直接反映出这个社会的文明程度。

3. 民事主体从事债权债务活动时的意志自由应当获得保护。债权的产生有意定和法定两种路径。前者是指基于私主体即民事主体的意思自治，通过合同关系而产生的债权。后者是指直接根据法律规定而产生的债权，例如因遭到侵权而产生的债权、因他人不当得利而产生的债权等。通过意定产生的债权将通过合同履行行为实现。所谓合同，是指民事主体就从事某种民事活动而自愿达成的合意。民法保护民事主体以平等的法律地位和身份参与合同活动。民事主体作为有理智的主体，应当以私法自治理念去参与社会活动，其不仅有表达自己意愿的自由，也应当对自己的行为承担后果。

4. 民事主体的人格尊严与人身自由受到保护。人格尊严，是人之所以为人的根本所在。人身自由实际上是人格尊严的本质所在。民事主体的静与动的自由、内心信仰与思想的自由是人的尊严的最高境界，因此，“生命诚可贵，爱情价更高，若为自由故，二者皆可抛”。在人类法律发展过程中，民法逐渐成为以“推翻那些使人成为受屈辱、被奴役、被遗弃和被蔑视的东西的一切关系”① 为目的的法律，强调把人变成真正享有自由和平等法律地位的人。

5. 民事主体的知识产权应当获得保护。民法具有对知识产品的创造者给予尊重并赋予其知识产权的特点。与民法对物权、债权、人格权的保护历史相比较，民法对知识产权的保护历史仅有两百余年。但是，在法律现代化的进程中，知识产权越来越受到人们的青睐，尤其伴随

① 马克思：《〈黑格尔法哲学批判〉导言》，载中共中央马克思恩格斯列宁斯大林著作编译局编：《马克思恩格斯选集》（第1卷），人民出版社1995年版，第10页。

着互联网技术的发展，知识产权成为民事主体权利中的新宠儿。但是，就权利的确认与保护而言，知识产权与其他民事权利同处于一个法律体系中，其私权性质在《民法通则》第五章中得到了明确的定位。

第三节 民法的体系

[本节要点]

民法的体系是指民法内部的制度规范建构。民法体系化旨在将民法的制度规范及其基本内容组合成一个有机整体。民法体系化从无到有，在一定程度上反映了法学理论对法律之至善至美的理想追求，同时也反映出法律实践对民法的要求。两大法系追求法律体系化具有不同的路径，其反映出体系化的不同模式，也反映出二者不同的法律方法论。我国民法的体系化问题是我国民法典编纂过程中需要给予高度关注且有待深入研究的问题。

一、民法体系化的基础及价值

（一）民法体系化的基础

民法体系化的基础是蕴含着法律理念与制度价值判断的术语及其规则。在民法体系中，法律术语及其规则的采纳与安排，除了体现立法技术或者司法技术外，更体现出法律理念与制度价值判断的所在。例如，我国有关婚姻的术语及其规则体现着一夫一妻的理念与制度价值判断，法律行为的术语及其规则承载着意思自治的理念与制度价值判断，相邻关系的术语及其规则表达出禁止权利滥用的理念与制度价值判断，遗嘱的术语及其规则彰示出意思自治与维护他人合法权益之间的公平理念与制度价值判断。这些术语及其规则按照一定的逻辑体系形成彼此间的相互关系，为民法的体系建构提供了概念与规则基础。

（二）民法体系化的价值

1. 对法学研究的价值。民法体系化在法学研究中即为一种方法论。体系化思维是法学理论研究者的基本思维方式，它使得法学理论研究者在其研究中得以避免“只见树木不见森林”的狭隘研究视野，并且得以摈弃那种仅关注法律制度中的某个环节而忽视该环节所依赖的制度体系的思维方法。

2. 对立法的价值。民法体系化对于民事立法主要有如下价值：（1）有利于增强民法的指引功能。民法体系化多以法律规则位阶方式体现。当在低位阶民法规则中不能寻觅到相应的行为规范或处理纠纷的具有直接针对性的具体规范时，体系化的民法可以引导民事活动的行为人和司法审判者在高位阶规则中寻求行为依据或处理纠纷的规范。（2）有利于贯彻民法的理念。民法中存在诸多法律制度，如物权法律制度、债的法律制度、主体法律制度、人格权法律制度、知识产权法律制度等。这些法律制度均需要民法的权利神圣、法律地位平等、人的尊严不容侵害等理念融于其中，为此，体系化的民法可以实现这些理念并将其贯穿于民法的具体规则中。（3）有利于避免民法规则的重复与冲突。由于民法与社会经济生活和人们的日常生活紧密相关，且民法规则涉及的内容极为丰富，故而，体系化的民法可以使民法规范不仅简明扼要而且和谐一致。（4）有利于民法规则的修正。体系化的民法可以在保持民法基本稳定的前提下对民法规则进行必要的修正。因为科学的民法体系在吸纳新规则的同时，不会对整个民法的稳定产生颠覆性的影响，使得修法的目的得以实现。

3. 对司法活动的价值。民法体系化对于司法活动主要有如下价值：（1）方便法官找法。民法体系化是通过被层层分解而具有位阶性的规范体系来实现的，这些规范体系为法官找法提供了清晰的路径。（2）有利于提升法官自由裁量权行使的质量。法律不可避免地存在着局限性和与社会生活变化无法同步性的特点，法官在司法审判中行使自由裁量权以解决法律实务问题势在必然。体系化的民法可以为法官提供体系化的思维进路，既使法官依法办事，又不妨碍法官在体系规则范围内进行自由裁量活动。

二、大陆法系与英美法系的法律体系化路径

大陆法系是对以继受欧洲古代罗马法为主要基础、以法典编纂为立法主要形式并不断演进的近现代法的总称。大陆法系不限于欧洲大陆范围的诸国，亦遍布于拉丁美洲（如阿根廷、巴西、秘鲁等）、亚洲（日本、越南、韩国等）和非洲（如埃塞俄比亚、埃及等）。

英美法系亦称普通法系，它是对以发源于英格兰的法制为主要根据、以判例法为法制的主要形式并不断演进的近现代法的总称。英美法系不仅包括英国、英属殖民地如印度等、美国绝大部分州、加拿大部分地区等，还包括大洋洲的澳大利亚、新西兰和斐济，非洲的毛里求斯等国，亚洲的马来西亚、新加坡等国。

值得注意的是，大陆法系的称呼并非意味着大陆法系各国家或地区的法律完全一致，相反，大陆法系国家或地区各自的立法内容有着很多差异。英美法系国家和地区亦存在法系内各国家或地区的法律存有较大差异的情况。因此，那种将大陆法系与英美法系泛泛进行比较而忽视法系内各国家或地区的法律差异的做法，在一定程度上是错误的。①

（一）大陆法系的民法体系化

大陆法系在民法体系化上基本遵循了概念化体系的思路，并集中体现于民法典的编章结构中。民法典的编章结构通过诸多的不同层次的抽象概念，如网络般并逻辑化地编织在一起。尽管大陆法系国家或地区各自的民法典编纂结构不尽一致，但主要体现为以下两种体例：

1.《法学阶梯》式的体例。这种立法体例的基本结构仿效古罗马《优士丁尼民法大全》中的《法学阶梯》体例。在以私法为主要内容的《法学阶梯》中，私法被分为人法、物法、诉讼法三部分。后世大陆法系部分国家或地区在继受该体例编纂民法典的过程中，将人法和物法进行了一定的整合。该体例的基本特点是：（1）不设总则；（2）人法中包括了对主体权利能力的界定及亲属关系；（3）实体法与程序法不分；（4）物权与债权均作为财产关系。采取这种体例的典型代表为《法国民法典》，此外《意大利民法典》《西班牙民法典》《葡萄牙民法典》等亦采该体例。

对该体例，理论界褒贬不一。澳大利亚学者瑞安在谈到《法国民法典》的编排体例时就提出强烈的批评："任何科学的安排方法都不会在一编之中把继承和赠与、契约和侵权行为、婚姻财产、抵押和时效等这些毫不相干的内容都放在'取得财产的不同方法'之下。"② 有的

---

① 杨兆龙著，郝铁川、陆锦碧编：《杨兆龙法学文选》，中国政法大学出版社2000年版，第205页。

② ［澳］瑞安：《民法的发展（〈民法导论〉摘译）》，楚建译，载法学教材编辑部《民法原理》资料组：《外国民法资料选编》，法律出版社1983年版，第33页。

学者甚至更尖锐地批评到："法典的第三编完全是异类题材的大杂烩。"① 不过，也有学者十分推崇《法国民法典》所采纳的立法模式。如有学者认为这种体系的优点在于人法独立成编，因为"依余所见，上述两种体制，以罗马式较为合理，盖人皆有母、丐亦有妻，以亲属法列于民法之首，匪特合乎自然之原则，且可略避重物轻人之嫌也"②。

2.《学说汇纂》式的体例。这种立法体例基本沿用了古罗马《优士丁尼民法大全》中《学说汇纂》的体例并作出一定调整。该体例多采总则、物权、债权、亲属、继承五编制。该体例的特点之一是设有总则。在总则中，按照"提取公因式"的思路，将各种法律关系中的共同性制度和规则抽象出来，集中规定在总则内，奠定了分则内容的基调。采取这种体例的典型代表为《德国民法典》。此外，《日本民法典》《瑞士民法典》及我国台湾地区也基本采用该体例。我国于 2017 年 3 月通过了《民法总则》并于 2017 年 10 月 1 日施行，并初步确定对继续编纂物权编、合同编、婚姻家庭编、继承编、知识产权编、人格权编等分则展开理论上的讨论和立法上的草稿撰写。我国目前的立法体例颇具《学说汇纂》式的体例特点，但同时具有 21 世纪的时代感。

（二）英美法系的"民法体系"

准确而言，在英美法系中并无大陆法系那样的"民法"称谓，亦无大陆法系所理解的"民法体系"。与继承罗马法的大陆法系不同，英美法系虽然在某些方面也受到罗马法的一些影响，却根据长期的实践形成了以判例为基础的司法经验体系。英美法系的"民法体系"的特点是"必须首先从印成的许多判决先例所记录的事实中清理出来，然后再由特定法官根据其不同的风格、精确度以及知识而表现于不同的文字形式中，最后再把它运用于审判的案件"。③因此，英美法系的"民法体系"通过一定的原理将散见于庞杂的有效判例中的规则联系起来，这也就无须具备大陆法系那样清晰抽象的概念和用语，甚至连"民法"这一用语也没有。以债法为例，大陆法系民法典中有"债法编"的系统编纂，但在英美法系并无债的综合观念，只有契约法、侵权行为法、保证法、买卖法、代理法等源自于司法判例的系统研究和整理。因此，英美法系的"民法体系"不能仅依赖于概念分析、演绎推理的方法去理解和发现法律，而应从积累的司法判例中整理出规则并理解之。

三、我国的民法体系

（一）历史演进中的我国民法体系

1. 1949 年之前。我国古代社会并无近现代法意义上的民法。在清朝末期，其伴随着西法东渐进入我国，由于大陆法系国家通过成文法编纂立法的方式与我国古代社会通过成文法制定"律"的方式高度吻合，故而我国接受了大陆法系国家尤其是德国民法的立法逻辑体系。1911 年的《大清民律草案》直接吸收了德国的民法体系，分为总则、债权、物权、亲属和继承五编。1926 年的北洋政府以及 1929 年的中华民国政府均以《大清民律草案》为蓝本制定民法典，在立法体例上可以说是一脉相承的。中华民国时期的民法体系由总则、债、物权、亲属、

① ［德］K. 茨威格特、H. 克茨：《比较法总论》，潘汉典等译，贵州人民出版社 1992 年版，第 72 页。

② 梅仲协：《民法要义》，中国政法大学出版社 1998 年版，第 18 页。

③ ［英］梅因：《古代法》，沈景一译，商务印书馆 1959 年版，第 8 页。

继承五部分作为民法体系的主要构成，同时辅以相配套的单行法。

2. 1949 年以来。1949 年 10 月中华人民共和国成立后，我国民法典重新起草工作历经数次，均遭搁浅。1979 年以后，我国以单行法的形式颁布了大量民事法规，但体系化欠缺。1986 年《民法通则》颁布。但《民法通则》不是民法典，而是民事基本法，其原因是在起草《民法通则》时，“有些问题还看得不很清楚，考虑到民法通则还不是民法典，草案可以对比较成熟或者比较有把握的问题作出规定，一些还不成熟、把握不大的问题，可以暂不规定”①。《民法通则》的体系受具有大陆法系特质的苏俄民法影响较大，同时也借鉴了欧洲大陆其他大陆法系国家民法体系的内容，故而我国《民法通则》亦被认为受到了大陆法系民法体系的很大影响。

《民法通则》共分 9 章，包括基本原则、公民（自然人）、法人、民事法律行为和代理、民事权利、民事责任、诉讼时效、涉外民事关系的法律适用以及附则。毋庸置疑，《民法通则》为我国民法的体系化起到了相当积极的作用，但仍旧比较粗糙，甚至连婚姻法和继承法也没有包括在内。

2017 年 3 月我国《民法总则》通过并于 2017 年 10 月 1 日施行。《民法总则》共计 11 章，包括：基本规定、自然人、法人、非法人组织、民事权利、民事法律行为、代理、民事责任、诉讼时效、期间计算和附则。与此同时，在《民法总则》第五章中规定了人格权、个人信息、婚姻和家庭关系中的身份权、物权、债权、知识产权、继承权、股权和其他投资性权利等权利内容。这意味着我国民法的权利体系已经通过第五章完成了其基本的非封闭式的架构。后续的民法分则乃至我国民法的完整体系的产生，必然会以《民法总则》第五章的内容为架构基础。

（二）“民商合一”与“民商分立”的民法体系之争

在我国民法体系的理论争鸣中，有关采取民商合一还是民商分立的体系的争论可能是最激烈的。

这个争论在 20 世纪初的我国曾经发生过，最后确立了我国民国时期的民商合一的民法体系，主要理由摘录于下供阅者思考②：

1. 基于中国法律演进史的考虑。在西方国家，商法独立于民法成为特别法典始于法国路易十四世皇帝，其源于商人是一个特殊的阶层。在中国，自汉朝起，所有民众均受制于一法，并无民商之分，商人亦不是一个特殊的阶层。

2. 基于社会进步的考虑。当时反对民商合一的人认为：商法所定，重在进步；民法所定，多属固定。但凡法典应修改者，皆应取进步主义。立法者认为应修改即修改，与民商合一与否无关。

3. 基于国际交往的考虑。当时反对民商合一的人认为，商法具有国际性而民法则无。但民商合一，对于商事法规，应趋于大同与否，立法者尽可酌量规定，并不因合一而失立法之运用。且民商分立的国家，其法典关于本国的特别规定，亦不一而足。

---

① 参阅 1986 年 4 月 2 日时任全国人大常委会秘书长、法制工作委员会主任王汉斌在第六届全国人民代表大会第四次会议上作的《关于〈中华人民共和国民法通则（草案）〉的说明》。

② 谢振民编著：《中华民国立法史》（下册），中国政法大学出版社 2000 年版，第 779、780 页。

4. 基于各国立法趋势的考虑。意大利为商业发达最早的国家，其法学学者极力主张民商合一。英美国家商业称雄于世界，而两国均无特别商法典，瑞士亦无。俄国 1893—1907 年的民法草案均包括商法在内。民商合一，已成为世界立法之新趋势，我国不宜独与之相反。

5. 基于人民平等的考虑。人民在法律上本应平等，如果因职业之异，或行为之不同，即于普通民法之外设特定法典，不仅职业之种类繁多，不能遍及，且与平等原则不合。

6. 基于编订标准的考虑。过去各国的商法，以人为标准，即凡商人所为者，均入商法。法国大革命之后，认为不应为一部分人专门立法典，故其商法以行为为标准，即凡商行为均入商法。但是，何为商行为，事实上颇难区分。我国如果也编定商法典，标准亦十分难定。

7. 基于编定体例的考虑。已经有商法典的国家，其法典内容极不一致。事实上商法应当规定的事项，原无一定范围，而划分为独立法典，亦止自取烦扰。再者，法典应当有总则，取其纲举目张，足以贯穿全体，而商法典并不能以总则贯穿其全体。

8. 基于商法与民法的关系而认为应当民商合一。在有商法典的国家，其商法系民法的特别法，最重要的买卖契约，仍多规定在民法典中；而民法中的营利社团法人，仍必须准用商法，除有特别情形如银行交易所之外，民法、商法牵合之处甚多，亦何取乎两法并立？且民商分开，如一方为商人，另一方非商人，适用上亦感困难。民商关联之处甚多，而非一般人所能意料。

所以，我国在 20 世纪上半叶，将商法总则中的经理人及代办商，商行为中的交互计算、行纪、仓库、运送营业及承揽运送纳入民法中，但公司法、票据法、破产法、保险法等单独编制。

时至当今，有关是否采民商合一的问题又被重新提起。在《民法总则》确立了法人以是否营利为基本分类的标准后，实际上就确立了“民商合一”的主体体系。当然，将商法的内容全部放入民法典中的主张无疑过于理想化。“民商合一”的民法典及部分商事规则的单行法共存的体系，可能是我国民法体系未来考量的主要趋势。当然，无论民法体系是否采“民商合一”，均不影响理论上的多元化讨论。

四、民法的基本内容

民法的内容相当庞杂，但彼此并非孤立存在的，而是有一条主线贯穿其中。这一条主线可概括为主体、行为、权利和救济。抓住这条主线，就可把握住民法的基本内容。

（一）民事主体制度

民事主体是指参与民事法律关系的自然人、法人和其他团体。民事主体的法律地位由民法确认。民法中设立民事主体制度的目的主要在于确定民事法律关系的主体资格，用以构筑有关民事活动参加者的秩序。例如，自然人的民事权利能力和民事行为能力，宣告死亡与自然人民事权利能力终止的联系，监护与自然人民事行为能力的关系，法人和其他团体作为民事主体的条件，等等。

（二）法律行为制度

民事主体的活动必须通过法律行为来实现。但是，并非任何法律行为都受到法律的保护，符合民法规定条件的行为是受民法保护的法律行为，可以发生当事人预期的法律后果；违背民法规定条件的行为，是无效、可撤销或效力未定的法律行为，这种行为并不能够发生当事人预期的法律后果。民法通过法律行为制度将民事主体的行为纳入法律制度所建立的秩序内。

（三）民事权利制度

民法以确定权利、规范权利、保护权利为己任，从这个角度而言，民法被称为“权利法”。但哲学原理告诉我们，任何事物必有其两个方面，因此，有民事权利必有民事义务。民法的内容中有相当多条款涉及民事权利和民事义务，并据此构筑出民事法律关系的内容及其秩序。民事权利是指民事主体依法或通过自己的行为所取得的实现某种利益的可能性，是民事主体合法权益的体现，也是民事主体进行法律行为的结果。由于法律规定或法律行为的内容不同，所体现的具体民事权利也各异。例如，通过买卖，买方取得了某项财产的所有权；而通过租赁，承租方取得的是某项财产的使用权。

（四）民事权利救济制度

民事权利如果没有救济制度予以保障，民事主体不仅将难以实现自己的权利，其已经得到的利益也会受到任意侵犯。因此，民事权利救济制度也是民法规范的重要内容。民法主要通过规定民事责任来达到对权利予以救济的目的，使被破坏的社会秩序得以恢复到原先的状态。民事责任与刑事责任、行政责任一样，都是法律责任，但其承担的方式却大相径庭。

第四节　民法的法源

[本节要点]

民法法源也称为民法的法律渊源。民法法源是民法规范的表现形式，包括制定法和非制定法。不同的法源有其不同的效力区域和适用范围。确定一国的民法法源是了解该国民法的前提，民法法源同时也是解决具体民事纠纷的实体法依据。

一、民法法源的一般分析

民法法源亦称为民法的法律渊源，是指构成民法规范的一切表现形式。其主要分为制定法和非制定法。制定法主要包括法律、法规、国际公约。非制定法主要包括习惯法、判例和法理。

（一）制定法

制定法是指经具有明确制定规则的专门机构依照特定程序颁布的、以条文形式编纂的规范性文件，它包括法律、法规、国际公约。制定法是大陆法系国家或地区民法法源的主要形式。在英美法系国家或地区中，制定法多发挥着辅助性法源的作用。因制定法的制定机构不同、效力范围不同，法律、法规与国际公约之间存在着较为明显的不同。

1. 法律。包括民法在内的法律是立法机构依照特定程序制定和颁布的规范性文件。我国《立法法》虽然没有对法律作出明确解释，但规定了对民事基本制度需要用法律的形式进行立法。在大陆法系国家，民法的表现形式包括民法典和民事特别法。其中，民法典是大陆法系国家最主要的制定法表现形式。同时，由于民法典无法将民事活动的规则尽收其内，故而产生了对民法典起着补充功能的民事特别法，如《公司法》《信托法》《著作权法》《收养法》《担保法》等。

2. 法规。有关民事活动的法规是行政机构依法律授权所颁布的有关民事活动的规范性文件，如《著作权法实施条例》《动产抵押登记办法》等。法规的颁布主体不是立法机构，而是由立法机构授权制定规范性文件的行政机构。

3. 国际公约。国际公约是指不同国家之间或者由不同国家构成的国际组织之间就彼此权利和义务关系达成的合意。国际公约也表述为国际条约、协定、议定书等术语。国际公约属于国家之间的约定，只有国家承认其效力后，公约中的有关民事规则才产生约束力，成为民法的法源之一，如《联合国国际货物买卖公约》《保护工业产权巴黎公约》《世界著作权公约》《中国加入世界贸易组织议定书》（亦称为《WTO 议定书》）等。对国际公约能否直接成为一个国家内部的法律渊源，素有争议。在我国，经全国人民代表大会或其常务委员会批准参加的国际公约，不能直接转化为国内法，而需要通过立法或者修改立法的方式将国际公约的内容放置在国内法律的规则中，方产生约束力。

此外，在相当多的国家，其宪法赋予该国行业协会等公共团体制定规则的权力，这些规则中涉及民事活动内容的也成民法的法源之一。但是，我国并无这种法律依据。

（二）非制定法

非制定法主要包括习惯法、判例和法理。

1. 习惯法。它是指获得民众广泛认可并被自觉遵守的长期习俗，经立法确认而成为法的规范的非成文法。

习惯法的特点是：(1) 被民众自觉地遵守。习惯法之所以能够成为民法的法源之一，不仅是因为它获得了人们的共同认可，更重要的是因为人们对它的遵守完全是自发的而非依赖外力的强制。(2) 习惯法的法律价值同于成文法。

习惯法同样具有作为人们行为规范的法律价值。当人们将习惯法当做一般性规范来自觉遵守时，其便具有了与成文法相同的信念与价值判断。在 19 世纪以前，习惯法并没有被明确认可为民法的法源，但是，习惯法的规则却始终或多或少地影响着民商事活动的进行。故而，19 世纪末 20 世纪初制定的《瑞士民法典》正式确认习惯法是民法的法源之一。《瑞士民法典》第 1 条第 2 款规定："法律未规定者，法院得依习惯法；无习惯法时，得依其作为立法者所提出的规则，为裁判。"①《意大利民法典》亦将习惯法作为法源之一②。我国民国时期的民法接受了《瑞士民法典》对习惯法的价值判断，将习惯法确认为民法的法源之一，其第 1 条规定："民事，法律所未规定者，依习惯；无习惯者，依法理。"与此同时，在其第 2 条中对作为法源的习惯给予了限制，即"民事所适用之习惯，以不背于公共秩序或善良风俗者为限"。

2. 判例。判例是法院依法定程序对纷争作出的裁判。将判例作为法律渊源是英美法系国家的显著特征。大陆法系国家虽也有判例，对判例的功能亦日益关注，判例越来越多地被应用于司法实践，但是并未形成如同英美法系国家那样的作为法源的判例法。我国立法没有将判例作为民法的法源。

3. 法理。它是指未以条款形式体现的法学基本原理或者被共同认可的学说。制定法不可能将社会生活中的全部规则均纳入其中。法官在既无法律规定又无判例可循的情况下，只能依

① 《瑞士民法典》，戴永盛译，中国政法大学出版社 2016 年版，第 1 页。

② 《意大利民法典》序编第 1 条规定："法源：(1) 法律；(2) 条例；(3)〔行业规则〕(注：已被废除)；(4) 习惯。"

法理作出判断。也就是说，作为对民事权利救济的最后一道防线，法官不得以法律无规定或者法律规定不明确为由拒绝裁判①。将法理确认为民法的法源，是20世纪以来反思民法典及其单行立法的局限性的结果。《瑞士民法典》明确承认法理是民法的法源之一。②

二、我国民法的法源

我国民事立法主要受到来自罗马法传统的大陆法系立法模式的影响，源于中国古代社会的中华法系的传统仅对婚姻、遗产继承、监护等少数制度和交易理念有所影响。

（一）制定法

我国立法明确承认制定法即法律、法规、国际公约是民法的法源。在2017年之前，含民事法律基本规范的《宪法》，作为民事一般立法的《民法通则》，作为民法单行立法的《物权法》《合同法》《侵权责任法》《公司法》《著作权法》《专利法》《商标法》《婚姻法》《继承法》等法律，作为对民法单行法加以细化的法规如《著作权法实施条例》《专利法实施细则》《不动产登记暂行条例》等，以及被我国立法机构承认并纳入我国立法规范的国际公约等都是我国民法的法源。

（二）非制定法

1. 概说。在我国，根据《民法总则》第一章的规定，判例、法理不是法源，但不违背公序良俗的习惯可以成为非制定法性质的法源。

2. 习惯。《民法总则》第10条规定："处理民事纠纷，应当依照法律；法律没有规定的，可以适用习惯，但是不得违背公序良俗。"这是我国自1950年以来第一次用立法的形式正式确认习惯构成法源的组成部分。虽然表述为"习惯"，但从其实际含义看，即指习惯法。因为将某种单一的习惯作为法源，其法律价值不大。将经过长期社会实践形成的、被公众自觉遵守且符合民法精神的诸习惯作为法源的组成部分，用以指导公众的民商事活动尤其是作为法官进行裁判的依据，是习惯成为法源的价值所在。

作为法源的习惯，有两个限定条件需要关注：（1）习惯不得先于法律被适用。只有在没有法律规定时，习惯才能够作为法源出现。（2）习惯必须符合公序良俗。公序良俗是公共秩序和善良风俗的简称。公共秩序不是指具体法律规范，而是指体现社会公众整体利益的价值体系。善良风俗是指法律规则之外的符合社会绝大多数人价值判断的伦理规范。

对于何为符合公序良俗的习惯，法律并未作出具体解释。这意味着在适用符合公序良俗的习惯进行裁判时，法官需要根据我国公众对公序良俗形成的共识，根据当事人对习惯的说明，结合具体案件以自由心证的方式作出判断。

3. 指导性案例与司法解释。在我国，除了习惯作为法源外，还存在着两个值得关注的特有现象，即指导性案例与司法解释。准确地讲，我国没有任何立法将指导性案例与司法解释作为法源。但是，指导性案例与司法解释客观上对我国法律实践有着类似于法源的功能，对此，我们不能视而不见。

---

① 这是一个法律的基本规则，《法国民法典》将该规则明确规定在其第5条中。

② 《瑞士民法典》第1条第2款规定："法律未规定者，法院得依习惯法，无习惯法时，得依其作为立法者所提出的规则，为裁判。"该条第3款规定："在前款情形，法院应遵从公认的学理和惯例。"

第一，指导性案例。指导性案例是指裁判已经发生法律效力并符合以下条件的案例：（1）被社会广泛关注；（2）法律规定比较原则；（3）具有典型性；（4）为疑难复杂案例或者新类型案例；（5）具有其他指导作用。

我国立法没有明确承认指导性案例是民法的法源，不过，2010 年 11 月最高人民法院出台了有关指导性案例的司法解释即《最高人民法院关于案例指导工作的规定》，强调凡经最高人民法院认可的具有指导性的判决，法官在审判类似案件时“应当参照”①。这实际上确认了指导性案例具有“判例”的功能。但是，指导性案例的指导功能是通过对判决书的裁判要旨的提炼而体现的，与英美法系的“一判决一判例”有着本质不同。指导性案例不是立法，故而指导性案例仅能作为法院裁判说理的依据。对指导性案例的参照，在一定程度上可以避免“同案不同判”的现象，具有弥补法律漏洞的实质性功能。指导性案例通过将具有代表性的已决案的判决进行裁判要旨的提炼，引导法官们更准确地理解法律精神，通过统一法律的适用来提高审判质量以实现司法公正。

自 2011 年 12 月 20 日第一批 4 个指导性案例发布以来，截至 2018 年 7 月，最高人民法院已经公布了 96 个指导性案例。

第二，司法解释。司法解释是我国最高人民法院针对民事立法规范存在的遗漏、不清晰等缺陷，结合司法审判中的问题作出的补充说明、解释或规定。迄今为止，我国民事立法粗而不细、可操作性差的情况比比皆是，最高人民法院不得不承担起对法律进行必要解释和补充说明的使命。但是，颇有“形式上无权立法、实质上又不得不造法”的尴尬状态。② 最高人民法院的司法解释以个案解释和系统解释两种形式作出。前者如针对具体个案作出的批复，后者如《最高人民法院关于适用〈中华人民共和国婚姻法〉若干问题的解释（一）》《最高人民法院关于适用〈中华人民共和国公司法〉若干问题的规定（一）》。

伴随着 2010 年末最高人民法院指导性案例制度的出现，理论界认为该制度将会逐渐替代司法解释，从而令这种尴尬的局面逐渐淡出我国的法源领域。但从 2011 年指导性案例制度实施至今的实践看，司法解释的功能并未逐渐消退，反而有进一步强化的趋势。

第五节 民法的效力

［本节要点］

民法具有调整民事法律关系的效力，但这种效力要受到空间、时间、人以及适用具体事项的范围等方面的限制。

一、民法在时间上的效力

民法在时间上的效力是指民法在时间上的适用范围。不存在没有时间范围的法律，因为没有起始时间、没有终止时间的法律既不具有可操作性，也不能适应社会变化的需求。民法在时

---

① 《最高人民法院关于案例指导工作的规定》（2010 年 11 月 15 日通过）第 7 条规定：“最高人民法院发布的指导性案例，各级人民法院审判类似案件时应当参照。”根据 2015 年《〈最高人民法院关于案例指导工作的规定〉实施细则》第 9—11 条的内容，法官在审理案件过程中，应当查询、应当参照指导性案例、应当对引述指导性案例作出说明。

② 张俊浩主编：《民法学原理》（上册），中国政法大学出版社 2000 年版，第 53 页。

间上的效力状态与规则在不同国家基本相同。

（一）起始时间

民法效力的起始时间是民法规范生效的时间。法律效力的起始时间通过不同路径加以明确宣示，如《民法总则》第206条规定："本法自2017年10月1日施行。"《劳动合同法实施条例》第38条规定："本条例自公布之日起施行。"

民法效力起始时间有三种表现形式：（1）自颁行之日起生效；（2）自公布之日起生效；（3）由国家主席令等政令公布生效日期。

（二）终止时间

民法效力的终止时间是民法规范失效的时间。其表现形式包括：

1. 法律条文中明确规定废止时间。例如，《合同法》第428条规定："本法自1999年10月1日起施行，《中华人民共和国经济合同法》、《中华人民共和国涉外经济合同法》、《中华人民共和国技术合同法》同时废止。"

2. 法律法规颁布机构以国家主席令或者国务院令等形式明确宣布废止。例如，1983年施行的《中国公民同外国人办理婚姻登记的几项规定》被2008年国务院令第516号宣布废止，因为该规定被2003年8月8日国务院令第387号公布的《婚姻登记条例》所代替。

（三）三个规则

就民法在时间上的效力而言，有三个值得注意的规则：

第一，法律不溯及既往的规则。法律不溯及既往是自罗马法以来就存在的一个基本规则。民法规范仅适用于该规范生效之后发生的事实。其原理在于，任何人不能被要求去遵守一个并不存在的法律。故而，人们在民商事活动中只需要遵守当时有效的法律即可，而无需顾虑该法律以后可能出现的变更所带来的风险，从而保护人们的交易安全。例如，2014年《最高人民法院关于适用〈中华人民共和国公司法〉若干问题的规定（一）》第1条规定："公司法实施后，人民法院尚未审结的和新受理的民事案件，其民事行为或事件发生在公司法实施以前的，适用当时的法律法规和司法解释。"该条就体现出法律不溯及既往的原则。在《最高人民法院关于〈中华人民共和国国家赔偿法〉溯及力和人民法院赔偿委员会受案范围问题的批复》中，最高人民法院强调："《国家赔偿法》不溯及既往。"①

但是，如果明确规定可以溯及既往的，则不受该规则的限制。例如，最高人民法院于2017年公布的《最高人民法院关于审理矿业权纠纷案件适用法律若干问题的解释》第23条规定："本解释施行后，人民法院尚未审结的一审、二审案件适用本解释规定。"

[案例1-5-1]② 2011年11月15日，杨某与甲公司签订《A煤矿转让协议》，对A煤矿的转让事宜进行了约定。2015年，因政府煤矿整顿，A煤矿被关闭，杨某与甲公司就煤矿善后事宜产生纠纷，诉至法院。双方争议焦点之一是《A煤矿转让协议》的效力问题。法

---

① 其具体内容是："国家机关及其工作人员行使职权时侵犯公民、法人和其他组织合法权益的行为，发生在1994年12月31日以前的，依照以前的有关规定处理。发生在1995年1月1日以后并经依法确认的，适用《国家赔偿法》予以赔偿。发生在1994年12月31日以前，但持续至1995年1月1日以后，并经依法确认的，属于1995年1月1日以后应予赔偿的部分，适用《国家赔偿法》予以赔偿；属于1994年12月31日以前应予赔偿的部分，适用当时的规定予以赔偿；当时没有规定的，参照《国家赔偿法》的规定予以赔偿。"

② 张家界市中级人民法院（2017）湘08民终343号民事判决书，原文有删节。

院审理后认为:《A煤矿转让协议》是双方真实自愿的意思表示,属于矿业权转让合同,协议内容不违反强制性法律规定。依据《关于审理矿业权纠纷案件适用法律若干问题的解释》第6条第1款"矿业权转让合同自依法成立之日起具有法律约束力"以及第23条"本解释实施后,人民法院尚未审结的一审、二审案件适用本解释规定"的规定,《A煤矿转让协议》自成立之日起具有法律约束力,是合法有效的。

第二,新法优于旧法的规则。即在新法生效后,如果旧法没有明确被废止,则新法与旧法同时适用。但是,当旧法的内容与新法的内容发生抵触时,旧法的相关内容就被视为当然废止。

第三,特别法优于普通法的规则。普通法是指关于一般事项的法律,如《民法总则》。特别法是指关于特别事项的法律,如《物权法》。《民法总则》第11条中"其他法律对民事关系有特别规定的,依照其规定"的规定,就是有关特别法优于普通法的规定。当普通法与特别法的内容不完全相同时,在特别法不违背普通法基本精神和原则的前提下,特别法的适用要优于普通法。

二、民法在空间上的效力

(一)对"空间"的理解

就民法的效力而言,空间是指涉及空中、地面及地下的立体式的地域范围。一个国家民法效力所涉及的空间与该国家的地域范围是一致的,除非法律有特别规定。我国《民法总则》第12条规定:"中华人民共和国领域内的民事活动,适用中华人民共和国法律。法律另有规定的,依照其规定。"

(二)空间效力状态

就一个国家内部而言,因中央与地方管辖区域的不同和民事立法制定机构性质的不同,民法在空间上的适用状态也不同。全国性的民事立法适用于该国家的全部地域,但是法律规定不适用的区域除外。例如,我国《婚姻法》中有关结婚年龄的规定在新疆、西藏等少数民族地区不适用。地方性的民事立法仅适用该地方的全部地域。

三、民法的对人效力

民法的对人效力是指民法适用的主体范围。民法的对人效力主要分为属人主义和属地主义。

属人主义是指按照国籍来判断民法适用的主体范围,即只要某人具有一国国籍,无论其处于何处,均适用其所属国家的民法规范。

属地主义是指按照居住或逗留地来判断民法适用的主体范围,即当某人逗留或者居住在一国时,无论其是否具有该国国籍,均适用该国的民法规范,但法律另有规定的不在此限。我国《民法通则》第8条规定:"在中华人民共和国领域内的民事活动,适用中华人民共和国法律,法律另有规定的除外。本法关于公民的规定,适用于在中华人民共和国领域内的外国人、无国籍人,法律另有规定的除外。"显然,我国民法采属地主义并有所变通,即原则上讲,我国民法适用于我国境内的本国人、外国人和无国籍人,包括自然人、法人和其他团体。但是,根据我国参加或者承认的国际公约，凡规定不适用我国法律的人，如在我国境内活动的享有外交豁免权的外国人，不适用我国民法。

第六节　民法典编纂

[本节要点]

具有制定法立法传统的大陆法系国家对民法典的编纂情有独钟，不同的立法传统和立法技术造就了目前大陆法系国家不同的民法典编纂方式。我国民法的制定经历了一个历史发展的过程，形成了具有中国特色的以民法典为中心的民事立法体系。

一、法典探源

“法典”一词来源于拉丁文“*codex*”，其最初含义是“书”。公元4世纪的法学家们开始尝试将皇帝谕令编纂成册。至公元5世纪，具有一定完整性与体系性的《狄奥多西法典》(*Codex theodosianus*)的编纂，使得“*codex*”又增加了一个新的、特殊的含义——“完整、系统的法律汇编”。公元6世纪出现了著名的《优士丁尼法典》。从现代人的视角看，它在形式上尚不属于一个完整的法典，但是其内容已经相当完整且系统化，它由《优士丁尼·法典》《优士丁尼·学说汇纂》和《优士丁尼·法学阶梯》(*codex*，*digesta*，*institutiones*)构成。这最终确定了“*codex*”在罗马法系中法律术语的含义——法典。

法典既不是单一的法律，也不是法律的简单汇编，它是法学理论和法律技术的综合产物，是法律科学研究的系统化成果。

从优士丁尼时代起，法学家与法典就紧密地联系在了一起。而大陆法系国家的民法典几乎都是法学家的作品，故而可以说，没有法学家就没有民法典。

二、大陆法系国家民法典的编纂

(一) 从罗马法到20世纪的民法典

在罗马法时代，《优士丁尼·法学阶梯》的编纂体系被认为具有代表性。它包括：(1) 正义与法；(2) 人（人、婚姻、家庭、监护与保佐）；(3) 物（物、所有权与他物权、继承、契约之债与私犯之债）；(4) 诉讼。

18世纪，在自然法学派以及德国潘德克顿法学派法学思想的影响下，1794年出现了欧洲近代第一部民法典——《普鲁士民法典》，但是，它的影响很快就被在其后产生的《法国民法典》所替代。

1804年的《法国民法典》（也称《拿破仑民法典》）是一部革命性的民法典。这部法典彻底摒除了所有残余的封建法律制度，宣扬所有权神圣和个人自由。《法国民法典》被认为是在《优士丁尼·法学阶梯》编纂体系启迪下完成的，其体系内容包括：(1) 人；(2) 财产、所有权及对所有权的限制；(3) 取得所有权的方式（包括继承取得、债因取得与合同取得）。《法国民法典》的模式对欧洲如意大利、非洲如埃塞俄比亚、拉美如智利、亚洲如越南等一些国家产生了很大影响。

潘德克顿（pandekten）法学派的代表人物萨维尼（公元1779—1861年）在其具有重大影

响的巨作《当代罗马法体系》中，重新解读了优士丁尼法典，强调了法的体系构成的重要性。他在17世纪理性主义研究成果的基础上，提出了法律的科学性在于概念的界定的观点。萨维尼的思想对《德国民法典》有着重要影响。1900年《德国民法典》的编纂体系多采用了《优士丁尼·学说汇纂》体系。其内容是：（1）总则：自然人与法人、物、法律行为、权利的滥用及权利的保护；（2）分则：债权法（债及债产生的原因）、物权法（占有、所有权、他物权）、家庭法（世俗婚姻、亲属关系、监护）、继承法（无遗嘱继承及遗嘱继承）。

《德国民法典》对1898年的《日本民法典》有着很大的影响，并进而对中国的民法产生了重大影响。

（二）民法典中总则模式与非总则模式

在民法典立法技术上，有两个模式：

第一，总则模式。该模式的特点是在民法典中设立"总则"。这要归功于德国学说汇纂法学派的法学家们。他们在《德国民法典》中设立了总则部分，目的在于最大限度地简化民法典的内容，即在一部民法典中尽可能地减少法条数量。

第二，非总则模式。该模式的特点是在民法典中不设立"总则"。例如，瑞士和意大利的法学理论虽然深受德国学说汇纂法学派的影响，但是，无论是1907年的《瑞士民法典》还是1942年《意大利民法典》① 均未将总则引入法典，而是将总则模式中总则的内容分散于各个编、章中。

（三）民商合一的立法模式与民商分离的立法模式

1. 民商合一的立法模式。即民法典中包含着商法典，如《瑞士民法典》（1907年）、《意大利民法典》（1942年）、《秘鲁民法典》（1984年）、《荷兰民法典》（1970—1992年）、《魁北克民法典》（1994年）。

2. 民商分离的立法模式。即在民法典之外单独制定商法典，如法国在颁布了民法典（1804年）之后又颁布了商法典（1807年）。因为在商业领域，适用特殊的交易习惯和分别裁判制，为此，商人们创制了新的法律制度以调整相互之间的关系。这样，商法作为服务于商业活动（商法的客体）的专门规则发展起来。民法则是所有自然人和法人的共同法。

（四）民法典中以人为核心的理念

民法典中以"人"为核心的编排理念具有重要意义。民法典中的一切内容都是围绕着"人"展开的，包括：人的权利和义务，涉及主体资格的权利能力和行为能力；家庭关系；主体与其他人的关系、与财产的关系；为取得、占有、使用、收益而与财产发生的关系；以设立债的方式、为制造产品或提供服务而与他人或组织建立起来的合作关系；在与他有关系的人中发生的继承。

（五）民法典的特点

民法典的编纂颇具立法技术性，其特点是：

第一，内容编排有序。现代民法典分为编、章、节、分节、条、段和款。每编、章、节或分节均以简短标题或主题词表明中心内容。

第二，讲究法律术语的使用。创制专门的法律术语源于罗马法，如果从公元6世纪《优士

① 《意大利民法典》由以下六编构成：人与家庭、继承、所有权、债、劳动和权利的保护。

丁尼·法学阶梯》《优士丁尼·法典》和《优士丁尼·学说汇纂》的完成起算，在成文法中创制法律术语的做法存续了1 500年左右。创制法律术语构成了以罗马法为基础的大陆法系的特征之一。民法的法律术语就是在法典编纂的过程中不断得到提炼并走向完善的。因为对整个法律制度而言，法律术语的技术性和精准度是必要和有益的，也是大陆法系与其他法系在法律制度层面进行交流的连接点。

总之，民法典是也应当是整个法律体系的核心和方向。逻辑严密与层次分明的编排、准确和科学的法律术语、体系科学和表述准确的规则是民法典应当具备的品质。当然，任何一部法典的编纂，不可避免地会出现一词多义和含混不清的情况，但是，立法者的严谨态度和深厚的法学素养可以将这种现象降到最少。

三、我国民法典的编纂

（一）1949年之前

1.《大清民律草案》。我国受西方法学思维的影响，自清朝末期开始进行民法典的编纂。1908年清朝设修订法律馆，委派专人负责《大清民律》的起草工作。1911年8月《大清民律草案》完成，共有总则、债权、物权、亲属和继承五编。但是未及施行就因清政府覆亡而成为历史。该草案的亲属编和继承编由中国法学家章宗元、朱献文和高种等起草，总则、债权和物权三编由受聘的日本法学家松冈义正和志田钾太郎起草。

《大清民律草案》的基本特点是采纳了潘德克顿立法模式：抽象出总则内容，将民法的基本原则、基本概念和制度等基本内容放置在总则中，从而使其体例臻于完备；而在分则部分设债权、物权、亲属和继承四编。

2.《中华民国民法典》。为制定该民法典，设立了专门立法委员会，历时三年（1929年至1931年），继续采总则、债编、物权编、亲属编和继承编五编制。

该民法典的主要特点是：

第一，采民商合一体系。法典编制过程中，在采民商分立还是民商合一立法体系的问题上，存在争议，但经过多次讨论，最终采纳了民商合一的立法体系，与此同时，公司法、票据法、破产法、保险法等单独编制。

第二，限定习惯适用的范围。该民法典制定之前，中国对民事纠纷的解决多适用习惯，但是中国幅员辽阔，各地习惯错综复杂，良莠不一，肆意采用，不利于法律事业的发展。所以根据法治精神，民法典规定，凡民事活动必须依法律规定；法律无规定的，可援用习惯，而且不得有悖公共利益或善良风俗。

第三，确定男女平等原则。自古以来，中国重男轻女观念极为严重，且积重难返。孙中山先生一贯倡导男女平等，故该民法典特别在权利能力、行为能力、所有权享有、财产处分、婚姻关系、遗产继承等方面作出了专门标志男女平等的规则，以彰显男女平等原则的精神。

该民法典至今仍在我国台湾地区适用着。

3.解放区民法规范的制定。解放区是指中华民国期间由中国共产党统治的区域。在1934年之前曾被称为“中华苏维埃共和国”，后被称为“解放区”。解放区的法律多形成于1931—1949年，尤其是1931—1934年之间。解放区有独立的立法系统和司法系统，与民法有关的立法主要包括《中华苏维埃共和国宪法大纲》（1931年）、《中华苏维埃共和国土地法》（1931

年)、《中华苏维埃共和国劳动法》(1931年)、《中华苏维埃共和国关于经济政策的决定》(1931年)、《中华苏维埃共和国婚姻法》(1934年)和《中国土地法大纲》(1947年)等。

解放区的立法基本上完全受到苏俄立法的影响。在宪法观念上主张消灭一切剥削，设立无产阶级民主专政国家；没收一切地主的土地，将其分给贫下中农，并以实现土地国有为目的；彻底解放妇女，实现男女平等；彻底改善工人阶级的劳动条件，规定8小时工作制和最低工资标准等。这些观念对1950年以后至20世纪80年代的立法有着较大的影响。

（二）1950—1980年

20世纪50年代我国重新颁布了一些民事立法，如《婚姻法》(1950年)、《土地改革法》(1950年)、《私营企业暂行条例》(1950年)、《公私合营工业企业条例》(1954年)、《机关、国营企业、合作社签订合同契约暂行办法》(1950年)、《保护发明权与专利权暂行条例》(1950年)、《基本建设工作暂行办法》(1952年)等，并在买卖、借贷、房屋租赁、运输、保险等合同领域制定相关规则，但未构成体系化的民事立法。

自1957年夏天至1978年12月中共十一届三中全会闭幕，因国家社会生活陷于连续不断的以阶级斗争为纲的运动中，民法典的立法活动处于停顿状态。

（三）我国民法典的编纂活动

制定民法典始终是1950年以后数代法律人梦寐以求的理想。在20世纪50年代至60年代，曾经先后三次研拟过三个民法典草案，但是或因政治运动，或因草案内容过于不成熟，这三个民法典草案均“流产”。

20世纪80年代，一方面，国家改革开放急需有关民法规则的出台，以便为十分活跃的经济活动提供行为规则；另一方面，民法典又迟迟无法面世，故而形成了以《民法通则》为核心辅以大量单行法的民事立法模式。具体而言，在《婚姻法》(1980年)、《经济合同法》(1981年)、《商标法》(1982年)、《专利法》(1984年)、《涉外经济合同法》(1985年)和《继承法》(1985年)先后出台的基础上，《民法通则》于1986年4月12日通过。其后，又先后颁行了《著作权法》(1990年)、《担保法》(1995年)、《合同法》(1999年)、《物权法》(2007年)和《侵权责任法》(2009年)等重要的单行法。

与此同时，民法典的编纂工作并未停止。1998年全国人民代表大会常务委员会编制的立法纲要中提出要在2010年制定完成民法典的规划。中国民法学者则自发地着手进行民法典编纂的准备工作，甚至提出了民法典的民间建议稿。2002年，全国人民代表大会法律工作委员会草拟了《中华人民共和国民法（草案）》，并于当年提交到了全国人民代表大会常委会进行讨论。该草案有九编：总则、物权法、合同法、人格权法、婚姻法、收养法、继承法、侵权责任法和涉外民事法律关系的法律适用法。但是，由于法学理论研究和实践基础的积淀与准备尚不充分，立法技术尚不成熟，且起草过程过于匆忙，该草案的内容相当不成熟。民法典的编纂自此暂停。

2014年9月，中国民法学研究会在北京召开了中国民法典编纂学术研讨会，参会的我国数十名民法学家强烈呼吁在法学理论准备充分、法学立法技术较为成熟的情况下，重新启动民法典的编纂。一个月后，中共中央十八届四中全会通过的《中共中央关于全面推进依法治国若干重大问题的决定》对此给予了回应：“加强市场法律制度建设，编纂民法典……”

2015年3月，全国人民代表大会常务委员会下属的法制工作委员会牵头成立了由最高人民法院、最高人民检察院、国务院法制办、中国社会科学院、中国法学会5家单位参加的民法典编纂工作协调小组，组织开展民法典编纂工作。2016年6月《民法总则草案》被提请全国人大常委会初次审议。2016年7月该草案在中国人大网公布并向社会公开征求意见，收到了65 093条修改建议。2016年11月经全国人民代表大会常务委员会二次审议的《民法总则草案（二次审议稿)》向社会公开征求意见，收到了3 038条修改建议。同年12月《民法总则草案（三次审议稿)》再次向社会公开征求意见，收到2 096条修改建议。2017年3月8日《民法总则草案》被提请十二届全国人民代表大会第五次会议审议并于同月15日获得通过。

《民法总则》于2017年10月1日生效，其内容包括基本规定、自然人、法人、非法人组织、民事权利、民事法律行为、代理、民事责任、诉讼时效期间计算和附则共计11章。

按照立法计划，在《民法总则》颁布后，继续进行民法典各分编的编纂，争取于2020年3月将民法典各分编一并提请全国人民代表大会审议通过，以形成统一的民法典。民法典分编主要包括物权编、合同编、侵权责任编、婚姻家庭编和继承编等。但民法学理论界对该分编体系安排的批评之声频发。

民法典分则体系应当是总则中一般规则的系统性细化。换言之，总则的内容是把分则中的规范加以提炼，形成一般性规则并按照一定体系加以汇总的结果。与公法相比较，民法就是一种权利法。民法以权利的确认、权利的行使、权利的保护、权利的限制等为其立法使命。采纳民法总则与分则立法体系的国家需要充分运用该立法体系和立法技术来实现民法的立法使命，因此，我国民法典的编纂，需要通过体系化的分则内容来细化总则的一般规定。故而，我们需要将婚姻家庭与遗产继承、物权、债（含债法总则和债法分则）、人格权、知识产权均纳入分则中加以专门规定。

延伸思考

1. 从公法和私法划分的价值的角度出发思考公私法划分的标准。

2. 如何理解民法和商法的关系？

3. 英美法系的民法渊源与大陆法系的民法渊源有何不同？

4. 当“特别法优于普通法”规则的适用与“新法优于旧法”规则的适用发生冲突时，“特别法优于普通法”规则是否应当阻却“新法优于旧法”规则的适用？

5. 宪法能否成为民法的渊源？

法条链接

《民法总则》第1条、第2条、第3条、第11条、第12条、第200条、第206条；《民法通则》第1条、第2条、第3条、第7条、第8条、第110条、第156条。

扩展阅读

1. 曹治国：《公法与私法划分否认说及其评价——兼论公私法划分的必要性》，载《法治研究》2007 年第 4 期。

2. 郭明瑞、于宏伟：《论公法与私法的划分及其对我国民法的启示》，载《环球法律评论》2006 年第 4 期。

3. 黄忠：《民法如何面对公法：公、私法关系的观念更新与制度构建》，载《浙江社会科学》2017 年第 9 期。

4. 韩大元：《宪法与民法关系在中国的演变——一种学说史的梳理》，载《清华法学》2016 年第 6 期。

5. 尹田：《民法典总则与民法典立法体系模式》，载《法学研究》2006 年第 6 期

6. 江平：《制订一部开放型的民法典》，载《政法论坛（中国政法大学学报）》2003 年第 1 期。

7. 费安玲：《论我国民法典编纂活动中的四个关系》，载《法制与社会发展》2015 年第 5 期。

8. 姚辉：《论民事法律渊源的扩张》，载《北方法学》2008 年第 1 期。

9. 刘智慧：《习惯作为民法法源的类型化分析——以〈民法总则〉第 10 条的适用为中心》，载《新疆社会科学》2017 年第 4 期。

10. 舒国滢：《19 世纪德国“学说汇纂”体系的形成与发展——基于欧陆近代法学知识谱系的考察》，载《中外法学》2016 年第 1 期。

11. 耿林：《论法国民法典的演变与发展》，载《比较法研究》2016 年第 4 期。

12. 陈卫佐：《现代民法典编纂的沿革、困境与出路》，载《中国法学》2014 年第 5 期。

13. 赵旭东：《民法典的编纂与商事立法》，载《中国法学》2016 年第 4 期。

14. 王利明：《民商合一体例下我国民法典总则的制定》，载《法商研究》2015 年第 4 期。

15. 施鸿鹏：《民法与商法二元格局的演变与形成》，载《法学研究》2017 年第 2 期。

16. 刘凯湘：《剪不断，理还乱：民法典制定中民法与商法关系的再思考》，载《环球法律评论》2016 年第 6 期。

17. 梁慧星：《中国民法典中不能设置人格权编》，载《中州学刊》2016 年第 2 期。

18. 王利明：《论民法总则不宜全面规定人格权制度——兼论人格权独立成编》，载《现代法学》2015 年第 3 期。

19. 费安玲：《论知识产权与民法典的互动——以立法形式为分析视角》，载《陕西师范大学学报（哲学社会科学版）》2017 年第 2 期。

20. 吴汉东：《民法法典化运动中的知识产权法》，载《中国法学》2016 年第 4 期。

第二章　民法的基本原则

本章要点

民法基本原则是民法的灵魂所在，它支撑起全部民法规范的价值理念。在社会发展的进程中，民法基本原则也在不断演变，以彰示社会经济发展对法律的要求。平等原则、权利神圣原则、契约自由原则等民法基本原则迄今功能不衰，20世纪以后产生的诚实信用原则、禁止权利滥用原则等从不同的侧面对原有的基本原则予以补充和完善。我国民法基本原则并未因目前我国民法立法的体系化不足而表现衰微，相反，《民法总则》《民法通则》及其单行立法如《合同法》《物权法》等展示出了相当成熟的民法基本原则。

本章的学习重点主要在于掌握我国民法的基本原则，学习难点主要在于理解民法基本原则的演变。

第一节　演进中的民法基本原则

［本节要点］

历史的演进必然在法律基本原则上有所反映。虽然一些私法观念发端于罗马法，但是对民法基本原则的产生与发展有着推动力的观念主要源于近现代社会经济的发展尤其是19世纪的工业革命。近代欧洲国家在继受罗马法私法价值观的基础上，形成了人格平等原则、权利神圣原则、契约自由原则和过失责任原则等民法的基本原则。随着社会的发展，这些原则也日渐显露其不足，进而产生了现代民法对近代民法基本原则的修正。修正不是简单的否定，而是一种扬弃与升华。民法基本原则在其演进中推动着社会完成“从身份到契约”的历史性的转变。从近代民法到现代民法，都在实践着“权利本位法”的理念追求。

一、民法基本原则的意义

民法基本原则是指以价值判断引导着民法基本理念，以规则形式贯穿于民法的全部，并直接制约着民事活动和司法、仲裁等法务活动的行为准则。以条款形式存在的法律规则，其后面隐含着价值的追求与判断。在民事立法活动、民众的普通社会民事活动中，民法基本原则从价值观上支撑起民法的基本理念，并使这些活动具有正当性和公正性的特质。在当事人以社会普通成员的身份，通过自行协商或者通过诉讼、仲裁来解决纷争时，民法基本原则同样发挥着重要的指导功能，因为无论是当事人还是法官都需要遵循如平等原则、意思自治原则、禁止权利滥用原则等民法基本原则进行活动。

由于民法基本原则旨在引导法律规则彰显其应有的价值，民法基本原则借助于立法和司法活动不断被具体化。

在民法中，原则以三种类型存在着：

1. 民法基本原则。民法基本原则从价值观上构建起民法的整个规则体系。例如，权利神圣、意思自治等基本原则支撑起民法的基本价值理念。

2. 民法具体原则。民法具体原则是指为实现民法基本原则所蕴含的理念，通过立法技术彰示出来的原则，如物权法定原则、过失相抵原则等。其特点是针对民法中的特定内容而存在。

3. 由道德规范演化的法律原则。这些原则原本属于道德规范，属于被人们自觉遵守的习惯法上的规则。但是，为了克服民法基本原则在适用中被肆意扩张，这些道德规范在民法演进过程中逐渐被融入民法原则中。这些法律原则并非对民法基本原则的否定，而是对民法基本原则的适用加以补充或者矫正。例如，禁止权利滥用原则旨在限制对权利神圣原则的肆意扩张，诚实信用原则旨在对意思自治原则进行矫正，公序良俗原则旨在从价值观上将道德规范对法律规范的填补功能予以肯定。

在大陆法系国家的民法立法中，基本原则作为法律的价值理性是立法中不可或缺的一项内容。它以相当抽象的价值理念使得法律规定具有适用面上的包容性和解释上的弹性，给法官以处理个案的理念、方法和依据。这使得法律的功能和权威性不会因可能存在的漏洞而丧失。

虽然民法中的基本原则很重要，但其在大陆法系国家民法典中的表现形式不一。主要包括：

1. 基本原则隐身于法条的模式。该模式的特点是法典中没有“基本原则”的明确表示，而将基本原则的内容通过条款体现。例如，《德国民法典》中并没有明确的平等原则的表述，但是在其第 1 条“权利能力的开始”的规定中“宣示了一切自然人从出生完成之时起均具有权利能力且在法律上一律平等的重要原则”①。在其第 1356 条中规定“配偶双方均有权从业”，这彰示出平等原则在配偶关系中的存在。《意大利民法典》第 6 条规定“每个人均依法享有姓名权”②，《法国民法典》第 8 条规定“所有法国人均享有民事权利”③，《瑞士民法典》第 11 条规定“（1）任何人均有权利能力。（2）同样地，任何人在法律许可的范围内，均有平等的权利能力和义务能力”，这些规范均体现着平等原则的宗旨。

2. 基本原则被直接明示的模式。该模式的特点是在民法典中明确指出该法典宣示的基本原则。例如，《日本民法典》第 1 条“基本原则”中明确规定“i. 私权必须符合公共福祉；ii. 权利行使及义务履行必须遵守信义，以诚实为之；iii. 权利不许滥用”。④《俄罗斯民法典》第 1 条“民事立法的基本原则”中规定了民事立法所调整的关系的参加者一律平等、财产不受侵犯、合同自由、不允许任何人随意干涉私人事务等基本原则⑤。我国《民法通则》和《民法总则》亦采用此模式，将基本原则置于民事立法规范的最前部，以彰示其重要性。我国《民法总则》第一章“基本规定”中第 3—8 条都是有关基本原则的内容，这些规定涉及权利神圣、平等、意思自治（自愿）、公平、诚实信用等基本原则。

① 《德国民法典》，陈卫佐译注，法律出版社 2015 年版，第 5 页。

② 《意大利民法典（2004 年）》，费安玲等译，中国政法大学出版社 2004 年版，第 11 页。

③ 《法国民法典》（上册），罗结珍译，法律出版社 2005 年版，第 41 页。

④ 《最新日本民法》，渠涛编译，法律出版社 2006 年版，第 3 页。

⑤ 《俄罗斯联邦民法典》，黄道秀译，北京大学出版社 2007 年版，第 35 页。

二、近代民法基本原则

近代欧洲受到启蒙思想和人文主义的影响，加之罗马法在意大利博洛尼亚的重新发现和传播，逐渐在民法领域形成了人格平等、权利神圣、契约自由和过失责任四项民法基本原则。这些基本原则对强化尊重人及其人格，把人们从封建特权和身份不平等的社会生活环境中解放出来起到了重要的推动作用。

（一）人格平等原则

平等的价值观是民法得以产生和发展的重要思想前提。虽然古希腊的哲学观中已经存在人人平等的观念，罗马法中也出现了平等的理念①，并且这种理念使得罗马法在私法领域获得了长足的发展并使之成为近现代私法的鼻祖，但真正使人格平等走进社会生活的方方面面的是近代民法发展的成果。近代民法在天赋人权思想的影响下确立了人格平等原则，其典型体现就是1804年《法国民法典》第8条和1907年《瑞士民法典》第11条宣示性地规定了人格平等的原则。②

（二）权利神圣原则

权利神圣原则是指任何民事主体的人格权和财产权受法律保护，非依公正的法律程序，不得被限制或者被剥夺，任何人或者任何权力均不得对其实施侵害的行为准则。

权利神圣原则是以自由观念为思想前提的，自由观念在罗马法中已经成为法律的重要理念之一。在罗马法中，自由权（拉丁文 *libertatis*）被认为是自然人最重要的权利。古罗马法学家保罗（*Paulus*，公元3世纪法学家）对自由权的评价是："自由权是不可估价的东西。"③ 按照当时另一位法学家佛罗伦汀的分析，自由权之所以重要，是因为"自由权是这样一种自然权利：每个人可以做自己想做的事情，除非受到法律或其他强力的禁止"④。

至近现代，法国率先将这一观念法制化，并对其他国家权利神圣原则的确立影响巨大。

权利神圣原则包括下列三个基本点：

1. 民事主体享有的民事权利是自然和当然的权利。这是天赋人权思想在民法上的体现。

2. 民事权利内容具有无限的广泛性。法律确认的权利受到法律保护，但法律尚未确认的权利并不意味着不应当获得法律的救济，因为古代罗马人利用其谚语告诫我们："哪里有权利，哪里就应当有救济。"⑤ 这为法官行使自由裁量权奠定了法理基础。

3. 权利神圣的重点在于人格权神圣和所有权神圣。

---

① 古罗马法学家乌尔比安曾经强调："根据市民法的规则，奴隶什么都不是。但是，根据自然法，情况并非如此。因为，根据自然法的规则，一切人都是平等的（*Quod attinet ad ius civile, servi pro nullis habentur: non tamen et iure naturali, quia, quod ad ius naturale attinet, omnes homines aequales sunt*）。"罗马法原始文献 D. 50，17，32，参阅［意］桑德罗·斯奇巴尼选编：《人法》，黄风译，中国政法大学出版社 1995 年版，第 37 页。

② 《法国民法典》第 8 条规定："所有法国人均享有民事权利。"《瑞士民法典》第 11 条规定："（1）任何人均有权利能力。（2）同样地，任何人在法律许可的范围内，均有平等的权利能力和义务能力。"

③ 拉丁文原文是"*Libertas inaestimabilis res est*"。罗马法原始文献 D. 50，17，106，参阅［意］桑德罗·斯奇巴尼选编：《人法》，黄风译，中国政法大学出版社 1995 年版，第 36 页。

④ 拉丁文原文是"*Libertas est naturalis facultas eius quod cuique facere libet, nisi si quid vi aut iure prohibetur*"。罗马法原始文献 D. 1，5，4，pr.，参阅［意］桑德罗·斯奇巴尼选编：《人法》，黄风译，中国政法大学出版社 1995 年版，第 35 页。

⑤ 拉丁文原文为"*ubi jus ibi remedium*"。

（三）契约自由原则

契约自由原则强调当事人按照自己的理性判断来决定自己的事务、选择交易对方当事人并就相关内容自由地表达意愿，最终形成与他人的社会关系的行为准则。契约自由原则构建于意思自治的理念，该理念强调人有权依照自己的理性判断来设计自己的生活，管理自己的事务，不受他人非法干涉。意思自治的真谛是尊崇选择。

契约观念是罗马法中很重要的观念。在近代社会，契约观念又为人们解放思想、抵制皇权专制提供了重要的思想武器。契约观念强调平等主体通过自由协商的方式对各种社会关系的出现达成合意。契约自由原则作为一种价值理念贯穿于民事交易活动的始终，其内容至少包括契约意思自由和契约形式自由两个方面。

1. 契约意思自由。只有依当事人的真实意思发生的契约关系才具有合法性，否则不能产生契约效力。当事人有依自己的意愿设定或不设定契约的自由，契约的法律效果完全由当事人的意思决定。具体而言，契约意思自由主要包括以下几方面内容：

第一，缔约自由，即决定是否与他人缔结契约的自由。

第二，选择相对人自由，即与谁缔结契约的自由。

第三，契约内容自由，即选择契约条款的自由。

第四，契约类型自由，即根据自己的意愿决定选择何种契约类型的自由。例如，需要物品时，可以任意选择买卖、租赁或加工等交易方式。契约类型自由的核心是创设契约的自由。

第五，解约自由，即当事人有依单方的意思解除契约的自由。单方解约与违约不同，须有法律上规定的原因，当事人才具有解约权。无原因的随意解约，属不履行债务的行为。

第六，选择裁判自由，即在发生契约争议时，当事人有选择仲裁或诉讼的自由。

第七，选择法律的自由，即对涉外契约，当事人有选择解决争议所适用的法律的自由。

2. 契约形式自由。契约形式就是契约意思的载体，如对话、书面以及行为等。虽然书面形式是契约的主要形式，但是，除法律要求必须采取书面形式外，当事人可以对契约形式进行选择，例如，法国、德国、日本等国家民法典都允许在口头、书面甚至交易习惯等形式中作出选择。契约形式自由是被我国法律所肯定的。我国《合同法》第 10 条允许对契约形式进行自由选择，只要不违背法律的禁止性或者强制性规范即可。

但是，值得注意的是，虽然契约自由原则直接关系民事主体的尊严与权利，但是，自 20 世纪以来，尤其是第二次世界大战结束后的半个多世纪中，随着大型企业的出现和垄断的加剧，强弱阵营日渐分明，强者往往假契约自由之名限制弱者的自由缔约权：一方面，交易的程式化使格式契约大量被使用，使契约自由面临从未有过的挑战；另一方面，在经济地位有明显势差的交易者之间，契约自由演变为弱肉强食的工具。从而催生了强化弱者自由权、弱化强者自由权的契约正义理念。

（四）过失责任原则

过失责任原则是指行为人要为自己的疏忽大意甚至追求损害他人利益的行为承担责任的行为准则。过失责任原则关注“自己行为，自己责任”的价值理念。

在法律上确认过失责任原则，有如下几点理由：

1. 民事主体应当就自己的过失行为给他人造成的损害承担赔偿责任。这不仅是正义的要求，也是法律制度的必然选择。

2. 过失责任是协调“个人自由”与“社会交易安全”的平衡阀。

3. 过失责任不否定人的自由，承认个人的选择与区分是非的能力，个人既然基于自由意志而致他人损害，法律对其予以制裁，也体现了法律对个人尊严的尊重。

三、近现代民法基本原则的修正

近代社会是人类历史上最值得研究的历史阶段之一。一方面，在近代社会，伴随着启蒙运动的影响，欧洲国家逐渐进行了“从身份到契约”的转换。在这个时期，尤其是在 17 世纪和 18 世纪自然法思想被深入研究的时期，大量著作出现，如荷兰学者格劳修斯的《国际法典》、斯宾诺莎的《神学政治学》，英国学者霍布斯的《利维坦》，以及法国学者孟德斯鸠的《论法的精神》、卢梭的《论人类不平等的起源和基础》等，唤起了人们对民法在保障个人平等、维护个人财产、刺激自由竞争等方面的功能的关注。但另一方面，社会经济的发展和自由竞争程度的加剧，也引发了人们对上述四个民法基本原则的弊端及其解决方案的讨论。这些弊端主要表现为法律上的平等掩盖了事实上的不平等，权利神圣和契约自由掩盖了社会中大量存在的贫富悬殊现象，过失责任原则对举证困难的受害人缺乏公平的法律救济，等等。这些社会生活中日渐突出的问题与社会矛盾有些就直接来自法律规则本身。为此，民法基本原则所彰示的价值观，需要根据社会的发展作出一定的调整。

为此，自 19 世纪末到 20 世纪末，民法从学说到制度、从基本原则到具体规范都发生了相当大的变革，民法由“个人本位”阶段进入了“社会本位”阶段，民法基本原则也发生了相应的变化。例如，从原来的过于尊重自由转向兼顾社会公共福祉与社会公正，以法律规范的形式强化对劳动者等弱势群体的保护，在保护所有权的同时也强调对所有权行使的限制，在契约自由原则中嵌入了契约正义的理念，在过失责任原则中引入了过失推定原则和无过失归责原则。1900 年实施的《德国民法典》和 1912 年实施的《瑞士民法典》就是这一变革的成果。欧洲、拉丁美洲和亚洲等地的现代法典化运动，将这一成果进一步推广开去。

第二节　我国民法的基本原则

[本节要点]

我国《民法总则》确认了合法权益受法律保护原则、平等原则、自愿原则、公平原则、诚实信用原则等民法基本原则。我国民法基本原则既继受了欧洲私法的传统，也兼顾了中国社会的特点。在学习中需要对我国民法基本原则的内容有比较深入的理解，以为后面的学习奠定价值理念的基础。

如本章第一节所述，民法基本原则是指以价值判断引导民法基本理念，以规则形式贯穿于民法的全部，并直接制约着民事活动甚至司法和仲裁等法律实践活动的行为准则。

对我国民法基本原则的理解需要注意如下几点：

第一，我国民法基本原则是我国整个民法规范的价值主线和灵魂所在。基本原则所蕴含的价值观直接引导着我国民事立法、社会公众之间的民商事活动以及司法审判和仲裁等法务活动。

第二，对民法基本原则的认识应当是体系化的。民法基本原则贯穿于民法规范的始终。虽然我国的民法基本原则被放置在《民法总则》第一章和《民法通则》第一章中，但是，《民法总则》《民法通则》的其他章节和民法单行法如《合同法》《物权法》《侵权责任法》等立法规范均应当遵循民法基本原则。因此，作为民法基本原则的一些下位阶原则，如物权中的一物一权原则、侵权责任中的过失责任原则等都是民法基本原则在相应的具体制度中的体现。

我国《民法总则》第8条规定了“民事主体从事民事活动，不得违反法律，不得违背公序良俗”的内容，该内容在我国法学理论界被一些学者称为“禁止违反法律和公序良俗原则”。这样的规定在法典化国家的民法典中十分鲜见。实际上，包括民事活动在内的任何人的任何活动，均不得违反法律的规则，这是不言自明的公理。如果将该公理作为民法的基本原则之一，则客观上会降低其重要性。

公序良俗仅是对习惯的一种性质判断，不是民事主体的行为准则，其本身不构成民法的一个基本原则。这与法律本身不构成民事活动基本原则系同一原理。

公序良俗也不是一种法源。根据《民法总则》第10条的规定，构成我国法源之一的不是公序良俗，而是符合公序良俗的习惯。因此，《民法总则》第8条的目的在于强调行为人在从事民事活动中，有法律时依照法律规定，没有法律时也不得违背符合公序良俗的习惯。

我国《民法总则》第9条规定：“民事主体从事民事活动，应当有利于节约资源、保护生态环境。”我国法学理论界一些学者将其称为“绿色原则”。准确地讲，这不是民法的基本原则，而应当是宪法层面上的国家发展经济的基本准则之一，因为社会经济的发展，应当从有利于生态环境保护、有利于资源的最大利用的角度加以规范。所以，该条的规定，其宪法意义上的宣示性远大于民法意义上的规范性和行为准则性。

一、合法权益受法律保护原则

[案例2-2-1]① A房屋坐落于某市B街道12号院内，房屋所有权人为李某，该房屋常年由李某的母亲赵某居住。2014年，甲公司对B街道进行景观整治。12号院内除李某外，其他住户均与甲公司达成搬迁补偿协议。之后，甲公司将12号院内除A房屋外的其他房屋全部拆除，切断A房屋的供水、供电与排污管道，赵某只得另行租房居住。李某、赵某认为甲公司侵犯其合法权益，向法院起诉，要求甲公司恢复A房屋的供水、供电及排污设施，并赔偿其租房支出。法院经审理后认为：公民、法人的合法权益受法律保护。本案中，甲公司在进行B街道景观整治的过程中，在拆除搬迁范围内其他房屋时将A房屋的供水、供电线路及排污管道切断，导致A房屋丧失了正常居住生活条件，故李某、赵某要求恢复供水、供电线路及排污管道，理由正当，应予支持。关于赔偿租金的诉请，考虑到甲公司的行为导致A房屋丧失了正常居住生活条件，法院遂根据实际情况酌情确定了赔偿数额。

（一）对“合法权益受法律保护原则”的理解

合法权益受法律保护原则实质上就是权利神圣理念在我国基本原则中的体现。《民法总则》第1条规定：“为了保护民事主体的合法权益……制定本法。”第3条规定：“民事主体的人身权利、财产权利以及其他合法权益受法律保护，任何组织或者个人不得侵犯。”

① 北京市第二中级人民法院（2017）京02民终11825号民事判决书，原文有删节。

合法权益受法律保护原则旨在强调对于任何社会普通成员的人身权利、财产权利和其他合法利益，非依法定程序，任何组织和个人不得肆意剥夺或侵害。该原则的重点在于为民事主体的合法权益设定法律救济的屏障，即任何自然人和任何团体，不得肆意侵害民事主体的合法权益，除非经过法律规定的程序。因为没有程序的公正即无实质的公正。

（二）对“权利”与“合法利益”的理解

1.“权利”本身不存在合法的或违法的判断。近现代法的“权利”一词，来源于罗马法中的拉丁文“*ius*”，其主要意思是指法和权利。“*ius*”来自于“*iustitia*”（正义）。“权利”即彰示着“正义”。因此，拉丁文“*ius*”这个词表达出一个理念，即法与权利在客观上是不可分的，法旨在确认和保护权利，权利则将法的正义和公平的内涵融入权利的内容与体系中。罗马法的这一理念对法典化国家影响巨大，在欧洲大陆、拉丁美洲等法典化国家语言中，“法”与“权利”是同一个单词。权利彰示着法的正义本质，法以确认和保护权利为基本目的。因此，权利无需被冠以“合法”。

2. 利益存在合法利益与违法利益之分。违法利益是指利益的产生或者获得方式违背了法律规则。当然这是一种抽象解释，具体需要法官根据特别法的规则或者案件的具体情况加以判断。合法利益是指在民法的规则体系中获得确认的利益。《民法总则》第 126 条将其界定为“民事主体享有法律规定的……利益”，如胎儿利益（第 16 条）、诉讼时效利益（第 191 条）以及民法其他规范确认的利益（如死者的人格利益、物权法上的占有利益、侵权责任法中的纯粹经济利益等）。

3. 利益体系的开放性。伴随着社会经济的发展和公众对社会现象的不断认识，除了现行法律所确认的人身权利、财产权利等权利体系的内容外，还会有新的利益和利益类型不断出现并需要纳入民法保护范围。因此，民法的利益体系是开放的而非封闭的。

二、平等原则

（一）对“平等原则”的理解

民事主体的“法律地位一律平等”体现的是民事主体人格平等的理念。我国《民法总则》第 4 条规定：“民事主体在民事活动中的法律地位一律平等。”

平等原则是指任何人在民事活动中，其主体资格、主体地位和法律保护均相同且不受主体的社会身份、受教育程度、民族、宗教信仰等影响的原则。但是，平等是指机会平等而非结果平等。《民法总则》在规定主体法律地位和权利能力时，刻意使用了“一律”两个字，其旨在突出民法中主体法律地位的本质。当然，对“一律平等”的理解不宜绝对，因为社会现实中有需要法律予以特殊保护的主体，例如，未成年人、遭受家庭暴力者、行为能力有欠缺或劳动能力有欠缺的成年人等可以依法要求获得法律的特别保护。

（二）平等原则的内容

平等原则具体包括主体资格平等、主体地位平等和主体平等受法律保护。

1. 主体资格平等。主体资格平等体现为权利能力的一律平等。就自然人而言，任何自然人主体基于出生的事实均当然取得平等的权利能力，其出生的地域、家庭、民族、社会身份等均对主体资格的取得没有影响；就法人而言，任何法人团体基于成立事实均取得与其他法人团体同样的主体资格。

2. 主体地位平等。主体地位平等体现为任何社会普通成员的法律地位是平等的，任何人不得以自己的社会身份、职务、民族、宗教信仰等不同而主张特权。在具体的民事法律关系中，民事主体之间不存在隶属关系；在民事活动中，民事主体独立表达自己意愿的自由受到尊重与保护。法治社会与皇权专制社会最大的不同点之一就在于法治社会注重主体资格平等，皇权专制社会注重并强化身份特权。当然，法律规定对老人、未成年人、少数民族等的特别照顾不在此限。

3. 主体平等受法律保护。主体平等受法律保护体现为任何社会普通成员均应当获得法律的救济，任何人均无权利用自己的社会地位、职位等阻却法律对他人的保护，或者获得与他人不同的特权式保护，除非法律有特别规定。

[案例 2-2-2]① 2009 年，甲报社（国企）与乙公司签订协议，约定报纸发行事宜。2011 年，甲报社以乙公司未正确履行协议为由，提起诉讼。二审败诉后，甲报社以协议条款违反《合同法》第 52 条第 2 项，损害国家利益应属无效为由，向法院申请再审。法院审理后认为，《合同法》是调整平等主体间财产流转关系的法律，各类市场主体间法律地位平等，其合法利益受法律保护。虽然国有企业是我国重要的市场主体之一，但根据平等原则，合同法并未对国有企业利益进行有别于其他市场主体的特别保护。本案中，甲报社虽然系国有企业，但其利益不能被简单地认定为国家利益，不能适用《合同法》第 52 条第 2 项的规定，遂裁定驳回甲报社的再审申请。

三、自愿原则

（一）对“自愿原则”的理解

我国《民法总则》第 5 条规定：“民事主体从事民事活动，应当遵循自愿原则，按照自己的意思设立、变更、终止民事法律关系。”自愿原则是指民事主体在不违背法律的强制性规定的前提下，依照自己的理性判断，自主地决定法律关系状态的原则。我国民法的自愿原则体现的是意思自治的核心价值观。民事主体有权按照自己的理性思维对自己的事务作出判断或决定而不受他人非法干扰，但是，如果该民事主体的行为造成他人利益损害的，则应当承担相应的法律责任。

自愿原则与“法不禁止即自由”的私法理念有一定的关联。因为民法是私法，民法的规范主要是任意性规范。任意性规范的特点之一就是给主体以选择权。故而，当法律不禁止时，民事主体在民事活动中即可依照自己意愿作出选择且不构成违法。但是，不能把自愿原则推向极端，当法律对民事主体依自己的意志进行活动作出限制时，民事主体不得违背法律的禁止性或者强制性规定。

（二）自愿与真实意思表示

自愿的前提是民事主体的意思表示必须真实。《民法总则》第 30 条规定的“协议确定监护人应当尊重被监护人的真实意愿”，第 142 条规定的对“无相对人的意思表示的解释，不能完全拘泥于所使用的词句，而应当结合相关条款、行为的性质和目的、习惯以及诚信原则，确

① 最高人民法院（2017）最高法民申 4336 号民事裁定书，原文有删节。

定行为人的真实意思”，以及第 143 条规定的法律行为有效条件中的“意思表示真实”均体现着自愿必须是民事主体真实意思表示的要求。《合同法》则将真实意思表示的规则贯穿始终。

[案例 2-2-3]①　周某系甲公司股东。2012 年 8 月 15 日，甲公司作出决议：增加李某为公司股东，周某将其持有的股权转让给李某。在工商变更登记时，甲公司提供了周某与李某间的转让协议。之后，周某与李某因股权转让产生纠纷，诉至法院。经法院审理查明，甲公司 2012 年 8 月 15 日的股东会实际上并未召开，前述公司决议与转让协议中周某的签名均非本人所签。法院认为：民事主体从事民事活动，应当遵循自愿原则，按照自己的意思设立、变更、终止民事法律关系。公司股东将自己的股权转让给他人是一种常见的经济交易行为，但须遵从自愿的原则，应是当事人之间真实的合意，……而本案所涉 2012 年 8 月 15 日的甲公司股东会并未实际召开，股东会决议及转让协议中周某的签名并非其本人所签。……故应依法确认转让协议无效。

四、公平原则

[案例 2-2-4]②　2015 年 10 月，甲公司与乙公司签订租赁合同，约定甲公司租赁乙公司的商铺，租赁期间为 3 年，年租金 23 万，前 6 个月免租金。甲公司在使用商铺的过程中，多次发生管道漏水，致使商铺无法正常使用。甲公司于 2016 年 7 月通知乙公司解除合同，纠纷遂起，诉至法院。经审理查明，甲公司的实际租期是 8 个月零 3 天。就甲公司应否支付前 6 个月租金的问题，法院认为：虽然租赁合同约定前 6 个月免除租金，但这是整个租赁合同得到全部履行的情况下才会产生的让利。现租赁合同已被解除，如果甲公司不支付租金，就存在着权利义务的失衡，显然违反公平原则。……因此，必须依照《中华人民共和国民法总则》第 6 条进行调整，遂判决甲公司应当支付实际租赁期间的费用。

我国《民法总则》第 6 条规定：“民事主体从事民事活动，应当遵循公平原则，合理确定各方的权利和义务。”该条确立了我国民法中的公平原则。

（一）对“公平原则”的理解

公平是人类自觉意识中固有的一种感觉。③ 公平可以被理解为体现着一个社会一定时期内的大多数人利益均衡需求的状态。但是，就概念而言，“公平”实际上是一个不确定的法律概念，因为人的思想既不能完全地理解现实，也不能准确无误地预见未来的变化，无论是法律还是法学理论或是司法审判，均难以给“公平”作出一个内涵和外延固定的解释，需要司法裁判和法学理论的不断补充和修正。

公平与正义通常被组合在一起简称为“公正”，用于表达“法律应当始终奉行的一种价值观”④。体现着社会公众最大利益的、依照法定程序制定并颁布的法律通常被认为是公正的，

① 北京市海淀区人民法院（2017）京 0108 民初 16174 号民事判决书，原文有删节。

② 贵州省遵义市中级人民法院（2017）黔 03 民终 7273 号民事判决书，原文有删节。

③ ［英］狄骥：《宪法论（第一卷）》，载法学教材编辑部《西方法律思想史编写组》编：《西方法律思想史资料选编》，北京大学出版社 1983 年版，第 617 页。

④ ［英］彼得·斯坦、［英］约翰·香德：《西方社会的法律价值》，王献平译，中国人民公安大学出版社 1990 年版，第 74 页。

体现着公平和正义的价值观。这是法律适用的一般状态。但是，法律在适用于特别情况时，则不免会产生不公正的结果。因此，需要对法律的一般规则加以必要的矫正，这就是公平的观念。

我国立法和法学理论除了将公平与正义组合使用称为“公正”之外，还多将公平与合理组合使用，称为“公平合理”。在司法实践中，多通过合理来实现公平。例如，在合同纠纷中，法官根据当事人的请求，通过将高于或低于损失的违约金数额调到法官认为合理的程度而实现对当事人权利的公平救济。

根据我国《民法总则》的立法目的和我国司法实践，我们可以将公平原则理解为民事主体在民事活动中公正合理地确定各方权利义务的行为准则。

（二）公平原则的适用

“公平的概念，产生于比较早期的法律制度，目的是避免因对法律的严格适用而产生有害的结果。”① 鉴于法律规则本身被认为已经具有一般意义上的正义与公平，因此，在法律有明确规定的情况下，公平原则通常不发挥作用。但是，在法律没有明确规定而赋予法官自由裁量权时，法官可以适用公平原则进行裁判。

如前所述，《合同法》第 114 条第 2 款规定：“约定的违约金低于造成的损失的，当事人可以请求人民法院或者仲裁机构予以增加，约定的违约金过分高于造成的损失的，当事人可以请求人民法院或者仲裁机构予以适当减少。”法官或仲裁庭可以据此将违约金数额进行调整，但何为适当减少？可以增加多少？法律并未给出具体规定，而交由裁判者根据具体案情自由裁量。此时，裁判者需要根据公平原则和具体案情确定公平合理的违约金数额。

五、诚实信用原则

（一）对“诚实信用原则”的理解

我国《民法总则》第 7 条规定：“民事主体从事民事活动，应当遵循诚信原则，秉持诚实，恪守承诺。”诚实信用原则亦简称诚信原则，是指民事主体应当自觉按照市场制度中对等、互惠性原理进行民事活动，诚实行事，不诈不霸，重信用，自觉履约的原则。诚实信用原则在债的关系、法律解释、调整当事人之间的利益冲突、填补法律的漏洞等方面发挥着重要作用。

法律上的诚实信用与道德上的诚信并非完全处在同一层面。道德上的诚信是对自然人在为人处事方面的非强制性约束。法律上的诚实信用是在交易过程中逐渐形成的具有法律约束力的行为准则。

诚实信用出现在法律中可以追溯到罗马法：“法的准则应当是：诚实地生活，不损害他人，使每个人获得其应得的部分。”② 其有三个要点：第一，法的准则应当能够使公众正直地、诚实地、有尊严地生活；第二，法的准则应当能够使人们不为任何益己之念而损害他人利益；第三，法的准则应当能够使每个人均获得自己应当得到的利益。实际上，罗马法依然将做诚信之人的道德规范与诚信进行活动的法律规范混为一谈。但在罗马法演进的后期，诚信逐渐成为交

① ［德］迪特尔·施瓦布：《民法导论》，郑冲译，法律出版社 2006 年版，第 258 页。

② 费安玲主编：《罗马私法学》，中国政法大学出版社 2009 年版，第 3 页。

易活动的行为准则。法律对诚信的关注点放置在不同主体之间进行交易活动所形成的债的关系上。如在合同之债关系中，要求各方当事人秉持诚信，恪守承诺。

诚实信用原则在近现代立法中被明确承认始于1907年的《瑞士民法典》，其第2条第1款规定："任何人都必须以诚实信用的方式行使权利和履行义务。"日本在第二次世界大战后修订《日本民法典》时将诚实信用原则纳入到第1条第2款的规定中。德国民法中的诚实信用原则是在学说和判例中发展起来的。因此，在近现代民法中，诚实信用的价值观首先存在于社会道德内，20世纪以后，面对工业获得大发展而社会伦理道德大沦陷的局面，人们将强化法律规范的目光投向了作为道德规范的诚实信用，将其由道德规范上升为法律规范。它要求人们在市场活动中信守诺言、诚实不欺，在不损害他人利益和社会利益的前提下追求自己的利益。

（二）诚实信用原则的适用

诚实信用原则主要适用于合同之债的领域。但20世纪以来，该原则逐渐扩大适用于非交易性的、有权利义务关系的活动领域，如履行纳税义务行为等。但不宜将诚实信用原则扩大适用于任何民事活动，例如，在非交易性活动尤其涉及隐私权等人格利益的民事活动领域，民事主体不因拒绝披露自己的私生活信息而构成不诚实，因为民事主体有权拒绝将自己的私生活信息向公众公开，除非该民事主体因公职身份或者其他情形负有披露私生活部分信息的义务。

［案例2-2-5］①　孙某与谭某签订股权转让协议，约定谭某将其在甲公司的股权转让给孙某，孙某向谭某分期支付转让款1 560万元。之后，孙某依约支付了第一期转让款1 248万元，但第二期转让款312万元逾期未支付，纠纷遂起。谭某将孙某诉至法院，主张孙某根本违约，请求解除协议，返还股权。法院经审理后认为：原告谭某转让的股权金额是1 560万元，而被告孙某已依约支付1 248万元，尚欠312万元没有支付，其行为不构成根本违约，……从诚实信用的角度分析，原告谭某应当首先选择要求被告孙某支付股权转让款，而不是解除合同。……综上所述，原告谭某的诉讼请求无事实及法律依据，本院不予支持。

（三）诚实信用原则与禁止权利滥用的关系

《民法总则》第132条规定："民事主体不得滥用民事权利损害国家利益、社会公共利益或者他人合法权益。"第83条第1款规定："营利法人的出资人不得滥用出资人权利损害法人或者其他出资人的利益……"这些都是对禁止权利滥用的立法规定。此外，《物权法》第84—92条有关相邻关系的规定等亦包含着禁止权利滥用的价值判断。

权利滥用是指权利人在行使权利时背离了权利应有的社会目的并超越了权利应有的界限。

从法理上而言，权利滥用是违背诚实信用原则的具体表现。在现代法典化国家的民法典中，鉴于平衡权利的行使与社会公共利益的保护的需要，将权利滥用作为基本原则已成为立法发展的趋势，该趋势在知识产权方面表现得尤为明显。

权利滥用的判断要点是：

1. 权利滥用的主体应当是享有权利并能够行使权利的人。这是权利滥用的前提，因为没有权利者行使权利，其行为便不是滥用权利而是无行使权利的资格。

---

① 呼和浩特市回民区人民法院（2016）内0103民初1065号民事判决书，原文有删节。

2. 权利滥用者在主观上有损害他人合法权益的故意或过失。例如，知识产权人明知会造成交易对方的利益损害却依然滥用市场支配地位或者垄断地位，向交易对方收取过高的知识产权使用费以获取超额利润的行为。

3. 权利滥用的方式是有害于他人合法权益的方式。例如知识产权人出于限制竞争的考虑，对不同的交易对方实行与成本无关的价格上的差别待遇。

4. 权利滥用的结果是造成了他人合法权益或者社会公共利益的损害。

[案例 2-2-6]①　刘某与甲村委会之间订有果园承包合同，约定刘某承包甲村一果园的相关事项。2014 年，果园承包合同到期，甲村委会通知刘某收回果园，但刘某仍然在该果园土地上种植杨树苗 310 棵。之后，甲村委会派人将杨树苗强行拔出并销毁，刘某将甲村委会诉至法院。法院经审理认为：在原果园承包合同到期、甲村委会明确收回果园的情况下，刘某已无权继续使用涉案土地，……但树苗系刘某合法购得，该权益应受法律保护。甲村委会应通过合法方式要求刘某停止侵权，移除涉案土地上的杨树苗。其以强行拔出树苗并毁掉的方式来维护自己的合法权利，明显不当，该行为侵犯了刘某对杨树苗享有的合法权益，应属权利滥用。对杨树苗的损失，甲村委会应予赔偿。

社会公共利益是指有关文化、教育、医疗、环境保护等社会公共事业和国防建设等符合绝大多数人愿望的非直接商事性质的利益。也就是说，社会公共利益既不是某些个人的利益，也不是某些团体的利益，更不是直接具有商事性质的利益，而是涉及人们生活质量的环境、交通、医院、学校等社会公共事业或涉及公众安全的国防事业等方面的利益。在个人利益与社会公共利益发生冲突且法律有明确规定的情况下，个人利益享有者负有不得损害社会公共利益的法定义务。例如，依《物权法》第 42 条规定，当集体所有的土地和单位、个人的房屋及其他不动产因社会公共利益的需要，被国家相关机构依法定权限和程序实施征收时，被征收的私主体不得以个人权利的保护为抗辩理由予以拒绝。当征收是为了使直接体现社会公益目的的活动顺利进行时，例如，在城市中修建或扩展道路，新建或者改造医院、学校等社会公益设施，新建或者改建公众免费休闲、娱乐场所，以及修整城市绿地以改善城市居民居住环境等，私房所有权人的私权在获得公正补偿的情况下，应当将自己的利益放置于社会公共利益之下。私权不仅具有受到法律保护的利益，还负有一定的社会使命和社会义务。

[案例 2-2-7]②　1999 年，张某与甲村委员会签订土地承包合同。双方约定：甲村委会将其 12 亩土地发包给张某，用于种植农作物，承包期限为 30 年。2006 年，乙公司在张某承包的土地上空架设 220 千伏高压输电线路。2016 年，张某在高压输电线路下方的土地上栽植银杏树。乙公司将张某诉至法院，要求张某将银杏树清除。法院经审理后认为：电力设施是重要的社会公共设施，电力设施的安全关系着用电安全和社会公共安全，涉及公共利益。……根据查明的事实，乙公司架设高压输电线路后，张某在相关电力设施保护区范围内种植的银杏树已经危及电力设施安全。……从保护公共利益出发，判令张某将种植于相关电力设施保护区内的银杏树全部清除。

① 山东省泰安市中级人民法院（2017）鲁 09 民终 1859 号民事判决书，原文有删节。

② 北京市第三中级人民法院（2017）京 03 民再 38 号民事判决书，原文有删节。

征收是法律规定的强制性地转移他人财产权利的特别权力，具有公权力性质。公权力的行使同样不得滥用。对实施该权力的限制主要表现在：（1）发生征收的前提必须是基于满足社会公共利益需要的目的，且该目的应当是直接目的，即不应当是直接为了商事目的而间接为了公共利益；（2）征收者应当在完成征收之前履行完毕其法定的支付补偿费义务；（3）征收者应当履行安排被征地农民的社会保障费用或者在征收个人住宅时保障被征收人的居住条件的法定义务。

[案例 2-2-8]① 刘某系太原市新建路 9 号院的住户。2003 年，9 号院被纳入太原市旧城改造计划。截至 2015 年，9 号院的大部分住户已签署征收补偿协议并搬离，但包括刘某在内的少数住户仍未与政府达成征收补偿协议。2015 年底，太原市迎泽区政府决定对 9 号院房屋实施征收。刘某认为该决定程序违法，侵害其合法权益，遂起诉要求撤销该决定。法院经审理后认为：9 号院的拆迁工作进行 13 年仍未完成，院内部分房屋已经拆除，多数住户已搬离，剩余未拆除的房屋也存在极大的安全隐患，工程久拖不决，致使公共利益受到极大损害。为妥善解决该遗留问题，迎泽区政府决定实施征收。……在征收决定作出前，迎泽区政府进行了房屋拆迁民意调查、拆迁补偿意愿调查、补偿标准意愿调查，制作了社会稳定风险评估报告，履行了必要的程序。……征收补偿资金已足额到位，被征收人的补偿权益有充分保障。综合以上事实，本院认为，迎泽区政府作为一级地方人民政府，为解决 9 号院因拆迁形成的遗留问题，本着高度负责的态度，对该院的房屋实施征收，符合公共利益的根本要求。另外，征收补偿资金已足额到位，被征收人的补偿权益未受影响，且征收前已履行了征求意见和社会稳定风险评估等程序，征收决定的合法性应当予以认可，遂驳回刘某的诉讼请求。

延伸思考

1. 诚实信用原则是如何克服法律的局限性的？
2. 过错责任原则是否适用于认定违约责任？
3. 如何看待自愿原则与民法强制性规定之间的关系？
4. 怎样理解民事主体平等原则在民法中的体现？
5. 如何看待权利本位观点对民法立法结构的影响？
6. 禁止权利滥用的制度价值是什么？

法条链接

《民法总则》第 3 条、第 4 条、第 5 条、第 6 条、第 7 条、第 8 条、第 9 条、第 14 条、第 31 条、第 142 条；《民法通则》第 4 条、第 7 条、第 10 条、第 83 条、第 103 条；《物权法》第 42 条、第 84—92 条；《合同法》第 36 条。

① 山西省高级人民法院（2017）晋行终字 241 号行政判决书，原文有删节。

扩展阅读

1. ［美］罗纳德·德沃金：《认真对待权利》，信春鹰、吴玉章译，中国大百科全书出版社 1998 年版。

2. ［美］迈克尔·D. 贝勒斯：《法律的原则——一个规范的分析》，张文显等译，中国大百科全书出版社 1996 年版。

3. 史尚宽：《民法总论》，中国政法大学出版社 2000 年版。

4. 徐国栋：《民法基本原则解释——成文法局限性之克服》，中国政法大学出版社 2001 年版。

5. 曾世雄：《民法总则之现在与未来》，中国政法大学出版社 2001 年版。

6. 梁慧星：《民法总论》，法律出版社 2017 年版。

7. 王泽鉴：《民法总则》，北京大学出版社 2009 年版。

8. 董学立：《民法基本原则研究：在民法理念与民法规范之间》，法律出版社 2011 年版。

9. 梁慧星：《我国民法的基本原则》，载《中国法学》1987 年第 4 期。

10. 汪渊智：《论禁止权利滥用原则》，载《法学研究》1995 年第 5 期。

11. 赵中孚、齐斌：《弘扬民法的平等精神》，载《中国法学》1996 年第 3 期。

12. 钱玉林：《禁止权利滥用的法理分析》，载《现代法学》2002 年第 1 期。

13. 胡玉鸿：《公序良俗与司法活动》，载《政法论坛》2002 年第 4 期。

14. 葛洪义：《法律原则在法律推理中的地位和作用——一个比较的研究》，载《法学研究》2002 年第 6 期。

15. 于飞：《公序良俗原则与诚实信用原则的区分》，载《中国社会科学》2015 年第 11 期。

16. 刘凯湘、张云平：《意思自治原则的变迁及其经济分析》，载《中外法学》1997 年第 4 期。

第三章　民事法律关系

本章要点

民事法律关系是民法的核心概念之一。在了解民事法律关系的意义时，需要系统掌握民事法律关系的特征、类型和要素。民事法律关系的三要素是构成民事法律关系最基本的因素，也是掌握民事法律关系的最核心的基础知识。

本章的学习重点主要在于掌握民事法律关系的特征、要素和类型。学习难点主要在于理解民事法律关系对于民法的重要性，学会用民事法律关系的要素理论对具体民事法律关系予以判断，并领会民事法律关系分类的意义。

第一节　民事法律关系概述

［本节要点］

民事法律关系是民法的一个核心概念。在学习中需要很好地理解民事法律关系的意义、特征和制度价值。掌握了民事法律关系的原理也就意味着掌握了一种分析法律问题的科学方法。

一、民事法律关系的定义

民事法律关系是指平等主体之间发生的具有法律效力的关系。

在社会生活中，人与人之间的关系无处不在。例如，人自出生时起，即与自己的父母和其他亲属形成了各种身份关系；当人作为社会生活中的一员时，为了满足自己的基本物质需求，就必然与其他人就财产的买卖、运送、归属等形成各种财产关系。任何人与人之间的人身关系和财产关系均首先是事实关系，然后依民法规则在具备一定要件时成为民事法律关系。因此，民事法律关系是事实关系在法律上的效力体现。

对民事法律关系的理解，首先需要知道如下三个术语：

1. 法律事实。法律事实是指能够引起法律关系变动的事实，包括自然事实和行为。地震、海啸、台风等与人的意志无关的事件或者状态就是自然事实。买卖、租赁、立遗嘱、缔结婚姻关系等人的意志能够控制的事实就是行为。

2. 法律要件。法律要件是指法律事实经抽象而形成的规范性条件，如主体要件、客体要件等。

3. 法律效果。法律效果是指法律事实涵摄于法律要件之下所得到的结果，通常表现为法律关系的变动。作为法律效果的法律关系的变动包括主体的变动、客体的变动和权利义务的变动。例如，物的所有权主体因买卖活动而由甲变成乙即为法律关系主体的变动，交易的标的物由动产变为不动产即为法律关系客体的变动。

二、民事法律关系的特征

（一）民事法律关系是受民法调整的法律关系

在人类社会活动中，法律关系无处不在，且由各种不同性质的法律加以调整，其中受民法规范调整的法律关系是民事法律关系。

（二）民事法律关系是人与人之间的法律关系

在社会生活中，大量的社会关系通常都与物或者行为紧密关联，例如，不动产买卖关系必须与不动产相关；自行车租赁关系必须与自行车有关；礼品赠送关系必须有可赠送的礼物存在；债务履行关系多属于金钱支付，没有金钱该债务将无法履行。因此，大量的民事法律关系从表面看似乎是人与物之间的关系，但是，民事法律关系涉及的物只是人与人之间的法律关系的客体，是人与人之间形成法律关系的媒介。因为无论是买卖关系、租赁关系、赠送关系、金钱之债关系还是其他的法律关系，物或者行为只是人们进行活动所涉及的对象，真正的关系是人与人之间的关系。

（三）民事法律关系是平等主体之间的法律关系

法律关系的主体性质并不相同，有的主体之间具有隶属关系，有的主体之间是平等关系。民事法律关系受到民法规范的调整，该关系的主体之间应当没有任何隶属性、服从性，彼此之间的法律地位平等。因此，民事法律关系是平等主体之间形成的人身关系和财产关系。这是民事法律关系区别于行政法律关系、刑事法律关系的重要特征。

（四）民事法律关系是以权利义务为内容的法律关系

在民事法律关系中，不同主体对物或者行为均有权利的享有与义务的承担。任何民事主体因权利与义务的存在而形成了彼此在法律上的关联。民事法律关系一经成立，一方当事人即享有权利，另一方当事人则负有义务，在许多情况下双方当事人彼此之间同时既享有权利又承担义务。

三、民事法律关系的制度价值

由于社会生活纷繁复杂，人与人之间纷争不断是社会生活的常态，法律的宗旨在于，不仅能够使人们预见到自己行为的法律后果以防止无益的纷争发生，而且能够使已经发生的纷争得到公正解决，由此发挥出法律使社会生活有序化的制度功能。但是，在判断和解决纷争时，需要运用有效方法，法律关系的理论有助于该问题的解决。

民事法律关系的制度价值在于：

1. 有助于梳理复杂的社会关系。民事法律关系理论的运用实际上也是一种方法论。一个事实的存在，从民事法律关系的视角看可能涉及多个法律关系。例如，A公司的汽车司机某甲驾驶的载有数名同事的汽车，与某乙的汽车相撞，造成某乙死亡，这是一个事实。但是，在解决该事故时，就需要对如下法律关系进行梳理：（1）某甲与A公司的法律关系；（2）某甲与数位同事的法律关系；（3）数位同事与A公司的法律关系；（4）某甲与某乙的法律关系；（5）某甲与某乙的近亲属的法律关系；（6）因汽车有强制责任保险而在A公司与保险公司之间产生的法律关系。此外，如果法院判断某甲对事故的发生负有全部责任，则在进行损害赔偿时还需要将某甲的财产与他的配偶（如果有配偶）的个人财产进行划分；如果该事故的出现还与汽车质量不合格有关，则汽车所有权人、司机与汽车制造商之间的民事法律关系也需要关注，甚至保险公司也需要介入。

总之，运用法律关系理论有助于将不同的法律关系梳理清楚，以便适用不同的法律规范来解决问题，如前述举例中就需要分别适用劳动法的规则、侵权责任法的规则、所有权的规则、保险法的规则、婚姻法的规则等。

2. 有助于司法审判或者仲裁裁决的准确判断。在法院或者仲裁机构受理与裁决民事纠纷时，对民事法律关系的判断是确定纠纷关系性质的前提。法院受理每起纠纷案件必须首先确定案由，而案由的确定来自对民事法律关系的准确判断。例如，法院在受理案件时，首先需要明确原告起诉的纠纷是民事纠纷还是其他法律纠纷；若是民事纠纷，还必须确认是合同关系纠纷还是侵权关系纠纷，或者是其他民事纠纷；如果属于合同纠纷，还要进一步确认是买卖、运送、承揽、赠与、借用等合同类型中的哪一种。只有判明当事人之间的纠纷性质，法官才能根据案情，依相关法律规定判断各方当事人应有的权利和义务，并依法作出裁判。

第二节 民事法律关系的要素

[本节要点]

民事法律关系的要素是构成民事法律关系的必要因素或条件。任何一种法律关系都必须具备主体、客体和内容三个要素。民事法律关系作为一种法律关系，自然服从法律关系的一般原理。民事法律关系的主体、客体和内容三个要素相互联系、相互依存，缺一不可，共同构成民事法律关系。如果其中任何一个要素发生变化，民事法律关系也就随之发生变化。

民事法律关系的要素是指构成民事法律关系的必备因素。任何民事法律关系必须具有主体、客体和内容三个要素，缺一不可。三要素之间相互联系和相互依存，共同构成社会生活中具有法律效力的人与人之间的社会关系。

一、主体

民事主体是指民事法律关系的参与者。由于民事法律关系是人与人之间的社会关系，因此，民事法律关系必须有双方主体参加，没有主体或者只有一方主体不能成立民事法律关系。其中，享受权利的一方称为权利主体，负担义务的一方称为义务主体。通常情况下，民事法律关系的当事人双方互享权利，互负义务。但在赠与等少数法律关系中，一方当事人仅享有权利，他方当事人仅承担义务。

在法典化国家的民法典中，主体均是民法典中首先被规定的内容。这源自罗马法将人视为法律体系中最重要内容的思维。近现代法律文化更是将其赋予强烈的人文主义色彩。我国《民法总则》亦采此立法体系的思维，紧随第一章“基本规定”的就是有关自然人、法人、非法人组织的规范。

根据我国《民法总则》第二章、第三章和第四章的规定，民事法律关系的主体为自然人、法人和非法人组织。但是，当法律规定法人的分支机构能够成为享有独立诉权的主体时，并不意味着该法人分支机构也是独立的民事法律关系的主体，只有该分支机构所属的法人才是民事法律关系的主体。

有关自然人、法人和非法人组织的内容，我们将在本书第二编中加以详细分析，在此不赘述。

二、客体

民事法律关系的客体也称为标的，是民事主体之间的权利义务所指向的对象。没有客体的民事法律关系是不存在的，因为在民事法律关系中，民事主体的权利必须建立在对客体的支配上；民事主体的义务必须建立在对客体的给付上，包括交付某物或者实施某种行为。因此，没有客体的民事法律关系处于“皮之不存，毛将焉附”的状态。

民事法律关系客体的形式具体包括：

1. 物。世间之物极为广泛，凡具有物理属性的都可称为物。但是，能够成为民事法律关系客体的物只是世间之物的一部分。

通说认为，物是指人力能够支配的人体之外的有体物和自然力。占据一定空间的物质实体是有体物，其是否具有固定形态并不重要。因此，固体如建筑物、液体如水、气体如天然气均属于有体物。此外，热能、电能属于自然力而非有体物，它们虽然不具有占据空间的物质状态，但是当它们能够被人力所控制并能够满足人们需求时，这些自然力也属于民法上的物。

能够被人力所支配的无体物即各种无体状态的财产权利也可以成为民事法律关系的客体。对此，《民法总则》第115条明确规定“物包括不动产和动产。法律规定权利作为物权客体的，依照其规定”。这意味着不仅物可以成为物权法律关系的客体，财产权利在法律有规定的情况下也可以作为物权法律关系的客体。尽管财产权利本身没有物质属性，但是财产权利具有利益性并能够被民事主体所支配，如依民事主体的意志可以被转让、继承，因此财产权利在特定情况下也可成为物权法律关系的客体。如土地使用权、可以转让的股权、债权以及注册商标专用权、专利权、著作权中的财产权等均可以成为物权法律关系的客体，物权人可以按照自己的意志对这些财产权利进行支配。

2. 行为。从私法的角度而言，行为是指民事主体以意思表示为要素的举止状态，包括积极行为和消极行为。积极行为是动态的行为，也称为“作为”，如将某物交付给他人。消极行为是静态的行为，也称为“不作为”，如继承人对是否接受继承保持沉默的状态。原则上讲，沉默在法律上没有意义，不会产生约束力，但是当法律有特别规定时，则从特别规定。例如，按照《继承法》第25条的规定，同样是沉默，继承人的沉默与受遗赠人的沉默在法律后果上完全不同：在继承开始后，继承人没有表示是否接受继承的，视为接受继承；而受遗赠人在知道受遗赠后两个月内没有表示接受遗赠的，则视为放弃接受遗赠。

行为依其是否合法可分为合法行为和违法行为。合法行为是指符合法律要件并产生法律效力的行为；违法行为是指违反法律禁止性规范或者强制性规范并产生不利于行为人的法律效果的行为，如侵权行为。有关行为的理论与规则是本书第三编要详细讨论的内容，在此暂不赘述。

3. 知识信息。知识信息也称为“智力成果”，是指主体基于创造性或者创作性行为而产生的信息化的成果，如作品、专利技术等。在符合法律规定的条件时，知识信息即为知识产权法律关系的客体。对此，我国《民法总则》第123条规定，权利人依法对作品、发明、实用新型、外观设计、商标、地理标志、商业秘密、集成电路布图设计、植物新品种和法律规定的其他客体享有专有权利即知识产权。

知识信息作为民事法律关系的客体，与同为民事法律关系客体的有体物存在明显不同。民事主体对有体物的占有、使用具有排他性。例如，当所有权人利用一间房屋时，即排除了其他主体对该房屋在同一时间内的利用。但是，民事主体对知识信息的利用，则存在着同一时间多个主体同时利用同一知识信息的情况。例如，对于同一个专利技术，相同地域或者不同地域的多个主体可以同时利用且相互之间不受影响。但是，如果一个民事主体在一个地域内获得了独占性的专利技术使用权，则在该独占权的有效期间内，排除他人在同一地域内利用同一个专利技术。

4. 人身利益。人身利益包括人格利益和身份利益，这些利益属于民事法律关系的客体，但是不具有经济价值，不能用金钱进行计算。人格利益是人格民事法律关系的客体，涉及民事主体的生命、身体、健康、姓名、名誉、肖像等。身份利益是身份民事法律关系的客体，涉及配偶身份、父母子女身份等。这些身份与人的血缘关系或婚姻关系紧密相关。

人身利益原则上不能转让或继承，除非法律有特别规定。

三、内容

民事法律关系的内容是指民事法律关系中主体所享有的权利与承担的义务。例如，在基于房屋所有权而形成的物权法律关系中，所有权人依法享有占有、使用、收益和处分的权利，不特定的其他人都负有不得妨碍所有权人行使权利、不得侵害所有权人的财产等义务。民事权利和民事义务是民事法律关系三要素中起主导作用的要素，也是判断民事法律关系的性质和类型的重要依据。因此，本书第四编对民事权利展开了专门讨论，在这里暂不赘述。

第三节　民事法律关系的分类

[本节要点]

面对民事法律关系的多种化现象，需要学会按照不同的标准将民事法律关系进行分类，正确把握民事法律关系的性质、特点及其划分的价值所在。

一、物权法律关系、债权法律关系、知识产权法律关系和人身民事法律关系

民事法律关系依其客体不同可划分为物权法律关系、债权法律关系、知识产权法律关系和人身民事法律关系。其中，物权法律关系、债权法律关系和知识产权法律关系因属于民法上的专有法律关系而未专门标注“民事”两字。但是，人身法律关系并非民法上的专有关系。人身关系有时具有公法性质，如公民享有的选举权和被选举权就属于公法上的人身关系。因此，需要将私法上的人身关系特别载明为“人身民事法律关系”。

物权法律关系是指以民法上的物和法律确认的财产权利为客体的民事法律关系，具体包括所有权法律关系、用益物权法律关系和担保物权法律关系三大类。至于基于占有而产生的关系，由于占有是事实行为而非法律行为，因此，并非都是法律关系。

债权法律关系是指以法律规定的能够导致债的发生的行为为客体而形成的民事法律关系，具体包括合同法律关系、侵权责任法律关系、不当得利法律关系和无因管理法律关系四大类。

此外，法律规定的其他能够产生债权的行为也将产生债权法律关系。

知识产权法律关系是指以获得法律保护的知识信息为客体而形成的民事法律关系，具体包括著作权法律关系、专利权法律关系、商标权法律关系、地理名称标志法律关系等。与此同时，知识产权法律关系中又可具体划分为人格权法律关系和财产权法律关系。以作者署名权、发表权、修改权为客体的法律关系，因具有作者人格利益而属于人格权法律关系；以复制权、翻译权、传播权等财产权利为客体的法律关系，因具有可交易性且能够转让而属于财产权法律关系。

由于知识产权是民事权利体系中出现最晚的权利支系，加之知识产权与现代科技的发展紧密相连，故而与物权法律关系和债权法律关系相比较，知识产权法律关系具有开放性。伴随着社会科技与经济的发展，在知识产权法律关系中还会不断出现一些新的内容。

人身民事法律关系是指与民事主体人身不可分离的、不具有直接财产利益内容的民事法律关系，具体包括人格权民事法律关系和身份权民事权法律关系。

将人身民事法律关系与其他财产性法律关系区分开，主要是基于如下考量：

1. 法律关系客体的可转让性不同。物、债权、知识产权中的财产权因其财产性而可以按照权利人的意志进行转让，但是人格利益和身份利益因具有人身专属性而不得转让。因此，相应法律关系的产生、变更与消灭也有着明显不同的要求。

2. 法律关系的救济方式不同。物权法律关系、债权法律关系、知识产权法律关系中的财产权关系一旦遭到了他人侵害，可以采取法律规定的财产救济方式，如恢复原状、返还财产、损害赔偿等。人身民事法律关系遭到他人侵害时，采取的救济方式主要是赔礼道歉等。

二、单务民事法律关系和双务民事法律关系

民事法律关系依民事义务的复杂程度可划分为单务民事法律关系和双务民事法律关系。

单务民事法律关系是指在同一法律关系中，双方当事人中仅有一方负有义务，而相对方仅享有权利的民事法律关系。如赠与关系就是单务民事法律关系。

双务民事法律关系是指在同一法律关系中，双方当事人均享有权利同时均负有义务的民事法律关系。如买卖、租赁、运送就是典型的双务民事法律关系。

区分单务民事法律关系和双务民事法律关系的意义在于能够正确判断法律关系中当事人的权利和义务状态。

三、绝对权民事法律关系和相对权民事法律关系

民事法律关系依权利的效力范围可划分为绝对权民事法律关系和相对权民事法律关系。

绝对权民事法律关系是指特定的权利主体要求非特定的义务主体不作为而形成的民事法律关系。所有权法律关系、用益物权法律关系和担保物权法律关系都是绝对权民事法律关系。相对权民事法律关系是指特定的权利主体要求特定的义务主体为一定行为而形成的民事法律关系。

将民事法律关系区分为绝对权民事法律关系和相对权民事法律关系的意义在于：

1. 权利主体所面对的义务主体范围不同。在绝对权民事法律关系中，义务主体是除权利人之外的一切人，即权利人可以向一切他人主张权利；而在相对权民事法律关系中，权利主体

和义务主体都是特定的，权利主体只能向特定的义务主体主张权利，这种现象在理论上被称为“债的相对性”。

2. 义务主体履行义务的方式不同。在绝对权民事法律关系中，由于义务主体的义务是消极的、配合性的，故而义务主体履行其义务的方式是不作为，即只要不妨碍权利主体实现权利就是履行了自己的义务，权利主体不需要义务主体的积极协助。例如，所有权人对自己的房屋行使占有、使用、收益和处分的权利，义务主体只要不妨碍、不影响所有权人的活动就是履行了自己的义务。

在相对权民事法律关系中，由于义务主体的义务是积极的、作为性的，故而义务主体必须通过积极履行义务来使权利主体的权利得到实现。如果没有义务主体积极履行义务的行为，权利主体的权利则无从实现。例如，学生在学校食堂买饭，如果学生向窗口服务员支付了价款，但服务员没有给饭菜，学生作为债权人就无法实现其债权。

延伸思考

1. 民事法律关系与行政法律关系的区别是什么?
2. 事实行为能否成为民事法律关系的客体?
3. 人身利益通常不得转让或继承的法理是什么?
4. 怎样理解民事法律关系在民法中的功能?

法条链接

《民法总则》第1条、第2条、第11条、第13条、第57条、第102条、第110条、第114条、第115条、第118条、第123条、第133条;《民法通则》第1条、第2条、第7条、第70条、第80条、第84条、第85条、第90条、第142条;《合同法》第2条、第8条、第402条、第403条;《著作权法》第2条;《合伙企业法》第2条、第31条、第55条;《物权法》第2条、第84条、第85条、第99条、第102条、第103条、第190条、第231条、第241条。

扩展阅读

1. 史尚宽:《民法总论》，中国政法大学出版社2000年版。
2. 王泽鉴:《民法总则》，北京大学出版社2009年版。
3. 曾世雄:《民法总则之现在与未来》，中国政法大学出版社2001年版。
4. 江平主编:《民法学》，中国政法大学出版社2007年版。
5. 梁慧星:《民法总论》，法律出版社2017年版。
6. 申卫星:《对民事法律关系内容构成的反思》，载《比较法研究》2004年第1期。
7. 高健:《试论民事法律关系的抽象客体》，载《政法论丛》2003年第2期。
8. 韩光明:《论民事法律关系的内容构建：一个基本概念的范式分析》，载《比较法研究》

2009年第5期。

9. 梅夏英:《民法权利客体制度的体系价值及当代反思》，载《法学家》2016年第6期。

10. 丁海俊:《论民事权利、义务和责任的关系》，载《河北法学》2005年第7期。

11. 谢怀栻:《论民事权利体系》，载《法学研究》1996年第2期。

第二编　权利主体

第四章 自 然 人

本章要点

民法上的“人”以自然人为规范模型。

自然人的权利能力始于出生之完成，终于死亡，表现为自然人之主体地位。自然人之行为能力则不同于权利能力，与主体地位无关。根据理性能力的程度，自然人被区分为完全行为能力人、限制行为能力人与无行为能力人。法定代理制度是对行为能力欠缺者的制度保护。

私法以保护“人”为根本目的，“人格”作为“人之尊严”的表达，通过“人格权”得以保护。生命、健康、身体、姓名、肖像、名誉、隐私等人格要素均以具体人格权的面目被实证化，未被类型化的人格尊严则以具有开放性的“一般人格权”予以保护。

自然人的户籍对于私法具有证据效力，一般而言，户籍所在地即自然人之住所地。住所是自然人生活的中心场所，是确定私法关系空间效力的基本法律依据。

第一节 民法上的“人”

[本节要点]

民法观念中的“人”虽有自然人与法人之别，但法人系以自然人为模型的，充其量也只是类推意义上的“人”。民法制度体现了两种基于不同观念的自然人：权利能力制度体现了“天赋人权”观念上的自然人，行为能力制度则体现了“理性人”观念上的自然人。

一、“人”在法典中的位置

所有法律规范，皆以“人”作为法律效果之承受者。就此而言，一切法律皆为“人法”。不同的是，民法规范不仅将其法律效果指向“人”，更直接对私人的主体地位作出了规定。“民法是人法”之命题，亦由此凸显其特别的意蕴。任何人的生活皆以私人生活为始点。相应地，任何法律领域主体地位的获得，几乎皆以具备私法上的主体地位为前提，即便是号称“根本大法”的宪法，亦不例外。因此，从“人”的角度看，民法确实堪称“众法之基”①。

各国民法典，莫不以“人”作为开端，差别只在于编排体例不同。关于“人”在法典中的编排位置，大致有两种体例：一为罗马—法国体例，意大利从之；二为德国体例，日本、新中国成立之前的中华民国从之。前者特点在于，亲属法与人法（主体法）一道位于法典第一编；后者则只是在第一编（总则编）规定作为私法主体的“人”，亲属、继承关系分别构成法典的第四、五编。

---

① 史尚宽：《债法总论》，中国政法大学出版社 2000 年版，“自序”。

二、民法观念中的“人”

（一）以自然人为模型

民法上的“人”可作自然人与法人之区分。不过，只有个人才能真正拥有私人生活，或者说，个人在私法关系中具有终极地位，因而，民法观念中的“人”必然以个人（自然人）作为规范模型。这在根本就未规定“法人”的《法国民法典》中表现得尤其明显。即便是在创造了“法人”制度的德国，时下学者亦多认为，“法人”无法与“自然人”相提并论，充其量不过是一种类推意义上的人。即，法人作为“人”，并不蕴含着“自然人”的原始意义和伦理意义，而只具有某种形式意义。于此，特定的团体被法律称为“法人”的意义仅仅在于，该团体具有权利能力，能够作为法律效果的“归属载体”。①

基于自然生理规律而出生的人为自然人，这是与法人相对应的概念。任何个人都是自然人，并不需要附加其他任何条件。我国《民法通则》及其他相关法律常用“公民”指代自然人，这使得本属中性表述的民法上的“人”蒙上了政治意识形态的色彩。“公民”是政治学上的概念，将之用于私法意味着在私法中加入了政治色彩；又以国籍划分，说明我国至少在观念上尚未做到一视同仁。对此，张俊浩教授曾指出：“公民作为民法概念反映了民事生活的某种封闭性和‘非私法’性。”② 在此意义上，《民法总则》将法定概念回归“自然人”之举，殊值肯定。

（二）两种“观念自然人”

以自然人作为模型，并不意味着民法对所有自然人一视同仁。在民法制度上，可以看到体现两种不同观念的自然人。

1. “天赋人权”观念上的自然人。通过“天赋人权”观念，启蒙思想家表达了“人生而平等”的诉求。民法以权利能力制度回应了这一诉求，即所有人的法律地位平等。

2. “理性人”观念上的自然人。对于法律交往，民法奉行自治理念，该理念以人具有为自己理性判断的能力为前提。与“理性人”相呼应的，是人的行为自由。并不是所有具有权利能力的自然人皆有为自己理性判断的能力，这意味着，并不是所有自然人都能够自由行为。具有不同程度理智的人理当拥有不同的行为自由范围，这可通过行为能力制度予以体现。在民法中，行为能力越欠缺，行为的自由度就越受到限制，管制色彩亦越浓厚。

第二节　自然人的权利能力

[本节要点]

自然人的权利能力是其法律人格的表达，享有权利能力即意味着具有私法主体地位。权利能力不同于诉讼法上的当事人能力，也不同于行为能力。权利能力具有先验性，自然人的权利能力完全且平等，不得让与或抛弃。自然人的权利能力始于出生，胎儿在出生之前即具有附解

① Larenz/Wolf, *Allgemeiner Teil des bürgerlichen Rechts*, 9. Aufl., Verlag C. H. Beck, 2004, § 9 Rn. 10f; Dieter Medicus, *Allgemeiner Teil des BGB*, 9. Aufl., C. F. Müller Verlag, 2006, Rn. 1104.

② 张俊浩主编：《民法学原理》（上册），中国政法大学出版社 2000 年版，第 94—95 页。

除条件（以出生时系死产为解除条件）的权利能力。唯一能够导致自然人权利能力终止的事由是死亡。若自然人生死不明达到法定期间，经利害关系人申请，可由法院宣告其死亡，死亡宣告产生推定受宣告人死亡之效力，属于可推翻的法律推定。

一、权利能力与自然人的主体地位

（一）权利能力

1. 权利能力的含义。“权利能力”是德国民法学创造的概念，在其进入《德国民法典》后，法典中的“人”变成了“形式上的人”，淡化了此前“只有自然人才是人”的伦理观念。[①]

法律意义上的人格以权利能力之享有为标志。[②] 换言之，享有权利能力也就意味着具有私法主体地位。依《德国民法典》第 1 条的规定，只要是自然人，一经出生，便毫无例外地具有私法主体地位，享有权利能力。

不过，《德国民法典》虽使用“权利能力”（Rechtsfähigkeit）概念表述人的主体资格，却未作含义界定。自事理而言，私法主体既能享有权利，亦能承担义务，权利能力既然是主体资格之表征，自当包括享有权利、承担义务之能力，因而，德国学界一般将“权利能力”定义为“成为权利与义务承受者的能力”。[③]《瑞士民法典》第 11 条第 2 款正是在此意义上规定权利能力的：“在法律规定的范围内，所有人都拥有平等地享有权利与承担义务之能力。”[④]《民法总则》第 13 条亦持此立场：根据民事权利能力，能够“依法享有民事权利，承担民事义务”。

2. 权利能力与当事人能力。当事人能力是诉讼法上的概念，指合法成为民事诉讼当事人（原告或被告）的能力。一般而言，具有权利能力者即具有当事人能力。

问题是，诉讼法上的当事人能力是否以实体法上的权利能力为前提？换句话说，具有当事人能力者是否必定具有权利能力？《民事诉讼法》第 48 条第 1 款规定：“公民、法人和其他组织可以作为民事诉讼的当事人。”公民（自然人）与法人皆具权利能力，此无疑问。所谓“其他组织”，依最高人民法院《民诉法解释》第 52 条的界定，是指“合法成立、有一定的组织机构和财产，但又不具备法人资格的组织”。其外延包括八类：（1）依法登记领取营业执照的个人独资企业；（2）依法登记领取营业执照的合伙企业；（3）依法登记领取我国营业执照的中外合作经营企业、外资企业；（4）依法成立的社会团体的分支机构、代表机构；（5）依法设立并领取营业执照的法人的分支机构；（6）依法设立并领取营业执照的商业银行、政策性银行和非银行金融机构的分支机构；（7）经依法登记领取营业执照的乡镇企业、街道企业；（8）其他符合法律规定条件的组织。

---

① Larenz/Wolf, *Allgemeiner Teil des bürgerlichen Rechts*, 9. Aufl., Verlag C. H. Beck, 2004, § 2 Rn. 11ff; Hans Hattenhauer, *Grundbegriffe des Bürgerlichen Rechts*, 2. Aufl., Verlag C. H. Beck, 2000, S. 2ff, 9.

② ［德］托马斯·莱赛尔：《德国民法中的法人制度》，张双根译，载《中外法学》2001 年第 1 期。

③ Larenz/Wolf, *Allgemeiner Teil des bürgerlichen Rechts*, 9. Aufl., Verlag C. H. Beck, 2004, § 5 Rn. 2; Dieter Medicus, *Allgemeiner Teil des BGB*, 9. Aufl., C. F. Müller Verlag, 2006, Rn. 1039; Brox/Walker, *Allgemeiner Teil des BGB*, 32. Aufl., Carl Heymanns Verlag, 2008, Rn. 703.

④ 该条的德文表述是“Für alle Menschen besteht demgemäss in den Schranken der Rechtsordnung die gleiche Fähigkeit, Rechte und Pflichten zu haben”。殷生根、王燕译本（中国政法大学出版社 1999 年版）将其译为：“在法律范围内，人人都有平等的权利能力与义务能力。”其中，“权利能力与义务能力”之表述易使人产生误解，使人以为“权利能力”与“义务能力”分属两项能力。

如果坚持自然人与法人的二元主体结构，“其他组织”显然并非民事实体法上的主体；如果进而坚持主体资格以权利能力为标志，“其他组织”自然不具有权利能力。

3. 权利能力与行为能力。在理念上，权利能力与“人生而平等”相呼应，行为能力则对应于“理性人”观念。由此决定，权利能力意味着人的主体资格，如果同时具备行为能力，他就可以通过自己的行为实际承受法律后果。既然人生而平等，那么所有自然人都具有同等的权利能力；既然人的理性各有不同，那么行为能力就会有不同的层次：完全行为能力、限制行为能力或无行为能力。

（二）权利能力的性质

1. 先验性。德国通说认为，人的权利能力甚至作为人的法律资格取决于实证法的规定。① 我国学者亦多持此见解。

如果权利能力为实证法所赋予，即意味着，实证法亦可以将其剥夺与限制。然而，任何文明的立法皆不得宣称自然人不具有主体地位，即不得剥夺或限制自然人的权利能力，这已成为不可颠覆的现代法律信念。这表示，自然人的权利能力并不是实证法赋予的，实证法不过是将自然人本就具有的权利能力加以实证化，权利能力先于实证法而存在。② 在权利的分类上，康德区分了“先天的权利”（das angeborene Recht）和“后天的权利”（das erworbene Recht）。其中，对于前者，“个人不依赖于任何法律行动即可享有”，以先验的纯粹理性为根据；后者则以相应的法律行动为必要。③ 权利能力虽不同于权利本身，但只有具备权利能力者，才谈得上享有何种具体权利之问题。如果权利能力——自然人的法律主体地位——本身即为实证法所赋予，他又如何能够享有“先天的权利”？

2. 完全且平等。《民法总则》第14条规定：“自然人的民事权利能力一律平等。”自事理而言，既然人生而平等，那么，任何自然人的权利能力便都是完全而平等的。换言之，任何自然人，不论其智力程度、身体状况、文化水平、宗教信仰等各方面存在何种差异，皆无例外地享有任何私法权利，承担任何私法义务。民法所确立的自然人权利能力之一般性与平等性，是人类法律秩序的一项重要的基石。④

3. 不得让与或抛弃。权利能力是自然人主体地位的法律标志，让与或抛弃权利能力，即意味着放弃自己的法律主体地位，使自己不再成为法律上的“人”。既然权利能力具有先验性，就不能为经验事实所否弃，因而，他人既不得剥夺或限制某一自然人的权利能力，该自然人亦不得自己让与或抛弃，以切实维护自然人主体地位的绝对性。

二、权利能力的开始

依《民法总则》第13条，自然人的权利能力始于出生。人的出生须经历一个过程，因此，更准确地说，自然人的权利能力始于出生完成之时。《德国民法典》第1条即规定：“人的权利能力始于出生之完成。”

---

① Larenz/Wolf, *Allgemeiner Teil des bürgerlichen Rechts*, 9. Aufl., Verlag C. H. Beck, 2004, § 5 Fn. 4.

② Larenz/Wolf, *Allgemeiner Teil des bürgerlichen Rechts*, 9. Aufl., Verlag C. H. Beck, 2004, § 5 Rn. 5.

③ Immanuel Kant, *Die Metaphysik der Sitten*, Philipp Reclam jun., 1990, S. 75.

④ Rüthers/Stadler, *Allgemeiner Teil des BGB*, 16. Aufl., Verlag C. H. Beck, 2009, § 15 Rn. 7.

（一）出生之完成

1. 性质。出生之完成是一项法律事实，与法律后果相连。出生之完成与出生人的意志无关，属于法律事实中的事件，而非行为。

2. 出生完成的判断。出生完成，即意味着独立的“人”之出现，私法关系亦随之建立。因而，如何判断出生之完成，于民法具有重大意义。为了确定出生时间，学者曾提出许多判断标准，如一部露出说、全部露出说、独立呼吸说等。我国通说认为，出生须同时具备“出”与“生”两项要素，即全部露出且为活体。①

3. 出生的证明。自然人自出生完成之时即享有权利能力，无需其他任何要件。不过，人的出生时间往往不是自明的，一旦出现争议，便需要以某种方式予以证明。法律为了解决纠纷，确定法律关系，往往就证据问题进行规定。最高人民法院《民通意见》第 1 条确立的证据规则是：出生的时间以户籍为准；没有户籍证明的，以医院出具的出生证明为准，没有医院证明的，参照其他有关证明认定。唯需注意者，一般情况下，户籍记载的证据效力虽强于其他证据，但若另有证据证明户籍记载有误的，户籍记载理当能够被推翻。因为，证据仅仅用以确定真正的出生时间，其效力不应强到可以决定人的出生时间之程度。

（二）胎儿的权利能力

对于自然人的权利能力，各国或地区皆规定始于出生（出生之完成）。但正如前述，人并非凭空冒出，自受胎之日起，人即处于形成过程之中。不出意外的话，胎儿终将成为现实之人。虽然一般性地把权利能力的享有确定为受胎之日的做法不值得赞同，但基于人道主义思想，对于胎儿亦应予以某些保护，否则，待胎儿出生后，他可能因此遭受损害。于是，胎儿的权利能力问题构成“人的权利能力始于出生之完成”原则的例外，此之谓“权利能力的前置”(Vorverlegung der Rechtsfähigkeit)②。

1. 胎儿权利能力的范围。胎儿既然尚未成为现实之人，他所享有的权利能力就不能是完全的。在各国和地区法典中，就胎儿权利能力范围之问题，大体存在两种立法例：一为概括式。如《瑞士民法典》第 31 条第 2 款规定：“子女只要出生时尚生存，出生前即具有权利能力。”我国台湾地区“民法”第 7 条规定：“胎儿以将来非死产者为限，关于其个人利益之保护，视为既已出生。”二为列举式。《德国民法典》通过具体条文的列举来确定胎儿的权利能力。如第 844 条第 2 款末句规定：“若第三人于损害发生时已受孕，纵未出生，亦发生赔偿义务。”第 1923 条第 2 款规定：“继承发生时虽未生存却已受孕者，视为继承之前即已出生。”无论何种立法例，典型地体现对胎儿的特别保护的，皆集中于遗产继承和损害赔偿方面。另外，虽然权利能力的概念一般包含享有权利与承担义务两方面，胎儿却无需承担义务，这在我国台湾地区“民法”的规定中表现得尤其明显。③

我国《继承法》第 28 条规定：“遗产分割时，应当保留胎儿的继承份额。胎儿出生时是死体的，保留的份额按照法定继承办理。”该规定是否表示承认胎儿在继承方面的部分权利能力，学者对此存有不同见解。肯定说认为，该项规定通过对胎儿继承权的肯认，突破了《民法

① 张俊浩主编：《民法学原理》（上册），中国政法大学出版社 2000 年版，第 98 页；梁慧星：《民法总论》，法律出版社 2017 年版，第 87 页。

② Brox/Walker, *Allgemeiner Teil des BGB*, 32. Aufl., Carl Heymanns Verlag, 2008, Rn. 706.

③ 王泽鉴：《民法总则》，北京大学出版社 2009 年版，第 85 页。

通则》确立的“权利能力始于出生”之规则。① 否定说则认为，该条所规定的只是遗产分配问题，“系严格贯彻以出生为民事权利能力之始期，不认为胎儿有任何民事权利能力”②。

[案例 4-2-1] 杨某与周某于 2009 年 6 月 11 日按照当地风俗举行婚礼后同居生活。2009 年 9 月，周某在采矿作业时不幸遇难，事故发生后厂方一次性赔偿 29 万元，由周某之父母领取。在周某逝世前，杨某已怀孕。2009 年 12 月 22 日，杨某向法院起诉，请求之一是要求周某父母从 29 万元中支付胎儿的应继承份额。法院判决周某父母待杨某腹中胎儿出生并确认是活体后，从 29 万元赔偿金中向其支付 4 万元。

在此案中，法院判决时杨某腹中的胎儿尚未出生，但以其出生时为活体为限，其出生前即已被视为具有取得遗产之能力。

《民法总则》第 16 条前句规定：“涉及遗产继承、接受赠与等胎儿利益保护的，胎儿视为具有民事权利能力。”该规定明确肯定胎儿的权利能力。

2. 胎儿享有权利能力的根据。胎儿享有权利能力构成一般原则的例外。该例外的正当性便需要特别的法律理由。任何未成为独立个人者，皆不具有独立利益。因此，胎儿权利能力的意义其实在胎儿出生之后方能彰显。由此推论，赋予胎儿权利能力，其实是对胎儿出生之后的权利进行保护。之所以需要将保护时间提前，其原因在于，倘不如此，自然人的某些权利（取得遗产、损害赔偿等）将因此而丧失。

由是可知，胎儿权利能力的保护须以出生完成作为始点。换言之，出生之完成乃胎儿权利能力保护的条件。法律条件有停止条件与解除条件之别。我国台湾地区通说认为，“民法典”第 7 条所谓“以将来非死产者为限……视为既已出生”宜解释为法定的解除条件，即胎儿于出生前便取得权利能力，若为死产，则溯及地丧失其权利能力。其理由在于：若解释为附停止条件，则出生前的胎儿不具有权利能力，此时发生的损害救济或继承皆不得主张，直至出生后方可主张，似不足以保护胎儿利益；若为附解除条件，则胎儿虽未出生，仍可主张损害赔偿等请求，若为死体，就所获得的损害赔偿发生不当得利返还，对胎儿保护甚是周全。③

根据《继承法》第 28 条，胎儿虽未出生，仍应为之保留继承份额。这似乎表示，胎儿可在出生前获得遗产。至于“胎儿出生时是死体的，保留的份额按照法定继承办理”之规定，亦符合解除条件不成就时的处理规则。由此，《继承法》第 28 条似乎在解除条件说的解释框架之内。而胎儿针对第三人的损害赔偿请求权，我国司法判决也予以承认。

[案例 4-2-2] 金某于 1981 年 12 月 8 日出生，其母怀孕期间在某发电厂输煤车间工作，接触并吸入大量有毒物质，致使金某在母腹中受到毒物感染，一出生即为残疾儿。1997 年金某诉请法院判令其母亲原工作单位就其在胎儿时所受损害承担赔偿责任，得到法院支持。

在此案中，同样可以附解除条件说解释法院的判决：金某出生前即取得附解除条件（以出生时系死产为解除条件）的权利能力，其出生时非死产，解除条件不成就，因而可主张其出生前的损害赔偿。

① 张俊浩主编：《民法学原理》（上册），中国政法大学出版社 2000 年版，第 98、99 页。

② 梁慧星：《民法总论》，法律出版社 2017 年版，第 88 页。

③ 王泽鉴：《民法总则》，北京大学出版社 2009 年版，第 85—88 页。

解除条件说亦可用于解释《民法总则》第16条后句："但是胎儿娩出时为死体的，其民事权利能力自始不存在。"

三、权利能力的终止

自然人权利能力不得抛弃，不受剥夺，因此，唯一能够导致自然人权利能力终止的法律事由，就是死亡。自然人因死亡而丧失了"人"的地位，也就不再能够享有权利能力。此为《民法总则》第13条所确认。

（一）死亡的法律性质

自然人可能因为（他人的或自己的）杀害行为而死亡，亦可能因为意外事故而死亡，还可能因为生命力的自然衰竭而死亡，但无论是杀害行为、意外事故还是生命力的自然衰竭，都只是自然人死亡的原因，于死亡的法律效果无任何影响。这意味着，"死亡"作为一种结果，其法律意义独立于原因而存在，亦无关乎人的意志，属于法律事实中的事件。

自然人一旦死亡，与之相关的私法关系或者消灭（如婚姻关系等），或者为其继承人所继承（如财产权利等），或者因死亡而发生效力（如遗嘱、死亡保险等）。

（二）死亡的判断

表征生命存在的标志通常被归结为心脏跳动、独立呼吸与大脑活动等。相应地，死亡的判断标准亦有心脏停止跳动说、呼吸停止说与脑死亡说等。单独而言，每一种标准皆不能解释所有死亡现象，各国做法亦各有不同。例如，德国以脑死亡说为通说，即只要大脑机能完全且不可逆转地崩溃了，即便血液循环与呼吸得以人工延续，亦构成死亡。①

以何种因素作为死亡标准，涉及主体地位何时消灭、人体器官移植等重大伦理问题。其中，人体器官移植问题尤显突出。我国《人体器官移植条例》（国务院令第491号）第20条第1款规定："摘取尸体器官，应当在依法判定尸体器官捐献人死亡后进行。从事人体器官移植的医务人员不得参与捐献人的死亡判定。"

如果将关注点集中于维护人的主体地位，那么，判断是否死亡时，应以各种生命迹象中最后消逝的时间为准。

（三）死亡时间的推定

关于单个自然人的死亡时间，当以户籍的注销记载、死亡证明书等作为证据。在数人遇难的情形，死亡时间的确定对于继承关系有重大意义。此时，如果没有证据证明个人死亡时间，就需要由法律作出推定。推定的基本导向是合理处理遗产移转问题与简化法律关系。最高人民法院《继承法意见》第2条规定："相互有继承关系的几个人在同一事件中死亡，如不能确定死亡先后时间的，推定没有继承人的人先死亡。死亡人各自都有继承人的，如几个死亡人辈份不同，推定长辈先死亡；几个死亡人辈份相同，推定同时死亡，彼此不发生继承，由他们各自的继承人分别继承。"

---

① Brox/Walker, *Allgemeiner Teil des BGB*, 32. Aufl., Carl Heymanns Verlag, 2008, Rn. 709; Winfried Boecken, *BGB-Allgemeiner Teil*, Verlag W. Kohlhammer, 2007, Rn. 86; Rüthers/Stadler, *Allgemeiner Teil des BGB*, 16. Aufl., Verlag C. H. Beck, 2009, § 14 Rn. 12.

[案例 4-2-3] 2003 年 8 月 10 日凌晨 2 时许，苗某与丈夫李某军、女儿李某遥被入室抢劫的高某杀害，3 人各自均有继承人。苗某与李某军生前共有房屋 1 套，张某（苗某之母）主张该房屋应由其继承，李某军之同胞兄弟李某国等 3 人予以反对，法院最终判决房屋归张某所有。

本案中，3 人在同一事件中死亡，各自均无遗嘱，且不能确定死亡的先后时间，因该 3 人各自均有继承人，故推定长辈先死亡；苗某与李某军辈分相同，推定同时死亡，彼此不发生继承；被继承人李某遥辈分最小，推定最后死亡。就涉案房屋而言，李某遥与张某为苗某的继承人（第一顺位），李某遥为李某军的继承人（第一顺位），该房屋应由李某遥（3/4）与张某（1/4）共同继承，而李某遥的继承人仅剩其外祖母（第二顺位），即张某，故依据《继承法意见》第 2 条之规定，该房屋应当由张某继承。

四、死亡宣告

法律追求安定，需要将某些可能使得法律关系悬而不决的因素消除。自然人长期失踪的情形即属“使得法律关系悬而不决的因素”。失踪时间越长，不在人世的可能性就越大。待失踪达到足够长的时期，法律就有理由认为该失踪人已经死亡。我国民法与此相应的是宣告死亡制度。所谓宣告死亡制度，是指自然人生死不明达到法定期间，经利害关系人申请，由法院宣告其死亡，从而清理以其生前住所地为中心的私法关系的制度。

（一）死亡宣告的要件

自然人一旦被宣告死亡，即有法律状态随之彻底改变。为防止该制度的滥用，法律需要设定严格的适用条件。

1. 自然人生死不明达到法定期间。生死不明即离开住所或者最后居所而下落不明。根据《民法总则》第 46 条与《民事诉讼法》第 184 条第 1 款的规定，生死不明需要达到的“法定期间”分三种情况：其一，普通期间。即自下落不明之日起满 4 年。依《民通意见》第 27 条的规定，战争期间下落不明的亦适用该期间，唯期间起算点非“下落不明之日”，而是战争结束之日。原因在于，战争期间的通信本就处于非正常状态，此时对于判断是否下落不明意义不大。其二，特别期间。因意外事故下落不明，从事故发生之日起满 2 年。其三，即时期间。因意外事故下落不明，经有关机关证明不可能生存的，可立即申请。

[案例 4-2-4] 2008 年“5·12 大地震”发生时，邓某正驾车前往某乡办事，地震发生后，邓某失踪，经多方查找仍下落不明，公安机关证明邓某无生存可能。邓某之妻刘某于同年 7 月 17 日向法院申请宣告邓某死亡，法院受理后于同年 7 月 24 日在《人民日报》发出寻找邓某的公告，3 个月公告期届满，邓某仍无音讯，法院判决宣告邓某死亡。

在此案中，自邓某失踪至其妻提出死亡宣告申请，仅 2 个月有余，但邓某系在“5·12 大地震”中失踪，即因意外事故下落不明，且经公安机关证明其不可能生存，因而可即时申请。

2. 须经利害关系人申请。宣告死亡制度旨在清理私法关系，因此，是否需要援用该制度，应取决于利害关系人。利害关系人是指权利义务受下落不明人的下落不明状态影响之人。参照《民通意见》第 25 条第 1 款的规定，其包括配偶、父母、子女、兄弟姐妹、祖父母、外祖父母、孙子女、外孙子女及其他有私法权利义务关系之人。《民通意见》要求按序申请，并于第29条后句后段规定："同一顺序的利害关系人，有的申请宣告死亡，有的不同意宣告死亡，则应当宣告死亡。"《民法总则》不再有顺位要求，相应地，《民法总则》第47条规定："对同一自然人，有的利害关系人申请宣告死亡，有的利害关系人申请宣告失踪，符合本法规定的宣告死亡条件的，人民法院应当宣告死亡。"该规定删去了"同一顺序"之限制。

申请须由利害关系人以起诉的方式为之。

3. 由法院作出宣告。死亡宣告的法律后果涉及受宣告人的各项权利义务，且对不特定第三人亦生效力，故应由法院作出宣告，以公示之。为慎重计，法院在作出宣告之前必须经过公告寻找程序，一方面可尽量减少拟制死亡与真实死亡之间的误差，另一方面可防止恶意申请。公告期为1年，因意外事故下落不明、经有关机关证明不可能生存的则为3个月（《民事诉讼法》第185条第1款）。

［案例4-2-5］ 陈某于1986年7月去上海治病，一直未归，其妻张某于1995年向法院起诉，申请宣告陈某死亡。法院受理后，于1995年5月9日在某报纸发出寻找陈某的公告，公告发出1年后，陈某仍无音讯，遂于1996年5月15日判决宣告陈某死亡。

在此案中，不存在意外事故，故适用4年的普通期间，陈某下落不明将近10年，达到了法定期间；利害关系人张某向法院以起诉的方式提出申请；法院受理后，公告寻找陈某1年，陈某仍下落不明，符合死亡宣告的各项要件。

（二）死亡宣告的效力

1. 死亡之推定效力。死亡宣告判决具有推定受宣告人死亡之效力。需要注意的是，自然人的权利能力不受剥夺。因此，所谓"推定死亡"，其实只是以死亡为前提清理受宣告人所参加的以其原住所地为中心的私法关系，并不消灭受宣告人的权利能力。[①] 换言之，若受宣告人尚未死亡，其法律主体地位仍然存续，他所承受的各项法律关系亦不受死亡宣告之影响，此为《民法总则》第49条明确规定。

2. 死亡日期。死亡宣告不仅需要作出死亡之推定，亦须确定死亡日期。《民法总则》第48条规定："被宣告死亡的人，人民法院宣告死亡的判决作出之日视为其死亡的日期；因意外事件下落不明宣告死亡的，意外事件发生之日视为其死亡的日期。"推定死亡与实际死亡日期可能不一，此时，被宣告死亡所引起的法律后果仍然有效，但自然死亡前实施的法律行为与被宣告死亡引起的法律后果相抵触的，以其实施的法律行为为准。

3. 效力范围。我国死亡宣告之效力极为强大，不但包括财产关系，还包括身份关系。换言之，在受宣告人的原生活区域，死亡宣告产生的效力与自然死亡无异。

（三）死亡宣告的撤销

死亡宣告属于可推翻的法律推定。如果受宣告人事实上并未死亡，本人或利害关系人可向法院申请撤销不真实的死亡宣告判决。

1. 死亡宣告撤销的要件。（1）须有证据证明受死亡宣告人依然生存。（2）须经本人或利害关系人申请。（3）须由法院判决撤销。经法定程序作出的判决具有既判力，在依照程序被

---

① Rüthers/Stadler, *Allgemeiner Teil des BGB*, 16. Aufl., Verlag C. H. Beck, 2009, § 14 Rn. 13.

更改或撤销之前应受普遍尊重。

2. 死亡宣告撤销的效力。泛泛而言，死亡宣告撤销的效力溯及既往，恢复原状。效力涉及财产关系和身份关系两方面。

（1）关于财产关系的效力。依《民法总则》第53条之规定，因死亡宣告而依继承法取得财产者，不问其属继承抑或受遗赠，均因撤销而失其权源，应当返还被撤销宣告人。返还标的物应为原物。原物不复存在者，代之以适当赔偿。隐瞒真实情况恶意陷他人于宣告死亡者，还应当对由此造成的损失承担赔偿责任。

（2）关于身份关系的效力。关于婚姻关系，《民法总则》第51条后句规定："死亡宣告被撤销的，婚姻关系自撤销死亡宣告之日起自行恢复，但是其配偶再婚或者向婚姻登记机关书面声明不愿意恢复的除外。"关于收养关系，《民法总则》第52条规定："被宣告死亡的人在被宣告死亡期间，其子女被他人依法收养的，在死亡宣告被撤销后，不得以未经本人同意为由主张收养关系无效。"

[案例4-2-6] 杨某与王某系夫妻，婚后杨某于1994年被委派至日本研修2年，但杨某直至2002年12月20日始回国。杨某在日本期间，直至2000年9月一直汇款给王某，王某均查收。但2001年11月20日，王某以杨某下落不明满4年为由，向法院申请宣告杨某死亡。法院公告1年后，于2002年12月10日判决宣告杨某死亡。杨某2002年12月20日回国后，王某自其父母处得知杨某回国的消息，但仍于2003年3月10日与石某登记结婚。2003年7月7日法院撤销对杨某的死亡宣告。杨某自诉请求法院判决王某构成重婚罪，得到法院支持。

在此案中，就财产关系而言，王某明知杨某并未死亡，而恶意申请死亡宣告，构成侵权行为，其因杨某被宣告死亡而取得的财产应返还，并应赔偿杨某因此而遭受的损失；就身份关系而言，杨某于2002年12月20日回国，王某知情后，双方的婚姻关系即自行恢复，虽然直至2003年7月杨某的死亡宣告始被撤销，王某仍构成重婚罪。

第三节　自然人的行为能力

[本节要点]

行为能力是自然人之理性能力在法律行为领域的体现，与自然人的主体地位无关，因而不同于权利能力。广义的行为能力还包括不法行为能力。各国通用的行为能力确定模式是"年龄主义+有条件的个案审查"。行为能力欠缺者参与法律交往的救济制度是法定代理制度：无行为能力人实施法律行为由法定代理人代理；限制行为能力人实施超出其判断能力的法律行为由法定代理人代理或许可。在我国，行为能力欠缺者的法定代理人由其监护人担任。所谓"监护权"，实质上是为保护被监护人利益而负担的义务。

一、行为能力与自然人的主体地位

自然人的主体地位除权利能力外，不受任何其他因素的影响。因此，行为能力不涉及自然人的主体地位。

[**案例4-3-1**] 2002年9月简某与某市黎明学校签订《培训合同》，约定交付2万元，参加为期26个月培训。该校系有限责任公司，股东为罗某开（无行为能力）及其父母等人。2003年该校所在地区教育局作出责令其停止招生的处理意见，据此，简某向法院诉请黎明学校返还2万元学费。

在该案中，法院认定黎明学校及其股东之间存在人格混同，应由公司股东对简某承担赔偿责任。罗某开之法定代理人以其系无行为能力人为由抗辩，未被法院采纳。

虽然无行为能力意味着因理性不健全而不能有效地从事法律行为，但并不妨碍无行为能力人承受权利义务，因其自出生时起即具有权利能力。

作为"理性人"的自然人在民法中的重大意义不容忽视。如果没有相应的理性能力，法律需要对他设置相应的制度，以保护其在法律交往中的利益。对理性不健全之人的保护，是人类文明社会与动物世界相区别的标志之一。

二、行为能力的概念

民法以自治为基本理念，贯彻的是行为自由与效果自主的思想。要实现私法自治，行为人首先必须能够理解其所实施行为的意义，当事人的理性能力于是成为前提。在此意义上，只有具备理性能力、能够进行法律交往之人，才称得上是真正的私法上的"人"。理性能力至少包括理解能力（Einsichtsfähigkeit）与判断能力（Urteilsfähigkeit）①，在实证法上即表现为行为能力。

以法律效果是否为行为人意志所设定为标准，法律上的行为有法律行为与事实行为之别。其中，法律行为的法律效果直接为行为人意志所设定，是行为人借以实现自治的最重要的工具，其效力如何，当取决于行为人具有何等的理性能力（行为能力）；事实行为产生何种法律效果，则视法律规范而非行为人意志而定，基本上与行为人的理性能力（行为能力）无关。这表示，行为能力所影响的，只是法律行为的效力。所以，行为能力可被定义为行为人有效实施法律行为之能力。②

另需注意，汉语所称"行为能力"，可作广狭两义理解：广义行为能力还包括不法行为能力；狭义行为能力指的就是影响法律行为效力的行为能力。③ 一般情况下，不法行为能力与狭义行为能力相呼应，即完全行为能力人具有完全不法行为能力，无行为能力人不具有不法行为能力，限制行为能力人则依其认识其责任所必要的理解力确定其不法行为能力。④ 但亦不完全相同，如《德国民法典》第828条规定："未满7周岁者，对其加于他人之损害不负责任。已满7周岁、未满10周岁者，对其在机动车、有轨交通工具或悬空缆车事故中加于他人之损害，

① Brox/Walker, *Allgemeiner Teil des BGB*, 32. Aufl., Carl Heymanns Verlag, 2008, Rn. 259; Rüthers/Stadler, *Allgemeiner Teil des BGB*, 16. Aufl., Verlag C. H. Beck, 2009, § 23 Rn. 1.

② Larenz/Wolf, *Allgemeiner Teil des bürgerlichen Rechts*, 9. Aufl., Verlag C. H. Beck, 2004, § 6 Rn. 12; Brox/Walker, *Allgemeiner Teil des BGB*, 32. Aufl., Carl Heymanns Verlag, 2008, Rn. 259; Rüthers/Stadler, *Allgemeiner Teil des BGB*, 16. Aufl., Verlag C. H. Beck, 2009, § 23 Rn. 1.

③ 梅仲协：《民法要义》，中国政法大学出版社1998年版，第57—58页；黄立：《民法总则》，中国政法大学出版社2002年版，第81—82页。

④ Larenz/Wolf, *Allgemeiner Teil des bürgerlichen Rechts*, 9. Aufl., Verlag C. H. Beck, 2004, § 6 Rn. 34.

不负责任。其故意引起损害者，不在此限。未满 18 周岁者，若其责任未为第 1 款与第 2 款所排除，而其在实施损害行为时对其责任承担缺乏必要的理解能力者，亦不对其加于他人之损害承担责任。”

[案例 4-3-2] 1993 年 1 月 29 日晚上 8 时许，未成年人李某手持一支 40 发魔术弹在住宅楼下的草坪燃放，未成年人梁某前去帮忙，未成年人马某在引火后仍侧头朝弹筒内窥看，最终烟花燃爆导致马某右眼终身残疾。马某之法定代理人代理其提起诉讼，要求李某、梁某赔偿马某因此遭受的损害。法院判决由李某、梁某的监护人承担相应赔偿责任。

在此案中，马某的损害由未成年人李某、梁某造成，但因上述二人不具有不法行为能力，由其监护人承担其不法行为所造成的损害赔偿责任。

三、行为能力的分级

（一）行为能力的界定依据

个人通过自己的行为进行法律交往，而行为的有效性首先取决于是否具有相应的能力。权利能力是静态的享有某种权利、承担某种义务的能力，是法律交往的基础，不宜对不同的人实行差别待遇，故自然人的权利能力具有完全且平等之特性；行为能力则是动态的通过具体行为来取得权利、履行义务的能力，所对应的是自然人的实际法律交往行为，故需要基于每个自然人的具体情况加以区分。

每一个人的理性能力皆有不同，理论上，应对每一自然人进行个案审查，以确定他具有何种程度的行为能力。但该办法不具有可操作性，并且，逐一个案审查的制度可能助长公权力恣意，并给法律交往带来极大的不安定性。因此，法律一般避免积极规定谁具有行为能力，而只是消极宣示欠缺完全行为能力者。① 为了确定行为能力的欠缺程度，法律需要找出某些具有规律性的因素，并以之作为衡量标准。最具规律性的因素是：自然人的理性能力一般随着年龄的增长而增长。据此，各国划定行为能力界线时，皆以年龄作为首要标准。不过，年龄划界的办法过于整齐划一，可能忽视个体因素。现实生活中，自然人的理性发展情形各有不同，明显早熟者有之，因精神状况出现瑕疵而无判断能力者亦有之。为了较为恰当地反映异乎寻常的个体特性，法律亦须对他们特别对待。其结果是，在确定行为能力时，“年龄主义+有条件的个案审查”成为各国通用模式。②

（二）行为能力的程度分界

1. 完全行为能力。如果自然人的理性已发展成熟，有能力为自己的任何私法事务独立作出判断的，他就能够凭自己的意志从事任何法律交往，充分贯彻私法自治之理念，也就成为民法上所谓的完全行为能力人。完全行为能力的年龄与通常所谓“成年”的年龄一致（《民法总则》第 18 条第 1 款），《民法总则》第 17 条将其确定为 18 周岁。这意味着，在普通人的正常发展范围内，尽管具体个人的理性能力有所不同，但一旦年满 18 周岁，便无例外地获得完全行为能力，可以独立进行法律交往并为自己的行为承受后果。同时，法律的特别保护亦随之撤

---

① Brox/Walker, *Allgemeiner Teil des BGB*, 32. Aufl., Carl Heymanns Verlag, 2008, Rn. 259.

② 张俊浩主编：《民法学原理》（上册），中国政法大学出版社 2000 年版，第 109 页。

去。显然，理性发育越健全，越能够享受私法自治带来的益处。由此可见，行为能力制度除与私法自治紧密相连外，还具有一项附带作用，即有助于促使自然人尽其所能地发展完善自己的理性能力。

称完全行为能力人可独立实施任何私法行为，只具有一般意义。根据我国法律，自然人虽已成年，仍有不得实施之私法行为，典型者如结婚。根据《婚姻法》第 6 条与第 10 条的规定，男未满 22 周岁，女未满 20 周岁，不得结婚，否则结婚行为无效。

18 周岁是一般人的成年年龄，却不排除有些自然人心智发育的成熟程度异乎常人。非完全行为能力人虽然能够享受法律的特别保护，但须为此付出行为自由受到限制的代价。如果有证据表明，特定自然人已足够成熟，没有必要再施以特别保护，法律即没有理由限制其行为自由。在某些立法例下，结婚被视为心智成熟的法定证据，因此规定了结婚成年制度（如《日本民法典》）。我国则规定了劳动成年制度，如《民法总则》第 18 条第 2 款规定："十六周岁以上的未成年人，以自己的劳动收入为主要生活来源的，视为完全民事行为能力人。"所谓"以自己的劳动收入为主要生活来源"，依《民通意见》第 2 条的解释，是指"能够以自己的劳动取得收入，并能维持当地群众一般生活水平"。

[案例 4-3-3] 2007 年 6 月，1990 年 10 月 27 日出生的靳某经人介绍为张某打工，每日向附近的商店、饭店送货。其间因货款差错，靳某支付张某 800 元，并于 2007 年 8 月 5 日向张某出具金额为 4 801 元的欠条。张某起诉要求靳某及其法定代理人偿还欠条上的金额。法院以靳某在打工期间已年满 16 周岁应视为完全行为能力人为由，判令其偿还欠款。

本案判决中的疑点在于，靳某打工期间虽年满 16 周岁，但法院并未查明其是否以自己的劳动收入为主要生活来源，也未就其取得的收入能否维持当地群众一般生活水平进行调查，仅以其年满 16 周岁并已开始打工为由，并不足以认定其为完全行为能力人。

2. 限制行为能力。一般情况下，不满 18 周岁之人为非完全行为能力人。但这一年龄标准所涵括的人，理性能力相去甚远，不宜一体对待。人的心智发展是一个不断成熟的过程，在完全成熟之前，若一律禁止其参与法律交往，显然属于过度管制。因此，法律应当容许具有一定程度理性能力之人，独立实施与其理性能力相适应的法律行为。依《民法总则》第 19 条的规定，8 周岁以上的未成年人，其理性能力属于同一层次，即所谓的"限制行为能力"。

限制行为能力人能够独立实施的法律行为必须与其"年龄、智力相适应"，《民通意见》第 3 条提供的判断依据是行为与本人生活相关联的程度、本人的智力能否理解其行为并预见相应的行为后果以及行为标的数额等。

[案例 4-3-4] 2002 年 7 月 4 日晚 9 时左右，16 岁的谢某与朋友结伴到某省太阳城公司经营的游泳池游泳，后溺水死亡，其法定代理人向法院起诉要求太阳城公司赔偿死亡赔偿金等合计 91 890 元。太阳城公司抗辩称，谢某系未成年人，应由其监护人承担未履行监护义务的责任。法院判决认为，谢某年满 16 周岁，其年龄、智力已具备预见游泳的危险性和进行自我保护的能力。其去游泳池游泳，与太阳城公司订立服务合同，无须征得其监护人同意，因而监护人无须为此承担责任。

在该案中，监护人是否应当为谢某的死亡承担未尽监护义务的责任，取决于谢某所订立的服务合同是否与其年龄、智力相适应，从而独立实施。与限制行为能力人年龄、智力不相适应的法律行为，须由法定代理人代为实施，或征得法定代理人允许之后自己实施。之所以如此，主要是为了保护理性能力尚有欠缺的限制行为能力人。本案中，谢某已年满16周岁，应当认为其智力能够理解游泳的危险性，并可预见相应的行为后果，监护人不应对此承担监护不力的责任。

[案例4-3-5] 徐某从事个体饮食业，葛某就读初中时，有部分时间在徐某处搭伙，由其父母支付伙食费。1997年6月4日，徐某告知葛某2年已累计欠饭菜费4 515元，要求葛某写下两张欠条（一张为600元，一张为3 915元），并言明数额小的欠条告知父母，由父母偿还，数额大的欠条由葛某离校打工时偿还。徐某以此种方式取得多名未成年人出具的欠条，最高单张金额达11 610元。1998年，徐某向法院起诉，要求葛某偿还欠款，被法院驳回。

在此案中，葛某就读初中时为限制行为能力人，出具大额欠条的行为与其年龄、智力不相适应，且未经法定代理人允许或追认，为无效行为。

3. 无行为能力。完全不具备法律交往所需理性能力之人为无行为能力人。《民法总则》第20条规定，不满8周岁的未成年人是无行为能力人。无行为能力人既无任何理性能力，自不能独立实施任何法律行为，而应由其法定代理人代理。《民法通则》本以10周岁作为无行为能力的年龄标准，学者普遍认为过高，《民法总则》遂下调两岁。

4. 智力或精神障碍者的行为能力。自然人的世界里，既存在心智发育超乎常人者，当然也不乏精神状况出现瑕疵者。精神不健全之人，纵使成年，亦难以具备正常人的理性能力。如果理性能力的欠缺程度将严重妨碍自然人的法律交往，法律就要对之提供保护，设立行为能力欠缺的宣告制度。传统民法上，行为能力欠缺的宣告制度包括精神病人的行为能力欠缺宣告与精神耗弱、酗酒、吸毒、有挥霍恶习者等的禁治产宣告。我国没有禁治产宣告制度，《民法通则》只规定精神病人的行为能力欠缺宣告制度（依《民通意见》第5条，此处的“精神病人”包括“痴呆症人”），《民法总则》则删去了“精神病人”的限制，将行为能力欠缺宣告的适用范围扩至一切“不能辨认”或“不能完全辨认”自己行为之人（第21、22条）。

不能辨认自己行为者为无行为能力人，适用对象包括8周岁以上未成年人与成年人。所谓“不能辨认”，《民通意见》第5条的解释是“没有判断能力和自我保护能力，不知其行为后果”。对于无行为能力的成年人，适用有关无行为能力的未成年人的法律规定。如果成年人“不能完全辨认自己行为”，则可被宣告为限制行为能力人，除实施纯获利益或与其智力、精神健康状况相适应的法律行为外，其他法律行为须由法定代理人代理，或征得法定代理人同意。《民通意见》第5条亦对“不能完全辨认自己行为”作出了解释：“对于比较复杂的事物或者比较重大的行为缺乏判断能力和自我保护能力，并且不能预见其行为后果。”

[案例4-3-6] 2002年10月25日，罗某因交通事故，造成颅脑重度损伤。经法医鉴定，完全丧失认知能力，无意识活动。2003年3月13日，罗某之父向法院申请宣告其为无行为能力人，受诉法院于2003年7月10日判决宣告罗某为无行为能力人。

智力或精神障碍不是成年人的常态。为防止恣意行为，成年人的行为能力是否欠缺以及欠缺程度须经法院个案审查，由法院作出宣告判决。在法院作出判决之前，任何成年人不得被当作行为能力欠缺者。行为能力欠缺宣告程序为《民事诉讼法》上的特别程序，由利害关系人提起并负举证之责。《民法总则》第 24 条第 1 款规定："不能辨认或者不能完全辨认自己行为的成年人，其利害关系人或者有关组织，可以向人民法院申请认定该成年人为无民事行为能力人或者限制民事行为能力人。"对于"有关组织"，同条第 3 款规定："本条规定的有关组织包括：居民委员会、村民委员会、学校、医疗机构、妇女联合会、残疾人联合会、依法设立的老年人组织、民政部门等。"

行为能力欠缺宣告可被撤销。《民法总则》第 24 条第 2 款规定："被人民法院认定为无民事行为能力人或者限制民事行为能力人的，经本人、利害关系人或者有关组织申请，人民法院可以根据其智力、精神健康恢复的状况，认定该成年人恢复为限制民事行为能力人或者完全民事行为能力人。"

四、行为能力欠缺者的制度保护

（一）概说

人生活在群体之中，必然要与他人进行社会交往。法律一方面依自由理性确定能力界限，另一方面须对行为能力欠缺者提供相应的特别保护。大体而言，特别保护包括消极与积极两个方面。消极保护主要体现在对相关法律行为的效力进行管制，以限制或禁止法律交往的方式，清除行为能力欠缺者因法律交往而遭受损害的可能性。不过，消极保护过于僵硬，行为能力欠缺者可能因此被阻挡在法律交往的大门之外。为弥补这一不足，法律又提供较为积极的保护制度，即为行为能力欠缺者设立法定代理人。在需要进行法律交往时，由法定代理人代理无行为能力人实施法律行为，代理或许可限制行为能力人实施超出其判断能力的法律行为。

法定代理人的职责在于保护行为能力欠缺者，这是一种纯为他人利益的法律要求。为保证法定代理人具有足够动因履行保护职责，二者密切而长期的法律结合关系便实属必要。各种法律结合关系中，亲属关系最能符合这一条件。因此，法定代理人通常由行为能力欠缺者的亲属担当。换言之，法定代理人基于亲属关系产生，包括亲权人（我国未规定"亲权"）与监护人（《民法总则》第 23 条），这也是大部分法典国家将该部分内容置于亲属法的原因。《民法通则》未遵循这一法律逻辑，而是在"主体法"中规定本属亲属法内容的监护制度。

为照顾立法体例，此处对监护制度予以简单阐述。

（二）监护人顺位

行为能力欠缺者可能拥有众多亲属。在确定监护人（法定代理人）时，一般应以亲属关系之远近作为取舍标准。原因在于，亲属关系越近者，就越具备看护受监护人利益的动因，相互之间的生活关联也越密切，也就越有资格成为监护人。

《民法总则》第 27 条规定了未成年人的监护人顺位：原则上，父母为监护人；未成年人的父母已经死亡或者没有监护能力的，由下列有监护能力的人按顺序担任监护人：祖父母、外祖父母；兄、姐；其他愿意担任监护人的个人或者组织，但是须经未成年人住所地的居民委员会、村民委员会或者民政部门同意。

［**案例 4-3-7**］夏某与包某 2003 年登记结婚之后独立生活，2005 年 2 月生有一女。2005 年 5 月包某的父母以受包某委托监护为由，将女婴带走。于此期间，包某一直在军队服役。夏某于 2006 年向法院诉请确认其对女儿的监护权，最终得到法院支持。

本案中，包某与夏某作为女婴的父母，均为其法定监护人。在包某服役期间，其难以履行监护职责，但夏某作为母亲是第一顺位监护人，优先于祖父母对女婴的监护顺位。

《民法总则》第 28 条规定了成年行为能力欠缺者的监护人顺位：配偶；父母、子女；其他近亲属；其他愿意担任监护人的个人或者组织，但是须经被监护人住所地的居民委员会、村民委员会或者民政部门同意。

［**案例 4-3-8**］李某与郑某于 1981 年登记结婚。1998 年，郑某殴打李某导致其罹患大脑多发性硬化。嗣后李某病情恶化，神志不清。在法院认定李某为无行为能力人之后，2002 年 4 月 1 日，李某之母沈某代李某向法院起诉离婚，得到法院支持。

此案中，郑某为无行为能力人李某之配偶，应为李某之第一顺位监护人，但此案为离婚诉讼，因而可由第二顺位监护人沈某作为其法定代理人代其提起诉讼。

另《民法总则》第 32 条规定："没有依法具有监护资格的人的，监护人由民政部门担任，也可以由具备履行监护职责条件的被监护人住所地的居民委员会、村民委员会担任。"

（三）监护义务

监护常被称为"监护权"，但此处之"权"似乎只是表明，并不是任何人都有"权利"成为监护人。前文已述，监护是为保护被监护人利益而存在的制度，因此，就其内容而言，监护主要表现为义务。《民法总则》第 34 条第 1 款规定："监护人的职责是代理被监护人实施民事法律行为，保护被监护人的人身权利、财产权利以及其他合法权益等。"第 35 条第 1 款规定："监护人应当按照最有利于被监护人的原则履行监护职责。监护人除为维护被监护人利益外，不得处分被监护人的财产。"

［**案例 4-3-9**］萧某平与萧某铭系同胞兄弟，1996 年二人父母购买房屋，约定由萧某平与其父共有，并经登记。2001 年 6 月 1 日，二人父母协议离婚，离婚协议约定上述房屋归二人及父亲共有，但未变更登记。当时，二人均未成年。2004 年萧某铭向法院起诉要求确认房屋共有权。一审法院以监护人处分未成年人萧某平的财产并非基于保护被监护人的利益为由，判决驳回其请求。二审法院则以未进行变更登记为由，驳回其上诉。

本案中，萧氏兄弟父母离婚之前，涉案房屋为萧某平与其父共有。父母的离婚协议约定此房屋为兄弟二人及其父共有，系对未成年人萧某平财产的处分，且此处分并非为萧某平的利益，因而应当认定为无效。

由于监护制度系为保护被监护人而设，故在被监护人有能力表达意愿时，须充分尊重被监护人的意愿。《民法总则》第 35 条第 2 款规定："未成年人的监护人履行监护职责，在作出与被监护人利益有关的决定时，应当根据被监护人的年龄和智力状况，尊重被监护人的真实意愿。"第 3 款规定："成年人的监护人履行监护职责，应当最大程度地尊重被监护人的真实意愿，保障并协助被监护人实施与其智力、精神健康状况相适应的民事法律行为。对被监护人有能力独立处理的事务，监护人不得干涉。"

（四）监护人的议定与指定

监护人的议定与指定规则见诸《民法总则》第30条与第31条。

第30条系关于监护人议定的规定："依法具有监护资格的人之间可以协议确定监护人。协议确定监护人应当尊重被监护人的真实意愿。"

第31条则分4款较为详细地规定了监护人指定制度："对监护人的确定有争议的，由被监护人住所地的居民委员会、村民委员会或者民政部门指定监护人，有关当事人对指定不服的，可以向人民法院申请指定监护人；有关当事人也可以直接向人民法院申请指定监护人。居民委员会、村民委员会、民政部门或者人民法院应当尊重被监护人的真实意愿，按照最有利于被监护人的原则在依法具有监护资格的人中指定监护人。依照本条第一款规定指定监护人前，被监护人的人身权利、财产权利以及其他合法权益处于无人保护状态的，由被监护人住所地的居民委员会、村民委员会、法律规定的有关组织或者民政部门担任临时监护人。监护人被指定后，不得擅自变更；擅自变更的，不免除被指定的监护人的责任。"

（五）监护人的预定

监护人的预定制度亦系《民法总则》新增的内容，旨在通过预先选择最合适的监护人来最大限度地保护被监护人利益。

监护人的预定包括两种情形：一是父母以遗嘱预定监护人（《民法总则》第29条），待父母去世后，依生效遗嘱发生监护人的自然更替。二是完全行为能力成年人为自己未雨绸缪，预定自己欠缺行为能力后的监护人。此预定须双方合意，且须以法定方式作出。《民法总则》第33条规定："具有完全民事行为能力的成年人，可以与其近亲属、其他愿意担任监护人的个人或者组织事先协商，以书面形式确定自己的监护人。协商确定的监护人在该成年人丧失或者部分丧失民事行为能力时，履行监护职责。"

（六）监护人资格的撤销

监护人资格撤销制度亦为《民法总则》新增的内容，旨在为被监护人提供脱困的渠道。当监护人不能适当履行监护义务甚至监守自盗侵害被监护人权益时，单纯的损害赔偿远不足以对被监护人提供救济，令恶意监护人失去监护资格才是更为彻底的解决之道。

依《民法总则》第36条第1款之规定，监护人有下列情形之一的，人民法院根据有关个人或者组织的申请，撤销其监护人资格，安排必要的临时监护措施，并按照最有利于被监护人的原则依法指定监护人：（1）实施严重损害被监护人身心健康行为的；（2）怠于履行监护职责，或者无法履行监护职责并且拒绝将监护职责部分或者全部委托给他人，导致被监护人处于危困状态的；（3）实施严重侵害被监护人合法权益的其他行为的。所谓"有关个人或者组织"，依《民法总则》第36条第2款之规定，是指"其他依法具有监护资格的人，居民委员会、村民委员会、学校、医疗机构、妇女联合会、残疾人联合会、未成年人保护组织、依法设立的老年人组织、民政部门等"。另外，其他具有监护资格的个人和民政部门以外的组织未及时向人民法院申请撤销监护人资格的，民政部门应当向人民法院申请（《民法总则》第36条第3款）。

（七）监护的终止

《民法总则》第39条第1款规定，有下列情形之一的，监护关系终止：（1）被监护人取得或者恢复完全民事行为能力；（2）监护人丧失监护能力；（3）被监护人或者监护人死亡；

(4) 人民法院认定监护关系终止的其他情形。

第四节 人格的保护

[本节要点]

“人格”表达“人之尊严”，私法将人之尊严的各个侧面实证化为“权利”，即所谓“人格权”。人格权属于人法的内容，保护的是人对自身的“权利”，不得任意放弃或移转。根据人之尊严的不同侧面，人格权被类型化为生命权、健康权、身体权、姓名权、肖像权、名誉权、隐私权等具体人格权，但立法者不可能穷尽列举所有人格要素，法律列举之外的人格尊严通过“一般人格权”得以保护。

一、人格的法律意义

“人格”一词在不同语境下有不同的含义。在西方学术史上，“人格”原本不是法律概念，而存在于伦理观念当中。随着康德将这一概念引入哲学，并进而影响法学理论，“人格”才逐渐为法学所讨论。[①] 私法上的“人格”，一般在“人的主体资格”或“人的尊严”意义上使用。

(一) 作为主体资格的人格

法律以保护“人”为根本目的。拉伦茨指出，私法上的“人”根源于伦理学观念上的“人”。并且，主要经由萨维尼的介绍，康德哲学被引入19世纪德国普通法学说，并对《德国民法典》的精神基础产生了决定性影响。[②] 在此观念下，原本属于伦理概念的“人格”在私法上的表达是任何自然人的主体资格皆不得被经验性的实证法剥夺或被经验性的行为抛弃（参见本章第二节）。也正因为此，“人格”以及“人格的保护”被《德国民法典》规定在作为主体法的“人法”之中。随后，《瑞士民法典》亦遵循了这一立法体例，借助“权利能力”与“行为能力”等民法术语将“人格”植入实证法之中（参见《瑞士民法典》第一章“自然人”第一节“人格法”），并且明确规定，“人格”的起讫时间与权利能力的起讫时间一致（《瑞士民法典》第31条）。

“权利能力”同样是表达主体资格的概念。正是在此意义上，我国学者常将法律上的“人格”与“权利能力”等同视之。[③] 不过，就概念的源流而论，“人格”与“权利能力”遵循着颇为不同的演化脉络。“人格”被理性法学引入法律，是与人应该具备发展自己的自由能力等伦理观念相伴而行的；[④] 而“权利能力”则是随着形式化的“法律主体”取代伦理性的“人”的概念而出现的，旨在使法律制度能够合乎逻辑地将“人”扩展至法律构造物——法人，因

---

① Hans Hattenhauer, *Grundbegriffe des Bürgerlichen Rechts*, 2. Aufl., Verlag C. H. Beck, 2000, S. 12.

② Vgl. Larenz/Wolf, *Allgemeiner Teil des bürgerlichen Rechts*, 9. Aufl., Verlag C. H. Beck, 2004, § 2 I.

③ 张俊浩主编：《民法学原理》(上册)，中国政法大学出版社2000年版，第140页；梁慧星：《民法总论》，法律出版社2017年版，第91页。

④ Hans Hattenhauer, *Grundbegriffe des Bürgerlichen Rechts*, 2. Aufl., Verlag C. H. Beck, 2000, S. 12f..

而，“权利能力”仅仅意味着成为权利义务载体（即“法律主体”）的能力，不再负载伦理观念。①

（二）作为人的尊严的人格

当“人格”表达“人的尊严”之含义时，在法律上必然以伦理上的人格观念为基础。这是因为，在整体意义上，人的尊严只能源自其自在目的性地位，而尊严之维护也就意味着其自在目的性地位得到充分尊重。“人的尊严”之获得法律意义，典型地体现于“二战”后的《联邦德国基本法》第1条第1款：“人的尊严不可侵犯，尊重与保护该尊严是所有国家公权力者的义务。”这一规定以基督教思想、康德伦理学以及对于国家社会主义的警怵等为思想基础。②由此亦可理解为何《联邦德国基本法》第1条能够担当“一般人格权”理论的根本依据之重任。在此意义上，作为“人的尊严”的人格与作为“自然人主体资格”的人格互为表里，不可割裂。于自然人而言，一旦脱离“人的尊严”，所谓“主体资格”无异于沙滩上的大厦。

不过，与“主体资格”的整体性相比，人的尊严可由多方面因素加以表现。为了全面地维护人的“自在目的性”，在立法技术上，私法亦不妨将人的尊严的各个侧面化成“权利”，分别加以保护，此即所谓的“人格权”。

二、人格权

“人格权”虽名为“权利”，但与存在于人的主体资格之外的其他各项权利（如债权、物权甚至亲属权等）皆有不同。人格权是一种对自身的“权利”，所保护的是直接关涉人的主体性地位的固有尊严；其他则是对他者的权利，虽然也间接体现了人的尊严，但一个人即使不实际享有任何外在权利，亦不影响其主体性地位之存续。相应地，自然人不得处分其“人格权”。换言之，任何放弃、移转人格权的意思表示皆不能发生法律效力。而对于其他权利，权利人一般享有处分之自由。因此，所谓“人格权”不过是一种便宜说法，并不位列私法权利体系，而构成“人法”的内容。

根据人的尊严的不同侧面，人格可具体化为各项人格要素，如生命、健康、身体、名誉、姓名、隐私等。在各项人格因素上成立的“权利”，被称为“具体人格权”或“特别人格权”。法律列举各项具体人格权的优点在于，通过类型化的立法技术，有助于节约当事人在寻求保护时的论证成本，亦能够在一定程度上制约法官的自由裁量。但立法者不可能穷尽列举所有人格要素，人格含有何种要素更不可能是立法制造的产物，因此，即使法律列举了一些具体人格权，也并不意味着法律对于列举之外的人格尊严拒绝提供保护。

《德国民法典》唯一明确列举的人格权是第12条规定的姓名权。二战后，人们基于对公权力扩张的警怵，为防止公权力者以“无法律依据”为由拒绝对人格尊严提供保护，德国学说与司法通过1954年的一项判例确立了“一般人格权”理论。该理论在法律适用上的意义在于，对于实证法未明确列举的人格权，受害者可以“一般人格权”作为寻求保护的请求权基础。一般人格权直接对应于作为“人的尊严”的人格，作为一种总括性的权利，指的是未被法律

① Larenz/Wolf, *Allgemeiner Teil des bürgerlichen Rechts*, 9. Aufl., Verlag C. H. Beck, 2004, § 2 Rn. 9ff.; Hans Hattenhauer, *Grundbegriffe des Bürgerlichen Rechts*, 2. Aufl., Verlag C. H. Beck, 2000, S. 9.

② 蔡维音：《德国基本法第一条“人性尊严”规定之探讨》，载《宪政时代》1992年第1期。

所定型但又需要由法律提供保护的人格权，具有不确定性与开放性。①

在一系列现实案例的推动下，我国最高人民法院通过2001年发布的《精神损害赔偿责任解释》接纳了一般人格权理论。该司法解释的拟定者借鉴德国从宪法中寻求一般人格权的法律依据之做法，诉诸我国《宪法》第38条（“中华人民共和国公民的人格尊严不受侵犯……”），将“人格尊严权”作为一般人格权写进了司法解释第1条，并认为，《民法通则》第101条虽有关于保护“人格尊严”之规定，但并不合理：一方面，“将人格尊严具体化为名誉权的权利内涵”，“限制了人格尊严作为一般人格权客体的功能发挥”；另一方面又“泛化了名誉权作为一项具体人格权的权利内涵”。②

[案例4-4-1] 1998年7月8日，女大学生钱某到上海屈臣氏日用品有限公司位于四川北路的连锁超市购物。离开时，店门口警报器鸣响。钱某遂被保安带入该店办公室内。女保安用手提电子探测器对钱某全身进行检查，确定钱某髋部带有磁信号。在女保安及另一女文员在场的情况下，钱某被要求解脱裤扣接受女保安的检查，但店方未检查出带磁信号的商品。钱某对于搜身行为表示不满，要求店方赔偿损失。上海市第二中级人民法院终审判决认定，依《宪法》第38条、《民法通则》第101条之规定，屈臣氏公司侵犯了钱某的人格权，应向钱某赔礼道歉，并赔偿精神损害1万元。

三、具体人格权

（一）概览

所谓具体人格权，是指由法律明确列举的人格权类型。《民法总则》第五章“民事权利”第109—112条系关于人格与身份的规定。其中，第109条规定：“自然人的人身自由、人格尊严受法律保护。”第110条第1款列举了自然人的生命权、身体权、健康权、姓名权、肖像权、名誉权、荣誉权、隐私权与婚姻自主权等各项具体权利。第111条前句规定：“自然人的个人信息受法律保护。”第112条则一般性宣示：“自然人因婚姻、家庭关系等产生的人身权利受法律保护。”

上述各条文，唯有第110条明确冠以“权”字，作具体人格权列举的意旨甚为明显。其余条文的措辞则有所不同：第112条未特别针对具体人格类型，属宣示性规定，不足以确立具体人格权；第109条与第111条则仅称“人身自由”“人格尊严”及“个人信息”，更接近于内涵外延均须个案衡量的框架权利，可视为一般人格权的类型化，而非具有相对确定性的具体人格权。

对于在第110条中被当作具体人格权列举的各项权利，荣誉必须由特定组织授予，与人的“自在目的性”基本无关，理当属于公法范畴，不能成为私法上作为“人法”内容的人格权；“婚姻自主权”所表达的含义是，私人享有结婚与离婚的自由，属于法律行为自由中结婚自由与离婚自由的内容，亦非“人法”上的人格权。有鉴于此，下文仅就生命权、身体权、健康

① Larenz/Wolf, *Allgemeiner Teil des bürgerlichen Rechts*, 9. Aufl., Verlag C. H. Beck, 2004, §8Ⅲ; Dieter Medicus, *Allgemeiner Teil des BGB*, 9. Aufl., C. F. Müller Verlag, 2006, Rn. 1076ff.

② 陈现杰：《解读〈关于确定民事侵权精神损害赔偿责任若干问题的解释〉》，载李国光主编：《解读最高人民法院司法解释》（民事卷·1997—2002），人民法院出版社2003年版，第69页。

权、姓名权、肖像权、名誉权与隐私权略作阐述。至于如何对人格权受侵害者提供法律救济，则由侵权行为法详细阐述。

（二）生命权

生命权是自然人以其生命安全为内容的人格权。生命是法律主体存续的最重要、最基本的条件，其道理极为简单：生命终止了，其他一切皆无从谈起。正是因为生命权对于法律主体的极端重要性，侵害生命权的救济措施动辄诉诸刑法。当然，由刑法提供保护绝不意味着民法就不再对其加以保护。

（三）身体权

身体权是自然人以其肢体、器官等物质组织的完满为内容的人格权。身体权与健康权相近，但若加以细分，二者内容并非一致。身体权保护的是人的肢体、器官、毛发等物质组织的完满状态；健康权保护的则是各个器官乃至整个身体的功能健全。例如，肆意谩骂他人造成他人患有心理疾病的，属于侵害他人健康权，却未侵害身体权，如下文［案例 4-4-3］；殴打他人造成损伤，经治疗未影响身体器官之功能的，属于侵害他人身体权，却未侵害健康权。[①] 但身体权与健康权经常存在交叉。

［案例 4-4-2］ 2006 年 4 月 11 日，黄某在学校组织的春游活动中，被风筝支架末端插入左眼，导致左眼失明，向法院诉请学校承担人身损害赔偿责任，得到法院支持。

该案中，黄某的左眼失明，身体权和健康权均受到损害。

（四）健康权

健康权是自然人以其身体器官及其机能为内容的人格权。健康权所保护的健康，不是指人的一种无疾病状态，而是指身体器官及其机能的正常状态。包括两种情况：一是身体器官的正常状态，即器质健康；二是人体机能的正常状态，即功能健康。[②]

［案例 4-4-3］ 陆某所居住的小区紧邻某汽车销售公司，因该公司经营场所展厅夜间的灯光过于强烈，直入陆某居室，使其难以安睡，并出现了失眠、烦躁不安等症状，工作效率低下。陆某于 2004 年向法院起诉，请求法院判令该公司停止侵害，拆除路灯，向陆某道歉，并赔偿损失 1 元，得到法院支持。

在该案中，汽车公司安装的路灯，因为灯光过于强烈，导致陆某出现失眠、烦躁、注意力不集中等不适，影响了其人体机能的正常状态，使其功能健康受损，构成对其健康权的侵害。

（五）姓名权

姓名权是权利人对其标记符号享有的独占而不可让与之权利。[③] 姓名是确定和代表自然人的符号，该符号所表征的独立个人具有独立人格。在法律交往中，当事人的行为应实行显名标示，这不仅是交往方便的需要，对于维护交往的可信赖性亦有重大意义。同时，个人的姓氏还具有表彰家族伦理的独特功能。因此，姓名作为符号，虽是“身外之物”，但姓名权所保护

① 张俊浩主编：《民法学原理》（上册），中国政法大学出版社 2000 年版，第 144 页。

② 张俊浩主编：《民法学原理》（上册），中国政法大学出版社 2000 年版，第 144 页。

③ Brox/Walker, *Allgemeiner Teil des BGB*, 32. Aufl., Carl Heymanns Verlag, 2008, Rn. 716.

的，其实并不是该“身外之物”，而是姓名所指示的自然人的人格。这意味着，只有在足以认定姓名与特定自然人具有同一性的情况下，才谈得上侵害姓名权的问题。

[案例 4-4-4] 齐某与陈某同为某初中 90 届应届毕业生。齐某在 90 届统考后收到某市商校发出的录取其为财会专业委培生的通知书，由其所在学校转交。但录取通知书被陈某领走，陈某以齐某的名义到商校报到，并于 1993 年以齐某的名义毕业，到委培单位某银行支行参加工作。齐某以侵犯姓名权为由将陈某、上述初中、商校及该市教育委员会诉至法院，得到法院支持。

在此案中，陈某冒用齐某的姓名就读，构成对齐某姓名权的侵害。

[案例 4-4-5] 位新兴认为“新兴双语学校”及“新兴快餐厅”的字号中使用了“新兴”二字，侵犯了其姓名权，向法院诉请上述学校及餐厅更换字号，被法院驳回。

此案中，涉案学校及餐厅的字号中虽有“新兴”二字，但据此并不足以认定该字号与自然人位新兴之间具有同一性。自然人同名也不构成对姓名权的侵害，因为姓名权针对的是姓名与主体的同一性，而非“姓名”本身。由此决定，能够获得姓名权保护的，并不局限于人的正式姓名。只要能够负载个人的人格，无论是本名、别名、笔名，还是假名、字、号，皆值得保护。

我国记载个人基本信息的法律文件主要包括户口簿与居民身份证。为节省认知成本，该类法律文件上所记载的必须是自然人的本名。一般情况下，自然人可自由决定、更改自己的姓名。自然人在出生之后，基于户籍管理登记的需要，必须有一个姓名，此时姓名权当然无法由刚出生的无行为能力自然人行使。因此，自然人的第一个姓名一般是由其亲权人——父母代为设定的。自然人有权基于自己的意思变更其姓名，包括他在出生时由其父母设定的姓名。自然人变更其姓名，只需其单方意思表示即可生效，但本名的变更非经法定登记机关登记不得对抗第三人。

《民法总则》第 110 条第 2 款规定：“法人、非法人组织享有名称权、名誉权、荣誉权等权利。”《民法总则》将这种“名称权”与自然人“姓名权”在同一法条中加以规定，意味着对名称权采取类似于自然人姓名权的法律政策。但是，与自然人姓名权不同的是，法人等团体的名称往往作为一种商业标志而具有相当的财产价值，团体可以此获取利益，故法律明确规定法人等团体的名称权可依法转让。

[案例 4-4-6] 某贸易公司在 1999 年刊发于某报纸的商业广告中，3 次擅自使用申花足球俱乐部的名称宣传其产品。申花俱乐部诉称此前他人使用其名称进行广告宣传，每次合作获取的收入不低于 30 万元，因而要求该贸易公司停止侵害、赔礼道歉并赔偿 30 万元经济损失，得到法院支持。

申花俱乐部的商号是一种无形财产，具有商业利益，该贸易公司未经申花俱乐部同意即使用其商号，造成其无形财产损失。

姓名权的救济方式既可类推适用所有权的物权保护（《德国民法典》第 1004 条规定的妨害排除、妨害防止），亦可援引侵权法的保护（《德国民法典》第 823 条第 1 款），甚至还可能以不当得利请求权（《德国民法典》第 812 条第 1 款第 1、2 句）为请求权基础。①

（六）肖像权

肖像是自然人体形、容貌等个人基本特征的再现。由于自然人肖像反映了构成自然人人格尊严的形象，故其肖像权应由法律提供保护。自然人对其形象再现形式所享有的权利即为肖像权，包括制作权、专用权、肖像健全权等。他人未经权利人同意不得制作（Anfertigen）、散播或公开其肖像。②

[案例 4-4-7] 叶某曾在某医院就面部先天青黑色斑痕进行治疗，治疗效果良好。2001 年 10 月间，叶某发现某出版社在其出版的《北京交通旅游图》上，刊登上述医院的广告，并使用了其治疗面部斑痕前后的局部面部照片（鼻子与嘴的部分）作为对比案例，遂以侵害肖像权为由将医院与出版社诉至法院，被法院驳回。

肖像是自然人体形、容貌等个人基本特征的再现。如果内容不能再现原形人的相貌综合特征，一般人不能凭直观清晰辨认该内容就是某一自然人的形象的，这样的载体就不能称为肖像。在此案中，旅游图上刊登的医疗广告中出现的对比照片，只有鼻子与嘴的部分，不能反映叶某形象的综合特征，因而不构成肖像，对此类照片的使用，也不构成对肖像权的侵害。

自事理而言，其他人侵害了肖像权中的任何一项权利均构成对其肖像权的侵犯。但《民法通则》第 100 条规定："未经本人同意，不得以营利为目的使用公民的肖像。"《民通意见》第 139 条进一步规定：以营利为目的，未经公民同意利用其肖像做广告、商标、装饰橱窗等的，应当认定为侵犯公民肖像权的行为。

[案例 4-4-8] 1983 年 4 月，卓某到某摄影公司拍摄生活照时，摄影师孙某提出再拍一张作为样像使用，卓某同意，但提出只能将其摆放在营业柜台内。1985 年 5 月，某乳品公司直接自孙某处以 40 元购买了卓某的样像，并将其加工成瓶贴商标，将贴有上述商标的商品投放市场。1986 年 7 月，卓某发现自己的肖像被用作商标，遂以肖像权被侵害为由向法院提起诉讼，得到法院支持。

[案例 4-4-9] 2005 年 3 月 20 日，某地发生一起强奸（未遂）案，当地公安分局同年 4 月 13 日下午逮捕犯罪嫌疑人朱某。当晚，公安分局要求该地实验学校协助联系数名与朱某年龄相仿的初中男生进行混合指认，该校予以配合，并安排李某等六位初中生前往公安分局接受混合指认，这一过程被民警摄像和拍照。次日，某电视台记者前往该公安分局采集新闻，公安分局遂将指认录像交给记者，未作任何交代。2005 年 4 月 16 日，该录像在电视台的新闻中播放，对六位初中生的面部未进行任何技术遮盖，且未说明他们系协助公安机关进行混合指认，造成李某等被同学和其他人以"嫌疑犯""强奸犯"等字眼称呼。李某等六位初中生遂以侵害名誉权、肖像权为由将公安分局和电视台诉至法院，法院认为被告侵害名誉权事实成立，但不认为该侵害行为构成对李某等六原告肖像权的侵害，因被告"并非以营利为目的"使用原告的肖像。

---

① Rüthers/Stadler, *Allgemeiner Teil des BGB*, 16. Aufl., Verlag C. H. Beck, 2009, § 14 Rn. 19.

② Rüthers/Stadler, *Allgemeiner Teil des BGB*, 16. Aufl., Verlag C. H. Beck, 2009, § 14 Rn. 20, 22.

上述规定及法院判决似乎表明，法律只对“以营利为目的”的肖像侵权行为提供保护。但是，一方面，擅自使用他人肖像是否以营利为目的，对于判断他人人格尊严是否受到损害并无影响，将“以营利为目的”作为肖像侵权行为的构成要件，该做法令人费解；另一方面，现实生活中的侵权行为各具形态，法律不可能一一对之归纳并列举，因此，对侵权行为的规制，法律不能采取侵权行为形态的法定主义，否则当事人的权利可能无法得到切实的保护。值得注意的是，2009 年的《侵权责任法》第 2 条不再将“以营利为目的”作为构成要件，《民法总则》亦删除了《民法通则》的上述规定，据此，《民法通则》“以营利为目的”之规定应不再适用。

使用公众人物肖像、仅仅将人物肖像作为风景或其他地点的衬景等情形，原则上无需征得权利人同意。①

[案例 4-4-10] 某电影制片厂在拍摄某纪实性故事影片时，为拍摄体现某地风土人情的场景，将正在街头贩卖棉花糖的贾某摄入镜头，并在制成的影片中作为背景使用，但未征得贾某同意，其中有贾某的镜头时长为 4 秒钟。影片放映后，贾某遭到亲友的讽刺挖苦，遂以肖像权被侵害为由向法院提起诉讼，被法院驳回。

在此案中，贾某的形象仅在纪实故事片中作为体现当地风情的衬景，因而拍摄入镜无需征得贾某的同意。

（七）名誉权

名誉是特定人在社会交往中所受到的有关其品行、道德状况、才智等方面的公开评价。一定的名誉是特定主体通过自己的努力取得的，负载了社会整体对该主体的总体评价，因此，特定主体的名誉具有表彰人格尊严的价值。

[案例 4-4-11] 某律师事务所受某艺术学院委托，在某晚报发表与事实不符的律师声明，称李某既非艺术学院人员也非南艺培训中心人员，南艺培训中心从未授权李某个人代表南艺培训中心对外开展活动，对李某以南艺培训中心名义对外开展的任何活动均不予认可。李某的亲戚、朋友、业务伙伴等看到涉案律师声明后，误以为他多年来一直在以南艺培训中心的名义招摇撞骗，违法从事培训活动骗取钱财，纷纷通过电话责问他，李某以名誉权受侵犯为由向法院提起诉讼，要求艺术学院和律师事务所赔礼道歉并赔偿精神损害，得到法院支持。

本案中，律师不实声明致使李某的社会总体评价降低，侵犯了其名誉权。

[案例 4-4-12] 余某系某大学文学研究所教授，陆续发表数篇文章评论《钢铁是怎样炼成的》一书及由该小说改编的电视剧。针对余某的文章，某出版社在其出版的报纸上刊登了反驳文章，称余某的文章是“项庄舞剑”“借题发挥”，余某遂以侵害名誉权为由将该出版社诉至法院，被法院驳回。

在此案中，双方当事人就如何评价一部文学作品发生争议，属于学术争论，并未减损余某的社会总体评价，因而不构成对其名誉权的侵害。

① Rüthers/Stadler, *Allgemeiner Teil des BGB*, 16. Aufl., Verlag C. H. Beck, 2009, § 14 Rn. 20f.

人的名誉对于人格尊严来说关系重大，尤其是我国传统观念向来讲究“雁过留声，人过留名”。与此相应，现实生活中关于名誉权的纠纷亦甚是常见。名誉权所涉范围极为广泛，难以从正面进行界定，因此，“名誉权如何构成”之问题，往往被我国学者与司法实践转换成“何种行为构成侵害名誉权”之问题。在总结大量司法案例的基础上，最高人民法院曾于1993、1998年专门就名誉权问题先后发布了《最高人民法院关于审理名誉权案件若干问题的解答》与《最高人民法院关于审理名誉权案件若干问题的解释》两个司法解释，此后，在2001年的《精神损害赔偿责任解释》中又有关于名誉权保护的规定。其基本思路皆是，借助类型化思维，在侵权行为法的框架下实现对名誉权的司法保护。

（八）隐私权

每个人都有不足为外人道的私人信息，换句话说，每个人都或多或少地拥有某些隐私。一般而言，隐私作为私人生活的重要组成部分，法律主体应当有权决定能否为他人所知或以何种方式为他人所知。如果他人违反该意愿而擅自窥探甚至公布其隐私，理当构成对法律主体独立生活空间的侵犯。不过，隐私受到法律保护，这在各国法律发展史上，都不是理所当然的。直到19世纪后期，隐私才与人格尊严相连而获得法律上的正当性。彼得·斯坦（Stein，P.）与约翰·香德（Shand，J.）指出，隐私之所以能得到保护，主要有两个原因：其一，至少在表面上，承认个人隐私权利是与当时占统治地位的自由权利上的个人主义相关联的。在独裁社会中，人们认为个人隐私极少有什么价值。其二，19世纪末新的通信技术的发展，造成了对个人生活的干涉。①

隐私是否具有独立的保护价值，我国不同时期的规范性文件给出了颇为不同的回答。

关于隐私，《民法通则》未置一词，最早的规定见于《民通意见》第140条第1款：“以书面、口头等形式宣扬他人的隐私，或者捏造事实公然丑化他人人格，以及用侮辱、诽谤等方式损害他人名誉，造成一定影响的，应当认定为侵害公民名誉权的行为。”该规定显示，宣扬他人隐私的行为只是侵害名誉权的一种手段，并且，仅仅“宣扬他人隐私”尚不构成“侵害公民名誉权的行为”，还必须符合“损害他人名誉、造成一定影响”的条件。据此，隐私显然不具有独立的法律地位。此后，1993年《名誉权解答》之问答7重申了《民通意见》的立场：“对未经他人同意，擅自公布他人的隐私材料或者以书面、口头形式宣扬他人隐私，致他人名誉受到损害的，按照侵害他人名誉权处理。”最高人民法院认为，由于法律未明文规定隐私权，若通过司法解释来承认隐私权的保护，有越权之嫌，况且隐私权的内容与名誉权显然不同，故而《名誉权解答》只是将擅自公布有损他人名誉的隐私的行为认定为侵害他人名誉权的行为，而非全面保护公民的隐私权。② 该立场延续到1998年《最高人民法院关于审理名誉权案件若干问题的解释》。该解释问答8指出，“医疗卫生单位的工作人员擅自公开患者患有淋病、麻风病、梅毒、艾滋病等病情，致使患者名誉受到损害的，应当认定为侵害患者名誉权”。这意味着，即使患有某种病情构成患者隐私，该隐私亦不具有独立保护价值。

上述司法解释所沿袭的思路是：如果制定法未对隐私权作出明确规定，司法即不应予以保

① ［英］彼得·斯坦、约翰·香德：《西方社会的法律价值》，王献平译，中国人民公安大学出版社1990年版，第225—226页。

② 韩枚：《最高人民法院〈关于审理名誉权纠纷案件若干问题的解答〉的理解与适用》，载中华人民共和国最高人民法院民事审判庭编：《民事审判指导与参考》（总第2卷），法律出版社2000年版，第98页。

护。该思路所依托的观念显然是“法无明文授予即无权利”的“人格权法定”思想。如果人格权必须由法律授予才能享有，即意味着，人的尊严亦必须由法律授予。这种将人的“自在目的性”与人的自由属性归附于公权力之下的法律思想，除了能为公权力扩张提供理论支持外，对于私人自由法律地位的维护似乎没有任何积极意义。如果以私人自由作为出发点，对制定法的解读方向就应当是“法无明文禁止即为自由”，而不是“法无明文授权即为禁止”。对于隐私（以及其他人格尊严），制定法并未明文加以禁止，因此，法院对其提供保护并无不当。

最高人民法院的态度在2001年发生了较大改变。最高人民法院从侵权行为法的角度，通过借鉴《德国民法典》第826条之规定，以《民法通则》第7条为据，在《精神损害赔偿责任解释》第1条第2款中规定：“违反社会公共利益、社会公德侵害他人隐私或者其他人格利益，受害人以侵权为由向人民法院起诉请求赔偿精神损害的，人民法院应当依法予以受理。”立场的转变来自法律解释方向的改变。与此前认定法律未明确授予隐私权的解释不同，最高人民法院转而认为，我国《宪法》关于通信秘密受法律保护之规定、《民事诉讼法》关于涉及个人隐私案件不公开审理之规定，皆表明我国法律其实是保护隐私的。①

[案例4-4-13] 2007年5月木某至某电子公司应聘，顺利通过笔试和面试后，于2007年6月1日到公司指定的医院自费体检。当晚5时左右，公司以木某是乙肝病毒携带者为由，拒绝录用他。2007年5月18日，国家劳动和社会保障部、卫生部联合发布的《关于维护乙肝表面抗原携带者就业权利的意见》规定，用人单位在招工时不得进行乙肝检测，并且规定“各级各类医疗机构在对劳动者开展体检过程中要注意保护乙肝表面抗原携带者的隐私权”。木某认为，医院未经本人同意便将其系乙肝表面抗原携带者的个人信息告知用人单位的行为构成对其隐私权的侵害，遂向法院提起诉讼，经法院调解，木某获得赔偿5 000元。

本案中，木某去电子公司应聘，并到该公司指定的医院体检，应认为其同意公司知悉其健康状况能否胜任其应聘的职位，但不会影响其工作能力的个人病情信息，仍属于其隐私。

《侵权责任法》第2条第2款与《民法总则》第110条第1款先后明确肯定隐私作为独立的人格权类型，其独立保护价值在实证法上已不存在障碍。

四、死者人格问题

人格具有表征主体资格之意义，因此，法律逻辑上的推论似乎应该是：主体资格消灭，人格随之消灭，死者无人格。② 不过，这一法律逻辑遭到生活逻辑的挑战。

[案例4-4-14] 1988年，天津市中级法院受理了“吉文贞名誉受侵害”一案。原告是已故艺人吉文贞（艺名荷花女）之母。吉文贞40年代初在天津演艺界红极一时，1944年病故时年仅19岁。1987年4月，天津《今晚报》在副刊上连载魏锡林以吉文贞生平为题材并使用真实姓名与艺名写成的小说《荷花女》。《荷花女》虚构了吉文贞与于仁杰等三人恋爱并先后订婚、接受三家聘礼的情节，称吉文贞“百分之百愿意做于仁杰的妾”，还虚构了她

① 陈现杰：《解读〈关于确定民事侵权精神损害赔偿责任若干问题的解释〉》，载李国光主编：《解读最高人民法院司法解释》（民事卷·1997—2002），人民法院出版社2003年版，第70—73页。

② 张俊浩主编：《民法学原理》（上册），中国政法大学出版社2000年版，第153页。

被奸污而忍气吞声、不予抗争的情节，最后又影射吉文贞系患性病打错针而死。[①] 1989 年 4 月 12 日，最高人民法院就此案作出《关于死亡人的名誉权应受法律保护的函》，称："吉文贞（艺名荷花女）死亡后，其名誉权应依法保护，其母陈秀琴亦有权向人民法院提起诉讼。"

案例中最高人民法院的批复未能消弭争论。一个具有根本性的问题是：主体既已死亡，为何仍能享有权利？承认死者能够享有权利，无异于宣称死者具有权利能力。这无论在法律理论上还是法律适用中，皆难以让人接受。但对于死者生前人格尤其是名誉一概拒绝提供保护，又可能助长随意诋毁死者之风。在此两难之下，《最高人民法院关于审理名誉权纠纷案件若干问题的解答》采取折中策略，不再明确肯认保护死者的"名誉权"，而是规定：死者名誉受到损害的，其近亲属有权向法院起诉。最高人民法院认为，死者名誉受到侵害，往往直接影响到其近亲属的名誉和其他利益，所以保护死者名誉的实质作用，在于保护其近亲属的利益。[②] 依循这一思路，《精神损害赔偿责任解释》进一步扩大了死者生前人格的保护范围。该解释第 3 条规定："自然人死亡后，其近亲属因下列侵权行为遭受精神痛苦，向人民法院起诉请求赔偿精神损害的，人民法院应当依法予以受理：（一）以侮辱、诽谤、贬损、丑化或者违反社会公共利益、社会公德的其他方式，侵害死者姓名、肖像、名誉、荣誉；（二）非法披露、利用死者隐私，或者以违反社会公共利益、社会公德的其他方式侵害死者隐私；（三）非法利用、损害遗体、遗骨，或者以违反社会公共利益、社会公德的其他方式侵害遗体、遗骨。"

第五节　户籍与住所的民法意义

[本节要点]

户籍虽不能直接产生私法效果，但可为自然人之权利能力与行为能力的开始与终止时点及住所地提供证据。原则上，自然人以其户籍所在地为住所地。住所是自然人生活和进行私法交往的中心场所，是确定私法关系空间效力的基本法律依据。与以自然人住所地为中心之法律关系相关的制度是失踪宣告，失踪宣告不同于死亡宣告，其法律效果系为失踪人选定财产代管人，以照管失踪人以其住所地为中心的法律关系。

一、户籍

户籍主要用于户政管理，不能直接引起私法效果。但既然是依照法定程序制作的法律文件，就可能对私法产生证据效力。户籍记载事项能够证明的私法事实包括权利能力和行为能力的开始与终止时间、住所之所在等。

除户籍外，记录自然人基本信息的法律文件还包括居民身份证。一般情况下，居民身份证与户籍具有同等效力的证明作用。不同之处在于，前者以个人为单位颁发，后者则以"户"

① 韩枚：《最高人民法院〈关于审理名誉权纠纷案件若干问题的解答〉的理解与适用》，载中华人民共和国最高人民法院民事审判庭编：《民事审判指导与参考》（总第 2 卷），法律出版社 2000 年版，第 95—96 页。

② 韩枚：《最高人民法院〈关于审理名誉权纠纷案件若干问题的解答〉的理解与适用》，载中华人民共和国最高人民法院民事审判庭编：《民事审判指导与参考》（总第 2 卷），法律出版社 2000 年版，第 96 页。

为单位设置。

二、住所

住所是自然人生活和进行民事活动的主要基地或中心场所。按照《民法总则》第25条前句的规定，自然人以其户籍登记或其他有效身份登记记载的居所为住所。住所是确定自然人各项私法关系空间效力的基本法律依据，其意义主要表现为确定债务履行地、确定司法管辖地、确定登记主管地等。

自然人在独立生活之前，一般与其父母构成一“户”，父母住所也就是该自然人的住所。由于住所应在户籍中登记，故而自然人将户口迁出父母之“户”前，基本上不可能拥有自己独立的住所。法律若奉行迁徙自由原则，自然人的住所即可随意设定。但在我国既有体制下，住所依附于户籍，而户籍变更受到严格管制，因此，自然人的住所设定自由受到极大限制。

自然人可能实际上并不以住所为生活中心场所，此时，住所对于确定私法关系空间效力已无实质意义。鉴于住所地必须与户籍所在地一致，而户籍上所记载的住所地又只能有一处，《民法总则》第25条后句对此作出变通规定：经常居所与住所不一致的，经常居所视为住所。所谓“经常居所”，依照《民通意见》第9条的解释，是指以长期居住为目的，连续居住1年以上的地方。

［案例4-5-1］ 崔某的户籍所在地为沧州，但从2003年起一直居住于石家庄市，某机电设备公司2008年以崔某为被告向石家庄市中级人民法院提起著作权侵权诉讼，崔某提出管辖异议，该院裁定支持崔某的异议。机电设备公司就此裁定提起上诉，得到法院支持。

《民通意见》第9条规定：“公民离开住所地最后连续居住1年以上的地方，为经常居住地。但住医院治病的除外。公民由其户籍所在地迁出后至迁入另一地之前，无经常居住地的，仍以其原户籍所在地为住所。”在此案中，虽然崔某的户籍所在地为沧州，但至起诉时止，其在石家庄市某小区连续居住5年有余，可认定石家庄市为其经常居住地，应以石家庄市为其住所地。

三、失踪宣告制度

（一）体例安排

在宣告失踪人死亡的死亡宣告制度外，《民法总则》还专门规定了失踪宣告制度（《民法总则》第二章第三节）。这一“双轨制”立法模式来自于《苏俄民法典》。[①]《日本民法典》亦将“不在人的财产管理”制度与失踪宣告制度并列于总则编（第25—29条）。我国绝大多数民法学教科书体例与制定法一致，在同一节之下一并论述失踪宣告制度与死亡宣告制度。两项宣告制度处理的皆为“下落不明”之人引发的法律问题，就此而言，既有体例有其可取之处。不过，既有体例突出的是程序上的共性，而实体法律规范意在适用，因此，以法律效果作为编排标准也许更为合理，正如财产法与身份法、债法与物权法之区分。死亡宣告具有推定死亡之效力，产生相当于自然死亡的法律效果；失踪宣告的法律效果则不过是为失踪人设定财产代管

① 张俊浩主编：《民法学原理》（上册），中国政法大学出版社2000年版，第102页。

人，与“死亡”没有任何关系。二者的法律效果相去甚远。

对失踪宣告制度作出过自觉反思的是张俊浩教授主编的《民法学原理》。与其他教科书不同，《民法学原理》认为失踪宣告制度是“对行为能力欠缺者的救济”。理由是：“因其失踪，其于住所地的行为能力事实上陷于空缺而需救济。”① 该体例安排体现了法律效果上的特点，但本书仍对其合理性存有疑虑：行为能力是纯粹的法律判断，只与主体自身因素（如精神状况、年龄状况等）有关，不因当事人事实上是否在住所地而有所改变。因此，失踪人所“空缺”的其实不是行为能力，而是已无法实际管理其以原住所地为中心的法律事务。失踪人无任何行为能力上的欠缺，“对行为能力欠缺者的救济”当然亦缺乏存在基础。

本章将失踪宣告制度与住所制度相结合的理由是：该制度系依托于住所制度而设。住所与人具有某种对应关系。一般情况下，住所被用来确定当事人私法关系的空间效力，只要住所确定，债务履行地、司法管辖地等问题便可获得解决。但如果当事人下落不明，住所地的法律关系仍难以得到维持或清结。此时，需要另择他人来照管失踪人以其住所地为中心的法律关系。

不过，本章的处理方式仍有问题。有如前述，失踪宣告制度的法律效果在于为失踪人选定财产代管人，这其实是一种为他人利益设立保佐人的制度，更接近于亲属法的性质，因此，《德国民法典》（第1911、1921条）与《瑞士民法典》（第392、393条）皆将这一制度规定于亲属法编。本书将其置于总论部分，实乃受制于现行立法的权宜之计。

（二）失踪宣告的要件

失踪宣告需要具备下列条件：

1. 受宣告人下落不明达到法定期间。该法定期间是，从失去音讯之日起满2年。战争期间下落不明的，从战争结束之日或者有关机关确定的下落不明之日起计算。

2. 须有利害关系人申请。利害关系人的范围与申请死亡宣告的利害关系人范围相同。失踪宣告主要产生私法效果，因此，原则上应由利害关系人提出申请。

［案例4-5-2］ 黄某1977年退休后，一直随养女生活，身体健康状况良好。1990年8月9日，黄某从住所地出走，从此杳无音讯。其走失后，退休金一直由其养女代领。1992年9月，黄某原工作单位要求其养女申请宣告杨某失踪，同年10月27日，黄某之养女向法院提出失踪宣告申请，法院公告3个月后，判决宣告黄某失踪。

此案中，黄某原工作单位作为利害关系人也可以自己的名义提出失踪宣告申请。

3. 须由法院判决宣告。宣告失踪对于下落不明人及其利害关系人的私法关系具有较大影响，因此必须由法院以判决的方式作出，以防止该制度被滥用。为尽量减少无谓的宣告，并防止利害关系人恶意申请，法院在受理宣告申请后，必须公告寻找下落不明人，公告期为3个月。

（三）失踪宣告的效力

1. 为失踪人设立财产代管人。财产代管人从失踪人的配偶、成年子女、父母或者其他愿意为之代管财产之人中产生。为维护失踪人利益，一般应按照法律关系的密切程度确定具体代管人。对担任代管人有争议的，或者没有上述所列举之人，或者上述所列举之人无代管能力

① 张俊浩主编：《民法学原理》（上册），中国政法大学出版社2000年版，第123页。

的，由法院指定的人代管。法院在指定失踪人的财产代管人时，应以有利于保护失踪人财产为原则。

非完全行为能力人的财产已由其监护人管理，因此不需要再特别为之设立财产代管人。

2. 财产代管人的义务。财产代管人为失踪人利益而存在，因此，其首要义务即妥善管理失踪人财产、维护其财产权益。财产代管人系为他人利益计算，故在履行管理义务时，不必负“为自己事务”之注意义务，负善良管理人之注意义务即为已足。除积极为失踪人利益计外，财产代管人还必须为失踪人履行法律义务，如支付所欠税款、债务和其他各项费用（包括赡养费、扶养费、抚育费和因代管财产所需的管理费等必要的费用）。

财产代管人因故意或重大过失造成失踪人财产损失的，应当承担赔偿责任。

3. 财产代管人的变更。财产代管人变更制度为《民法总则》新增的内容。财产代管人不履行代管职责、侵害失踪人财产权益或者丧失代管能力的，失踪人的利害关系人可以向人民法院申请变更财产代管人。财产代管人有正当理由时，亦得向人民法院申请变更。

人民法院变更财产代管人的，变更后的财产代管人有权要求原财产代管人及时移交有关财产并报告财产代管情况。

（四）失踪宣告的撤销

失踪宣告是一项法律推定，可为相反证据推翻。被宣告失踪之人重新出现或确知其下落的，经本人或利害关系人申请，法院应撤销失踪宣告。失踪宣告撤销后，财产代管人即失去财产代管资格，应及时移交有关财产并报告财产代管情况。

（五）失踪宣告制度之检讨

宣告下落不明人为失踪人，旨在稳定法律关系，为失踪人设定财产代管人，以维护失踪人及其利害关系人之利益。然而，比照死亡宣告制度而设立的失踪宣告制度能否达此目的，似乎不无疑问。

第一，上述目的之实现，要求时间上的及时。然而，宣告失踪适用与宣告死亡相同的程序，不过是时间略短而已。所谓“时间略短”，是与死亡宣告相比较而言的。① 当事人想要获得失踪宣告判决，至少需要经过两年多的时间——仅仅法律硬性规定的期间就在 2 年（下落不明的法定期间）又 3 个月（公告期）以上。法国（《法国民法典》第 112—121 条之“推定失踪”）、德国、瑞士等立法例亦为失踪人（不在人）设立了财产代管人制度。与我国不同的是，上述各国皆未对失踪期间作出要求，且由家庭法院而不是普通法院受理此类案件。

第二，我国失踪宣告程序只能由失踪人的亲属或其他利害关系人提起，且任何人皆无提起之义务。这意味着，若当事人不向法院提出申请，失踪宣告制度的目的就根本无法达成。法国、德国、瑞士等国的相应程序则均可由公权力者（如检察官）提起。这样，能够在一定程度上避免利害关系人怠于提出申请之弊。

第三，限制行为能力人或无行为能力人的财产管理人本就是监护人或亲权人；在以夫妻财产共有为原则的我国，配偶为当然的财产管理人。因此，真正需要设定财产代管人的，只是无配偶的完全行为能力人或是实行夫妻财产分别制的有配偶的完全行为能力人。这是典型的为成

① 严格而言，即便与死亡宣告相比，失踪宣告所需时间亦不见得更短。依照法律的规定，因意外事故下落不明，经有关机关证明不可能生存的，可立即申请死亡宣告，而此种情形下的公告期亦仅需 3 个月，远比失踪宣告所需时间短。

年人设定保佐人的制度，将其规定于总则部分是否妥适，尚有待商榷。

延伸思考

1. 为何称“权利能力”是一个形式化的概念？
2. 试评析我国数人同时遇难时有关死亡时间推定的规则。
3. （法律）行为能力与不法行为能力有何区别与联系？
4. 《民法总则》所规定的无行为能力人之年龄上限是否合理？
5. 监护制度与亲权、法定代理之间有何区别与联系？
6. 一般人格权与具体人格权有何关联？

法条链接

《民法总则》第13—56条、第109—112条；《民通意见》第1—40条、第139—141条、第144—151条、第158—161条；《精神损害赔偿责任解释》全文；《人身损害赔偿责任解释》全文；《名誉权解答》全文；《最高人民法院关于审理名誉权案件若干问题的解释》全文；《侵权责任法》第2条、第32—33条、第38—40条；《继承法》第28条；《继承法意见》第2条；《未成年人保护法》第16条、第3章；《民事诉讼法》第48条、第183—190条；《民诉意见》第40条；《人体器官移植条例》第20条第1款。

扩展阅读

1. 胡长清：《中国民法总论》，中国政法大学出版社1997年版。
2. 江平主编：《民法学》，中国政法大学出版社2015年版。
3. 李宜琛：《民法总则》，中国方正出版社2004年版。
4. 梁慧星：《民法总论》，法律出版社2017年版。
5. 梅仲协：《民法要义》，中国政法大学出版社2004年版。
6. 史尚宽：《民法总论》，中国政法大学出版社2000年版。
7. 王泽鉴：《民法总则》，北京大学出版社2009年版。
8. 张俊浩主编：《民法学原理》（上册），中国政法大学出版社2000年版。
9. 郑玉波著，黄宗乐修订：《民法总则》，台湾三民书局2008年版。
10. ［德］迪特尔·梅迪库斯：《德国民法总论》，邵建东译，法律出版社2000年版。
11. ［德］卡尔·拉伦茨：《德国民法通论》（上册），王晓晔等译，法律出版社2003年版。
12. ［日］富井政章：《民法原论》（第1卷），陈海瀛、陈海超译，中国政法大学出版社2003年版。
13. ［日］山本敬三：《民法讲义Ⅰ·总则》，解亘译，北京大学出版社2004年版。
14. 蔡维音：《德国基本法第一条“人性尊严”规定之探讨》，载《宪政时代》1992年第

1 期。

15. 王锴：《论宪法上的一般人格权及其对民法的影响》，载《中国法学》2017 年第 3 期。

16. 陈现杰：《解读〈关于确定民事侵权精神损害赔偿责任若干问题的解释〉》，载李国光主编：《解读最高人民法院司法解释》（民事卷 · 1997—2002），人民法院出版社 2003 年版。

17. 韩枚：《最高人民法院〈关于审理名誉权纠纷案件若干问题的解答〉的理解与适用》，载中华人民共和国最高人民法院民事审判庭编：《民事审判指导与参考》（总第 2 卷），法律出版社 2000 年版。

18. 谢怀栻：《论民事权利体系》，载《法学研究》1996 年第 2 期。

19. ［德］汉斯 · 哈腾鲍尔：《民法上的人》，孙宪忠译，载《环球法律评论》2001 年第 4 期。

20. 叶欣：《私法上自然人法律人格之解析》，载《武汉大学学报（哲学社会科学版）》2011 年第 6 期。

21. ［德］霍尔斯特 · 埃曼：《德国民法中的一般人格权制度——论从非道德行为到侵权行为的转变》，邵建东等译，载梁慧星主编：《民商法论丛》（第 23 卷），香港金桥文化出版有限公司 2002 年版。

22. 黄茂荣：《台湾人格权法的最新发展——基于法官造法与法律修订的双重观察》，载《华东政法大学学报》2017 年第 3 期。

第五章　自然人的团体构造：法人

本章要点

法人与自然人不同，不具有伦理价值，只是形式上的、类推意义上的“人”，是为实现自然人的目的而被创制出来的法律构造物。为负载法律效果，法人须具有意思形成机关、意思表达机关等组织机构。

法人是自然人的团体构造，其取得权利能力以法律的承认为前提，须符合特定条件和程序。法人解散后经清算始得终止其权利能力。法人不可能享有专属于自然人的权利，就此而言，法人仅具有部分权利能力。对法人之行为能力的承认以法人实在说为前提。我国实证法采法人实在说，通说认为法人行为能力的范围与其权利能力一致。

第一节　法人概说

[本节要点]

法人以自然人为模型，是实证法承认其主体资格的“人”。法人不具有伦理价值，是形式上的人，无自在目的，为自然人基于节约交易成本和降低交往风险等目的而设置。因划分标准的不同，法人可被分为公法人与私法人，社团法人与财团法人，营利法人、公益法人与中间法人；《民法通则》则将法人区分为企业法人、机关法人、事业单位法人与社会团体法人。法人是法律的构造物，因而须有相应的组织机构，一般而言，须有意思形成机关、意思表达机关与监督机关。与自然人的人格不能改变不同，法人的人格可因合并、分立、形态变更与目的变更而发生改变。

一、法人与民法上的“人”

汉语“法人”一词由德语“juristische Person”翻译而来，中国法学中的法人理论亦主要受德国影响。一般认为，当代意义上的“法人”概念为格奥尔格 · A. 海泽（Georg A. Heise）首版于1807年的教科书所创建。在该书中，海泽将“法人”作为民法的一个抽象概念使用，其含义为：“法人是除了个人之外，所有被国家法律认可为独立主体者。”① 从海泽开始，“法人”一词专门用来指称与“自然人”相对的另一法律主体，该用法一直延续至今。

如前一章所述，民法上的“人”由伦理上的“人”移植而来，以自然人作为模型。这在《法国民法典》中表现得尤其明显——《法国民法典》中的“人法”仅规范了自然人。以伦理上的“人”作为原始形象，民法上的“人”蕴含了丰富的伦理价值，并且，通过援引欧洲近

① Werner Flume, *Allgemeiner Teil des bürgerlichen Rechts*, *Bd. 1 Teil 2. Die juristische Person*, Springer-Verlag, 1983, S. 1.

代启蒙思想，民法自身亦被清楚地烙上了个人主义的印记。随着法律技术的不断完善，法律概念逐步走向形式化而有了更大的包容空间，其典型表现就是“人”的概念的扩张。通过形式化的法律概念，自然人与法人得以并存于《德国民法典》的“人法”之中，其逻辑整合能力令人叹为观止。然而，为实现逻辑周延而付出的代价却是民法上的“人”与伦理价值之间的紧密关联被遮盖了。

以形式化的逻辑手段来整理法律概念是19世纪概念法学的努力方向，这对于民法典的体系构造有着至关重要的意义。不过，法律问题并非单纯形式化的逻辑问题，真正构成法律思维核心的，恰恰是实质性的价值判断所指引的法律效果之实现。所有法律效果最终都必须由人承受，由此决定，法律以何种观念来看待“人”，也就直接关系到法律规范的价值取向。“法人”虽然亦为权利主体，能够以自己的名义享有权利、承担义务，但从根本上说，法人的出现仅仅是为了实现自然人的某些特定目的。对于自然人而言，法人在法律上永远只是一个工具性的概念。法人的这一特点，显然与自然人之“自在的目的性”特质有着巨大差别。将自然人与法人等量齐观，在抬高法人地位的同时，其实也就等于贬损了自然人的地位。

正是基于上述考虑，本章作者才不避繁琐，将章名定为“自然人的团体构造：法人”，而不采取更为简洁的“法人”之表述。作者希望借此强调：法人并无自身独立存在的价值，系基于自然人的需要而设的。

二、作为法律构造物的法人

（一）法人的概念

1. 法人的规范定义。自然人的主体地位是先于实证法的伦理问题，实证法所要做的，只不过是依照某种伦理观念予以承认，而无须对自然人作出规范性的定义。法人则颇有不同。法人虽与自然人同为法律主体，但只存在于实证的法律制度中，是法律构造物。在此观念之下，法人可被定义为民法承认其主体资格的团体。

任何团体皆为自然人而存在，因此，如果说团体制度能够负载伦理价值，那就是，团体制度尤其是法人制度的法律状况，反映了自然人结社自由的可实现程度。自然人通过法律行为设立团体，结社自由在私法上的表现其实也就是法律行为自由。因此，结社自由亦为私法自治的表现形式之一。① 法人由此获得了双重意义：在“人法”上，法人乃权利主体；在“行为法”上，法人是法律行为的法律效果。由于法律行为的法律效果为当事人意志所设定，故而法人主体资格之获得，亦可归结于设立人的自由意志。就此而言，一个国家团体制度的管制色彩越浓厚，该国自然人所受到的控制就越严密。

2. 法人的功用。

（1）节省交易成本。法人是自然人借以实现特定目的的工具，因此，成为享有权利、承担义务的法律主体并非理所当然。其主体资格要想得到法律承认，就必须具备充分的法律理由。

法人的出现，首先是应法律交往中降低成本的需求。② 随着社会的发展，人与人之间的交

① Winfried Boecken, *BGB-Allgemeiner Teil*, Verlag W. Kohlhammer, 2007, Rn. 40, 44.

② Winfried Boecken, *BGB-Allgemeiner Teil*, Verlag W. Kohlhammer, 2007, Rn. 107.

往变得日益频繁，交往规模亦逐渐扩大。单数的个人在资金、专业知识、时间、精力等方面越来越难以应付纷繁复杂的社会交往。于是，个人需要结成团体，以实现他们共同的目的。为了明确法律效果的承受者，法律要求交往实行显名原则。但是，在法律交往中，如果所有交易都必须显示每一个参与者的名称，可能反而会因其过于繁琐而招致不便，尤其是在大规模团体涉及缔约、登记、诉讼等事项时，这一不便就显得更为突出。这显然有违自然人为方便法律交往而设立团体之初衷。在此初衷之下，规模越大的团体，其节省交易成本的功效就越明显。同时，如果团体无独立的法律地位，就非常容易因个别成员的变动而影响其稳定性，阻碍团体目的的顺利实现。基于上述考虑，某些团体就需要让自己的法律地位独立于成员，以团体自身的名义从事法律活动。

（2）降低交往风险。法人在便利自然人进行法律交往的同时，亦有助于降低风险。① 自然人所结成的团体，往往只是为了实现自然人某一方面的需要，如商事团体旨在营利，政治团体则是为了实现相同政见者的政治目标，等等。自然人在社会交往中必然有多方面的需要，他也因此可能同时成为若干团体的成员。如果团体虽然能够以自己的名义对外活动，却不能独立承担相应的法律后果，那么，自然人所面对的风险将因为团体的出现而极度增加。团体越多，风险越大，这种局面显然于社会交往不利。并且，虽然依照私法自治理念，由行为人自己承受其行为后果并无不妥，但在团体中，自然人往往并不亲自参与甚至无力影响团体行为，此时，要求团体成员一概对团体行为负责，亦不能符合正义观念。因此，在团体取得独立名义之外，法律还需要对某些团体的独立财产责任予以承认。

［案例 5-1-1］ 1992 年美国某公司与某贸易公司先后签订 9 份矿物买卖合同，贸易公司未依约付清全部货款，2003 年该美国公司向法院提起诉讼，请求贸易公司的全资股东——联发公司对贸易公司的债务承担连带责任，被法院以投资人在设立贸易公司过程中并无过错为由驳回。

在此案中，联发公司按照法律规定的条件和程序设立贸易公司，公司设立后并未滥用贸易公司的法人人格或抽逃资本。联发公司作为股东，其法律人格独立于贸易公司，无须对贸易公司的债务承担连带责任，贸易公司须对自己的债务独立承担责任。

有了独立责任保障，每一个团体成员只需要为加入团体付出有限的财产，却可以通过团体无限地满足自己的需要。在此意义上说，正是通过财产独立化而产生的责任限制效果，构成了法人设立的根本动因。②《民法总则》第 60 条是这一原理的实证法回应："法人以其全部财产独立承担民事责任。"

通过独立名义、独立财产责任的法律构造，现代法人制度最终得以形成并完善。

（二）法人的构造

为实现自然人目的而设立的团体形色各异，并不是任何团体都能够具备法人资格。既然法人是法律构造物，那么，对于法人的理解，自当诉诸相应的法律构造制度。于此，我们需要关注的问题是：成为法人，需要具备何种法律要件？

---

① Winfried Boecken, *BGB-Allgemeiner Teil*, Verlag W. Kohlhammer, 2007, Rn. 107.

② Dieter Medicus, *Allgemeiner Teil des BGB*, 9. Aufl., C. F. Müller Verlag, 2006, Rn. 1087.

《民法通则》第37条系关于法人成立条件的规定："法人应当具备下列条件：（一）依法成立；（二）有必要的财产或者经费；（三）有自己的名称、组织机构和场所；（四）能够独立承担民事责任。"《民法总则》第58条的内容与之相近，最大的变化在于，《民法总则》将"能够独立承担民事责任"之规定移至第60条单独规定。这一变化值得肯定，因为，独立财产责任虽然是法人制度得以产生的动因，但在实证法律制度上，"能够独立承担民事责任"却是取得法人资格的结果，而非其成立的"条件"。其间逻辑关系应当是某一团体之所以"能够独立承担民事责任"，系因其具备法人资格；而不是某一团体之所以具备法人资格，系因其"能够独立承担民事责任"。另外，相较《民法通则》第37条，《民法总则》第58条的规范方向略有变化：《民法通则》第37条定位为设立法人的"条件"，《民法总则》第58条则突出义务色彩（"法人应当依法成立。法人应当有自己的名称、组织机构、住所、财产或者经费……"）并通过第2款后句显示本条仅是一般性规定："法人成立的具体条件和程序，依照法律、行政法规的规定。"

下文结合《民法总则》第58条及其他相关法律规范，就法人一般性要件略作阐述。

1. 依法成立。

（1）概说。就字面而言，"依法成立"是一个几乎无所不包的表述：不仅要求法人资格的取得必须遵照法定程序，具备法律所要求的实质要件亦囊括其内；不仅可以指向法人设立行为的"合法性"，而且预示了法人的目的必须"合法"。一言以蔽之，欲取得法人资格，一切都必须"合法"。显然，如果对"依法成立"作出如此宽泛的解释，那么，这一"条件"将变得没有任何意义。鉴于法律还单独规定了其他实质性要件，而法人的设立行为以及目的的"合法性"问题又可由法律行为制度解决，本章作者认为，此处"依法成立"宜作限缩解释，仅仅指法人之成立必须依照法定程序。

一般而言，法人既为法律构造物，那么，在出现足以令社会公众识别的法律标志之前，法人不可能获得"法律生命"。在现代国家或地区，法律一般依靠登记制度来彰显"足以令社会公众识别的法律标志"。我国台湾地区"民法"第30条即贯彻了这一观念："法人非经向主管机关登记，不得成立。"据此理解，法人成立之程序要件是履行登记手续。

《民法总则》确立的规则颇具特色，其将法人分为营利法人、非营利法人与特别法人三类。不同的法人有不同的成立标志。

（2）营利法人。营利法人遵循的是登记成立制（《民法总则》第77条），此亦适用于以公司形式出现的营利法人，如《公司法》第7条第1款规定："依法设立的公司，由公司登记机关发给公司营业执照。公司营业执照签发日期为公司成立日期。"

（3）非营利法人。非营利法人包括事业单位、社会团体、基金会及社会服务机构等（《民法总则》第87条第2款）。其中，事业单位与社会团体分"依法登记成立"与"依法不需要办理法人登记的"两种（《民法总则》第88、90条）。基金会及社会服务机构则称捐助法人，其成立须经"依法登记"（《民法总则》第92条第1款）。另外，宗教活动场所具备法人条件者，亦适用捐助法人的规定（《民法总则》第92条第2款）。

所谓事业单位，根据《事业单位登记管理暂行条例》第2条的规定，是指国家为了社会公益目的，由国家机关举办或者其他组织利用国有资产举办的，从事教育、科技、文化、卫生等活动的社会服务组织，包括学校、科研院所、医院、剧团、报社、电视台、广播电台、通讯社等。①

不以登记为成立标志的事业单位由《事业单位登记管理暂行条例》第 11 条分两种情况规定："法律规定具备法人条件、自批准设立之日起即取得法人资格的事业单位，或者法律、其他行政法规规定具备法人条件、经有关主管部门依法审核或者登记，已经取得相应的执业许可证书的事业单位，不再办理事业单位法人登记，由有关主管部门按照分级登记管理的规定向登记管理机关备案。县级以上各级人民政府设立的直属事业单位直接向登记管理机关备案。"

[案例 5-1-2] 北京市某医院原系某工程集团公司所属全民所有制医院，2000 年 1 月，集团公司董事会决定将医院改制为股份制，2006 年 10 月，经北京市机构编制委员会办公室批准，将该医院登记为事业单位法人。

通说曾经认为，《民法通则》中的"社会团体"包括除国家机关、企业、事业单位以外的一切团体，属于财团法人的基金会亦归属其中。② 1989 年的《社会团体登记管理条例》正是在此意义上定义"社会团体"的。不过，1998 年 10 月 25 日施行的《社会团体登记管理条例》对其进行了限缩。依照该条例第 2 条，社会团体是指"中国公民自愿组成，为实现会员共同意愿，按照其章程开展活动的非营利性社会组织"。第 10 条则明确规定了"社会团体"所需具备的最低会员人数。这表示，1998 年《社会团体登记管理条例》中的"社会团体"指的是非营利性的社团法人，作为财团法人的基金会被排除在外了。这一立场延续至《民法总则》。《民法总则》第 90 条规定："具备法人条件，基于会员共同意愿，为公益目的或者会员共同利益等非营利目的设立的社会团体……"

《社会团体登记管理条例》第 3 条对"依法不需要办理法人登记"的社会团体法人作出了界定，包括：参加中国人民政治协商会议的人民团体；由国务院机构编制管理机关核定，并经国务院批准免予登记的团体。

并非所有需要登记的非营利性社团法人均依《社会团体登记管理条例》登记，或者说，《社会团体登记管理条例》并未囊括所有的非营利性社团法人。2007 年 7 月 1 日，《农民专业合作社法》施行，该法第 4 条第 1 款规定，经登记之后，农民专业合作社即取得法人资格。农民专业合作社是以之前主要由地方性法规规制的供销合作社经验为基础，以成员互助为目的的非营利性社团法人。

1998 年《社会团体登记管理条例》虽使得"社会团体"的概念得以明确，但关于基金会的法律规范亦随之陷于阙如。这一局面一直维持到《基金会管理条例》于 2004 年 6 月 1 日施行。该条例第 2 条规定："本条例所称基金会，是指利用自然人、法人或者其他组织捐赠的财产，以从事公益事业为目的，按照本条例的规定成立的非营利性法人。"另外，鉴于基金会章程"不得规定使特定自然人、法人或者其他组织受益的内容"（《基金会管理条例》第 10 条），

① 张俊浩主编：《民法学原理》（上册），中国政法大学出版社 2000 年版，第 183 页。

② 江平主编：《法人制度论》，中国政法大学出版社 1994 年版，第 71 页；梁慧星：《民法总论》，法律出版社 2007 年版，第 123 页。

为特定人利益而存在的“信托财团”似乎由此获得了法律上的生存空间。①

（4）特别法人。特别法人包括机关法人、农村集体经济组织法人、城镇农村的合作经济组织法人及基层群众性自治组织法人（《民法总则》第96条）。

机关法人的成立为《民法总则》第97条所规定：“有独立经费的机关和承担行政职能的法定机构从成立之日起，具有机关法人资格。”这一同义反复的表述所传达的信息是：机关法人不需要以登记作为成立标志。由于机关法人属于公法人，故而其成立问题由公法确定。在我国，成立机关法人一般依据相应的机关组织法或由政府发布文件。此时，机关组织法与政府公开发布的文件取代了登记而产生公示效果。

对于其他三类特别法人的成立，《民法总则》未作一般性规定，其被转引至各自特别法（《民法总则》第99—101条）。

2. 财产或者经费②。不同类型的法人根据其目的类型，所需财产相当不同，法律难以对此作出整齐划一的规定，其亦随形势变化而变化。以公司为例，《公司法》（2004修正）原本通过对“注册资本”的要求，规定了公司的“必要”财产：有限责任公司中，“以生产经营为主”和“以商品批发为主”的，最低50万元人民币，“以商业零售为主”的，最低30万元人民币，“科技开发、咨询、服务性公司”则不得少于10万元人民币［《公司法》（2004修正）第23条］；股份有限公司注册资本的最低限额为1 000万元人民币［《公司法》（2004修正）第78条］。这是极端“法定资本制”的表现形式。2005年修订后的《公司法》第26条大幅降低了有限责任公司的最低注册资本额，且未再就公司营业类型实行差别对待，该条第2款规定：“有限责任公司注册资本的最低限额为人民币三万元。法律、行政法规对有限责任公司注册资本的最低限额有较高规定的，从其规定。”第59条第1款新增一人公司，要求：“一人有限责任公司的注册资本最低限额为人民币十万元。”同时，股份有限公司的最低注册资本额亦得到大幅降低，第81条第3款规定：“股份有限公司注册资本的最低限额为人民币五百万元。法律、行政法规对股份有限公司注册资本的最低限额有较高规定的，从其规定。”《公司法》经2013年再次修订后，无论有限责任公司还是股份有限公司，均只要求有注册资本，未规定最低限额。

3. 名称、组织机构和场所。为了确知交易对方，法律要求实行“显名主义”，因而作为法律主体的法人必须拥有自己的名称。不仅如此，与自然人拥有生命实体不同，法人的“生命”必须通过法律标志来表现。在此意义上，法人的名称不仅是一个指称符号，还是法人“生命”的象征，因而，法人不能如自然人般拥有许多“姓名”，其名称必须唯一且排他。

作为自然人的团体构造，法人本身并不具有思维能力，亦不能亲自实施行为。自然人的意

---

① 于2001年10月1日起施行的《中华人民共和国信托法》虽规定信托的受益人“可以是自然人、法人或者依法成立的其他组织”（第43条第1款），但信托行为并不足以产生作为财团法人的“信托财团”。委托人将其信托财产移转于具有独立主体资格的受托人之后，信托财产虽相对独立于受托人的固有财产，但不过是被独立化的财产而已，并不享有法律主体资格。以信托业务为目的事业的信托投资公司则是采取公司形态的金融机构（《信托投资公司管理办法》第2、11条），属于营利性社团法人。由此似可认为，以信托财产为成立基础的“信托财团”依然在我国法律规范之外。

② “经费”非法律术语，依《现代汉语词典》解释，是指“（机关、学校等）经常支出的费用”。由此推断，《民法通则》使用“经费”一词所要表达的含义是，法人必须拥有供其对外活动所需要的费用。在法律语境之中，“经费”亦属于“财产”，无单列之必要。并且，通过实际用途来界定财产，不是法律应有的思路。

志想要附着于法人身上，就必须组成能够代表法人的机关，此即所谓的“组织机构”，如公司的股东大会、董事会、监事会等。

“场所”是法人进行法律交往的基地，不仅表示该团体的存在具有稳定性，还可以据此确定与之相关的其他一些问题，如契约履行、诉讼管辖等。法人的“场所”相当于自然人的住所。所不同的是，法律不能强制要求自然人拥有固定住所，因为自然人的主体地位与其住所没有任何关联；作为法律构造物的法人则需要以“场所”这一空间位置来显示其存在，这也是维护交易安全的重要法律手段。《民法总则》第63条规定：“法人以其主要办事机构所在地为住所。依法需要办理法人登记的，应当将主要办事机构所在地登记为住所。”

4. 章程。《民法总则》第58条未对法人统一规定“章程”要件。不过，法人既然为特定目的而存在，并且具有独立的法律地位，为了防止法人恣意行为，其存在目的、活动领域、行为方式等问题就理应记载于法律文件。该“法律文件”即为章程。可见，“章程是团体形成组织的规范性文件，无章程也无以成团体。章程不仅使团体据之组建形成，也是团体形成后贯彻设立宗旨、达成运行目的的规范”①。

依照法律的规定，章程对于营利法人（《民法总则》第79条、《公司法》第11条）与社会团体法人（《社会团体登记管理条例》第2、5、11、15条）皆属必要，是法人“从事经营”（“开展活动”）的基本法律依据。至于机关法人、事业单位法人，法律之所以未对章程作要求，原因大概在于，这两类法人一般是依照命令或许可设立的，其“章程”被规定于设立命令、机关组织法等法律文件中。

三、法人的分类

法人的分类问题为观察法人有别于自然人的法律构造特性提供了又一个视角。于民法而言，自然人只存在理性能力上的差异，依据诸如性别、人种、民族等标准所作的分类，在民法上意义甚微，对于自然人主体资格的享有以及行为自由的程度更是毫无影响；法人则可能因其类型之不同而具有相当不同的法律地位。

（一）公法人与私法人

德国通说认为，私法人和公法人的区别在于，前者根据私法的设立行为（设立契约、捐助行为）而成立；后者则大多数基于公权力行为，尤其是依照一项法律或一项行政行为而成立。②

我国法律尚未采行公法人、私法人之划分模式，这使得我国法人制度显得极为混乱，尤其在法律管制的限度、设立原则、设立方式、责任承担等方面更是如此。结果是，我国所有法人皆或多或少地带有公法人的性质，受到严格管制。《民法通则》清楚地表现了这一特点。“机关法人”固然属于典型的公法人，其法律依据以及目的事业等均属于公法内容，在我国现行法律体制与政治体制下，“事业单位法人”和“社会团体法人”亦或者纯粹是公法人，或者公法人性质居主导地位。即便是企业法人，仍然具有大量公法人的特点：企业法人以所有制为基础

---

① 张俊浩主编：《民法学原理》（上册），中国政法大学出版社2000年版，第166—167页。

② Larenz/Wolf, *Allgemeiner Teil des bürgerlichen Rechts*, 9. Aufl., Verlag C. H. Beck, 2004, § 9 Rn. 2; Dieter Medicus, *Allgemeiner Teil des BGB*, 9. Aufl., C. F. Müller Verlag, 2006, Rn. 1091.

设立，不仅以私法为依据，亦以公法为基础；企业法人以营利为目的，法律活动主要在私法领域，但又承担国家经济任务，属于公共领域；企业法人本不享有公共权力，但职工一般属于国家工作人员，企业管理人员亦对应行政级别。①《民法总则》虽未再以《民法通则》的四类法人为基本框架，但依然在“非营利法人”项下不加分别地涵括大量具有公法性质的事业单位法人与社会团体法人。

除国家管制方面的影响外，公法人与私法人之划分对于法律适用亦颇具意义。首先，私法人只能以自身财产对外承担责任。公法人的目的事业一般在公共领域，由公共财政提供支持，其责任财产亦多出自国库。国家机关作为典型的公法人，自身并无独立的财产来源，一旦执行公务时对他人构成侵权，所谓“承担民事责任”，只能求诸公共财政，其规范基础主要在《国家赔偿法》。② 以“公法人”作为参照中介，事业单位法人与社会团体法人的责任承担似乎亦有类推适用《国家赔偿法》之余地。当然，当公法人以私法主体身份实施行为时，其责任承担理应准用关于私法人的规范。其次，在有关责任承担的纠纷解决程序方面，若责任人为私法人，则适用普通的损害赔偿程序，由法院民事审判庭作出判决；若责任性质为国家赔偿，则适用《国家赔偿法》的特别规定。

（二）社团法人与财团法人

1. 划分标准。“社团”与“财团”自德文翻译而来。前者对应 Verein，意为“（人的）联合体”；后者对应 Stiftung，意为“基金会”。③ 在概念上，社团法人是指成员为追求共同目的而依章程结成的具有法人资格的人合团体；④ 财团法人则是旨在实现捐助者特定目的的具有法人资格的财产集合体。⑤

2. 构造差异。社团法人与财团法人之划分未出现于我国实证法律规范中，这是我国法人制度混乱的另一重要原因。⑥ 法人的基础是“成员”抑或“财产”，这是借以确立法人规则的基础性分类，域外法人制度多以此为基本线索而展开。社团法人与财团法人的差别主要在于：

（1）成立基础不同。社团法人是人的联合，换句话说，这一团体是由人的集合构成的。典型者如《公司法》第 78 条规定的“设立股份有限公司，应当有二人以上二百人以下为发起

---

① 企业进行“公司制”改造后，《公司法》上的公司除国有独资公司外，有限责任公司和股份有限公司的私法人特点有所增加。

② 《国家赔偿法》第 2 条第 1 款规定：“国家机关和国家机关工作人员行使职权，有本法规定的侵犯公民、法人和其他组织的合法权益的情形，造成损害的，受害人有依照本法取得国家赔偿的权利。”第 37 条规定：“赔偿费用列入各级财政预算……具体办法由国务院规定。”

③ Stiftung 在民法学术语上通译为“财团”，郑冲、贾红梅的《德国民法典》（法律出版社 1999 年版）译本则取其日常语义，译为“基金会”。

④ Brox/Walker, *Allgemeiner Teil des BGB*, 32. Aufl., Carl Heymanns Verlag, 2008, Rn. 732.

⑤ Brox/Walker, *Allgemeiner Teil des BGB*, 32. Aufl., Carl Heymanns Verlag, 2008, Rn. 734.

⑥ 混乱表现如，国家税务总局于 2003 年 10 月 29 日发布的《国家税务总局关于纳税人通过中华国际科学交流基金会的公益救济性捐赠税前扣除问题的通知》称：“中华国际科学交流基金会是经中国人民银行批准成立，并在民政部登记注册的非营利的社团法人。”基金会以捐助财产为基础设立，属于典型的财团法人，显然不是“社团法人”；如果将国家税务总局所谓的“社团法人”理解为“社会团体法人”的简称，又与《社会团体登记管理条例》相违。依该条例第 10 条规定，“社会团体”必须具备的条件之一是拥有若干会员，基金会不可能存在“会员”。类似措辞亦可见于国家税务总局国税函［2001］207 号文件［《国家税务总局关于纳税人向中国文学艺术基金会捐赠税前扣除问题的通知》（已失效）］与国税函［2003］722 号文件［《国家税务总局关于纳税人向中国法律援助基金会捐赠税前扣除问题的通知》（已失效）］等。

人”。与此不同，财团法人是财产的集合，其团体性质来自独立的财产。

（2）目的意思之形成方式不同。社团法人的目的记载于章程，而章程乃作为法人成员的创立人订立的，同时，法人成员的意思通过社员大会成为法人的意思，因此，社团法人的意思来自社团自身（意思自治）。财团法人的目的虽亦记载于章程，但章程的制定者并不进入财团内部，在此意义上说，财团的意思来自外部（意思他治）。[①]

（3）设立人地位不同。社团法人成立后，设立人成为社团成员（社员）。财团法人以独立的财产为基础，没有“成员”。

（4）设立行为不同。公法人皆依照法律或设立命令成立，故社团法人与财团法人在设立行为方面的差别主要体现于私法中。社团法人由若干设立人共同设立，一般认为，该设立行为属于共同行为；待社团法人成立后，设立人成为社员，因此，设立行为又属于生前行为。财团法人由设立人以捐助行为（Stiftungsgeschäft）设立，属于无须受领的单方行为；设立人并不成为财团法人的成员，故不妨以死因行为为之。

（5）组织机构不同。社团法人为社员利益而存在，社员结成社员大会决定社团法人的意思形成，其意思既可表现于章程之中，亦可反映于日常法律交往当中。财团法人虽亦因设立人意旨而成立，但设立人既然非其成员，自无所谓“社员大会”之组织机构，财团法人依照表述于捐助章程中的设立人意志进行法律交往。

（6）目的不同。社团法人既可以营利为目的，亦不妨旨在从事公益活动。财团法人因享有税收优惠等法律优遇，一般不得以营利为目的。至于财团法人“必须以公益为目的”，抑或“非以营利为目的”即为已足，各国立法态度不一。“财团法人”未出现于我国立法体例中，唯《民法总则》使用“捐助法人”概念，属于捐助法人的基金会、社会服务机构均以公益为目的（第92条）。比较明确的法律规定另见《基金会管理条例》，其要求基金会“以从事公益事业为目的”（第2条）。不过，就外延而言，我国的“基金会”似乎不同于《德国民法典》上的“基金会（财团法人）”，至少，前者不包括“民办学校”等“民办非企业单位”。

需要注意的是，不得以营利为目的，并不表示财团法人不得从事任何营利性行为，只是要求必须把收益用于公益事业。[②]《基金会管理条例》第28条对此作出了规定：“基金会应当按照合法、安全、有效的原则实现基金的保值、增值。”想要实现基金的“保值、增值”，不进行营利性活动显然是无法做到的。

（7）解散事由不同。除共通的解散事由外，社团法人与财团法人亦各自有自己的独特之处。社团法人可由社员大会决定解散，如《公司法》第180条第2项规定的“股东会或者股东大会决议解散”；财团法人因其“旨在实现捐助者的特定目的”，一旦确定目的不能实现，即失去存在理由，故可因目的无法实现而被解散。如《基金会管理条例》第16条规定，无法按照章程规定的宗旨继续从事公益活动的，应当向登记管理机关申请注销登记。

（三）营利法人与非营利法人

有关法人的规范一般在社团/财团二分线索下展开，我国《民法总则》与众不同，改为营

① Brox/Walker, *Allgemeiner Teil des BGB*, 32. Aufl., Carl Heymanns Verlag, 2008, Rn. 732, 734.

② Larenz/Wolf, *Allgemeiner Teil des bürgerlichen Rechts*, 9. Aufl., Verlag C. H. Beck, 2004, § 12 Rn. 4. 我国《基金会管理条例》第29条第1款规定了公益支出的最低限额：“公募基金会每年用于从事章程规定的公益事业支出，不得低于上一年总收入的70%；非公募基金会每年用于从事章程规定的公益事业支出，不得低于上一年基金余额的8%。”

利/非营利二分线索。这一分类以目的事业的性质为标准。设立人可为法人确定任何法不禁止的目的事业，只不过法律可能会对之采取不同的态度。

《民法总则》第 76 条第 1 款规定："以取得利润并分配给股东等出资人为目的成立的法人，为营利法人。"其包括"有限责任公司、股份有限公司和其他企业法人等"（第 2 款）。在经济自由原则之下，营利法人的设立一般采取准则主义，即由法律统一规定设立营利法人所需要的条件，只要符合该条件，法人即可自由成立。

非营利法人，依《民法总则》第 87 条第 1 款的规定，是指"为公益目的或者其他非营利目的成立，不向出资人、设立人或者会员分配所取得利润的法人"。其可分公益法人与中间法人（"其他非营利目的"）两类。《民法总则》意义上的非营利法人"包括事业单位、社会团体、基金会、社会服务机构等"。

公益法人的设立政策各有不同。实行许可主义者如我国台湾地区"民法典"。其第 46、59 条分别规定公益社团、财团须经许可始得设立。第 46 条的立法理由称："谨按凡以公益为目的之社团，如以政治、宗教、学术、技艺、社交以及其他非经济目的之社团皆是。此种社团，不许滥行设立，以免妨害社会，故须经主管官署之许可，始得成为法人。"第 59 条的立法理由则谓："查'民律'草案第 143 条理由谓为有特定与继续之目的所使用而集合之财团，欲使成为法人，须经主管官署之许可，为防止其滥设起见也。"①《德国民法典》根据社团、财团之不同而分别对待：非以营利性经营活动为目的的社团，因登入设于区管辖法院之社团登记簿而获得权利能力（第 21 条）；有权利能力的财团则以捐助行为与财团住所地之州主管官署的承认为必要（第 80 条）。《瑞士民法典》最为宽容："以政治、宗教、学术、艺术、慈善、社交为目的的以及其他不以经济为目的的社团，自表示成立意思的章程作成时，即取得法人资格"（第 60 条）；财团法人依照公证方式或遗嘱方式设立，并在商业登记簿上登记（第 81 条），宗教财团、家庭财团则无须登记（第 52 条）。我国公益法人之设立多采许可主义。

至于中间法人，有将其与公益法人合称"非以营利为目的的法人"并适用相同法律规则者，如《德国民法典》与《瑞士民法典》；我国台湾地区多数学者则认为，"民法"虽未规定中间法人，但应予承认，令其能够依"民法"规定取得法人资格，惟不必经主管机关之许可。② 我国《民法总则》采营利/非营利之二分，将公益法人与中间法人归为一类（第 87 条），应是将中间法人归于公益法人规范群。此亦可从有关社会团体法人的规范中窥知。例如，《社会团体登记管理条例》第 2 条将"社会团体"定义为"非营利性社会组织"，第 4 条只是要求"社会团体不得从事营利性经营活动"。由此推论，该条例中的"社会团体"涵盖公益法人与中间法人两种社团法人，适用相同的规范。《民法总则》第 90 条则更明确地将社会团体分为"公益目的"与为"会员共同利益"两种，其中为"会员共同利益"，即所谓的"其他非营利目的"（"中间目的"）。另外，2007 年 7 月 1 日起施行的《农民专业合作社法》第 2 条第 1 款规定："农民专业合作社是在农村家庭承包经营基础上，同类农产品的生产经营者或者同类农业生产经营服务的提供者、利用者，自愿联合、民主管理的互助性经济组织。"其目的是"以服务成员为宗旨，谋求全体成员的共同利益"（第 3 条第 2 项），其可以划归中间法人之列。

---

① 林纪东等编：《新编六法全书（参照法令判解）》，台湾五南图书出版公司 1986 年版，第 69—70 页。

② 王泽鉴：《民法总则》，北京大学出版社 2009 年版，第 127 页。

除是否向成员分配利润外，营利法人与非营利法人的另一区别见诸《民法总则》第 95 条："为公益目的成立的非营利法人终止时，不得向出资人、设立人或者会员分配剩余财产。剩余财产应当按照法人章程的规定或者权力机构的决议用于公益目的；无法按照法人章程的规定或者权力机构的决议处理的，由主管机关主持转给宗旨相同或者相近的法人，并向社会公告。"

（四）特别法人

《民法总则》新增一类"特别法人"。依第 96 条之规定，其包括"机关法人、农村集体经济组织法人、城镇农村的合作经济组织法人、基层群众性自治组织法人"。在性质上，这几类法人属于公法人，由相应组织管理法规制。

四、法人的内部结构

自然人主体地位源自其"自在目的性"，实证法律制度对此无从置喙。因此，自然人的生命实体如何构成，可能是生物学或体质人类学的研究任务，在民法上几乎没有意义。与自然人不同，法人是法律的构造物，想要获得并维持法律上的生命，其内部结构就必须遵守设立人以及法律制度的安排，即法人必须有相应的"组织机构"。在私法自治理念之下，私法人作为设立人法律行为的效果，其内部结构理应取决于设立人意志。但实证法为了对私法人有所作为，或基于维护交易安全的考虑，或旨在规范法人行为，甚或为了加强管制，一般皆对法人必须设置的机关作出强制要求。

（一）意思形成机关

1. 社员大会。顾名思义，既然称社员大会，须以法人拥有社员为前提，因此，社员大会只是社团法人的意思形成机关，又称会员大会、成员大会。

社员大会由社团法人全体社员组成。《公司法》称社员为"股东"，这也许是基于公司社员资格之取得以"出资入股"为前提的考虑，相应地，公司的社员大会亦被称为"股东（大）会"。

社团法人不具有思维能力，无法形成自己的自然意思。决定社团存续目的以及法律交往意思形成的，是设立人订立的章程以及社员加之于社团的意思。因此，社员大会是社团法人的意思形成机关。独立的意思乃法人独立存在之根本，在此意义上，社员大会堪称社团法人的"最高机关"①，《民法总则》称之为"权力机构"（第 80 条第 1 款、第 91 条第 2 款）。依《民法总则》第 89 条与第 93 条第 2 款，事业单位与捐助法人亦须设置类似机构，称"决策机构"。

社员大会的主要任务是决定社团内部事务，包括社员与社团之间的关系、社团的目的事业、选任业务执行人、修改社团章程等。《民法总则》第 80 条第 2 款规定："权力机构行使修改法人章程，选举或者更换执行机构、监督机构成员，以及法人章程规定的其他职权。"

社员大会的召开以及议决方式由章程规定。

2. 社员的权利义务。社员的权利义务主要由章程规定。一般情况下，社员权利有一般社员权与特别社员权两类。其中，一般社员权大体包括机关事务参与权（Organschaftsrechte，如参加社员大会的权利、投票权）与受益权（Genußrechte，如使用社团设施的权利、分配盈利的权利、社团解散时分配财产的权利）。

---

① Brox/Walker, *Allgemeiner Teil des BGB*, 32. Aufl., Carl Heymanns Verlag, 2008, Rn. 740.

［案例 5-1-3］某公司由酿造厂改制后组建，改制前的股东称为“老股东”，改制后新加入的股东称为“新股东”。陈某系一名“新股东”，2008 年 6 月公司分配公司盈余时，未召开股东大会讨论表决，即决定老股东每股分 26 000 元，新股东每股分 16 870 元。陈某遂将公司诉至法院，要求“同股同权”，得到法院支持。

本案中，涉案公司既未事先经股东大会决议，事后亦未得到各股东认可，在盈余分配上对“新”“老”股东区别对待，侵犯了股东的受益权。

特别社员权为特定社员所享有，如机关事务参与权方面的特别社员权包括特定社员投票权的增加、任职于社团机构时间的延长等权利，受益权方面则如特定社团设施的优先使用权、更高的盈利分配权以及社团会费的优惠等。①

社员的义务亦包括一般义务与特别义务。最重要的一般义务是缴纳会费义务与对社团的忠实义务。后者要求社员不得实施任何有害于社团目的的行为。特别义务只针对特定社员，包括负担更多会费的义务等。②

3. 社员资格的取得与丧失。社员资格因加入社团而取得。加入社团，需要参与社团的设立行为或在社团成立后作出加入的意思表示。无论是社团的设立行为还是嗣后的加入行为，均属依意思表示发生相应法律效果的法律行为，必须符合自治理念。社员资格的丧失事由则包括退社、死亡、在章程有特别规定时被开除等。

（二）意思表达机关

1. 董事会（理事会）。对于社团法人，社员大会只是社团内部的意思形成机关，除在社员大会召开之时当场接受社员订立契约之要约等特殊情况之外，一般不能对外代表社团进行法律交往。③ 对于财团法人，捐助章程规定的财团宗旨需要相应的机关贯彻执行。因此，无论是社团法人还是财团法人，均需要设置负责对外进行法律交往的意思表达机关，即《民法总则》所称的“执行机构”（第 81 条第 1 款、第 91 条第 3 款、第 93 条第 2 款）。意思表达机关因法人形态的不同而可能有不同的称谓：《公司法》称之为“董事会”，《基金会管理条例》则称之为“理事会”。唯须注意，《民法总则》中，事业单位法人与捐助法人的理事会（第 89 条、第 93 条第 2 款）皆用以指称有别于执行机构的“决策机构”。

“执行机构”的基本任务是执行“权力机构”或“决策机构”的决议。《民法总则》第 81 条第 2 款系关于营利法人执行机构的规定：“执行机构行使召集权力机构会议，决定法人的经营计划和投资方案，决定法人内部管理机构的设置，以及法人章程规定的其他职权。”

2. 意思表达方式。意思表达机关如何对外代表法人，各国或地区的做法颇不一致。根据《德国民法典》第 26 条第 2 款与第 28 条第 2 款，董事会于法庭内外代表社团，具有法定代理人地位。意思表示必须以董事会的名义作出，但受领意思表示却能够由一名董事为之。原则上，瑞士法中的董事会亦为法人代表，不过，法人章程或董事会可通过授予一名或数名董事代表权的方式来改变这一原则（《瑞士民法典》第 69 条、《瑞士债法典》第 716B 条）。《日本民法典》第 53 条与我国台湾地区“民法”第 27 条则规定：每一理（董）事均得对外代表法人。

① Brox/Walker, *Allgemeiner Teil des BGB*, 32. Aufl., Carl Heymanns Verlag, 2008, Rn. 758f..

② Brox/Walker, *Allgemeiner Teil des BGB*, 32. Aufl., Carl Heymanns Verlag, 2008, Rn. 760f..

③ Larenz/Wolf, *Allgemeiner Teil des bürgerlichen Rechts*, 9. Aufl., Verlag C. H. Beck, 2004, § 10 Rn. 67f..

我国立法与上述情形又有所不同。《民法总则》第 61 条第 1、2 款规定："依照法律或者法人章程的规定，代表法人从事民事活动的负责人，为法人的法定代表人。法定代表人以法人名义从事的民事活动，其法律后果由法人承受。"这是一种比照行政"首长负责制"建立的法人代表制度。

[案例 5-1-4] 自 1993 年起，香港某公司即委托天津某货运公司运输货物，1995 年香港公司向货运公司出具了《还款协议》，但该《还款协议》没有加盖公司印章，仅有法定代表人的签名，货运公司据此要求香港公司偿还欠款，得到法院的支持。

法定代表人是法人的代表机关，其代表行为的法律效果由法人承担，具体到上述案件，香港公司法定代表人签署的《还款协议》之法律效果由公司承担。多年以来，这一制度在我国各种形态的法人中均得到贯彻，如 2005 年修改之前的《公司法》第 45、68、113 条规定的"董事长为公司的法定代表人"，《基金会管理条例》第 20 条规定的"理事长是基金会的法定代表人"，等等。

不过，2005 年《公司法》修订后，上述各条中的"董事长为公司的法定代表人"之规定被删除，而代之以第 13 条："公司法定代表人依照公司章程的规定，由董事长、执行董事或者经理担任，并依法登记。"据此，公司虽然仍被要求须确定一人作为法定代表人，但何人充任之问题不再直接由法律强行规定，而成为公司章程自由决定的事项。这意味着，以《公司法》为突破口，我国法定代表人制度的僵硬性开始走向缓和。《民法总则》第 81 条第 3 款延续这一方向："执行机构为董事会或者执行董事的，董事长、执行董事或者经理按照法人章程的规定担任法定代表人；未设董事会或者执行董事的，法人章程规定的主要负责人为其执行机构和法定代表人。"

（三）监督机关

在英美与法国等立法传统中，法人组织机构实行由成员大会（股东大会）和管理机关（董事会）构成的二元体制，监督机关（监事会）并非强行法上的必设机关；[①]《德国民法典》上的法人与商法上的有限责任公司亦得自由决定是否设立监事会。[②] 不过，根据《德国股份法》，股份有限公司实行所谓的"三元制"管理模式，除股东大会与董事会外，监事会亦为必设机构。此被视为德国股份有限公司的"最重要"特征。[③] 我国依照"权力监督"的理念[④]，将监事（会）作为所有（公司）法人的监督机关予以强行规定，而不论是有限责任公司（《公司法》第 51 条）抑或股份有限公司（《公司法》第 117 条）。《民法总则》第 93 条第 3 款更进一步要求"捐助法人应当设监事会等监督机构"。

关于监事（会）职责，《民法总则》第 82 条以营利法人为例作出规定，即"依法行使检查法人财务，监督执行机构成员、高级管理人员执行法人职务的行为，以及法人章程规定的其他职权"。其他类型法人可准此类推。

---

① ［德］托马斯·莱塞尔、吕迪格·法伊尔：《德国资合公司法》，高旭军等译，法律出版社 2005 年版，第 131 页。

② ［德］托马斯·莱塞尔、吕迪格·法伊尔：《德国资合公司法》，高旭军等译，法律出版社 2005 年版，第 593 页。

③ ［德］托马斯·莱塞尔、吕迪格·法伊尔：《德国资合公司法》，高旭军等译，法律出版社 2005 年版，第 129 页。

④ 江平主编：《法人制度论》，中国政法大学出版社 1994 年版，第 290—291 页。

五、法人的变更

（一）概说

自然人获得生命之后，除非死亡，其人格上的同一性不可能发生改变。法人则有所不同。既然法人是设立人法律行为所产生的法律效果，属于纯粹的规范存在，那么，该“法律效果”就有变更之可能。换句话说，法人的“人格”可以发生改变。在广义上，法人的任何登记事项之变更，皆可称为“法人的变更”。但此处所称的“变更”，只针对能够影响法人主体地位者而言，主要包括合并、分立、形态变更与目的事业变更。

法人变更之后，须在登记簿中作出变更登记。《民法总则》第 64 条规定：“法人存续期间登记事项发生变化的，应当依法向登记机关申请变更登记。”第 65 条则规定：“法人的实际情况与登记的事项不一致的，不得对抗善意相对人。”

（二）法人的合并

法人因合并而使得其“人格”发生变化，合并之前的法人与合并之后的法人不再具有“人格”上的同一性。“法人合并的，其权利和义务由合并后的法人享有和承担”（《民法总则》第 67 条第 1 款）。根据合并所产生的法律效果不同，法人合并有吸收合并与新设合并之别。

吸收合并又名“存续合并”，是一种将被合并法人归入其他法人之合并样态，如中央政法管理干部学院并入中国政法大学。吸收合并的法律效果是，被合并法人解散，合并法人承受被合并法人的权利义务。

新设合并又称“创设合并”，是指两个以上法人合并成为一个新法人之合并样态，如 A 公司与 B 公司合并，成立 C 公司。通过新设合并，原有法人均告解散，新的法人得以出现并承受原法人的权利义务。

（三）法人的分立

与合并类似，法人分立亦分为存续分立与新设分立两种。

存续分立是指从原有法人中分离出一部分，成立新的法人。分立之后，原有法人继续存在，新的法人得以产生。

新设分立则是一种将原有法人拆分为若干新法人的分立样态。其法律效果是，原有法人解散，成立若干新的法人。

《民法总则》第 67 条第 2 款规定：“法人分立的，其权利和义务由分立后的法人享有连带债权，承担连带债务，但是债权人和债务人另有约定的除外。”

（四）法人的形态变更

法人可能是社团法人或财团法人，社团法人可能是营利法人或非营利法人，营利法人可能是有限责任公司、国有独资公司或股份有限公司。无论如何，法人既然是设立人的法律构造物，其形态既然可由设立人选择，当然亦可由设立人予以变更。在我国，最具典型意义的法人形态变更是国有企业改建为国有独资公司、有限责任公司或股份有限公司［《公司法》（2004 年修正）第 21、81 条］，这就是所谓“国有企业的公司制改造”。此外，现行《公司法》还对有限责任公司与股份有限公司的相互变更作出了规定（第 9 条）。

法人形态变更后，其法律“人格”亦发生相应的改变，从而在成立条件、内部结构、法律地位等各方面均适用不同的法律规范。

[案例 5-1-5] 1998 年 3 月 3 日，某奶牛厂（国有企业）与某银行签订《最高额抵押担保借款合同》，借款期限至 1999 年 2 月 28 日。2004 年 7 月 14 日，奶牛厂因改制变更为奶牛公司，企业类型、经营范围、注册资本在工商行政管理部门作了变更登记。2006 年 4 月 28 日，银行向奶牛公司提起诉讼，要求其偿还欠款，得到法院支持。

该案中，虽然奶牛厂企业形态变更为有限责任公司，但原债务仍应由变更后的企业承担。

（五）法人的目的事业变更

法人目的事业的变更程度将影响到法人“人格”的改变程度。目的事业的性质若在营利与非营利之间转换，可能导致法人的形态变更；若只是同一性质的变更，所影响的就只是法人行为的效果归属。

第二节　法人的权利能力

[本节要点]

法人的权利能力为实证法所赋予，法人仅仅是法律效果的归属载体，享有权利能力，充其量不过是对自然人的类推。法人取得权利能力，须符合特定的设立原则、设立方式和设立程序。法人解散后，其权利能力的终止以清算完结为前提，通过清算，法人得以了结一切财产关系。自然人的权利能力完全且平等，但法人的权利能力则为限制权利能力：专属于自然人的权利，法人不可能享有；作为自然人实现目的的工具，法人亦无人格权可言。就此而言，法人仅具有财产法上的能力。

一、法人权利能力的根据

法人理论兴起之初，围绕着《德国民法典》的制定，19 世纪的德国法学家们曾就法人本质问题展开过激烈的争论，莱赛尔（Thomas Raiser）甚至认为：“在整个 19 世纪没有一个问题像关于法人本质问题这样使德国民法界投入那么多的精力。”① 其间主要形成了以下观点：(1) 拟制说。萨维尼、温德沙伊德（Bernhard Windscheid）等人认为，只有自然人才称得上是真正的“人”，能够拥有权利能力，法人则是法律拟制的产物。(2) 受益人说。耶林不同意法人有拟制的人格之看法，他认为，国家、财团等团体根本不具有权利能力，有权利能力的只是从中受益的自然人。(3) 真实的组织体人格说。在基尔克（Otto v. Gierke）看来，法人如同自然人，具有实质的组织体，由“超个人的有机体”来操作，因此，法人的人格是真实存在的。(4) 人格化目的财产说。布林茨（Alois Brinz）在拟制说的基础上，经进一步推演提出此说。该学说的重大贡献在于，通过对主体授予具备特定目的的财产，把拥有成员的社团法人和无成员的机构及财团法人统一于相同的理论框架之下。②

① ［德］托马斯·莱赛尔：《德国民法中的法人制度》，张双根译，载《中外法学》2001 年第 1 期。

② ［德］亚图·考夫曼：《法律哲学》，刘幸义等译，台湾五南图书出版公司 2000 年版，第 105 页；［德］托马斯·莱赛尔：《德国民法中的法人制度》，张双根译，载《中外法学》2001 年第 1 期。

上述各种理论皆旨在回答“法人是否或者为何能够成为权利主体”，即“法人是否或者为何享有权利能力”之问题。其中，拟制说以个人为出发点，真实的组织体人格说以私法社团与公法社团为思考原点，人格化目的财产说则选择了私法财团与公法机构作为阐释模型。① 各自立足点相去甚远。

当代德国法学家大多认为，上述争论其实并无太大意义，因而更倾向于采纳较为中性的表述。在规范的意义上，法人被视为法律效果的归属载体，换言之，法人的基本特征是，自身作为一个法律实体，与作为法律实体的成员或者职能机关的个人分离，从而独立地享有权利和承担义务。然而，法人并不是原始意义和伦理意义上的“人”，而是形式化的“权利主体”，仅仅意味着法律效果的承受者而已。因此，将法人与自然人相提并论是不恰当的。法人之享有权利能力，充其量不过是一种类推。②

二、法人权利能力的开始

《民法总则》第59条规定，法人权利能力始于“成立”。显然，在法律生命的获得问题上，法人“成立”之法律效果相当于自然人之“出生”。只不过，人的出生乃自然事件，基于对自然人“自在目的性”的尊崇，即便是违反限制人口生育的法律政策（如我国的“计划生育”）而出生的自然人亦可无障碍地拥有完全的权利能力，至于自然人以何种方式出生，于其权利主体资格之获得更是毫无影响。因此，关于自然人的出生，法律所能做的，只是以尽可能准确的方式判断其出生时间。但作为法律构造物的法人与此不同：一方面，如上一节“法人的构造”部分所指出的，法人“生命”之获得以充分的法律要件为前提；另一方面，实证法律制度在“法人如何能够成立”问题上的立场亦直接关乎法人的法律地位。“法人如何能够成立”之问题主要体现在法人的设立原则、设立方式以及成立标志等方面。

（一）法人的设立原则

法人的设立原则所回答的问题是，实证法律制度对于法人之成立采取何种立场？不同的立场代表着不同的管制程度。

1. 特许主义。在法人制度发轫之初，国家为了实现对于法人的严密控制，采取特许设立的立场，即“依君主之命令或议会之立法，一命令或一法律，设立一法人之主义”③。迄至当代，特许主义基本不再适用于私法人的设立。

2. 任意主义。所谓任意主义，是指法人之设立，不需任何之形式的要件，由设立人任意设立法人之主义。欧洲中世纪晚期商业勃兴时期奉行这一立场。④ 在国家管制问题上，任意主义与特许主义分列两极。该立场认为，法人的目的在于谋求公共利益之增进，因而应听诸个人之自由，无须国家干预。⑤ 不过，由于法人享有独立财产责任之特权，若任由自然人随意设立

① Gustav Radbruch, *Rechtsphilosophie*, 2. Aufl., C. F. Müller Verlag, 2003, S. 127.

② Larenz/Wolf, *Allgemeiner Teil des bürgerlichen Rechts*, 9. Aufl., Verlag C. H. Beck, 2004, § 9 Rn. 11; Dieter Medicus, *Allgemeiner Teil des BGB*, 9. Aufl., C. F. Müller Verlag, 2006, Rn. 1104;［德］亚图·考夫曼：《法律哲学》，刘幸义等译，台湾五南图书出版公司2000年版，第105页。

③ 史尚宽：《民法总论》，中国政法大学出版社2000年版，第151页。

④ 史尚宽：《民法总论》，中国政法大学出版社2000年版，第151页。

⑤ 梅仲协：《民法要义》，中国政法大学出版社1998年版，第68页。

法人，恐将纵容滥用法人特权之行为。

3. 许可主义。许可主义要求申请成立法人时，除必须符合法律列举的一般条件外，还必须获得主管官署的许可。主管官署在作出是否批准成立的决定时，拥有相当大的裁量空间。显然，通过主管官署的许可，国家能够阻止不符合公权力意志的法人成立。在欧洲，许可主义曾盛行于19世纪中叶之前。例如，德国的股份公司在1870年修订《普通德意志商法典》以前即奉行该原则。①

我国法人的设立原则基本未区别公法人、私法人，多数类型实行许可设立主义。如非以营利为目的的社团法人，《社会团体登记管理条例》第9条第1款规定："申请成立社会团体，应当经其业务主管单位审查同意，由发起人向登记管理机关申请登记。"《民办非企业单位登记管理暂行条例》第3条规定："成立民办非企业单位，应当经其业务主管单位审查同意……"又如以公益为目的的财团法人，《基金会管理条例》第9条规定，申请设立基金会，申请人应当向登记管理机关提交业务主管单位同意设立的文件。即便是私法人色彩最为强烈的公司，其设立仍然存在许可主义之适用空间，如《公司法》第6条第2款规定："法律、行政法规规定设立公司必须报经批准的，应当在公司登记前依法办理批准手续。"②

4. 准则主义。法律以一般规则的方式就法人成立之条件作出列举，符合该条件者即得设立，此之谓准则主义。为了不令法律设定的成立条件流于具文，与准则主义相伴随的一般是法人的登记制度。与许可主义不同的是，国家是否实施登记行为并非取决于主管官署的裁量，在具备法定要件的情况下，国家必须实施此项行为。③ 如此，准则主义既因法律备有设立条件与登记公示制度而能够避免任意主义之流弊，维护交易安全，④ 亦因登记官署对于符合法律条件者负有登记之责而不至于陷入过分管制，堪称理想。前文已述，基于经济自由理念，准则主义在各国营利法人制度中得到广泛运用，即便对于非以营利为目的的法人，采准则主义者亦多有之，典型者如《德国民法典》第21条规定："非以营利性经营活动为目的的社团，因登入设于区管辖法院之社团登记簿而获得权利能力。"

我国主要在公司和合作社领域实行准则主义。《公司法》第6条第1款规定："设立公司，应当依法向公司登记机关申请设立登记。符合本法规定的设立条件的，由公司登记机关分别登记为有限责任公司或者股份有限公司；不符合本法规定的设立条件的，不得登记为有限责任公司或者股份有限公司。"《农民专业合作社法》第13条第2款规定："登记机关应当自受理登记申请之日起二十日内办理完毕，向符合登记条件的申请者颁发营业执照。"

5. 强制主义。强制主义是指"依法律强制其设立，从而当然为法人之主义"。⑤ 该设立立场一般适用于公法人，于私法意义不大。

---

① Dieter Medicus, *Allgemeiner Teil des BGB*, 9. Aufl., C. F. Müller Verlag, 2006, Rn. 1089.

② 2005年修订《公司法》时已大幅放宽了公司设立的管制限度。此前《公司法》第77条规定："股份有限公司的设立，必须经过国务院授权的部门或者省级人民政府批准。"表达了典型的许可主义立场。

③ Dieter Medicus, *Allgemeiner Teil des BGB*, 9. Aufl., C. F. Müller Verlag, 2006, Rn. 1090.

④ 梅仲协：《民法要义》，中国政法大学出版社1998年版，第68页；Dieter Medicus, *Allgemeiner Teil des BGB*, 9. Aufl., C. F. Müller Verlag, 2006, Rn. 1090.

⑤ 史尚宽：《民法总论》，中国政法大学出版社2000年版，第151页。

（二）法人的设立方式

法人必经一定方式得以设立，如果设立方式存在瑕疵，法人的主体资格将可能因此而受到影响。不同形态的法人有着不同的设立方式。

1. 命令设立。命令设立方式一般对应于特许主义和强制主义原则。如果以设立方式作为区分公法人与私法人的标准，采命令设立方式者，一般属于公法人。我国机关法人、事业单位法人、国有企业等一般采取命令设立方式。

2. 发起设立。发起设立针对社团法人而言，是指通过若干发起人的设立行为设立法人的方式。《公司法》第 77 条第 2 款规定："发起设立，是指由发起人认购公司应发行的全部股份而设立公司。"另外，《社会团体登记管理条例》虽未明确使用"发起设立"之术语，但对设立人以"发起人"相称，其设立方式亦当理解为发起设立。

发起设立的特点在于，若发起人不足法定人数或发起人所认缴的出资额（股份）未达法律最低限额，不得提起登记申请。

[案例 5-2-1] 某工贸公司于 2003 年 6 月 5 日成立，注册资本为 1 000 万元，其发起人为 5 个发电公司及 3 个其他公司。3 个其他公司出资 50 万元后，5 个发电公司一直未履行其非货币出资义务，但公司收到的货币出资已达到最低法人注册资本额。2007 年工贸公司债权人某资产管理公司向法院起诉要求工贸公司偿还欠款，5 个发电公司承担连带清偿责任，得到法院支持。

此案中，因为工贸公司收到的货币出资已达法律最低限额，因而工贸公司可以成立，具有法人资格，须对其债权人某资产管理公司承担清偿责任。而 5 个发电公司因未履行出资义务，须在其出资不实的资金范围内承担连带清偿责任。

3. 捐助设立。与社团法人的发起设立相对应的是财团法人的捐助设立，即财团法人仅以设立人所捐助的财产为基础成立。采取此种设立方式的，若捐助财产未达到法律最低限额，不得申请法人登记。

4. 募集设立。募集设立是于社团法人与财团法人均有适用余地的设立方式。如果所要设立的法人财产金额甚为巨大，发起人自己难以满足，则可能向社会公众发出要约，募集财产以设立法人。我国明确规定可以采取募集设立方式的是股份有限公司（《公司法》第 77 条第 3 款）与（公募）基金会（《基金会管理条例》第 3 条）。《公司法》第 77 条第 3 款对募集设立所作的定义是："募集设立，是指由发起人认购公司应发行股份的一部分，其余股份向社会公开募集或者向特定对象募集而设立公司。"须注意，根据《公司法》第 84 条规定，以募集设立方式设立股份有限公司的，发起人认购的股份不得少于公司股份总数的 35%。

（三）法人的成立标志

1. 登记的创设效力。原则上，法人以登记作为成立标志，典型代表这一观念的立法如我国台湾地区"民法典"第 30 条："法人非经向主管机关登记，不得成立。"此意义上的登记具有创设效力，即登记使得作为权利主体的法人获得了"法律生命"。

《民法总则》以登记作为成立标志的法人是营利法人（第 77 条）、捐助法人（包括宗教法人，第 92 条）以及需要登记的事业单位、社会团体法人（第 88 条、第 90 条）。此外，须经登记方可成立的法人还包括"法人型民办非企业单位"（《民办非企业单位登记管理暂行条例》

第 12 条）。

［案例 5-2-2］某房地产开发公司因与某实业发展公司发生买卖合同纠纷，向法院提起诉讼，一审法院以该公司虽有营业执照，但因未在工商行政管理局查到房地产公司的登记记录，不具备诉讼主体资格为由，裁定驳回起诉。该公司不服该裁定，提起上诉。二审法院认为，该公司所持有的营业执照足以证明其曾进行登记，具有主体资格，撤销了一审法院的民事裁定。

2. 登记的宣示效力。并不是所有法人均以登记作为成立标志。《瑞士民法典》第 60 条第 1 款规定："以政治、宗教、学术、艺术、慈善、社交为目的的以及其他不以经济为目的的社团，自表示成立意思的章程作成时，即取得法人资格。"此时，虽然法人仍须登记（《瑞士民法典》第 61 条），但登记不再产生创设效力，只不过是对已取得权利能力的法人进行宣示而已。根据《瑞士民法典》，无须登记的私法人在成立上似较之其他法人更为自由，接近于任意主义的设立原则。自事理而言，法律制度之所以要采取准则主义来防止任意主义产生的滥设法人之弊，最重要的原因在于，法人享有财产责任独立之特权，任意主义可能纵容法人的设立人借此逃避债务，损害债权人利益。显然，该理由主要在经济性法人领域有说服力，而对于非经济性法人，因其不从事商事交易，无此顾虑，故以登记作为宣示手段即为已足。

我国亦存在大量不以登记作为成立标志的法人，其间体现的法律意旨并不是如《瑞士民法典》般削弱管制，而是相反。根据《民法总则》，不以登记为成立标志的法人包括特别法人、依法不需要办理法人登记的事业单位与社会团体法人。特别法人乃公法人，不得随意设立理所当然；事业单位法人因只能"由国家机关举办或者其他组织利用国有资产举办"（《事业单位登记管理暂行条例》第 2 条），亦属公法人之列，当以管制为基本取向，因此，若在《事业单位登记管理暂行条例》施行之前已取得法人资格，或直接由县级以上政府命令设立（第 11 条），自无须以登记作为取得权利能力之前提。至于社会团体法人，《社会团体登记管理条例》第 3 条所列举的不以登记作为成立标志的是：参加中国人民政治协商会议的人民团体，以及由国务院机构编制管理机关核定并经国务院批准免于登记的团体。前者属于以政治为目的的社团法人，通过封闭式列举，上述条例所表达的，其实是除已经存在的"参加中国人民政治协商会议的人民团体"外，不再允许其他政治性社团存在；后者则因其被纳入国务院机构编制体系，在法律地位上已相当于公法人中的机构，自无须以登记作为成立标志。

3. 登记行为的法律性质。如果登记只是法人成立的公示方式，那么，法人登记的法律性质与物权登记当无差异，属于公法上的程序行为，并不具有行政管理的性质。在此脉络之下，为了防止行政官署的管制，登记机关宜设于不具有行政管理职能的机构，如法院（《德国民法典》第 21、55 条，我国台湾地区"民法总则施行法"第 10 条）。

我国法律制度上的法人登记不仅是法人成立的公示方式，还负载行政管理职能。事业单位实行"分级登记管理"，其"登记管理机关"是"国务院机构编制管理机关和县级以上地方各级人民政府机构编制管理机关"（《事业单位登记管理暂行条例》第 5 条）；社会团体、民办非企业单位与基金会亦实行分级登记管理，其"登记管理机关"则是国务院民政部门和相应的地方政府民政部门（《社会团体登记管理条例》第 6 条，《民办非企业单位登记管理暂行条例》第 5 条，《基金会管理条例》第 6 条）。甚至对于公司，所适用的依然是"登记管理条例"，如

《公司登记管理条例》第 4 条第 1 款规定："工商行政管理机关是公司登记机关。"由于登记兼行"管理"，即便是实行准则主义的公司，其所谓"准则主义"，其实亦与他国的"许可主义"相去不远。更有甚者，我国法律似乎并不认为登记的主要功能在于公示。对于不以登记为成立标志的事业单位、社会团体，登记的意义仅仅在于"备案"而已（《事业单位登记管理暂行条例》第 11 条，《社会团体登记管理条例》第 17 条）。所谓"备案"，因其意不在于公示，故而既不能产生宣示效力，更谈不上创设效力，对于民法而言，最多也只能够产生"事实记录"之意义。

（四）设立中的法人

法人自设立完成始享有权利能力，成为权利主体。法人之成立并非一蹴而就的，往往需要经历一段相当漫长的"出生"过程。于是，法律制度需要回答：处于设立阶段的法人的法律地位如何？显而易见的是，设立中的法人不能享有权利能力。据此，只要法人尚未成立，就不能获得主体资格，从而不能独立享有权利、承担义务。然而，如果藉此否认其对外交往的可能，法人也许将因此而永远无法得以成立。正如对于胎儿存在例外规则，对于设立中的法人亦需要予以特别对待。

在社团的问题上，德国通说认为，设立中的社团与事后取得权利能力的社团之间具有同一性。① 我国《公司法》第 94 条规定："股份有限公司的发起人应当承担下列责任：（一）公司不能成立时，对设立行为所产生的债务和费用负连带责任；（二）公司不能成立时，对认股人已缴纳的股款，负返还股款并加算银行同期存款利息的连带责任……"由此反面解释，若设立成功，则相应的行为后果由公司承受。通过规范股份有限公司设立失败的责任承担，《公司法》第 94 条表达的观念与德国通说基本一致。《民法总则》第 75 条对设立中法人效果承担问题作出了一般性的规定："设立人为设立法人从事的民事活动，其法律后果由法人承受；法人未成立的，其法律后果由设立人承受，设立人为二人以上的，享有连带债权，承担连带债务。设立人为设立法人以自己的名义从事民事活动产生的民事责任，第三人有权选择请求法人或者设立人承担。"

［案例 5-2-3］ 2008 年 3 月 4 日，杨某作为发起人，以设立中的某设备制造有限公司的名义与施某签订了一份设备制造合同。该公司于 2009 年 2 月 13 日正式成立，杨某为法定代表人。嗣后，因设备不符合合同约定的品质，施某于 2009 年 3 月将杨某诉至法院，要求其承担赔偿责任。杨某辩称其是在公司设立中以公司名义签订的设备制造合同，应由设立后的公司对施某承担责任。法院最终支持了施某的诉讼请求。理由是，发起人在公司设立中所为的非发起设立公司所必要的交易行为，属于效力待定的法律行为，须经公司股东会或董事会决议认可始对公司发生效力。而本案中，杨某以设立中公司名义所为的非设立行为，并未经公司股东会或董事会决议认可，其后果不应由公司承担。

三、法人权利能力的消灭

（一）法人权利能力消灭的标志

《民法总则》第 59 条规定，法人权利能力"到法人终止时消灭"。由此可见，在消灭权利

① Dieter Medicus, *Allgemeiner Teil des BGB*, 9. Aufl., C. F. Müller Verlag, 2006, Rn. 1113.

能力的问题上，法人“终止”产生相当于自然人“死亡”的法律效力。不过，自然人生命是否终结并不取决于法律制度，后者所能做的，只是在出现争议时确定相应证据（如户籍中的死亡登记）或进行推定（如数人同时遇难的死亡时间推定）。无论是法定证据还是法律推定，都可为相反证据所推翻。法人既然是法律构造物，生命来自实证法律制度，那么，其“生命”的终结亦理应取决于法律规范。问题是：法人“终止”（法人权利能力消灭）以何种法律表征作为标志？

一般而言，作为法律构造物的法人由何种法律制度创设，亦应由相应的法律制度消灭。如此方可使得法人创设与消灭的法律制度的效力辐射范围一致，不至于出现法律效力之断裂。在此原则之下，对于上述问题的回答，实取决于登记的法律效力。如果登记产生创设效力，那么，既然法人生命的开始以成立登记为标志，并且，该成立登记具有对世效力，欲将其消灭，理当需要消除该成立登记之法律效力。换言之，经由成立登记创设的法人，非经注销登记不得终止。如《公司登记管理条例》第 44 条规定：“经公司登记机关注销登记，公司终止。”假使法人资格直接根据设立意思表示而取得，成立登记只具有宣示效力，那么，注销登记也就只能产生宣示法人终止的效力。此时，法人于清算完结之日起终止，未经注销登记者，不得对抗善意第三人。倘若成立登记既不能产生创设效力，又不能产生宣示效力，不过是“事实记录”，那么，法人于清算完结之日起终止，注销登记是法人终止的“事实记录”，对于法人权利能力的消灭无任何影响。

不过，《民法总则》第 68 条未区分成立登记的效力，一概以注销登记为终止标志：“有下列原因之一并依法完成清算、注销登记的，法人终止……”第 72 条第 3 款则规定：“清算结束并完成法人注销登记时，法人终止；依法不需要办理法人登记的，清算结束时，法人终止。”

（二）法人终止与法人清算

1. 概说。无论自然人还是法人，与他人所形成的财产关系都不会因为生命的终结而自然消失，因此，任何法律主体的消亡，必然会涉及如何处理这些财产关系的问题。不同的是，自然人具有自在目的性，理应享有充分的意志自由与行为自由，所以，自然人生命终结之前，不得被要求先行清理各种财产关系。由此决定，自然人死亡后的财产关系只能由继承法解决；法人则是一个工具性的法律实体，并不负载伦理价值，如果不在终止之前了结财产关系，将无可避免地出现法人设立者（或法人成员）滥用这一工具、损害相对人的情形，因此，法人终止之前必须经过财产清理程序，即清算。通过清算，法人得以了结一切财产关系。

解散与破产是法人终止的两项最重要的原因（《民法总则》第 68 条）。关于解散时的清算，《民法总则》第 70 条第 1 款规定：“法人解散的，除合并或者分立的情形外，清算义务人应当及时组成清算组进行清算。”

关于破产时的清算，《民法总则》第 73 条规定：“法人被宣告破产的，依法进行破产清算并完成法人注销登记时，法人终止。”

[案例 5-2-4] 某地产公司于 1992 年 8 月在香港特别行政区登记设立，性质为无限责任公司，股东为雷某思和雷某城。王将公司系该地产公司于 1994 年 10 月投资设立的独资企业，该公司于 2001 年被吊销企业法人营业执照，至今尚未清算。雷某思于 2004 年 4 月 26 日将地产公司的所有股份和王将花园的所有资产转让给雷某城。2005 年 4 月 16 日，雷某城

向法院提起诉讼，请求将王将公司名下的王将花园项目所有权和土地使用权确认归其所有，被法院驳回。

在该案中，王将公司虽已被依法吊销企业法人营业执照，雷某思也同意将王将花园项目的所有权和土地使用权确认归属，但在企业法人被吊销营业执照的情况下，企业资产只能通过清算程序处理，因未经清算并注销，王将公司的法人主体资格并未丧失，雷某城的确权请求应当通过清算程序解决。

清算具有广狭两义。广义的清算包括破产清算与普通清算，其中破产清算为破产法所规范。狭义的清算即普通清算。清算程序因法人类型、终止原因等不同而相去甚远，非特别法不足以详细规定。因此，此处对法人清算的论述，只概要式地涉及有关清算的基本问题。《民法总则》第71条规定："法人的清算程序和清算组职权，依照有关法律的规定；没有规定的，参照适用公司法的有关规定。"

2. 清算人。执行清算事务者，称为清算人。《民法总则》第70条第1款称为"清算组"："法人解散的，除合并或者分立的情形外，清算义务人应当及时组成清算组进行清算。"所谓清算义务人，是指"法人的董事、理事等执行机构或者决策机构的成员"（《民法总则》第70条第2款）。

清算人的基本职能是对外代表法人了结既存的各种财产关系。对此，《公司法》第184条有较为详细的规定："清算组在清算期间行使下列职权：（一）清理公司财产，分别编制资产负债表和财产清单；（二）通知或者公告债权人；（三）处理与清算有关的公司未了结的业务；（四）清缴所欠税款以及清算过程中产生的税款；（五）清理债权、债务；（六）处理公司清偿债务后的剩余财产；（七）代表公司参与民事诉讼活动。"另外，根据《公司法》第187、188条，清算人还负有在公司支付不能时申请宣告破产以及申请注销登记之责。

［案例5-2-5］某公司于2007年2月8日召开临时股东会议，形成解散公司的决议，徐某与高某系该公司股东，为清算组成员。清算组于2007年2月14日在某报纸刊登歇业公告，在完成清理公司财产、编制资产负债表和财产清单、通知债权人等清算事项后，同年11月23日注销登记。而徐某、高某在进行清算过程中，并未通知债权人玉某公司，该公司向法院提起诉讼，要求二人承担清偿责任，得到法院支持。

该案中，徐某与高某作为清算组成员未履行通知债权人玉某公司之责，应就此承担责任。

关于清算人的选任，《民法通则》原本仅在第47条有一笼统规定："企业法人解散，应当成立清算组织，进行清算。企业法人被撤销、被宣告破产的，应当由主管机关或者人民法院组织有关机关和有关人员成立清算组织，进行清算。"该规定暗含一项法律立场：清算人的选任，因法人终止原因不同而有不同。①

① 2004年《公司法》贯彻了这一立场。具体而言，公司清算人的选任可大致区分为三种情形：（1）若公司因破产而终止，依2004年《公司法》第189条规定，由人民法院依照有关法律的规定，组织股东、有关机关及有关专业人员成立清算组，对公司进行破产清算。（2）若公司依章程或股东大会决议解散，根据2004年《公司法》第191条规定，有限责任公司的清算组由股东组成，股份有限公司的清算组由股东大会确定其人选；逾期不成立清算组进行清算的，债权人可以申请人民法院指定有关人员组成清算组，进行清算。（3）若公司被强行撤销，2004年《公司法》第192条要求"由有关主管机关组织股东、有关机关及有关专业人员成立清算组，进行清算"。

[案例 5-2-6] 某卧具装饰厂系集体所有制企业，未进行改制，其主管单位为自由路办事处。2004 年 7 月 7 日，该装饰厂被吊销营业执照，其债权人某商业银行请求法院判令自由路办事处承担主管单位的清算责任，并以清算财产承担责任，得到法院的支持。

现行《公司法》淡化了上述区分，根据第 183 条的规定，除合并分立外的其他解散原因，清算人选任规则均为："应当在解散事由出现之日起十五日内成立清算组，开始清算。有限责任公司的清算组由股东组成，股份有限公司的清算组由董事或者股东大会确定的人员组成。逾期不成立清算组进行清算的，债权人可以申请人民法院指定有关人员组成清算组进行清算。人民法院应当受理该申请，并及时组织清算组进行清算。"

3. 清算中的法人。法人进入清算程序后，非因清算之必要，不得与他人产生新的法律关系。不过，即便如此，清算中的法人仍无可避免地要对外交往。此时清算中的法人如何表现其主体资格之问题凸现。对于这一问题，《德国民法典》第 49 条第 2 款与我国台湾地区"民法"第 40 条第 2 款采取了相似的立场：在清算目的所需范围内，法人在清算结束之前视为继续存在。由是可知，清算中法人与清算前法人的主体资格具有同一性。只不过在法人进入清算程序后，其法律交往受到严格限制，清算中法人亦可能已不能完全满足法人要件，直接认定清算中法人的主体资格存在若干法律技术上的障碍，故民法采取法律拟制手段，在规范语言上采取"视为"的陈述。《民法总则》第 72 条第 1 款是这一立场的反映："清算期间法人存续，但是不得从事与清算无关的活动。"

[案例 5-2-7] 1993 年 3 月 3 日，北生集团与威豪公司签订《土地合伙开发协议书》。2003 年 11 月 26 日，威豪公司因未按规定申报工商年检被吊销营业执照，但一直未进行清算，北海公司是其开办单位。2005 年北海公司与威豪公司一起作为原告向一审法院提起诉讼，要求法院确认合同无效并判令北生集团返还开发费用及利息。北生集团辩称，威豪公司未经清算，因而北海公司作为其主管单位并非适格原告。一审法院认为北海公司是适格原告，二审法院则认为，威豪公司虽然系由北海公司申请开办，但被依法吊销了营业执照之后，并没有在包括其开办单位北海公司在内的机构的组织下进行清算，也没有办理注销登记。因此，威豪公司仍然是一个独立存在的法人，威豪公司仍然有权且只能以自己的名义独立行使法律赋予的各项民事权利，包括参加诉讼。因此，一审法院认定北海公司为本案适格原告显属错误。

（三）法人终止的原因

除非宣告死亡，否则民法不必追问自然人死亡之原因。因为，自然人无论基于何种原因死亡，对于死亡的法律后果都不会产生影响。法人则不同。从上文关于清算的论述中可以看到，法人的"死亡"原因将影响清算程序的展开。

《民法总则》第 68 条第 1 款规定法人有三类终止原因：解散、被宣告破产及法律规定的其他原因。导致解散的事由则规定于第 69 条："有下列情形之一的，法人解散：（一）法人章程规定的存续期间届满或者法人章程规定的其他解散事由出现；（二）法人的权力机构决议解散；（三）因法人合并或者分立需要解散；（四）法人依法被吊销营业执照、登记证书，被责令关闭或者被撤销；（五）法律规定的其他情形。"

四、法人限制权利能力

无论就法人权利能力之根据问题持何种立场，在考察法人权利能力的范围时，将其与自然人进行比较都是无可非议的思考进路。

（一）法人权利能力与法人人格权

显而易见的是，某些基于自然性质而专属于自然人的权利，法人不可能享有，典型者如身份法上的权利，这为各国所共通。另外，以自然人的肉体为基础的生命、身体、健康、肖像等各项权利，法人亦无从享有。问题在于，除此之外，法人权利能力是否与自然人一致？

各国或地区民法中，态度最为宽松者当属《瑞士民法典》第53条："法人享有除以自然人的本质为要件的，如性别、年龄或亲属关系以外的一切权利义务。"我国台湾地区"民法"第26条与《瑞士民法典》相似："法人于法令限制内，有享受权利、负担义务之能力。但专属于自然人之权利义务，不在此限。"其"立法理由"揭示了这一规范的含义："法人与自然人有同一之人格，若非亲属法上之权利义务专属于自然人之性质者，应使法人亦享受之，并不专限于财产上之权利义务也。"① 准此以解，法人于财产法上的完全权利能力固无可怀疑，唯其权利能力尚不局限于此。由于法人因其性质限制不可能享有亲属法上的权利义务，故所谓"并不专限于财产上之权利义务"，理当指向通常所谓的"人格权"。于是，欲检讨法人与自然人权利能力范围之关系，首先需要回答：法人是否应当享有"人格权"？

"人格"概念对于法律的意义，主要体现于"主体资格"与"人的尊严"两个方面。在前一意义上，"法人人格"与"法人权利能力"常被当作同义概念使用，所表达的都是法人的权利主体地位。当我们使用"人格权"之概念时，此处所谓"人格"则是在后一意义上使用的。本书认为，"人格权"虽被冠以"权利"之名，但并不处于权利体系当中，而是依托于人的尊严之伦理观念在人法上的表述，所辐射的是自然人自在目的性之特质（参见本书第四章第四节"人格的保护"）。因而，法人作为自然人实现目的的工具，无"人格"（人的尊严）可言。由此方可理解为何《德国基本法》第1条所保护的"人的尊严"将法人排除在外。②

不过，当我们承认自然人的姓名、名誉等需要加以保护时，法人似乎也存在相似的问题。最直截了当的做法是宣布法人亦享有"人格权"，为之提供与自然人同等程度的保护。受"法人实在说"的影响，以《中华民国民法典》为基础的中华民国时期以及我国台湾地区学者对此显得毫不犹豫。《民法总则》亦采取这一策略，通过第110条第2款分别规定了法人的"名称权""名誉权"与"荣誉权"。除"荣誉权"不属私法范畴外（参见第四章第四节之三），对于通常所谓的"人格权"，《民法总则》为法人设置了"名称权"（对应于自然人的"姓名权"）与"名誉权"两项。③

---

① 林纪东等编：《新编六法全书（参照法令判解）》，台湾五南图书出版公司1986年版，第66页。

② Dieter Medicus, *Allgemeiner Teil des BGB*, 9. Aufl., C. F. Müller Verlag, 2006, Rn. 1101；蔡维音：《德国基本法第一条"人性尊严"规定之探讨》，载《宪政时代》1992年第1期。

③ 值得注意的是，司法解释与《民法总则》立场有所冲突。《精神损害赔偿责任解释》第5条规定："法人或者其他组织以人格权利遭受侵害为由，向人民法院起诉请求赔偿精神损害的，人民法院不予受理。"明确表达了法院只为法人提供财产损害赔偿之救济的立场。不过，司法解释一方面拒绝法人的精神损害赔偿要求，另一方面却依然认可法人"人格权"之存在，这一局面似乎难免尴尬：如果法人能够享有非财产性质的"人格权"，法院也就没有理由拒绝其精神损害赔偿之要求了。

[**案例 5-2-8**] 某市天印电力设备厂在其产品铭牌上标明生产厂家为某市自动化设备厂，造成自动化设备厂经济损失 48 万余元。自动化设备厂请求法院判令天印电力设备厂赔偿损失，得到法院的支持。法院认为电力设备厂的行为构成对自动化设备厂名称权和名誉权的侵害，应当承担经济赔偿责任。

由上述案例可见，即便承认法人的名称权与名誉权，对法人的赔偿也仅限于经济利益，法人的名称与商誉对于法人的意义体现为经济价值，法人无从主张精神损害赔偿。

（二）法人限制权利能力

基于自然性质，法人在身份法以及大部分人格法上不可能享有权利。就此而言，与自然人相比，法人所享有的只是“限制权利能力”。正是在此意义上，德国许多学者认为，法人的权利能力不过是部分权利能力，即只具有财产法上的能力。与此相联系，也有参与法律交易的能力。①

（三）财产法上的法人权利能力

拉伦茨认为，法人与自然人在财产法上的权利能力范围是一致的。该观点在当今德国具有广泛的支持者。德国司法判例已采取与瑞士极为接近的立场，即除依其性质专属于自然人之外，原则上自然人所享有的权利义务，法人亦均得享有。②

汉语法学界的看法与之略有不同。民国时期学者普遍认同《中华民国民法典》第 26 条的规定，即法人的权利能力范围除受制于自然性质外，尚为“法令”所限制。该项见解一直延续至当今我国台湾地区学界。虽然民国时期以来的通说认为，自然人权利能力为法律所赋予，可为法律所限制，此与法人并无二致，但亦有许多学者似乎并不因此主张法人与自然人在财产法上的权利能力范围一致。理由之一是，限制自然人权利能力的只能是“法律”，而《中华民国民法典》第 26 条之“法令”乃法律与命令之合称，换言之，法人权利能力还可为“命令”所限制。③ 据此，法人较之自然人受到更多的权利能力限制，前者范围理应更小。

如前所述，我国现行立法未就法人权利能力范围问题作出一般性规定，学说则受民国时期以来见解影响，均认为法人权利能力受实证规范限制。根据这种看法，我国实证法上，构成对法人权利能力限制的法律规范主要有：《担保法》第 8 条（“国家机关不得为保证人，但经国务院批准为使用外国政府或者国际经济组织贷款进行转贷的除外”）、第 9 条（“学校、幼儿园、医院等以公益为目的的事业单位、社会团体不得为保证人”），《公司法》第 15 条（“公司可以向其他企业投资；但是，除法律另有规定外，不得成为对所投资企业的债务承担连带责任

---

① Larenz/Wolf, *Allgemeiner Teil des bürgerlichen Rechts*, 9. Aufl., Verlag C. H. Beck, 2004, § 9 Rn. 16; Winfried Boecken, *BGB-Allgemeiner Teil*, Verlag W. Kohlhammer, 2007, Rn. 108.

② ［德］托马斯·莱赛尔：《德国民法中的法人制度》，张双根译，载《中外法学》2001 年第 1 期。

③ 史尚宽：《民法总论》，中国政法大学出版社 2000 年版，第 154 页；胡长清：《中国民法总论》，中国政法大学出版社 1997 年版，第 107 页；郑玉波著，黄宗乐修订：《民法总则》，台湾三民书局 2008 年版，第 150 页；李宜琛：《民法总则》，中国方正出版社 2004 年版，第 89 页；王伯琦：《民法总则》，台湾正中书局 1979 年版，第 74 页。

的出资人"),[①]《合伙企业法》第 3 条("国有独资公司、国有企业、上市公司以及公益性的事业单位、社会团体不得成为普通合伙人"),《社会团体登记管理条例》第 4 条第 2 款("社会团体不得从事营利性经营活动"),《民办非企业单位登记管理暂行条例》第 4 条第 2 款("民办非企业单位不得从事营利性经营活动"),等等。

第三节 法人的行为能力

[本节要点]

法人是否具有行为能力,与法人本质说相关:拟制说否认法人的行为能力;实在说则认为法人是现实存在的人,因而具有行为能力。我国采法人实在说,并认可了法人的不法行为能力。通说认为,法人的行为能力范围与权利能力一致。

一、法人本质学说与法人行为能力

(一)学术见解

权利能力之享有是法人成为独立法律主体的标志,因此,除非否认法人本身,否则无论持何种法人本质学说,都不会否认法人的权利能力。法人有无行为能力的问题则有所不同,其与法人本质学说紧密相关。从 19 世纪以来,法人本质学说虽然层出不穷,但迄今为止影响最大的当属拟制说与实在说,而法人是否拥有行为能力之问题,亦基本在这两种学说脉络下展开。

依拟制说,法人主体地位来自法律拟制,而法律之拟制,仅以令法人获得主体地位为限,无须进一步令其具备行为能力。况且,行为能力以意思能力为前提,因拟制而成为法律主体的法人不可能具有意思能力,因而无法拥有行为能力。显然,在拟制说看来,无行为能力法人的法律地位相当于无行为能力自然人,其法律行为须由他人代理方得实施,由此产生了法人行为的"代表说"("代理说")。实在说则持截然不同的观点。该说认为,同个人一样,法人是一个具备身体、精神的单元,甚至还是高于个人的生命单元。作为生命的有机体,法人的各项机构有如人体各项器官(Organ),其机关(Organ)行为"也如同人的嘴在说话或手在动一样"。因此,法人是一个具有意思能力和行为能力的"现实的整体人"(reale Gesamtperson)。并且,法律之所以创造法人制度,主要是为了使自然人能够实现结社自由,借助团体来参与法律交往。为了达到这一目的,法人必须与自然人一样既拥有权利能力,亦拥有行为能力,否则法人无法完成法律所赋予的任务。据此,法人通过其机关实施法律行为,无须援引代理(代表)理论,这就是所谓的"机关说"。[②]

---

① 该规定为 2005 年公司法修订的结果。修订之前的《公司法》第 12 条规定了投资者有限责任与投资额两项限制:"公司可以向其他有限责任公司、股份有限公司投资,并以该出资额为限对所投资公司承担责任。公司向其他有限责任公司、股份有限公司投资的,除国务院规定的投资公司和控股公司外,所累计投资额不得超过本公司净资产的百分之五十,在投资后,接受被投资公司以利润转增的资本,其增加额不包括在内。"

② 参见[德]福尔克·博伊庭:《德国公司法中的代表理论》,邵建东译,载梁慧星主编:《民商法论丛》(第 13 卷),法律出版社 2000 年版,第 532、535—539 页;[德]罗尔夫·克尼佩尔:《法律与历史——论〈德国民法典〉的形成与变迁》,朱岩译,法律出版社 2003 年版,第 67—70 页;胡长清:《中国民法总论》,中国政法大学出版社 1997 年版,第 108 页;史尚宽:《民法总论》,中国政法大学出版社 2000 年版,第 158 页;郑玉波著,黄宗乐修订:《民法总则》,台湾三民书局 2008 年版,第 151—152 页;黄立:《民法总则》,中国政法大学出版社 2002 年版,第 126 页。

（二）立法例

有关法人本质的争论在德国表现得最为激烈。《德国民法典》第 31 条明确使用“机关（Organe）”一词，这为法人实在说的支持者提供了最为有力的论据。他们认为，该法条的措辞意味着，董事会在作出意思表示时，其身份是法人机关，而非法人的代表人。换言之，法人通过其机构自身从事着行为。由于机构行为是行为能力的体现，所以法人具有行为能力之观点实际上得到了法典的支持。① 依博伊庭之见，机构说，即法人实在说，乃当今德国学界通说。②

法人实在说极大地影响了《德国民法典》之后的立法。《瑞士民法典》即其著例，该法典第 54 条明确规定：“法人依照法律或章程设立必要的机关后，即具有行为能力。”民国时期学者认为，《中华民国民法典》虽未明确规定法人是否具有行为能力，但既然采实在说，自应依瑞士立法例，作肯定回答。③

新中国未就法人本质问题展开过多讨论，但这似乎并未妨碍立法者作出决定。《民法通则》第 36 条第 1 款对法人的定义是：“法人是具有民事权利能力和民事行为能力，依法独立享有民事权利和承担民事义务的组织。”显然，实在说在此得到了体现。这一定义未经任何修改，直接成为《民法总则》第 57 条的内容。

二、法人行为能力的范围

如果认为法人具有行为能力，就需要进一步回答法人行为能力的范围问题。显而易见的是，虽然实在说相信，法人之所以能够具有行为能力，是因为法人具有意思能力。但在确定法人的行为能力范围时，却不能如自然人般作无行为能力、限制行为能力与完全行为能力的区分。法人一旦成立，亦不可能经历从无行为能力到完全行为能力的“成熟过程”。如果说在拟制说眼里，法人只是相当于无行为能力自然人，那么，实在说则将所有取得独立主体资格的法人都视作完全行为能力自然人。在此意义上，任何法人的行为能力都是“完全”的。

然而，上述分析并未真正解决问题。称法人所拥有的行为能力都是“完全”的，在更多时候是一种误导性的说法。因为法人权利能力的范围尚不是完全的，需要受到诸多限制，更何况行为能力？换言之，任何法人的行为能力都必定会受到限制，至少，其范围不能大于权利能力。

我国法律未对权利能力范围作一般性的界定，自然亦不可能在行为能力方面有所作为。通说认为，法人行为能力的范围与权利能力一致。④ 从学术渊源上看，这一见解似乎袭自中华民国时期。民国时期学者的见解，例如，李宜琛先生认为：“法人行为能力之范围若何，我民法并无明文规定，解释上当以民法二十六条之规定为决定之标准，盖民法二十六条之规定虽系限

① ［德］福尔克·博伊庭：《德国公司法中的代表理论》，邵建东译，载梁慧星主编：《民商法论丛》（第 13 卷），法律出版社 2000 年版，第 533、534、539、540 页；［德］托马斯·莱塞尔、吕迪格·法伊尔：《德国资合公司法》，高旭军等译，法律出版社 2005 年版，第 57 页。

② ［德］福尔克·博伊庭：《德国公司法中的代表理论》，邵建东译，载梁慧星主编：《民商法论丛》（第 13 卷），法律出版社 2000 年版，第 533、534 页。

③ 梅仲协：《民法要义》，中国政法大学出版社 1998 年版，第 65、66 页；胡长清：《中国民法总论》，中国政法大学出版社 1997 年版，第 108 页；李宜琛：《民法总则》，中国方正出版社 2004 年版，第 89、90 页。

④ 佟柔主编：《中国民法学·民法总则》，中国人民公安大学出版社 1990 年版，第 161 页；张俊浩主编：《民法学原理》（上册），中国政法大学出版社 2000 年版，第 192 页。

制法人权利能力之范围，然于其限制以外，法人即不得享受权利，负担义务；则不得逾越此种限制以为取得权利负担义务之行为，固不待言。是以于行为能力以外所为之行为，不得谓为法人之行为者也。”① 权利能力与行为能力范围一致，也就意味着，对权利能力限制者，亦限制行为能力。

三、法人不法行为能力

如果法人有行为能力，就说明其有意思能力，并且不像自然人般存在精神健康状况对行为能力的限制，因此，法人有不法行为能力（责任能力）。反之，则不考虑不法行为能力的问题。

《民法通则》第 36 条及《民法总则》第 57 条均明确采纳了法人实在说，由此推断，根据我国法律，法人应当具有不法行为能力。《民法通则》第 106 条第 2 款为该结论提供了支持：“公民、法人由于过错侵害国家的、集体的财产，侵害他人财产、人身的，应当承担民事责任。”根据这一规定，法人可能基于自己的过错实施侵权行为，进而承担相应的责任。法人具有不法行为能力无疑。

[案例 5-3-1] 崔某为某机场公司的董事、总经理，他伙同张某、李某等人提供虚假文件和伪造的董事会决议，指使李某以私刻的公章，分别于 2003 年 7 月 11 日、7 月 14 日和 12 月 9 日代表机场公司与某银行签订授信合同和贷款合同，并在其后亲自使用私刻的公章与该银行签订了贷款合同，使该银行误以为崔某是在履行职务行为，从而造成 2.25 亿元骗贷得逞。该银行于 2005 年 1 月以机场公司为被告向法院提起诉讼，法院最终判决机场公司承担赔偿责任。

该案中，崔某作为机场公司的董事和总经理，对外签订贷款合同是其权限范围内的事项，对此类行为，公司应当承担责任。至于公司对其进行追偿的权利，则是内部关系问题。

值得一提的是，《民法通则》原本对于法人的刑事责任能力持否定态度。第 49 条（“企业法人有下列情形之一的，除法人承担责任外，对法定代表人可以给予行政处分、罚款，构成犯罪的，依法追究刑事责任……”）与第 110 条（“对承担民事责任的公民、法人需要追究行政责任的，应当追究行政责任；构成犯罪的，对公民、法人的法定代表人应当依法追究刑事责任”）皆规定承担刑事责任的主体是法人的法定代表人。但《刑法》早已规定了“单位犯罪”，其第 30 条规定：“公司、企业、事业单位、机关、团体实施的危害社会的行为，法律规定为单位犯罪的，应当负刑事责任。”法人的刑事责任能力得到实证法的明确肯定。

[案例 5-3-2] 某有限责任公司为解决资金困难，在董事长兼总经理惠某、副经理陈某等人的操纵下，进行虚假宣传，非法吸收公众资金达 9 698 万余元人民币，经检察机关控诉，法院认定该公司构成非法吸收公众存款罪，判处罚金 50 万元；惠某等人构成非法吸收公众存款罪，判处有期徒刑 3—5 年不等，罚金 20 万—40 万元不等。

① 李宜琛：《民法总则》，中国方正出版社 2004 年版，第 90 页。

延伸思考

1. 试比较自然人的权利能力与法人的权利能力。
2. 试评价我国实证法对法人的分类。
3. 如何理解法人的本质？
4. 法人是否具有人格权？为什么？
5. 法人的经营范围是否构成对其权利能力或行为能力的限制？

法条链接

《民法总则》第三章、第110条第2款；《公司法》第6—7条、第9—13条、第15条、第26条、第37条、第51条、第76—80条、第84条、第94条、第98条、第117条、第183—185条、第188—189条、第215条；《农民专业合作社法》第2条、第3条第2项、第4条第1款、第13条第2款；《合伙企业法》第3条；《担保法》第8—9条；《侵权责任法》第34条；《公司登记管理条例》第4条、第五章、第45条；《事业单位登记管理暂行条例》第2条、第5条、第11条；《社会团体登记管理条例》第2—6条、第9—11条、第15条；《基金会管理条例》第2—3条、第6条、第9—10条、第11条、第16—17条、第20条、第28条；《民办非企业单位登记管理暂行条例》第2—5条、第12条。

扩展阅读

1. 胡长清：《中国民法总论》，中国政法大学出版社1997年版。
2. 江平主编：《法人制度论》，中国政法大学出版社1994年版。
3. 江平主编：《民法学》，中国政法大学出版社2015年版。
4. 李宜琛：《民法总则》，中国方正出版社2004年版。
5. 梁慧星：《民法总论》，法律出版社2017年版。
6. 梅仲协，《民法要义》，中国政法大学出版社2004年版。
7. 史尚宽：《民法总论》，中国政法大学出版社2000年版。
8. 王泽鉴：《民法总则》，北京大学出版社2009年版。
9. 张俊浩主编：《民法学原理》（上册），中国政法大学出版社2000年版。
10. 郑玉波著，黄宗乐修订：《民法总则》，台湾三民书局2008年版。
11. ［德］迪特尔·梅迪库斯：《德国民法总论》，邵建东译，法律出版社2001年版。
12. ［德］卡尔·拉伦茨：《德国民法通论》（上册），王晓晔等译，中国政法大学出版社2003年版。
13. ［德］托马斯·莱塞尔、吕迪格·法伊尔：《德国资合公司法》，高旭军等译，法律出版社2005年版。
14. ［日］富井政章：《民法原论》（第1卷），陈海瀛、陈海超译，中国政法大学出版社

2003年版。

15. ［日］山本敬三：《民法讲义Ⅰ·总则》，解亘译，北京大学出版社2004年版。

16. 方流芳：《关于公司行为能力的几个法律问题》，载《比较法研究》1994年第3、4期合刊。

17. 刘得宽：《法人之本质与其能力》，载刘得宽：《民法诸问题与新展望》，中国政法大学出版社2002年版。

18. ［德］福尔克·博伊庭：《德国公司法中的代表理论》，邵建东译，载梁慧星主编：《民商法论丛》（第13卷），法律出版社2000年版。

19. ［德］托马斯·莱赛尔：《德国民法中的法人制度》，张双根译，载《中外法学》2001年第1期。

20. 蔡立东：《法人分类模式的立法选择》，载《法律科学（西北政法大学学报）》2012年第1期。

21. 许中缘：《论法人的独立责任与二元民事主体制度》，载《法学评论》2017年第1期。

第六章　自然人的其他团体构造

本章要点

自然人之团体构造，除法人外，尚有家庭和其他非法人团体。

我国实证法常以“户”表示家庭。个体工商户多为商个人，也可能成立商合伙；农户是宅基地使用权和农村承包经营权的计算单元，其中，农村承包经营户之法律地位与个体工商户类似。

其他非法人团体，典型者如个人独资企业、合伙企业与无权利能力团体。非法人团体不具有法人资格，介于契约与主体之间，且因团体性的强弱而有不同形态，其应适用的规范，应就团体的实质分别考察，不能一概而论。

第一节　家　　庭

［本节要点］

家庭在我国法上，常以“户”的面目出现，但“户”在私法上并非一类主体，或指自然人个体，或用以表达家庭共有。农户在私法上是宅基地使用权和农村承包经营权的计算单元。个体工商户与农村承包经营户之实质为商个人或商合伙，二者的区分源于我国的所有制分类及城乡二元制结构。

一、家庭的法律意义

家庭作为法律单元时，常以“户”的面目出现，构成公法上的计算单元。如《户口登记条例》第5条规定：“户口登记以户为单位。同主管人共同居住一处的立为一户，以主管人为户主。单身居住的自立一户，以本人为户主。”“户”亦可能具有私法意义。不过应注意，私法上“户”的成员未必与户口管理意义上的“户”相对应。再者，“户”并非私法主体，或指自然人个体所成立的“户”，或者用以表达家庭共有，在表达共有的意义上，它与“合伙”类似。

“户”在私法上的意义，主要体现为农户以及所谓的“两户”（个体工商户、农村承包经营户）。

二、农户

农户，是农村集体经济组织成员以血缘和婚姻关系为基础组成的社会单元。其在私法上的意义有二，分述如下。

（一）宅基地使用权的计算单元

《土地管理法》第62条第1款规定：“农村村民一户只能拥有一处宅基地，其宅基地的面积不得超过省、自治区、直辖市规定的标准。”该项规范易生歧义，使人误以为宅基地使用权的权利主体是“农户”。但“农户”并非权利主体，通过“农户”所表达的不过是一种行政管制，即一户只能有一处宅基地。私法上的效果则是，宅基地使用权为“农户”成员所共有，权利主体是农户的成员。

[案例 6-1-1] 张某海户籍为某地张家村，在其为户主的《居民户口簿》上登记的人口为5人，包括张某枝与张某润，该农户的宅基地使用权登记在张某海名下，因张某枝与张某润在该处宅基地上修建房屋，张某海以宅基地使用权被侵害为由向法院提起诉讼，被法院驳回。

在此案中，宅基地使用权人虽登记为张某海，但以其为户主的农户成员有5人，该农户成员共有宅基地使用权。

（二）农村承包经营权的计算单元

家庭承包的承包方是本集体经济组织的农户（《农村土地承包法》第15条）。

[案例 6-1-2] 何某的母亲付某与某经济社签订了家庭承包合同。付某去世后，何某主张继承付某的承包经营权，但因其为城镇农户，不属于涉案土地所属集体经济组织成员，被法院驳回。

据此可知，农户也是家庭承包经营权的计算单元。但需要注意，享有宅基地使用权的“农户”（实为农户成员）不必与作为承包经营户的农户相一致。

从《民法总则》第55条（“农村集体经济组织的成员……为农村承包经营户”）、《民法通则》第27条（“农村集体经济组织的成员……为农村承包经营户”）的规定分析，“农村承包经营户”只须是“农村集体经济组织成员”，可以只是“个人”，而不必一定是“家庭”，这一点也得到《农村土地承包法》第5条第1款（“农村集体经济组织成员有权依法承包由本集体经济组织发包的农村土地”）及第30条（“承包期内，妇女结婚，在新居住地未取得承包地的，发包方不得收回其原承包地……”）的印证。

宅基地使用权与农村承包经营权的实质是“披着私权外衣的社会保障的替代品”①，属于社会治理手段，而“农户”作为与之相应的社会治理单元，本身并不具有私法主体资格。

三、个体工商户与农村承包经营户

（一）个体工商户

自然人从事工商业经营，经依法登记为个体工商户，个体工商户可以起字号（《民法总则》第54条）。

1. 个体工商户的设立。《民法通则》第26条与已废止的1987年《工商户条例》第2条曾要求设立个体工商户：（1）须为有经营能力的城镇待业人员、农村村民以及国家政策允许的其他人员；（2）在法律和政策允许的范围内从事工商业经营，如工业、手工业、建筑业、交通运输、商业、饮食业、服务业、修理业及其他行业；（3）须经核准登记；（4）可以起字号。

2011年公布并经2014年、2016年两次修订的《个体工商户条例》第2—4条，则大大放

① 朱庆育：《民法总论》，北京大学出版社2016年版，第476页。

宽了设立个体工商户的要求：（1）申请主体不再有身份限制，“有经营能力的公民”均可；（2）改许可主义为准则主义；（3）取消了行业限制，只要申请登记的经营范围不属于法律、行政法规禁止进入的行业，登记机关即应当予以登记。2017年《民法总则》第54条则将申请主体进一步放宽至所有“自然人”。

对于个体工商户的成立，在立法上是否应当以登记为要件，学界有不同观点。反对者认为，商自然人意义上的个体工商户，不必强制要求登记，即使登记也是营业登记而非主体登记，以避免个体经营者动辄陷入无照经营的尴尬境地。①

2. 个体工商户的法律地位。个体工商户，可以个人经营，也可以家庭经营（《个体工商户条例》第2条第2款）。个人经营的为商个人，家庭成员共同经营的可能构成商合伙。就家庭成员共同经营的个体工商户而言，虽然仅“户主”被登记为经营者，但若“组成形式”体现为“家庭经营”，且实际上家庭成员间存在书面或默示的合伙契约，仍可解释为商合伙，登记的经营者与对外代表合伙的事务执行人法律地位类似。② 但无论是商个人还是商合伙，均非法人。

［案例 6-1-3］ 李某所设立的字号为馨某经营部的个体工商户取得营业执照。李某以经营部名义与某公司签订委托服务合同，该公司支付服务费后，李某未通知该公司，即将营业部转让与杨某，杨某取得个体工商户营业执照。某公司诉请解除合同并要求李某支付违约金，得到法院支持。

此案中，李某设立的个体工商户虽有商号，且涉案合同是以该商号的名义签订的，但此商号并非独立的权利义务归属载体，以该商号名义取得的权利与负担的义务均应由李某承受。

根据《民通意见》第41条之规定，个体工商户，即使有字号，也不具备诉讼当事人资格，起字号的工商户，在民事诉讼中，应以营业执照登记的户主（业主）为诉讼当事人，在诉讼文书中注明系某字号的户主。但2015年《民诉法解释》改变了这一立场，其第59条要求：（1）个体工商户以营业执照上登记的经营者为诉讼当事人；（2）有字号的，以营业执照上登记的字号为诉讼当事人，但应同时注明该字号经营者的基本信息；（3）营业执照上登记的经营者与实际经营者不一致的，以登记的经营者和实际经营者为共同诉讼人。据此，有字号的个体工商户似乎取得了诉讼主体资格。

1987年《工商户条例》对个体工商户雇工有所限制，个体工商户仅可以根据经营情况请1—2个帮手，有技术的个体工商户可以带3—5个学徒（第4条第2款）。2011年《个体工商户条例》第20条第1款取消了上述限制，个体工商户可以根据经营需要招用从业人员。2014年、2016年两次修订《个体工商户条例》时，上述规范均得以保留（见2014年《个体工商户条例》第22条第1款、2016年《个体工商户条例》第21条第1款）。

3. 个体工商户的债务承担。个体工商户的债务：（1）个人经营的，以个人财产承担；（2）家

① 杨震：《民法总则“自然人”立法研究》，载《法学家》2016年第5期。

② 夫妻之间可以合伙方式共同经营一个小店或手工企业等，参见［德］迪特尔·梅迪库斯：《德国债法分论》，杜景林、卢谌译，法律出版社2007年版，第387页。不同观点请参见朱庆育：《民法总论》，北京大学出版社2016年版，第488—489页。

庭经营的，以家庭财产承担；（3）无法区分的，以家庭财产承担（《民法总则》第56条第1款）。与《民法通则》第29条的规定相比，《民法总则》增加了无法区分情形的债务承担规则，即视同家庭经营，以家庭财产承担。

就个体工商户的投资与经营关系而言，逻辑上存在四种可能：（1）个人投资，个人经营；（2）个人投资，家庭经营；（3）家庭投资，个人经营；（4）家庭投资，家庭经营。其中，第1种情形与第4种情形的债务承担规则清晰，前者属于个人经营由个人财产承担，后者属于家庭经营由家庭财产承担。第2种情形较为少见。第3种情形可诉诸共有原理①，对共有财产上的债务共同承担，《民通意见》第42—43条的规定亦可参照：以个人名义申请登记，用家庭共有财产投资，或者收益的主要部分供家庭成员享用的，其债务应以家庭共有财产清偿。在夫妻关系存续期间，一方从事个体经营的，其收入为夫妻共同财产，债务亦应以夫妻共有财产清偿。

[案例6-1-4] 赵某达与其妻杨某燕、杨某燕之子女及子女的配偶共6人长期共同生活，并开办了某化纤加弹厂（个体工商户，家庭经营）。其间，赵某达曾出面向杨某平借款5万元用于经营。赵某达去世后，杨某平起诉要求杨某燕等5人归还5万元及利息，得到法院支持。

在此案中，法院认定赵某达与杨某燕等家庭经营个体工商户，具有合伙性质，杨某燕等5人应当对5万元债务承担连带责任。

（二）农村承包经营户

农村集体经济组织的成员，依法取得农村土地承包经营权，从事家庭承包经营的，为农村承包经营户（《民法总则》第55条）。需要注意的是，上文所述的“农户”与此处的“农村承包经营户”虽有关联但所指非一，后者是以“从事家庭承包经营”为业的农户，多体现为商事主体。

1. 农村承包经营户的特征。农村承包经营户的法律特征主要是：（1）由农村集体经济组织的成员组成；（2）从事家庭承包经营；（3）以农村土地承包经营权为基础；（4）无须登记；（5）无从起字号。

2. 农村承包经营户的法律地位。农村承包经营户可能是个人，也可能是家庭，其法律地位与个体工商户类似。个人承包的为商个人，家庭承包的可能为商合伙。个体工商户与农村承包经营户的区分，一方面与我国的所有制分类相关，另一方面则受制于城乡二元制结构。

3. 农村承包经营户的责任承担。关于农村土地承包经营权的债务，此前《民法通则》将其与个体工商户的债务承担一体规定，即个人经营的，以个人财产承担；家庭经营的，以家庭财产承担（《民法通则》第29条）。《民法总则》则改变了这种立法模式，分别规定个体工商户与农村承包经营户的债务承担规则。农村承包经营户的债务，原则上以从事农村土地承包经营的农户财产承担，但若事实上由农户部分成员经营的，以该部分成员的财产承担（《民法总则》第56条第2款）。规定中未明确的情形是，农村承包经营户事实上由部分成员经营，但经营所涉为家庭财产时，应当如何承担债务？于此，同样应以家庭财产承担债务。

① 朱庆育：《民法总论》，北京大学出版社2016年版，第488页。

第二节　非法人团体

［本节要点］

非法人团体是法人之外的其他团体，我国实证法上与其相关的概念是“其他组织”与“非法人组织”。个人独资企业与合伙均为非法人团体。个人独资企业并无独立于其投资人的主体资格，其所有人是投资人，债务由投资人承担。合伙可能仅以契约联结，也可能形成人合团体，最常见者为合伙企业。根据合伙企业的责任承担方式，可将其分为一般普通合伙、特殊普通合伙与有限合伙。此外，无权利能力团体亦属居于契约与法人之间的非法人团体，包括无权利能力社团与无权利能力财团。

一、概述

团体依成立基础可作资合团体与人合团体之划分。非法人团体指法人之外的其他团体，主要体现为人合团体。

（一）“其他组织”与“非法人组织”

我国实证法上与非法人团体相关的术语是“其他组织”与“非法人组织”。

“其他组织”是《合同法》《担保法》《民事诉讼法》《民诉法解释》所采纳的用语。《合同法》第 2 条第 1 款将自然人、法人与其他组织并称为平等主体。《担保法》第 7 条则承认具有代为清偿债务能力的其他组织可以作保证人。按照《民诉法解释》第 52 条之规定，“其他组织”是指合法成立、有一定的组织机构和财产，但又不具备法人资格的组织。包括：（1）依法登记领取营业执照的个人独资企业；（2）依法登记领取营业执照的合伙企业；（3）依法登记领取我国营业执照的中外合作经营企业、外资企业；（4）依法成立的社会团体的分支机构、代表机构；（5）依法设立并领取营业执照的法人的分支机构；（6）依法设立并领取营业执照的商业银行、政策性银行和非银行金融机构的分支机构；（7）经依法登记领取营业执照的乡镇企业、街道企业；（8）其他符合规定条件的组织。“其他组织”具有当事人能力（《民事诉讼法》第 48 条第 1 款）。

“非法人组织”则是《民法总则》的用语，《民法总则》专设“非法人组织”一章，规定非法人组织是虽不具有法人资格，但能够依法以自己的名义从事民事活动的组织，包括个人独资企业、合伙企业、不具有法人资格的专业服务机构等（第 102 条）。其中，不具有法人资格的专业服务机构，以合伙制律师事务所与合伙制会计师事务所为典型①，多属于《合伙企业法》所规定的一般普通合伙企业或者特殊的普通合伙企业②，本书将其置于合伙企业部分一并探讨。

对照“其他组织”与“非法人组织”，个人独资企业、合伙企业既是“其他组织”，也是“非法人组织”。符合《民诉法解释》中有关“其他组织”要求的中外合作经营企业、外资企

① 石宏主编：《〈中华人民共和国民法总则〉条文说明、立法理由及相关规定》，北京大学出版社 2017 年版，第 246 页。

② 也有观点认为，不具有法人资格的专业服务机构是指《合伙企业法》所规定的特殊的普通合伙企业。参见杨立新：《〈民法总则〉规定的非法人组织的主体地位与规则》，载《求是学刊》2017 年第 3 期。

业、乡镇企业、街道企业，也可被纳入《民法总则》第102条第2款规定的“等”非法人组织。[①] 问题在于，作为“其他组织”之分支机构的法律地位如何？对此，《民法总则》第74条第2款规定：“分支结构以自己的名义从事民事活动，产生的民事责任由法人承担；也可以先以该分支机构管理的财产承担，不足以承担的，由法人承担。”就此而言，法人分支机构同样与“非法人组织”的地位类似，可以自己的名义进行法律交往。因而，“其他组织”与“非法人组织”不必强作区分。

（二）“非法人组织”的法律特征

《民法总则》第103—108条对非法人组织的设立、代表人、责任承担、终止与法律适用等均设置了统一规则。

1. 设立。非法人组织的设立应当依照法律规定登记；法律、行政法规规定须经有关机关批准的，依照其规定。

2. 代表人。非法人组织可以确定一人或数人代表该组织进行法律交往。

3. 责任承担。非法人组织的财产不足以清偿债务的，其出资人或者设立人承担无限责任。法律另有规定的，依照其规定。

4. 终止。非法人组织因解散而终止，但终止以清算为前提。非法人组织的解散事由包括：(1) 章程规定的存续期间届满或者章程规定的其他解散事由出现；(2) 出资人或者设立人决定解散；(3) 法律规定的其他情形。其中，前两种情形属于自行解散事由，第三种情形多涉及强制解散事由。

5. 法律适用。关于各类非法人组织有特别规定的，适用特别规定；既无特别规定，《民法总则》第四章“非法人组织”也未规定的，参照适用《民法总则》第三章第一节“法人”的一般规定。

（三）非法人团体的法律地位

本章所涉之非法人团体，包括但不限于上文所述的“其他组织”“非法人组织”。

关于非法人团体是否具有主体地位，此处以合伙为例予以讨论。关于合伙的属性，大致有四种观点：或认为应当否认合伙的主体资格，或认为应当承认合伙为法人，或认为合伙为自然人与法人之外的“第三主体”，或认为合伙具有部分权利能力。

其中，部分权利能力说主要见于德国当代学说。德国联邦最高法院的判例认为，合伙如果在法律交往中作为共同共有共同体出现（即外部合伙），则原则上可以以此身份取得任何法律地位——倘若没有特殊理由对此加以反对的话，并且在此限度之内享有权利能力而又“不成其为法人”。这一判例得到了绝大多数但并不是完全一致的赞同。[②] 依据《德国民法典》第718条，民法上的合伙是合伙财产的权利载体，并在此意义上具有权利能力，属于《德国民法典》第14条第2款所谓的“有权利能力的人合团体”，但并不是法人。德国公司法学界的新学说亦

---

① 石宏主编：《〈中华人民共和国民法总则〉条文说明、立法理由及相关规定》，北京大学出版社2017年版，第246页。

② “对外不以合伙名义出现并不形成共同共有财产的合伙（所谓的内部合伙）绝对不具有权利能力。”参见［德］迪特尔·施瓦布：《民法导论》，郑冲译，法律出版社2006年版，第107页。

认为，有的合伙具有相当于无限公司和两合公司的部分权利能力①，可以其商号取得权利和承担义务，取得土地所有权和其他物权，并可以起诉和应诉（《德国商法典》第124条、第161条第2款），只不过此类合伙须为外部合伙。②

合伙的形式既可以是契约，也可以是团体，在此意义上，不应笼统地讨论合伙的主体资格问题。但若将问题限于“具团体性的合伙是否具有主体性”，则其实质是讨论具团体性的合伙应当适用何种规则，是否可类推适用有关法人的规范。对此，须借助团体的类型序列予以考量。

在类型序列中，借着若干要素的全然消退、新的要素的加入或居于重要地位，一种类型可以交错地过渡到另一种类型，而类型间的过渡又是“流动的”。③ 自然人团体的类型序列，若以团体性由弱至强排序，最弱的是所有事务须全体一致同意的合伙；紧接着是以成员多数决议为已足的合伙；而在普通合伙企业与有限合伙企业中，团体要素在团体与第三人的关系上进一步强化；继而是无权利能力社团，长期存续、成员变更对之不发生影响，但是不具有法律主体资格；在此序列的另一端是社团法人，其法律人格与成员的法律人格完全分离。④ 类型序列的价值首先在于，使对过渡及混合类型的掌握成为可能。⑤ 具体到自然人团体，在合伙与社团法人之间，存有着无数中间形态。就其法律适用而言，不应拘泥于形式上的称谓，无法仅以有无团体的独立性这一含糊不清的基准，将自然人团体一分为二，再机械地适用社团法人或合伙契约的规范。对于既具有团体性又具有人合性的团体，应就团体的实质内容来考察，分别就每一个问题适用符合其特征的规范。⑥

团体的权利能力只是一种技术上的归责工具，由人们根据不同目的在不同程度上使用。即使社团法人也不是在任何关系中都具有权利能力，它的权利能力一开始就是“相对的”，因为它不能享有自然人意义上的人格权。既然自然人团体的权利能力始终只是“相对的”，认可团体的权利能力，就不意味着该组织具有与自然人同等意义上的权利能力。团体的权利能力不必“全有或者全无”，而是可以具有不同的等级。如果缺少构成法人的某些要素，则一个组织仍然可能具有部分权利能力。⑦

---

① ［德］迪特尔·梅迪库斯：《德国债法分论》，杜景林、卢谌译，法律出版社2007年版，第389页。但梅迪库斯认为，是否确实存在承认部分权利能力的实际需求，值得怀疑（参见该书第390页）。

② Rüthers/Stadler, *Allgemeiner Teil des BGB*, 16. Aufl., München 2009, S. 117.

③ ［德］卡尔·拉伦茨：《法学方法论》，陈爱娥译，商务印书馆2003年版，第345页。

④ 此类型序列参考了［德］卡尔·拉伦茨：《法学方法论》（陈爱娥译，商务印书馆2003年版）第345—346页的内容，但有改动。关于自然人团体的类型序列，还可参见［德］卡尔·拉伦茨：《德国民法通论》（上册），王晓晔等译，法律出版社2003年版，第185页以下。梅迪库斯则根据团体性的由强至弱、人合性的由弱至强，归纳出团体的类型序列如下：股份公司、有限责任公司、民法上的社团法人、无权利能力社团、两合公司、无限公司与民法上的合伙。参见［德］迪特尔·梅迪库斯：《德国民法总论》，邵建东译，法律出版社2001年版，第818—819页。

⑤ ［德］卡尔·拉伦茨：《法学方法论》，陈爱娥译，商务印书馆2003年版，第346页。

⑥ 相同观点可参见刘得宽：《论无权利能力之社团》，载刘得宽：《民法诸问题与新展望》，中国政法大学出版社2002年版，第513页；［日］山本敬三：《民法讲义Ⅰ·总则》，解亘译，北京大学出版社2012年版，第413—414页。

⑦ 相同观点可参见［德］迪特尔·施瓦布：《民法导论》，郑冲译，法律出版社2006年版，第108—113页；朱庆育：《民法总论》，北京大学出版社2016年版，第482—483页。

二、独资企业

按照投资主体和所有制，独资企业可以分为国有独资企业、个人独资企业与外商独资企业。其中，国有独资企业多为国有独资公司，适用《公司法》第二章第四节的规定；外商独资企业可能因具有法人资格而成为一人公司，也可能因不具有法人资格（《外资企业法》第8条）而属于非法人组织。这里主要介绍个人独资企业。

个人独资企业，是指依照《个人独资企业法》在中国境内设立，由一个自然人投资，财产为投资人个人所有，投资人以其个人财产对企业债务承担无限责任的经营实体（《个人独资企业法》第2条）。

[案例6-2-1] 俞某将其对某个人独资企业的债权移转于其夫吴某之后，该独资企业的投资人刘某将企业整体转让于董某，该企业投资人变更为董某，吴某诉请刘某与该独资企业承担连带清偿责任，得到法院支持。

在此案中，刘某将企业转让于董某，涉及债务承担，但却未经债权人吴某同意，因而刘某仍应就其作为投资人期间的独资企业对吴某的债务承担无限责任。

（一）个人独资企业的设立

对于个人独资企业的设立，我国目前采许可制，即个人独资企业经登记机关依法核准登记，领取营业执照后，方可从事经营活动（《个人独资企业登记管理办法》第3条第1款）。个人独资企业的成立，须具备以下条件：(1) 投资人为1个自然人；(2) 有合法的企业名称；(3) 有投资人申报的出资；(4) 有固定的生产经营场所和必要的生产经营条件；(5) 有必要的从业人员（《个人独资企业法》第8条）。

（二）个人独资企业的法律地位与债务承担

个人独资企业为商企业，有企业名称、从业人员，须设置会计账簿，因解散而终止，终止前须经清算，注销登记仅生宣示效力（《个人独资企业法》第8、21、26、32条）。《民法总则》第102条第2款规定个人独资企业为非法人组织，可以自己的名义对外活动，明确承认了其实体法上的主体资格。但个人独资企业终归不同于法人，在个人独资企业财产不足以清偿债务时，投资人仍应以其个人的其他财产予以清偿。若在申请企业设立登记时，明确以家庭共有财产作为出资的，应当以家庭共有财产对企业债务承担无限责任（《个人独资企业法》第2、18、31条）。

[案例6-2-2] 伦某与伦某源系父子，伦某以个人名义登记设立个人独资企业某旅游用品厂，几年后被核准注销。之后，伦某源以个人名义登记设立个体工商户某旅游服装用品厂，经营数年后也被核准注销。上述独资企业与个体工商户的对外经营均由伦氏父子共同经手。洛民公司诉请由伦某与伦某源共同偿还其对旅游用品厂的金钱债权，得到法院支持。

在此案中，伦氏父子虽先后以个人名义设立个人独资企业与个体工商户，但实质均为家庭共同经营，债务应由二人共同承担。

（三）个人独资企业与个体工商户

《个体工商户条例》通过之前，我国学者一般认为，个体工商户与个人独资企业的区别在于：个体工商户须个人亲自经营，可以请帮手、带徒弟，但不得雇工；个人独资企业则可以雇工。因而，前者是商个人，后者是商企业。[①] 以是否允许雇工作为区分二者的标准，随着《个体工商户条例》允许个体工商户根据经营需要招用从业人员而丧失了意义。

依我国目前的实证法规则，个体工商户与个人独资企业的设立准则不同：前者采准则制，后者采许可制。《民法总则》的规定则凸显了二者的形式差别：个体工商户被置于第二章“自然人”之下，个人独资企业则被明确列举为非法人组织。作为非法人组织的法定类型，个人独资企业取得了实体法律关系上的主体资格，参照适用法人规则，独立性明显加强。但个人独资企业与个体工商户是否具有实质差异，仍值得商酌。[②]

（四）个人独资企业与一人公司

一人公司，即一人有限责任公司，是指只有一个自然人股东或者一个法人股东的有限责任公司（《公司法》第 57 条第 2 款）。虽然个人独资企业与一人公司的出资人均为单个私法主体，表面上似乎可类比，但二者并不相同。根本区别在于，个人独资企业是非法人组织，而一人公司具有法人资格。具体而言：

1. 出资人不同。个人独资企业的出资人是一个自然人；一人公司的出资人是一个自然人或一个法人。

2. 资本要求不同。个人独资企业只要有必要的财产即可；一人公司则可能有注册资本要求。2005 年《公司法》第 59 条第 1 款曾要求一人公司的注册资本最低限额为 10 万元人民币，虽然该要求已被 2013 年《公司法》所废止，但法律、行政法规以及国务院决定对有限责任公司注册资本实缴、注册资本最低限额另有规定的，从其规定（《公司法》第 26 条第 2 款）。

3. 出资人地位不同。个人独资企业的出资人为企业的所有人；一人公司的出资人是公司的股东。

4. 组织程度不同。个人独资企业只需有从业人员即可；一人公司则须有章程，并设立执行机关与监督机关（《公司法》第 44、50、51、57 条）。

5. 法律地位不同。个人独资企业虽然可以自己的名义对外进行法律交往，但不具有法人资格，属于非法人组织；一人公司是社团法人。

6. 债务承担方式不同。个人独资企业的债务由投资人承担，除非在申请企业设立登记时明确以家庭共有财产作为出资，才应以家庭共有财产对企业债务承担无限责任；一人公司的债务由公司财产承担，但若一人公司的股东不能证明公司财产独立于股东自己财产，即股东人格与公司人格混同的，适用公司法人人格否认，应当由股东对公司债务承担连带责任（《公司法》第 63 条）。

三、合伙

自然人团体的非法人构造中最重要者为合伙。合伙，即两个或两个以上的私法主体以合伙契约为联结，暂时或持久性地共同从事具财产法效果的行为。

---

① 张俊浩主编：《民法学原理》（上册），中国政法大学出版社 2000 年版，第 132—133 页。所谓企业，是指经营性、营利性和连续性组织（参见张俊浩主编的《民法学原理》（上册）第 207 页）。

② 朱庆育：《民法总论》，北京大学出版社 2016 年版，第 485 页。

（一）合伙的法律特征

1. 合伙成员。合伙的成员须为复数，合伙人既可以是自然人，也可以是法人。不过，法人成为合伙人在我国受到极大限制，法人几乎没有可能作为为合伙债务承担无限连带责任的普通合伙人（《公司法》第15条，《合伙企业法》第3条）。

2. 合伙的成立基础。合伙须基于合伙契约（合伙协议）成立。合伙契约是合伙组织的基础，合伙组织是合伙契约的产物。合伙人基于合伙契约负担义务，以一定方式促成共同目的之实现。合伙契约并非无偿契约，也不是典型意义上的双务契约，因为各合伙人均对合伙负担义务，义务之间不存在牵连关系。①

［案例6-2-3］ 某珍馐公司与某冷藏厂约定合作收购、加工马步鱼，由冷藏厂负责收购原料鱼并进行加工，珍馐公司提取成品出口，并向冷藏厂支付加工费，冷藏厂不承担任何风险。双方均主张他们之间成立合伙关系，但法院认定其约定为加工合同关系。

在此案中，冷藏厂与珍馐公司互负对待给付义务，而非对合伙负担义务，双方的义务具有牵连性，不成立合伙关系。

3. 合伙事业。合伙人之间形成合作关系，可以营利或非营利事业为其共同目的。任何不违法、不违背善良风俗的目的，都可以是合伙的共同目的，② 即便是共同乘车关系、共同居住关系也可成立合伙。③ 对于合伙而言，是否形成合伙财产并不是必要条件——虽然大多数情况下存在这种合伙财产。④ 另外，合伙人的共同事业限于财产法领域，婚姻、共同监护人等并不构成合伙。

（二）合伙的分类

1. 契约型合伙与组织型合伙。契约型合伙只是一种合同关系，不具有组织性与独立性，不能以自己的名义对外活动，仅得以合伙人名义取得权利、负担义务。组织型合伙则具有团体性，多属于非法人组织，可以自己的名义对外进行法律交往。

2. 民事合伙与商事合伙。将合伙区分为民事合伙与商事合伙，常以民商分立为前提。一般认为，民法上的合伙从事非营业活动，一般无商号，不需要登记。我国台湾地区“民法”第667条第1款即规定：“称合伙者，谓二人以上互约出资以经营共同事业之契约。”《德国民法典》亦将合伙作为一种有名契约规定于债法分则（第705条以下）。其特点在于，合伙人之间未结成持续稳定的团体性组织，其存在亦受制于合伙成员的去留（原则上，只要有其中一位合伙成员退出，合伙即宣告解散），合伙本身更无独立的财产权利。商事合伙则从事经营活动，必须有商号、商业簿记且须登记。此外，商事合伙的成员须为职业商人。⑤

唯应注意，虽然民事合伙以契约型合伙为典型，商事合伙以组织型合伙为典型，但并不意味着民事合伙不能采取组织形态，或者商事合伙不能采取纯粹契约形式。

3.《民法通则》的分类。《民法通则》并未区分民事合伙与商事合伙，而是将合伙分为个

① ［德］迪特尔·梅迪库斯：《德国债法分论》，杜景林、卢谌译，法律出版社2007年版，第386—387页。
② ［德］迪特尔·梅迪库斯：《德国债法分论》，杜景林、卢谌译，法律出版社2007年版，第386页。
③ ［德］迪特尔·梅迪库斯：《德国债法分论》，杜景林、卢谌译，法律出版社2007年版，第385页。
④ ［德］迪特尔·梅迪库斯：《德国债法分论》，杜景林、卢谌译，法律出版社2007年版，第388页。
⑤ 方流芳：《关于制定合伙法的几点意见——兼论民商分立与民商合一》，载《中国工商管理研究》1995年第6期。

人合伙与合伙型联营企业，但对个人与团体之间成立的合伙则未设置相应的规范。[①]《民法总则》取消了关于合伙的规则，正在编纂的民法典或有可能将合伙合同单独作为一类有名合同，为其设置相应规范。

（1）个人合伙。个人合伙是指两个以上公民（自然人）按照协议（合伙契约），各自提供资金、实物、技术等，合伙经营、共同劳动，合伙人对合伙的债务承担连带责任的合伙（《民法通则》第30条、第35条第2款）。以是否“起字号”为标准，《民法通则》第二章第五节的“个人合伙”被区分为两种：纯然以契约联结的合伙与“起字号”的合伙，后者需要“经核准登记”（《民法通则》第33条）。

［案例6-2-4］ 竺某、罗某出资3 500 000元与李某协议，共同以李某开设的汽车修理厂名义获批1 971平方米的土地使用权，因所涉土地属于限制分割的工业用地，竺某、罗某请求李某补偿2/3的土地使用权市场价值4 408 920元。在此案中，竺某、罗某与李某成立纯然以契约联结的合伙关系。

起字号的合伙未必是合伙企业。

［案例6-2-5］ 龚某、叶某、何某与邹某签订合同，约定4人合伙经营某县五星手机超市，按出资分配盈亏。五星手机超市取得个体工商户营业执照，经营者登记为叶某，后龚某提出退伙。在此案中，虽然五星手机超市的企业性质为个体工商户，但上述4人仍不妨成立合伙关系，且是起字号的个人合伙，不过并非合伙企业，不适用《合伙企业法》。

未起字号的个人合伙，合伙人在民事诉讼中为共同诉讼人（《民通意见》第45条）。但对于起字号的合伙之当事人资格，《民通意见》与《民诉法解释》的规定不同。

《民通意见》第45条第1款规定：“起字号的个人合伙，在民事诉讼中，应当以依法核准登记的字号为诉讼当事人，并由合伙负责人为诉讼代表人。合伙负责人的诉讼行为，对全体合伙人发生法律效力。”据此，起字号的合伙应当具有诉讼当事人能力。

《民诉法解释》第60条规定：“在诉讼中，未依法登记领取营业执照的个人合伙的全体合伙人为共同诉讼人。个人合伙有依法核准登记的字号的，应在法律文书中注明登记的字号。全体合伙人可以推选代表人；被推选的代表人，应由全体合伙人出具推选书。”由此观之，有诉讼当事人能力的是全体合伙人，而非起字号的合伙。

《民诉法解释》第52条规定：“……其他组织……包括……依法登记领取营业执照的合伙企业……”而“其他组织”具有当事人能力（《民事诉讼法》第48条第1款）。按照《合伙企业法》第11条，《民诉法解释》第52条所谓的“依法登记领取营业执照的合伙企业”即为《合伙企业法》规定的“合伙企业”，就此而言，合伙企业具有诉讼当事人能力。

《民法总则》第102条则明确规定包括合伙企业在内的非法人组织为独立的民事主体，承认其诉讼当事人能力也就顺理成章。

结合上述规范，根据“上位法优于下位法”“特别法优于普通法”“新法优于旧法”的规则，合伙企业具有诉讼当事人能力当无疑问。剔除合伙企业之后，《民诉法解释》第60条的适

① 方流芳：《关于联营的几个法律问题》，载《法律学习与研究》1987年第5期。

用对象仅限于有字号但不属合伙企业的合伙。《民通意见》第 45 条第 1 款相对于《民诉法解释》第 60 条为旧法，应予排除。归纳而言，起字号的个人合伙，属于合伙企业的，具有诉讼当事人能力；不属合伙企业的，则以全体合伙人为诉讼当事人。

虽然《民法通则》之后的合伙立法一直沿着是否“起字号”这一线路展开，但即使在《合同法》中，以契约形式存在的合伙亦未得到规定。但这种立法状况可能会随民法典的制定而得到改观，将合伙在立法上区分为契约型合伙与组织型合伙，前者为一类有名合同，后者则主要诉诸《合伙企业法》。目前，《民法总则》已放弃规定合伙，《中华人民共和国民法典各分编草案（征求意见稿）》则将合伙合同单独作为一类有名合同予以规范。

（2）合伙型联营。除了个人合伙，《民法通则》第 52 条还规定了“合伙型联营”：“企业之间或者企业、事业单位之间联营，共同经营、不具备法人条件的，由联营各方按照出资比例或者协议的约定，以各自所有的或者经营管理的财产承担民事责任。依照法律的规定或者协议的约定负连带责任的，承担连带责任。”该规定似乎是将合伙型联营当作“团体”来对待，因为“契约型联营”被规定在第 53 条：“企业之间或者企业、事业单位之间联营，按照合同的约定各自独立经营的，它的权利和义务由合同约定，各自承担民事责任。”

不过，合伙型联营仅是特定时期的产物，《公司法》第 15 条与《合伙企业法》第 3 条大幅限缩了其适用范围，《民法总则》则完全取消了《民法通则》第 51—53 条的“联营”规范。

4.《合伙企业法》的分类。企业所从事者为商事营业，因而《合伙企业法》对合伙类型的细化实质上是对商合伙的再分类。根据是否存在仅承担有限责任的合伙人，《合伙企业法》将合伙企业分为普通合伙企业与有限合伙企业，前者又被进一步区分为一般普通合伙企业与特殊普通合伙企业。一般普通合伙企业相当于德国法上的无限公司，有限合伙企业则相当于它的两合公司。合伙企业的成立原则上采准则制，以登记为成立标志。合伙企业具有破产能力，因解散而终止，终止前须经清算，注销登记仅生宣示效力。

（1）一般普通合伙企业。一般普通合伙企业由普通合伙人根据合伙契约组成，合伙人在同一个商号下从事经营，并对合伙企业债务承担无限连带责任（《合伙企业法》第 2 条第 2 款）。

[案例 6-2-6] 陈某与徐某合伙购得挖掘机一台，双方各出资 50%。嗣后，经陈某同意，徐某将此挖掘机租赁于胡某。租期结束，胡某向徐某支付租金之后，徐某向陈某出具了一张 23 500 元的欠条，但一直未予清偿。法院认为，陈某与徐某仅共同出资购买并共有挖掘机，双方关系不适用《合伙企业法》。

在此案中，陈某与徐某仅成立纯然以契约联结的合伙，虽共同将挖掘机租赁于胡某，但此行为不具有商业经营的持续性，且无商号、无团体性，并非合伙企业。

合伙财产包括合伙人的出资、以合伙企业名义取得的收益和依法取得的其他财产，如合伙因被侵害而接受的损害赔偿。合伙企业并非法人，合伙财产为各合伙人共有，只不过合伙财产具有相对的独立性，属于特别财产（Sondervermögen），区别于各合伙人的一般个人财产。合伙人在合伙企业清算前，不得请求分割合伙企业的财产。合伙企业对其债务，应先以其全部财产进行清偿；合伙企业到期不能清偿债务的，合伙人承担无限连带责任。此种责任具有补充性，偿还合伙债务超过自己应当承担数额的合伙人，有权向其他合伙人追偿。

[案例 6-2-7] 陈某、谢某、施某与高某签订合同，约定共同出资经营合伙企业某石材厂。后该合伙企业被吊销营业执照，但未经清算。其间，陈某多次以个人财产垫付合伙企业的欠款。陈某向法院诉请判令其余 3 人共同偿还其超出自己应承担部分的金额，被法院驳回。

在此案中，涉诉合伙企业被吊销营业执照后尚未清算，因而并未消灭，对于合伙企业的欠款，应当先由合伙财产进行清偿，故陈某所垫付的合伙企业欠款，应当先在清算中向合伙企业主张偿还；若合伙财产不足以偿还其垫付金额，则应就不足偿还部分确定各合伙人应承担的份额，除去陈某自己应承担的份额之后，始得向其他合伙人追偿。

合伙人与合伙企业无关的个人债务，应先以其自有财产清偿，不足清偿的，可以以其在合伙企业中的财产份额用于清偿。合伙人所负的与合伙企业无关的个人债务之债权人，不得以其债权抵销其对合伙企业的债务，也不得代位行使合伙人在合伙企业中的权利（《合伙企业法》第 20—21 条、第 38—42 条）。

合伙事务既可以由合伙人共同执行，也可按照合伙协议的约定或者经全体合伙人决定，委托一个或者数个合伙人对外代表合伙企业，执行合伙事务。在后者，执行事务的合伙人与全体合伙人间成立委任关系①，不执行合伙事务的合伙人有权监督执行事务合伙人执行合伙事务的情况；有权查阅合伙企业会计账簿等财务资料。执行事务的合伙人应当定期向其他合伙人报告事务执行情况以及合伙企业的经营和财务状况，交付执行合伙事务所产生的收益（《合伙企业法》第 26—28 条）。合伙企业对合伙人执行合伙事务以及对外代表合伙企业权利的限制，不得对抗善意第三人（《合伙企业法》第 37 条）。无权的事务执行，得构成无因管理或不当得利。②

若无例外规定，特殊普通合伙企业与有限合伙企业均适用一般普通合伙企业的规则。

（2）特殊普通合伙企业。以专业知识和专门技能为客户提供有偿服务的专业服务机构，可以设立为特殊的普通合伙企业。其特殊性在于，若一个合伙人或者数个合伙人在执业活动中因故意或者重大过失造成合伙企业债务的，应当承担无限责任或者无限连带责任，其他合伙人以其在合伙企业中的财产份额为限承担责任，其实质是以合伙企业财产和责任合伙人之个人财产承担债务。而对合伙人在执业活动中非因故意或者重大过失造成的合伙企业债务以及合伙企业的其他债务，由全体合伙人承担无限连带责任。特殊的普通合伙企业名称中应当标明“特殊普通合伙”字样（《合伙企业法》第 55—57 条）。

（3）有限合伙企业。有限合伙企业名称中应当标明“有限合伙”字样。有限合伙的一般定义是，在某一个商号下，由普通合伙人和有限合伙人根据合伙契约组成，普通合伙人对合伙企业债务承担无限连带责任，有限合伙人不从事合伙经营，但参与分配，并以其认缴的出资额为限对合伙企业债务承担责任的合伙企业（《合伙企业法》第 61、62 条）。

《合伙企业法》第 2 条第 3 款规定：“……有限合伙人以其认缴的出资额为限对合伙企业债务承担责任。”但根据该法第 74 条之规定，有限合伙人可以参与合伙企业的收益分配。第 81 条规定，有限合伙人退伙后，对基于其退伙前的原因发生的合伙企业债务，以其退伙时从

① ［德］迪特尔·梅迪库斯：《德国债法分论》，杜景林、卢谌译，法律出版社 2007 年版，第 392 页；黄立主编：《民法债编各论》（下），中国政法大学出版社 2003 年版，第 739 页。

② 史尚宽：《债法各论》，中国政法大学出版社 2000 年版，第 711 页。

有限合伙企业中取回的财产承担责任，其中“从有限合伙企业中取回的财产”，除出资额以外，还包括其应当分取的收益。据此，有限合伙人应以其在合伙企业中的财产份额承担责任，而非仅以出资额为限承担责任。

虽然有限合伙人与有限责任股东均须履行出资义务并参与企业的收益分配，但二者有本质区别：有限合伙人与普通合伙人“共有”合伙财产，而有限责任股东则是公司的“股东”，公司财产的所有人是公司本身；此外，有限合伙人不参与企业经营，而有限责任股东则有经营参与权。

有限合伙人的有限责任以不执行合伙事务、不对外代表合伙企业为前提，若第三人有理由相信有限合伙人为普通合伙人并与其进行交易的，该有限合伙人对该笔交易承担与普通合伙人同样的责任，谓之“表见普通合伙人”（《合伙企业法》第67、68、76条）。

5. 其他学说分类。

（1）显名合伙与隐名合伙。显名合伙，又称外部合伙（Außengesellschaft），指所有合伙人均公开姓名，共同出资、共同经营、参与分配，并对合伙债务承担无限连带责任。隐名合伙，为内部合伙（Innengesellschaft）① 之一种，系当事人约定，一方对于他方所经营之事业出资，不公开姓名，不参与经营，但分受营业所生之利益，且仅以在合伙中的财产份额为限分担所生损失的契约。②

隐名合伙与有限合伙的区别在于：其一，隐名合伙无须登记，仅以契约即可成立，而有限合伙必须登记；其二，有限合伙的外在形式是合伙（企业），而隐名合伙的外在形式则可能是一人独资商号。

我国《合伙企业法》未承认隐名合伙制度，《民通意见》则疑似有规定。《民通意见》第46条规定：“公民按照协议提供资金或者实物，并约定参与合伙盈余分配，但不参与合伙经营、劳动的，或者提供技术性劳务而不提供资金、实物，但约定参与盈余分配的，视为合伙人。”据此，隐名合伙人被当作一般合伙人对待。但在司法实务中，有将隐名合伙作为借贷关系处理的判决。

[案例6-2-8] 陈某以其与陈某伟合伙经营的某假日酒店（普通合伙企业）的名义代收周某的入股款10万元，周某未实际参与合伙经营。嗣后该酒店亏损，周某向法院诉请判令陈某退还10万元本金及利息，得到法院支持。而陈某认为周某为隐名合伙人，应当对酒店的亏损承担相应责任，未被法院采纳。

隐名合伙与借贷的区别在于，隐名合伙人须以其在合伙中的财产份额为限分担合伙的风险。

（2）临时合伙与持续合伙。以共同经营事业的持续性或暂时性为区分标准，可将合伙区分为临时合伙与持续合伙。临时合伙，系为达成一时的目的而出资③，依合伙人之一致意思，

---

① 即不对外的、仅限于内部关系的合伙。参见［德］迪特尔·梅迪库斯：《德国债法分论》，杜景林、卢谌译，法律出版社2007年版，第391页。

② 关于隐名合伙的性质，史尚宽认为其为纯内部之契约关系，毫无团体性，故不应认为其是合伙之一种。参见史尚宽：《债法各论》，中国政法大学出版社2000年版，第751页。

③ 史尚宽：《债法各论》，中国政法大学出版社2000年版，第752页。

目的达成即结束的合伙。持续合伙，则为持续经营共同事业而成立的合伙。

四、无权利能力团体

无权利能力团体处于契约与法人之间，与单纯的契约合作相比（如合伙契约），它具有团体性，但它的团体性还未强到足以成为法人的地步，其以无权利能力社团为典型。此外，具有部分权利能力的自然人团体，如《民法总则》第102条规定的非法人组织，因取得私法主体资格，而不再属于无权利能力团体。

（一）无权利能力社团

为了鼓励社团尤其是政党、工会等团体通过登记取得权利能力，《德国民法典》第54条规定无权利能力社团适用合伙的规范。但当今德国学说判例呈现出使无权利能力社团向有权利能力社团靠拢的趋势。① 中国立法以企业与社会团体、事业单位等划分自然人团体，加之企业形态法定化，几乎所有团体均必须登记或取得许可，立法上并未专就“无权利能力社团”设置规范。我国虽未就无权利能力社团专作规定，但因现行法一方面承认公民的结社自由，另一方面取得法人、非法人组织的主体资格又须具备特定的条件与程序，故无权利能力社团的存在不可避免②，如各种学生社团、学会、同乡会等。

对于无权利能力社团，最重要的问题是：居于合伙与法人之间的无权利能力社团，应当适用合伙的规范，还是类推适用社团法人的规范？

1. 无权利能力社团与合伙。德国法上，设立无权利能力社团只需要设立行为和由设立人制定的章程，无需登记，比照合伙进行法律适用（《德国民法典》第54条）。但较之民法合伙，无权利能力社团的整体结构，更接近有权利能力社团，尤其是其内部组织机构以及相应的外部活动。无权利能力社团有自己的名称与财产，通过章程得以组织，有社员大会和董事会作为机关③，具有类似于社团法人的组织机构，存续原则上不受成员变动的影响。而典型的民法合伙是特定合伙人松散或者紧密的联合，各合伙人的人格对联合体意义重大，任何合伙成员的死亡或退伙，若无其他规定，原则上均会导致合伙解散。④ 正因为如此，《德国民法典》将无权利能力社团规定于总则，而将合伙作为有名契约之一种规定于债编分则之中。

2. 无权利能力社团的法律地位。若比照合伙，无权利能力社团不能成为权利义务载体，财产为共有，任何成员的变更皆可能导致土地登记簿的错误，成员须以个人财产承担责任。但基于无权利能力社团与社团法人的相近结构，德国司法实践与学界越来越倾向于认为，无权利能力社团应当类推适用社团法人规范，而非合伙规范：无权利能力社团对外以自己的名称出现，有名称权，标志着社团的个体化；⑤ 可作为财产归属载体，应当承认无权利能力社团的不

---

① Brox /Walker, *Allgemeiner Teil des BGB*, 34. Aufl., Köln, 2010, Rn. 768ff;［德］卡尔·拉伦茨：《德国民法通论》（上册），王晓晔等译，法律出版社2003年版，第236页；［德］迪特尔·梅迪库斯：《德国民法总论》，邵建东译，法律出版社2001年版，第853、854、860页。

② 刘得宽：《论无权利能力之社团》，载刘得宽：《民法诸问题与新展望》，中国政法大学出版社2002年版，第510页。可基于相同的理由论证我国台湾地区无权利能力社团存在的不可避免性。

③ Brox /Walker, *Allgemeiner Teil des BGB*, 34. Aufl., Köln, 2010, Rn. 768ff.

④ ［德］迪特尔·施瓦布：《民法导论》，郑冲译，法律出版社2006年版，第109页。

⑤ ［德］卡尔·拉伦茨：《德国民法通论》（上册），王晓晔等译，法律出版社2003年版，第237页。

动产登记能力;[①] 在债务承担方面，至少非经济社团的债务应由社团财产承担责任,[②] 即使是与无权利能力社团从事法律行为的相对方也并不抱有期待，由社团成员对社团的债务承担个人责任。[③]

德国有学者主张，应将此类团体称为“未登记社团”，因为该称谓比“无权利能力社团”更符合此类社团的本质，除了未经登记，无权利能力社团与社团法人几乎没有差别。[④] 我国台湾地区学者王泽鉴亦认为，我国台湾地区“民法”未采纳《德国民法典》第54条关于无权利能力社团适用合伙之规范，实属明智之举，无权利能力社团应当类推适用社团法人的规定。[⑤] 本书认为，就团体的类型序列而言，无权利能力社团居于合伙与法人之间，而在团体性极强及极弱之间存有多种样态，不能一概而论，应就团体的实质内容来考察其应当适用之规范。[⑥]

至于无权利能力社团的诉讼当事人资格，在《德国民事诉讼法》于2009年修订之前，其第50条第2款仅承认无权利能力社团的消极当事人能力（被诉能力），修订之后，则同时承认了其积极当事人能力。[⑦] 并明确规定，在诉讼争议中，无权利能力社团具有相当于有权利能力社团的法律地位。

（二）无权利能力财团

无权利能力财团，系以供一定目的使用之财产为中心而营运之组织。其虽因法律技术要件之欠缺而不具有法人资格，但有某种程度的独立性。成立于此类特定独立财产上的债务仅以此财产为限承担责任。此类独立财产多为实现特定目的而设立，可能是为了满足某个或某组债权人的债权，如破产财团；也可能是为了满足对此独立财产的特别利用，如为特定学术研究捐助之资金及设备之集团、无人承认继承之遗产、限定承认之遗产等。[⑧] 有观点认为，无权利能力财团之管理人的法律地位相当于信托法上的受托人，主要应适用信托法之规定。[⑨]

延伸思考

1. 试分析个体工商户与农村承包经营户的法律地位的特殊性。
2. 试分析个体工商户、个人独资企业与一人公司的异同。
3. 试分析《合伙企业法》中关于特殊普通合伙之合伙人责任的设置是否合理。
4. 合伙人能否以信用出资？能否以不作为（如不为竞业竞争）出资？

---

① Brox /Walker, *Allgemeiner Teil des BGB*, 34. Aufl., Köln, 2010, Rn. 772.

② ［德］卡尔·拉伦茨：《德国民法通论》（上册），王晓晔等译，法律出版社2003年版，第187、242页；［德］迪特尔·梅迪库斯：《德国民法总论》，邵建东译，法律出版社2001年版，第859页。

③ Brox /Walker, *Allgemeiner Teil des BGB*, 34. Aufl., Köln, 2010, Rn. 773.

④ Brox /Walker, *Allgemeiner Teil des BGB*, 34. Aufl., Köln, 2010, Rn. 770

⑤ 王泽鉴：《民法总则》，北京大学出版社2014年版，第189页。

⑥ 相同观点可参见刘得宽：《论无权利能力之社团》，载刘得宽：《民法诸问题与新展望》，中国政法大学出版社2002年版，第513页以下；［日］山本敬三：《民法讲义Ⅰ·总则》，解亘译，北京大学出版社2012年版，第413—414页。

⑦ Thomas/Putzo/Hüßtege (2016), *ZPO Kommentar*, §50, Rn. 7.

⑧ 史尚宽：《民法总论》，中国政法大学出版社2000年版，第150页。

⑨ 刘得宽：《论无权利能力之社团》，载刘得宽：《民法诸问题与新展望》，中国政法大学出版社2002年版，第522页。

5. 试比较无权利能力社团与合伙。

法条链接

《民法总则》第54—56条、第74条第2款、第102—108条；《民法通则》第26—35条；《民通意见》第41—57条；《户口登记条例》第5条；《个体工商户条例》全文；《土地管理法》第62条第1款；《农村土地承包法》第5条第1款、第15条、第30条；《合同法》第2条第1款；《担保法》第7条；《外资企业法》第8条；《个人独资企业法》全文；《个人独资企业登记管理办法》第3条第1款；《合伙企业法》全文；《公司法》第15条、第26条第2款、第44条、第50条、第51条、第57条、第63条；《民事诉讼法》第48条第1款；《民诉法解释》第52条、第59条、第60条。

扩展阅读

1. 黄立主编：《民法债编各论》（下），中国政法大学出版社2003年版。
2. 柯芳枝：《公司法论》，中国政法大学出版社2004年版。
3. 史尚宽：《债法各论》，中国政法大学出版社2000年版。
4. 王泽鉴：《民法总则》，北京大学出版社2014年版。
5. 张俊浩主编：《民法学原理》（上册），中国政法大学出版社2000年版。
6. 朱庆育：《民法总论》，北京大学出版社2016年版。
7. ［德］迪特尔·梅迪库斯：《德国民法总论》，邵建东译，法律出版社2001年版。
8. ［德］迪特尔·梅迪库斯：《德国债法分论》，杜景林、卢谌译，法律出版社2007年版。
9. ［德］迪特尔·施瓦布：《民法导论》，郑冲译，法律出版社2006年版。
10. ［德］罗伯特·霍恩等：《德国民商法导论》，楚建译，中国大百科全书出版社1996年版。
11. ［德］卡尔·拉伦茨：《德国民法通论》（上册），王晓晔等译，法律出版社2003年版。
12. ［日］山本敬三：《民法讲义Ⅰ·总则》，解亘译，北京大学出版社2012年版。
13. 曹兴权：《民法典如何对待个体工商户》，载《环球法律评论》2016年第6期。
14. 方流芳：《合伙的法律地位及其比较法分析》，载《中国法学》1986年第1期。
15. 郭明瑞：《民法总则中非法人组织的制度设计》，载《法学家》2016年第5期。
16. 江平、曹冬岩：《论有限合伙》，载《中国法学》2000年第4期。
17. 李昊：《我国民法总则非法人团体的制度设计》，载《暨南学报（哲学社会科学版）》2015年第12期。
18. 刘得宽：《论无权利能力之社团》，载刘得宽：《民法诸问题与新展望》，中国政法大学出版社2002年版。
19. 王丹阳：《德国民事合伙之债务与责任学说的演变》，载《政治与法律》2009年第5期。

20. 杨立新:《〈民法总则〉规定的非法人组织的主体地位与规则》,载《求是学刊》2017年第3期。

21. 张谷:《从民商关系角度谈〈民法总则〉的理解与适用》,载《中国应用法学》2017年第4期。

22. 朱广新:《论法人与非法人组织制度中的善意相对人保护》,载《法治研究》2017年第3期。

第三编　法律行为

第七章　法律行为的一般原理

本章要点

法律行为是民法总论中民事法律事实部分的核心内容。作为民事法律事实的一种，法律行为的独特性在于，其以行为人的意思表示为核心要素，并以意思表示为确立法律关系权利、义务内容的准据。由此出发，本章需要掌握的知识要点，便从两个方面展开：一是静态的概念层面，包括法律行为的概念、分类，意思表示的概念、构成及其解释；二是动态的效力层面，包括法律行为的成立、有效、生效、效力限制各个环节的基本内容及其相互间的法律逻辑关系。

第一节　法律行为的概念

[本节要点]

本节中，首先需要掌握法律行为与准法律行为的概念。在此基础上，审视《民法通则》第 54 条将法律行为界定为“合法行为”并称之为“民事法律行为”的做法，衍生出两个方面的知识要点：一是法律行为的本质究竟在于意思表示还是在于合法性？二是法律行为是否为民法所独有？对这两个问题的辨析，会强化我们对法律行为概念的理解和把握。

一、对法律行为的基本理解

所谓法律行为，是指民事主体通过意思表示自主地创设、变更或者消灭民事法律关系的行为。对于法律行为概念可以从如下三个方面加以把握：

第一，法律行为是一种行为法律事实。作为法律事实，法律行为具有引起法律关系产生、变更和消灭的法律意义；作为行为法律事实，法律行为是在当事人的意志支配下实施并完成的。因此，法律行为不同于事件法律事实。后者也具有引起法律关系产生、变更和消灭的法律意义，但是事件的发生并不依赖于当事人的意志。

第二，法律行为以意思表示为基本要素。意思表示包括意思和表示两个要素。所谓意思，即当事人创设、变更或者消灭民事法律关系的内在愿望；所谓表示，则是当事人将其内在愿望表达于外。法律行为以意思表示为基本要素，不仅意味着意思表示是当事人实施法律行为的基本手段，也意味着法律行为作为一种法律事实，其所产生的法律关系产生、变更或者消灭的法律效果，正是当事人主动追求的结果，是当事人实施法律行为的目的所在。以意思表示作为基本要素，又可进一步将法律行为与事实行为区分开来。对于后者而言，虽然事实行为也是在行为人意志支配下实施的，具有目的性，但是作为一种法律事实，事实行为所产生的法律后果，则纯粹来自法律的强制性规定，而与行为人的行为目的无关。

［**案例 7-1-1**］枫叶公司与南山公司就合作开发商品房建设项目达成协议，约定枫叶公司提供土地使用权并办理相关手续，南山公司提供建设资金，项目完成后，所得收益由双方平均分配。

在此案中，当事人订立合同的行为即法律行为。该合同所产生的权利、义务由当事人通过意思表示确定，并且是当事人实施法律行为所追求的目的。

［**案例 7-1-2**］枫叶公司项目经理刘某驾车前往南山公司洽谈合作事宜途中，违反道路交通规则，将行人杨某撞伤。杨某起诉枫叶公司，法院依法判决枫叶公司承担财产损害赔偿责任 5 万元、精神损害赔偿责任 3 万元。

在此案中，交通肇事行为属于事实行为而非法律行为，其也能引起法律关系的产生，但该法律关系的权利、义务内容却直接来自法律的规定，而非当事人自主追求的结果。

第三，法律行为是实现民法私法自治原则的工具。民法是私法，以调整市民社会关系为目标，而民法对市民社会进行法律调整奉行私法自治原则，而私法自治原则之实现的制度性工具，就是法律行为。法律行为概念所折射出的，是民法对于民事主体根据自己的意志，决定、安排自己的民事法律生活之自由的尊重，这正是私法自治原则的要义。

第四，法律行为是民法总则对民法分则中各种以意思表示为基本要素的具体行为的抽象提炼。由于私法自治原则作为民法的一项基本原则，对于民法所有部分均有指导意义，因此作为私法自治原则实现工具的法律行为，也便贯穿于民法的始终——物权法中的物权行为、债权法中的合同、亲属法中的结婚与收养、继承法中的遗嘱均是法律行为的具体表现形式。由此可见，法律行为这一概念，是对各种以意思表示变动法律关系的具体行为的抽象，是对这些具体行为共性的总结。因此，在区分“总则”与“分则”的民法典体系结构中，法律行为制度居于民法总则之中。

二、法律行为概念的辨析

（一）大陆法系民法中的法律行为概念

法律行为的概念及其理论始于德国。德国学者海瑟在 1807 年出版的《民法概论——潘德克顿学说教程》一书中首先提出现代民法学意义上的法律行为概念，首先赋予法律行为概念以设权意思表示的含义。后来，萨维尼在《当代罗马法体系》中将法律行为的概念和理论进一步精致化。[①] 在德国学者对法律行为理论研究的基础上，《德国民法典》在总则第三章规定了法律行为制度。依《德国民法典》立法理由书的解释：“所谓法律行为，是指私人的、旨在引起某种法律效果的意思表示。此种效果之所以得依法产生，皆因行为人希冀其发生。法律行为的本质，在于引起法律效果之意思的实现，在于法律制度以承认该意思的方式而于法律世界中对行为人欲望之意思的实现。”[②] 随着《德国民法典》的传播，法律行为概念、理论和制度也被其他国家吸收和借鉴，成为大陆法系民法中最为重要的内容之一。按照史尚宽先生的表述，“法律行为者，以意思表示为要素，……当事人所欲之法律效力，法律因为当事人之所欲，故

① 参见马俊驹主编：《民法学》，清华大学出版社 2007 年版，第 138 页。

② 转引自龙卫球：《民法总论》，中国法制出版社 2002 年版，第 467 页。

使其发生之”①。由此可见，在大陆法系民法理论中，法律行为概念的本质，在于当事人通过意思表示对相应法律效果的追求，其所强调的是对当事人私法自治的尊重。

（二）从《民法通则》到《民法总则》：我国民法中法律行为概念的演变

在我国民法中，民事法律行为的概念最初规定于 1986 年颁布的《民法通则》之中。该法第 54 条规定：“民事法律行为是公民或者法人设立、变更、终止民事权利和民事义务的合法行为。”与大陆法系传统的法律行为概念相比较，《民法通则》的概念界定有三点不同：第一，未规定民事主体的“意思表示”在法律行为中的要素地位；第二，将法律行为界定为“合法行为”；第三，在法律行为概念之前添加“民事”两字。以上三点差异，导致了我国民法学界关于法律行为概念反思的核心，在于如下两个理论问题：

1. 法律行为的概念，究竟应当立足于“意思表示”还是“合法性”？在我国民法理论上，将法律行为的概念界定为合法行为的理由，主要在于两个方面：一是“法律”本身即有“公平”“正义”“合法”的含义，因此“法律行为”也就是“合法行为”；二是只有合法的意思表示方能够引起当事人所希冀的法律效果的产生，才能实现私法自治的目的，因此法律行为作为实现私法自治的手段，其理应是合法的。我们认为，上述理由不能成立，法律行为应当是一种以意思表示为要素的行为，而不应当是一种合法行为。

第一，从文义层面来看，“法律行为”的含义是指“以法律效力之变动为目的的行为”，或者说“以权利之得丧变更为目的的行为”。这个含义的底蕴，在于法律承认民事主体对于私人法律生活进行自治的自由。因此，从“法律”推导出“合法”，再将“法律行为”界定为“合法行为”的分析方法，是不正确的。事实上，私法自治原则的实现由两个环节组成：一是民事主体根据其意愿，通过意思表示作出法律行为；二是法律根据对该法律行为的合法性判断决定是否赋予其相应的法律效力。可见，所谓“法律上的正当性”在此包含了两方面的含义，即“行为实施上的正当”与“行为内容上的正当”。如果说前者表明的是人的自治自由，以“意思表示”作为载体的话，那么后者表明的则是法律对人此项自由的限制，以前述《民法通则》第 54 条的“合法行为”为标志。从自由与其限制的关系来看，前者是第一位的，后者则是第二位的，即自由的限制必须以自由的存在为前提。如果将法律行为的概念界定为一种“合法”的行为，那么此种观点便蕴含着这样一个判断，即只有内容上正当的行为，才有实施上的正当性。这一判断进而将会导致对人的自治自由本身的否定。因此，如果我们坚持法律行为是民事主体进行私法自治的工具，那么法律行为的概念就只能建立在意思表示的基础之上。

第二，从制度层面来看，将法律行为定性为合法行为，而忽略其意思表示的要素，会导致法律制度上的逻辑混乱。由于《民法通则》将法律行为界定为“合法行为”，在主体、意思表示、标的等方面具有不法之处的行为，只能被称为“民事行为”。而不法的意思表示行为的效力界定，本应是法律行为制度的核心问题，是该制度的重心所在，于是便出现了一个古怪的现象，即在标题为“法律行为”的民事法律章节中，大量篇幅规定的却不是“法律行为”，而是“民事行为”，由此造成了制度明显的不协调。与此同时，在前述支持法律行为是合法行为的理由中，“只有法律行为（合法行为）才能实现当事人希冀的法律效力”的判断，也在法律制度中出现了不周延：在行为可撤销、效力待定之场合，该行为虽然具有不法之处，在《民法通

① 史尚宽：《民法总论》，中国政法大学出版社 2000 年版，第 297 页。

则》中不能称为“法律行为”，但是在撤销权人没有撤销，或者追认权人进行追认的情况下，其依然可以发生当事人所希冀的法律后果。由此可见，将法律行为界定为合法行为，不仅将一个重要的法律范畴束之高阁而未能发挥其应有的作用，而且带来了制度内在逻辑上的冲突。

第三，从体系层面来讲，位于民法总则的法律行为概念，是民法分则各编中一系列法律概念的抽象，即前者只能来自后者的共性。综观民法分则，无论是合同，还是婚姻、遗嘱或其他包含意思表示要素的行为，其均包含着合法与不法两种可能。“合同是法律行为，一个无效的合同是不是合同呢？在我国《合同法》上从来没有人讨论这个问题，大概也没有人会认为一个违法的合同不是合同。”① 既然“合法性”并非民法分则中合同、婚姻、遗嘱等具体的意思表示行为的共性所在，那么将法律行为概念建立在合法性基础之上的观点，则是违背民法法典化的思考方法的。

2. 法律行为是否还存在于公法部门之中？在《民法通则》中，法律行为被称为“民事法律行为”，这意味着“法律行为”这一概念并非民法所独有，在民法之外的公法部门中，也会存在法律行为，如经济法律行为、行政法律行为、诉讼法律行为等。这种认识仍然源自将法律行为看作一种“合法行为”的理解——既然民法上的合法行为可以称为“民事法律行为”，那么经济法、行政法、诉讼法上的合法行为，自然也可以冠之以“经济法律行为”“行政法律行为”“诉讼法律行为”的称谓。然而，如果我们立足于意思表示来看待法律行为，则会发现，法律行为是民法上独有的制度。如前文所述，法律行为是行为人通过意思表示表明意愿，主动安排法律关系的行为。法律行为作为实现私法自治原则的法律工具，意味着有私法自治原则之适用余地，方有法律行为概念之存在余地。如果说在我国民商合一的私法渊源一元化的立法背景下，私法自治原则是民法上的独有原则，那么“法律行为”这一概念也就是民法独有的概念。事实上，在民法以外的公法领域，法律对于社会关系的调整，总体上奉行的是强制主义方法，即以代表国家一方的强制与相对人一方的服从为特点，不仅相对人一方没有根据自己的意愿创制法律关系的自治空间，代表国家行使公共权力的一方也应根据职责的要求行事，其自由裁量权也与执法者的主观意愿毫无关联。尽管在民主政治、执法为民等理念的倡导下，国家公共权力受到约束，但是公法关系中强制主义的色彩是不可能消除的。正是由于在公法关系中不存在当事人的自治，所以“法律行为”这一概念在公法中不可能存在。换言之，法律行为是民法中的独有范畴，《民法通则》在“法律行为”之前加上“民事”二字不过是同义反复，是毫无必要的。

在上述关于法律行为概念理论反思的背景下，2017 年颁布的《民法总则》改变了《民法通则》中对法律行为概念的界定。《民法总则》第 133 条规定：“民事法律行为是民事主体通过意思表示设立、变更、终止民事法律关系的行为。”由上述规定可以看出，尽管《民法总则》继续使用“民事法律行为”这一称谓，而没有以大陆法系传统民法中的“法律行为”取而代之，但是与《民法通则》相比较，《民法总则》摒弃了将“合法性”作为法律行为基本要素的概念界定方式，明确指出法律行为概念的核心要素在于“意思表示”。因此，《民法总则》对于法律行为概念的界定，依然是我国民事立法的一大进步。

① 李永军：《民法总论》，中国政法大学出版社 2008 年版，第 179 页。

三、法律行为与相关概念的区别

（一）法律行为与民事行为

民事行为是《民法通则》中的概念，是《民法通则》将法律行为界定为“合法行为”的立法背景之下的产物。

如前所述，在《民法通则》上，既然只有合法行为才能称为“法律行为”，那么具有不法之处的意思表示行为，如无效、可撤销或者效力待定的行为，便不能称为“无效的法律行为”“可撤销的法律行为”“效力待定的法律行为”，而只能将其表述为“民事行为”。由此可见，根据《民法通则》的逻辑，民事行为是指以意思表示为要素的行为，其是一个中性概念，具有合法与非法两种可能。其中，合法的民事行为，就是《民法通则》中所称的“法律行为”。

随着《民法总则》的颁布，“合法性”要素从法律行为的概念中被剔除，法律行为本身即成了一个中性概念：一个以意思表示为要素的行为，无论其是否合法，均可称为法律行为。这意味着，《民法总则》中的法律行为与《民法通则》中的民事行为，其内含与外延均发生了重合。换言之，《民法总则》中的“法律行为”就是《民法通则》中的“民事行为”。

（二）法律行为与准法律行为

所谓准法律行为，是指以意思表示为基本要素，法律后果却由法律直接加以规定的行为。例如，当事人订立延长债务清偿期合同，当事人双方意思表示所直接追求的法律效果在于债权债务法律关系的变更，但是对于诉讼时效制度而言，其行为同时构成诉讼时效中断的事实，能够导致诉讼时效的中断。后一法律后果，即来自于法律的直接规定，无论当事人是否意识到这一后果，均不影响该法律效果的产生。

由此可见，准法律行为与法律行为的相同之处，在于行为的实施方式，即均是通过意思表示对外表达出自己追求某种法律效果的内在意愿；两者的不同之处在于行为的后果，即法律行为作为一种法律事实，其所产生的法律效果正是当事人的内在意愿；而准法律行为作为一种法律事实，其所产生的法律效果来自法律的直接规定，与当事人是否主动追求之无关。

第二节 法律行为的分类

［本节要点］

根据不同的标准，可以对法律行为进行不同的分类。就每一种分类而言，有三方面问题需要掌握：一是分类的标准；二是作为分类结果的各种法律行为的概念，如什么是单方法律行为、双方法律行为、多方法律行为；三是分类的法律意义。

一、单方法律行为、双方法律行为与多方法律行为

根据作出意思表示的人数以及意思表示中当事人权利、义务的指向，法律行为可以分为单方法律行为、双方法律行为与多方法律行为。

所谓单方法律行为，是指只需一个意思表示即可成立的法律行为。在单方法律行为中，只要一方作出意思表示，无需他方同意，法律行为即可成立。例如，订立遗嘱、处分权利、行使形成权的行为，均属于单方法律行为。

[案例 7-2-1] 赵某自书遗嘱，载明在其死亡后，自己所有的两套房屋，一套由其配偶继承，一套由其女儿继承。5 万元存款捐赠给希望工程。遗嘱订立后，赵某即将该书面遗嘱秘密存放于银行保险箱中。

此案中，遗嘱行为作为一种单方法律行为，经立遗嘱人单方意思表示即可完成，无需他人的同意。

所谓双方法律行为，是指需要两方当事人均作出意思表示，且双方意思表示达成合意后才能成立的法律行为。在双方法律行为中，达成合意的双方意思表示所蕴含的权利、义务指向具有相对性，即一方权利的内容就是另一方义务的内容，反之亦然。例如，我国《合同法》所规定的各种有名合同类型均属于双方法律行为。

所谓多方法律行为，又称共同法律行为，是指需要各方当事人均作出意思表示，且各方意思表示达成合意后才能成立的法律行为。多方法律行为的特点有二：一是意思表示所蕴含的权利、义务指向，具有平行性，即一方权利的内容，也是他方权利的内容。对于义务也是如此。如合伙合同、公司章程。二是合意达成的方式。在多方法律行为中，各方意思表示合意的达成，有可能采取"一致同意"的方式，也有可能根据法律规定或者当事人约定，采取"多数决"的方式。在后一种情况下，表示反对的少数方依然要受到约束。例如，公司中股东会决议的通过便是如此。以表决方式作出多方法律行为，为我国民法所明确肯定。《民法总则》第 134 条规定："法人、非法人组织依照法律或者章程规定的议事方式和表决程序作出决议的，该决议行为成立。"

[案例 7-2-2] 甲、乙二人订立合伙合同，约定各自出资 100 万元设立合伙企业，由二人共同经营、共享收益。合伙企业成立后，基于经营活动的需要，两人又以合伙企业名义从银行贷款 100 万元。

此案中，甲、乙二人订立合伙合同的行为为多方法律行为。合同约定的出资义务为两人均承担的义务，经营管理和收益的权利为两人均享有的权利。合伙企业与银行之间的借贷合同则为双方法律行为。合同约定的支付贷款，为合伙企业的权利，也为银行的义务；合同约定的还本付息，则为合伙企业的义务，也为银行的权利。

区分单方法律行为、双方法律行为与多方法律行为的意义在于：(1) 在理论方面，上述分类诠释了"意思表示"和"法律行为"之间的关系。即对于单方法律行为而言，意思表示就是法律行为；而对于双方、多方法律行为而言，意思表示仅仅是法律行为的一个要素。(2) 在实务层面，上述分类中对合意及其方式的不同要求，对于判断"法律行为是否成立"具有重要的指导意义。

二、诺成法律行为与实践法律行为

根据法律行为的成立是否需要当事人在达成合意之外再交付标的物，法律行为可以分为诺成法律行为与实践法律行为。

所谓诺成法律行为，又称不要物行为，是指当事人达成合意即可成立的法律行为。诺成法律行为依当事人合意的达成即可成立，并不以标的物的交付为成立要件，如买卖合同、租赁合同。所谓实践法律行为，又称要物行为，是指在当事人意思表示达成一致之后，还需要标的物的交付，才能够成立的法律行为。在实践法律行为中，仅仅凭借合意的达成，法律行为是不能成立的，如借用合同、自然人之间的借贷合同、保管合同、定金合同。

区分诺成法律行为与实践法律行为的意义在于：（1）法律行为的成立要件不同，即较之于诺成法律行为，实践法律行为多出了一个成立要件——交付标的物。（2）标的物交付行为的性质不同。对于诺成法律行为而言，标的物的交付具有履行债务的性质。这就意味着：不交付标的物，当事人就要承担债务不履行的责任，如违约责任。对于实践法律行为而言，标的物的交付则仅仅具有法律行为成立要件的性质，而非一方债务的履行。这则意味着，不交付标的物，法律行为不成立，因而并不涉及债务不履行责任的承担问题。

[案例 7-2-3] 张三与李四达成书面协议，约定李四无偿借用张三笔记本电脑1周。约定达成后第二天，李四到张三家中取电脑，张三反悔、拒绝。李四遂起诉至法院，要求张三承担违约责任。

本案中，无偿借用合同为实践法律行为，以交付标的物为法律行为的成立要件。由于电脑尚未交付，合同不成立，没有违约责任可言，故法院对于李四的诉讼请求不予支持。

[案例 7-2-4] 张三与李四达成书面协议，约定李四有偿租赁张三笔记本电脑1周。约定达成后第二天，李四到张三家中取电脑，张三反悔、拒绝。李四遂起诉至法院，要求张三承担违约责任。

本案中，租赁行为是诺成法律行为，合意达成即告成立。张三拒绝交出电脑的行为为违约行为，应承担违约责任。对于李四的诉讼请求，法院应予支持。

三、要式法律行为与不要式法律行为

根据法律行为的成立是否需要完成特定的形式要件，法律行为可以分为要式法律行为与不要式法律行为。

所谓要式法律行为，是指根据法律规定或者依照当事人的约定，需要完成特定的形式要件才能成立的法律行为。在这里，特定的形式要件包括书面合同、商品房买卖合同中的预售登记、房屋租赁合同中的备案登记等。所谓不要式法律行为，是指法律及当事人未对形式要件作出特别要求的法律行为。需要注意的是，不要式法律行为的要义并非“没有形式”，而是“没有形式上的要求”。

区分要式法律行为与不要式法律行为的意义在于：（1）法律行为的成立要件不同。（2）对于要式法律行为而言，在未具备法定或者约定的形式要件的情况下，如果当事人实际履行了主要义务，则可以视为法律行为已经成立。例如，《合同法》第37条即规定：“采用合同书形式订立合同，在签字或者盖章之前，当事人一方已经履行主要义务，对方接受的，该合同成立。”

[案例 7-2-5] 甲超市致电乙玩具公司（简称“乙公司”），表明愿意以50元的单价购买乙公司生产的特定型号电动车玩具100台。乙公司回电表示同意，并要求3天后甲超市来人订立书面合同，甲超市同意。3天后，甲超市派人前往，乙公司却提出需要以60元的价格供货。甲超市不同意，乙公司就拒绝订立书面合同。甲超市遂以双方已经达成合意为由，起诉至法院，要求乙公司承担违约责任。

在本案中，由于双方约定合同采取书面形式，因此该合同为要式法律行为。由于书面形式未能完成，买卖合同不成立，没有违约责任可言。对甲超市的诉讼请求，法院应不予支持。

[案例7-2-6] 设 [案例7-2-5] 中，乙公司拒绝订立书面合同后，甲超市按照原定价格向乙公司支付了全部货款，乙公司接受后，仍然以双方未签订书面合同书为由，拒不履行交货义务。甲超市遂起诉法院，要求乙公司承担违约责任。

此案中，虽然约定的书面形式没有具备，但是由于合同的主要义务已经履行，视为合同成立。乙公司拒绝交货的行为属于违约行为，对甲超市的诉讼请求，法院应予支持。

四、有偿法律行为与无偿法律行为

以当事人一方从对方取得利益是否支付对价为标准，法律行为可分为有偿法律行为与无偿法律行为。

所谓有偿法律行为，是指当事人一方从对方取得利益，需要向对方支付对价的法律行为，如买卖、租赁、有息借贷等。所谓无偿法律行为，是指当事人一方从对方取得利益，无需向对方支付对价的法律行为，如赠与、借用、无息借贷等。

区分有偿法律行为与无偿法律行为的意义在于，在无偿法律行为引起的债权债务关系中，由于债务人负担债务并未从对方取得对价，对其注意义务的要求较低。只有在债务人因故意或重大过失而不履行债务时，才承担违约责任。

五、财产法律行为与身份法律行为

根据当事人的意思表示旨在追求的法律效果不同，法律行为可分为财产法律行为与身份法律行为。

所谓财产法律行为，是指以产生、变更或者消灭财产法律关系为目的的法律行为，如合同行为。所谓身份法律行为，是指以产生、变更或者消灭身份法律关系为目的的法律行为，如婚姻、收养行为。

区分财产法律行为与身份法律行为的意义在于：

1. 当事人意思自治的空间不同。在财产法律行为中，当事人对其权利义务的安排享有极大的自主性。对于身份法律行为而言，由于法律对于身份关系的调整较多采用强制性规范，这导致当事人的自治空间受到极大限制。例如，“夫妻有互相扶养的义务”（《婚姻法》第20条）、“养子女与生父母及其他近亲属间的权利义务关系，因收养关系的成立而消除”（《收养法》第23条第2款）之规定，即不得通过双方当事人的约定加以排除。

2. 代理之适用不同。财产法律关系一般不具有人身专属性，因而原则上可以通过代理的方式来实施；而身份法律关系则具有强烈的人身专属性，其必须由行为人亲自实施，不得代理。

六、主法律行为与从法律行为

根据相互关联的法律行为之间目的与手段的关系，法律行为可分为主法律行为与从法律行为。

所谓主法律行为，是指在相互关联的法律行为中居于目的地位的法律行为。所谓从法律行为，是指在相互关联的法律行为中居于手段地位的法律行为。例如，为担保买卖合同的履行而订立担保合同，担保合同是为买卖合同服务的。因此，买卖合同作为目的，是主法律行为；担保合同作为手段，是从法律行为。

区分主法律行为与从法律行为的意义在于，主法律行为的成立与有效不依赖于从法律行为。因此，从法律行为不成立或者无效，对主法律行为并无影响；从法律行为的成立与有效，却依附于主法律行为。因此，主法律行为不成立，从法律行为不能成立；主法律行为无效，从法律行为随之无效。

七、独立法律行为与辅助法律行为

根据相互关联的法律行为是否具有实质性内容，法律行为可以分为独立法律行为与辅助法律行为。在这里，“实质性内容”指的是直接产生、变更或者消灭权利、义务的意思表示内容。

所谓独立法律行为，是指具有直接产生、变更或者消灭权利、义务的意思表示内容的法律行为，如完全行为能力人所实施的处分自己财产的行为。所谓辅助法律行为，是指不具有直接产生、变更或者消灭权利、义务的意思表示内容，而以对他人法律行为的效力予以辅助为目的的法律行为，如监护人对限制行为能力人超越行为能力的法律行为予以追认的行为。

区分独立法律行为与辅助法律行为的意义在于，在民法中，法律行为的实施对于行为人的“行为资格”是有所要求的，如法律对行为能力、处分权、代理权的要求，即属此类。在行为人具有“行为资格”的情况下，其所实施的法律行为即独立法律行为，能够独立发生法律效力；而当行为人的“行为资格”有缺陷时，如限制行为能力人超越行为能力、无权处分、无权代理时，其法律行为则需要监护人、所有权人、被代理人法律行为（即追认）的辅助方能发生法律效力。

八、负担法律行为与处分法律行为

根据所产生的法律效果是负担债务还是处分财产，法律行为可分为负担法律行为与处分法律行为。

所谓负担法律行为，是指能够引起债权债务法律关系的法律行为。负担法律行为的法律效果，在于使当事人一方负担债务，同时也使另一方享有债权。但是，由负担法律行为的标的，却不会因负担法律行为而发生变动。例如，买卖合同即为负担法律行为。买卖合同的法律后果之一，是出卖人负担让渡买卖标的物的义务，买受人享有请求出卖人让渡此标的物的债权。然而，标的物所有权的转移，却需要买卖合同的履行，而不会因买卖合同的成立而发生转移。由此可见，负担法律行为的要义，在于使一方负担“应为”之义务，另一方获得“可得”之期待。

所谓处分法律行为，是指能够引起物权或者其他财产权利之变动的法律行为。具体来讲，处分法律行为包括如下两个方面：

1. 引起物权变动的行为。根据法律的规定，如果一个法律行为能够引起物权变动，如所有权的转移与消灭、抵押权与用益物权的设定，那么该行为即为处分行为。例如，《物权法》

规定，“不动产物权的设立、变更、转让和消灭，依照法律规定应当登记的，自记载于不动产登记簿时发生效力”（第14条）。“动产物权的设立和转让，自交付时发生效力，但法律另有规定的除外”（第23条）。据此，当我们把能够引起物权变动的不动产的登记行为、动产的交付行为看作一种法律行为时，其就是一种处分行为。又如，《物权法》规定，“地役权自地役权合同生效时设立。当事人要求登记的，可以向登记机构申请地役权登记；未经登记，不得对抗善意第三人”（第158条）。由这条规定可知，地役权作为一种用益物权，其直接依据当事人之间的地役权合同产生，地役权登记仅仅具有对抗效力，而与地役权的成立无关，那么由于地役权合同能够引起物权变动，其就是处分行为。

2. 能够引起其他财产权利变动的行为。所谓其他财产权利，是指物权以外的其他财产权利，主要指债权和知识产权。其他财产权利本身也是一项财产，在这个意义上，其与物权并无不同。进而，能够引起此类财产权利变动的行为，如债权让与、债务免除、知识产权转让，自然也属于处分法律行为。

由此可见，处分法律行为的要义，在于财产权利人对于自己财产权利的现实处置。

负担法律行为与处分法律行为的分类，是民法对于财产交易行为的法律描述。在不同的财产交易场合，负担法律行为与处分法律行为的配置关系是不同的。具体而言，负担法律行为与处分法律行为的配置关系，有以下三种类型：（1）负担法律行为与处分法律行为并存。在此场合下，负担法律行为意味着债务之产生，处分法律行为则意味着债务之履行，如买卖交易中买卖合同的订立与买卖合同的履行。（2）只有负担法律行为，没有处分法律行为。在此场合下，当事人之间交易的目的仅仅在于创设债权债务关系，而不在于财产权利的变动，如租赁。（3）没有负担法律行为，只有处分法律行为。在此场合下，财产权利变动之前，并没有一个债权债务阶段存在，如抛弃财产权利。

区分负担法律行为与处分法律行为的意义在于：（1）处分法律行为只能对特定财产实施。所谓特定财产，是指处分时已经存在且不能为其他财产所取代的财产。比较而言，负担法律行为的实施则无此要求。因此，对于特定财产、种类财产乃至尚不存在的财产，均可以实施负担法律行为。例如，期房买卖，由于标的房屋尚不存在，买受人不能取得该房屋的所有权，但是这并不妨碍当事人双方以该房屋为标的订立买卖合同。（2）处分法律行为要求行为人享有处分权，而负担法律行为无此要求。这一点，对于以低价购入、高价售出为业的中转商人而言，尤为重要。

[案例7-2-7] 2017年4月10日，批发商甲与制造商乙订立买卖合同，约定购买乙生产的洗衣粉1 000件，2017年5月10日交货、付款。2017年4月12日，甲与零售商丙订立买卖合同，约定2017年5月11日将该洗衣粉200件出卖给丙。

在本案中，动产买卖合同的法律效果，在于使合同双方产生债权债务法律关系，而不会发生所有权的转移，即物权变动，该合同为负担法律行为。该项行为的实施，并不以合同订立时标的物的现实存在为前提。因此，2017年4月12日，虽然甲尚未取得该洗衣粉的所有权，甲、丙之间的买卖合同依然有效成立。相应地，在动产买卖关系中，标的物的交付行为直接引起所有权的转移，为处分法律行为。该行为的实施，则要求标的物的现实存在及处分人所有权的取得。因此，甲只有在从乙处取得该洗衣粉的所有权之后，才能够向丙交货，让渡所有权。

九、要因法律行为与不要因法律行为

以法律行为的成立是否受该行为原因的影响为标准，法律行为可分为要因法律行为与不要因法律行为。在这里，法律行为的原因，是指该行为之事实在法律上的基础、依据。在前述负担法律行为与处分法律行为并存的场合，相对于处分行为而言，负担行为就是其原因。例如，在不动产买卖关系当中，出卖人之所以向买受人办理所有权转移的登记手续（处分行为），原因在于当事人之间存在着买卖合同（负担行为），因而出卖人负有移转所有权于对方的债务。此外，在票据法中，相对于票据行为而言，基础的债权债务关系就是其原因。例如，基于买卖合同，买受人向出卖人出具一张支票。此出票行为的原因，即在于出卖人根据买卖合同所承担的支付价金的债务。

所谓要因法律行为，是指以原因的合法存在为其有效之前提的法律行为。在处分法律行为与负担法律行为并存之场合，如果将处分行为看作一种要因行为，那么该行为所引起的财产权利变动的法律效果，则依赖于负担行为的有效性。这就意味着，倘若负担行为归于无效，处分行为的效力则不能维持。

[案例 7-2-8] 鸿发房地产开发公司声称其建设的小区配备游泳池。酷爱游泳的李先生遂与之订立商品房买卖合同。在鸿发公司为李先生办理所有权登记之后，李先生发现该小区其实并未设计游泳池设施，即以欺诈为由，诉请法院撤销了该合同。

本案中，商品房买卖合同作为负担法律行为，因被撤销而归于无效之后，作为处分法律行为的所有权登记行为即随之自始无效，即该房屋的所有权也视为从未转移。此时，李先生有权要求鸿发公司退还房款、利息，并承担损害赔偿责任；鸿发公司则有权以买卖合同无效、所有权并未转移为由，申请恢复登记，即将所有权人重新登记到自己名下。

所谓不要因法律行为，是指不以原因的存在或者合法性作为其有效前提的法律行为。同样在处分法律行为与负担法律行为并存之场合，如果将处分行为看作一种不要因行为，则处分行为所引起的法律效果，不受作为其原因的负担行为效力的影响。需要注意的是，在我国民法上，只是在债务承担、债务免除等特殊场合，才将处分行为视为无因法律行为。

[案例 7-2-9] 债权人甲要求债务人乙给付欠款，乙无力履行。第三人丙遂与乙约定：(1) 丙承担乙对甲的债务，在 1 年内分期履行；(2) 乙为丙的孩子无偿辅导英语，为期 1 年。甲对乙、丙间的协议表示同意。丙向甲履行第一期债务后，乙遂拒绝继续给丙的孩子辅导，丙也就拒绝向甲履行其他债务。

在本案中，乙为丙的孩子无偿辅导英语，是丙承担乙的债务的原因。由于债务承担行为是无因法律行为，所以乙拒绝继续辅导的事实不能作为否定乙、丙之间债务承担合同效力的依据。此时，丙仍是甲的债务人，应履行全部债务。

另外，在票据法上，票据行为也为无因法律行为。在票据行为完成后，纵然基础法律关系不复存在，出票行为的效力依然不受影响，由此行为所引起的票据法律关系依然存在。

由此可见，法律行为要因与不要因之区分，从根本上讲，是立法政策的结果。立法者将某一类法律行为界定为不要因行为，目的在于强化此类行为的法律效果，从而达到维护交易安全、保护第三人之信赖的社会效果。

区分要因法律行为与不要因法律行为的意义在于，在我国现行民商法体系中，处分行为被界定为要因法律行为，而票据行为是不要因法律行为的性质，则得到了立法的承认。

十、生前法律行为与死因法律行为

以法律行为的生效时间是在行为人生前还是死后为标准，法律行为可以分为生前法律行为与死因法律行为。

所谓生前法律行为，是指不以行为人的死亡为生效条件的法律行为。绝大多数法律行为均属于生前法律行为。所谓死因法律行为，是指在行为人死亡后发生法律效力的法律行为，如遗嘱。

区分生前法律行为与死因法律行为的意义在于行为的生效时间不同，因而对于行为人的约束力也有所不同。例如，债务免除行为与遗嘱行为均为单方法律行为。债务免除行为作为生前法律行为，一经作出即发生债之消灭的法律效果，行为人在行为完成后不得反悔、撤销。相较而言，遗嘱行为作为死因法律行为，纵然在行为人生前已经完成，但由于此时遗嘱尚未生效，行为人依然有权更改或者撤销。

第三节 意思表示

[本节要点]

意思表示是法律行为的核心要素，由意思和表示两个方面构成。因此，本节需要掌握的知识要点包括三个方面：一是对意思的把握，包括意思的含义和构成；二是对表示的把握，包括表示的含义、构成、方法；三是对意思表示整体的把握，包括意思表示的类型、效力。

一、意思表示的概念

“意思表示”这一概念，由“意思”和“表示”两个要素构成。其中，“意思”是指希冀发生、变更或者消灭法律关系的内在愿望；“表示”则是指将这种内在愿望表达于外。因此，所谓意思表示，是指民事主体内在的、具有法律意义的意愿的对外表达。在民法理论中，私法自治原则也称为“意思自治原则”。在意思表示中，“意思”集中体现了当事人安排自己法律生活的意愿，是自治的起点。然而，一个纯粹的主观意愿是没有法律意义的，其必须通过某种方式表达于外部，即经过“表示”，才能为人所察知，也才有可能产生行为人所希冀的法律效力，实现自治的目标。因此，如果说民法中私法自治原则的实现工具是法律行为的话，那么法律行为中私法自治原则的实现工具，就是意思表示。

需要注意的是，意思表示与法律行为这两个概念之间虽然存在密切联系，但是不能相互混淆。如前文所述，意思表示是法律行为的核心要素。这一判断意味着两个方面：一方面，所有的法律行为均包含意思表示的要素；另一方面，仅有意思表示未必能够成立一个法律行为。具体来讲：

1. 在法律没有对法律行为的成立规定其他特别要件的场合，一个意思表示即可构成一个法律行为，如遗嘱、放弃权利等单方法律行为。

2. 在法律对法律行为的成立规定了其他特别要件的场合，仅有一个意思表示是不能构成一个法律行为的。例如，在双方法律行为、实践法律行为等场合，法律行为的成立，除意思表示之外，还需要达成合意、交付标的物等要素。

二、意思表示的要素

（一）意思

意思作为行为人追求某种法律效果的内在愿望，由目的意思和效果意思两个方面构成。

1. 目的意思。所谓目的意思，是指行为人通过意思表示所要追求的最终目的。私法自治的要义，是法律尊重民事主体根据自己的法律意愿安排自己的法律生活。而民事主体的法律意愿，首先来自其社会生活的需要，如“我需要一幢房屋”“我需要在他人的土地上驱车通行”。这些需要，形成了行为人的目的意思，构成了其通过意思表示实施法律行为的驱动力。

2. 效果意思。所谓效果意思，是指行为人通过意思表示所要追求的法律效力。如果说目的意思在行为人的意愿中居于“目的”地位的话，那么效果意思则居于“手段”地位。换言之，效果意思是实现目的意思的手段。例如，甲向乙作出希望以一定价金与乙订立房屋买卖合同的意思表示。在这里，甲根据社会生活的需要，所形成的“我需要一幢房屋”的意思，即为目的意思；而为此目的意思之实现，甲所追求的买卖合同的债权债务关系的法律效果，即为效果意思。在法律意义上，效果意思直接决定着法律行为的法律效果，而目的意思则对效果意思具有制约作用：一方面，在当事人的效果意思不明确的场合，立足于目的意思来推究效果意思，是意思表示之解释的方法之一；另一方面，在基于不可抗力或者情事变更的事由，目的意思不能实现的场合，当事人效果意思所引起的法律后果，便可以解除或者变更，从而不再维持。

［案例 7-3-1］ 甲小学为了学生上学、放学出入方便，与乙研究所订立“土地使用合同”，约定由甲小学向乙研究所一次性支付 50 万元，乙研究所允许甲小学学生出入通行 10 年。在合同履行过程中，双方对合同的性质产生了分歧：乙研究所认为双方所订的合同是“土地使用权转让合同”，进而以转让价款远低于市场价格为由，要求追加价金，否则将诉请法院撤销合同；甲小学则认为，其与乙研究所订立的合同，仅仅是为了让学生出入方便，并不想受让土地使用权。

本案中，从当事人的目的意思可知，甲、乙双方所订立的“土地使用合同”，其效果意思应为“地役权合同”，而不应定性为“土地使用权转让合同”。

需要注意的是，无论是目的意思还是效果意思，都必须以追求法律上的效果为内容，即必须具有法律意义。不具有法律意义的内在愿望，并非民法上所称的意思，其对外表达自然不以追求法律上的效果为目的，因而也不构成意思表示。在民法中，观念通知和情感表示不具有意思表示的性质。所谓观念通知，是指对某种事实或者认识的通知。例如，与对方约定一同去购物；告诉对方某种上市股票可能下跌。所谓感情表达，是指对某种感情的表白，爱慕之情、亲情的表达即属此类。

［案例 7-3-2］ 2016 年春节，男甲向乙女表明爱慕之情，乙女接受。2017 年春节，男甲、乙女两家举办隆重的订婚仪式，男甲向乙女正式求婚，乙女欣然接受。后男甲和乙女在婚姻登记机关再度明确娶嫁意愿，办理了婚姻登记手续。2018 年春节，男甲、乙女两家举办

更为隆重的结婚仪式。在结婚仪式上，面对众多亲友，双方又一次重申共度一生的意愿。

在本案中，男甲、乙女除了在婚姻登记机关所作的意愿表达，因能够成立婚姻法律关系而具有意思表示的性质之外，求爱、求婚及婚后的爱慕表示均因不具有效果意思而不是意思表示。

（二）表示

表示作为行为人内在意思的对外表达，由行为意思、表示意识和表示行为三部分构成。

1. 行为意思。所谓行为意思，是指表示是在行为人的意志支配之下进行的，是一种“行为”。在法学上，并非人的任何举动都可称为行为，只有在意志支配之下的作为或者不作为，方为行为。反之，无意志支配的举动，如反射性举动，并非行为，因而也并非表示。

2. 表示意识。所谓表示意识，是指表示是行为人以意思表示为目的所实施的行为，即行为人必须意识到自己在进行表示。

［案例 7-3-3］在拍卖会上，根据拍卖惯例，举手即为应买表示。某甲不知此惯例，在会场举手与熟人乙打招呼，其行为不具有表示意识，因而不构成表示。

3. 表示行为。所谓表示行为，是指表示作为一种行为，具有使意思外部化的意义。如前文所述，表示作为意思的对外表达，旨在使主观意思能够在外部的现实世界使他人所察知，这是意思发生法律效力的不可或缺的环节。反之，不具有使意思外在化的事实，不构成表示。

综上所述，表示作为内在意思的对外表达，必须在意志支配下，以表明意思为目的，并能够使意思外在化从而使人察知。

三、意思表示的形式

所谓意思表示的形式，是指行为人意思的对外表达方式，即表示的形式。意思表示的形式包括明示、默示和沉默三种类型。

（一）明示

所谓明示，是指通过语言或者文字，明确、直白地表达意思的方式。明示由口头和书面两种方式组成。

1. 口头方式。所谓口头方式，是指通过语言表达意思的方式。例如，通过当面交谈、电话通话等形式表达意思，均属于口头方式。需要注意的是，口头方式的要义，在于用语言方式表达意思，因此包括通过肢体语言作出意思表示。例如，拍卖会上的举牌应买也为口头方式。

2. 书面方式。所谓书面方式，是指通过文字表达意思的方式。在理论上，书面方式又分为一般书面方式与特别书面方式两种类型。一般书面方式是相对于口头方式而言的，包括通过信件、传真、电子邮件、格式合同文本等表达意思的方式。特别书面方式是相对于一般书面方式而言的，包括公证、登记、审批等方式。需要注意的是，上述特别书面形式，并不当然具有意思表示形式的意义，只有在要式法律行为的场合，即通过法律规定或者当事人的约定，将其作为意思表示的形式要件的前提下，其才具有特别书面方式的法律意义。例如，最高人民法院《房屋租赁合同解释》第 4 条规定：“当事人以房屋租赁合同未按照法律、行政法规规定办理登记备案手续为由，请求确认合同无效的，人民法院不予支持。当事人约定以办理登记备案手续为房屋租赁合同生效条件的，从其约定……”

（二）默示

所谓默示，是指通过积极行为表达意思的方式。虽然默示的意思表达方式没有明示方式直白，但不可否认，行为也是一种内在意愿的对外表达手段。通过考察当事人的行为，参照行为实施的背景、环境、交易习惯以及法律规定等因素，我们依然可以察知行为人的意思。例如，从将车辆停放在停车场的行为可知行为人有与停车场订立停放汽车合同的意思；从租赁合同期满后承租人继续占有租赁物并交付租金的行为，可知行为人有续租的意思。

（三）沉默

所谓沉默，是指在行为人完全不作为的情况下，根据法律的直接规定，推定其不作为具有意思表示的意义。在沉默的情形下，当事人既没有通过语言、文字作出表示，也没有通过行为表明意思，而是处于一种完全消极的不作为的状态。从生活常识来讲，此时当事人是没有任何表示的。但是，这并不妨碍法律根据社会关系调整之需要，主动地规定当事人在特定情况下的沉默，即意味着其某种意思的表达。例如，《继承法》第 25 条规定："继承开始后，继承人放弃继承的，应当在遗产处理前，作出放弃继承的表示。没有表示的，视为接受继承。受遗赠人应当在知道受遗赠后两个月内，作出接受或者放弃受赠的表示。到期没有表示的，视为放弃受遗赠。"又如，《民法总则》第 171 条第 2 款规定："相对人可以催告被代理人自收到通知之日起一个月内予以追认。被代理人未作表示的，视为拒绝追认。"由此可见，作为消极不作为的沉默，要成为一种意思表示的方式，必须以法律的推定性规定为前提。这一点与默示不同。在默示情况下，由于行为人存在积极的作为，故而以该行为推断其意思，而不以法律的规定为前提。

四、意思表示的类型

（一）有相对人的意思表示与无相对人的意思表示

根据意思表示是否需要向相对人作出，其可分为有相对人的意思表示与无相对人的意思表示。

所谓有相对人的意思表示，是指必须向有关相对人作出的意思表示。大多数意思表示均属此类，如订立合同的邀约与承诺、债务免除、形成权的形式等。所谓无相对人的意思表示，是指无需向相对人作出的意思表示，如遗嘱、放弃所有权等。

区分有相对人的意思表示与无相对人的意思表示的意义在于，意思表示的约束力发生的时间不同：有相对人的意思表示到达相对人时发生约束力；无相对人的意思表示，一经作出即发生约束力。

（二）对特定相对人的意思表示与对不特定相对人的意思表示

在有相对人的意思表示中，根据相对人是否必须为特定的人，其可分为对特定相对人的意思表示与对不特定相对人的意思表示。

所谓对特定相对人的意思表示，是指必须向特定的相对人作出的意思表示。在这里，特定的相对人是指相对人具有明确的范围界限，即存在着相对人与非相对人的区分。如承诺必须向要约人作出；放弃债权必须向债务人作出；放弃抗辩权必须向请求权人作出。所谓对不特定相对人的意思表示，是指以不特定的多数人为相对人的意思表示。在这里，不特定的相对人是指相对人没有明确的范围界限，不存在相对人与非相对人的区分，如通过商业广告发出邀约、悬赏广告等。

区分对特定相对人的意思表示与对不特定相对人的意思表示的意义在于，其对意思表示对象的要求不同：对特定相对人的意思表示必须向特定人作出，对特定相对人范围之外的他人作出意思表示，不发生法律效力；对不特定相对人的意思表示则无此限制，可以向任何人作出。

（三）对话的意思表示与非对话的意思表示

根据意思表示是否采用对话方式，对特定相对人的意思表示可分为对话的意思表示与非对话的意思表示。所谓对话的意思表示，即口头形式的意思表示；而非对话的意思表示，即其他形式的意思表示，如书面形式。

区分对话的意思表示与非对话的意思表示的意义在于，对话的意思表示，行为人意思表示的作出与相对人的受领是同步的；而非对话的意思表示，意思表示的作出与相对人的受领则不同步。这一区别会导致法律对其作出不同的制度安排。例如，《合同法》第 23 条规定：“承诺应当在要约确定的期限内到达要约人。要约没有确定承诺期限的，承诺应当依照下列规定到达：（一）要约以对话方式作出的，应当即时作出承诺，但当事人另有约定的除外；（二）要约以非对话方式作出的，承诺应当在合理期限内到达。”

五、意思表示的效力

（一）意思表示效力的概念

所谓意思表示效力，是指意思表示对表意人所产生的拘束力和对相对人所产生的可受领力。对于意思表示效力，应当从如下三个方面把握：

第一，意思表示效力与法律行为效力的关系。如前所述，意思表示是法律行为的核心要素，不能当然与法律行为本身等同。对于双方法律行为、多方法律行为、实践法律行为以及要式法律行为而言，意思表示是这些法律行为的必要条件，但并非充分条件。这就意味着，纵然上述法律行为尚未成立，尚不能发生法律行为的法律效果，也并不妨碍意思表示效力的发生。相应地，对于单方法律行为，由于一个意思表示即构成一个法律行为，意思表示的效力就是法律行为的效力。

第二，意思表示效力包括对表意人的拘束力。根据民法上的诚实信用原则，表意人的意思表示一旦生效，其便受该意思表示的拘束，未经法律规定，不得擅自变更或者撤销。例如，在订立合同过程中，要约（意思表示）生效后，纵然合同（法律行为）尚未成立，要约人也要受到该要约的拘束。只有在符合法定条件的情况下，才能够撤销要约。《合同法》第 19 条规定：“有下列情形之一的，要约不得撤销：（一）要约人确定了承诺期限或者以其他形式明示要约不可撤销；（二）受要约人有理由认为要约是不可撤销的，并已经为履行合同作了准备工作。”

第三，在有相对人的意思表示中，意思表示效力还表现为相对人的可受领力，即相对人可以根据意思表示的内容，采取相应的行动。

［案例 7-3-4］ 2017 年 9 月 1 日，奥运体校收到五环体育用品制造公司发出的邀约函，称愿意以 150 元的单价出售该公司生产的“五环牌”体育服装 100 套，声明该邀约函在 2017 年年底以前有效。奥运体校对是否购买该服装犹豫不定。

在本案中，由于奥运体校尚未作出承诺，因此买卖合同这一双方法律行为尚未成立、生效。这就意味着，五环公司此时并不负担交货义务，奥运体校也不负担付款义务。但是，由于五环公司的邀约意思表示已经生效，奥运体校所拥有的“有权承诺”的法律地位，即为意思表示对相对人的可受领力的体现。相应地，五环公司必须受其意思表示的约束：一旦奥运体校决定购买，五环公司必须按照邀约的意思表示提供货物。

（二）意思表示的生效时间

意思表示何时生效，难以一概而论。根据意思表示的不同特性，民法对其生效时间采取了不同的制度安排，其主要有以下几种方式：

1. 到达生效。所谓到达生效，是指意思表示到达相对人时发生法律效力。在民法中，以通知方式向相对人作出的意思表示，主要采用到达生效的方式，如要约的生效、承诺的生效、解除合同通知的生效。到达生效是民法对意思表示生效时间的最为常见的规定。根据《民法总则》第 137 条的规定，有特定相对人的意思表示，无论采取对话方式还是采取数据电文等非对话方式，意思表示均在到达特定相对人时生效。

2. 作出生效。所谓作出生效，是指意思表示一经作出，即发生法律效力。在民法中，以非通知方式作出的意思表示，主要采用作出生效的规定方式。例如，用履约方式承诺的，履约行为一经作出，意思表示即告生效；抛弃动产所有权时，抛弃行为一经完成，弃权的意思表示即告生效。此外，根据《民法总则》第 138 条的规定，无相对人的意思表示，原则上也为作出生效。

3. 通过机关而生效。对于有些对当事人利益或者社会利益影响较为重大的意思表示，根据法律的规定，其必须由表意人通过有关机关作出该意思表示方能生效。例如，在可撤销的法律行为中，撤销意思表示必须以起诉或仲裁的方式作出方能生效；不动产物权变动的意思表示，必须通过不动产登记方能生效；结婚意思表示的生效，则必须通过婚姻登记。

4. 死亡生效。遗嘱意思表示其以表意人（立遗嘱人）的死亡作为生效要件。

第四节　法律行为的成立、有效与生效

[本节要点]

法律行为的成立、有效与生效，是法律对于法律行为三个阶段的判断问题。如果说法律行为的目的，在于产生行为人所预期的法律效果即生效的话，那么法律行为生效的逻辑前提，就是法律行为成立并且有效。因此，本节需要掌握的知识要点包括两个方面：一是法律行为成立、有效与生效的概念及其相互间的逻辑关系；二是法律行为成立、有效与生效的要件，即法律行为是否成立、是否有效、是否生效的判断标准。

一、法律行为的成立

（一）法律行为成立的概念

所谓法律行为成立，是指法律行为的存在。因此，法律行为是否成立的问题是一个事实判断，即“有无”之判断。这就意味着，法律行为是否成立，仅仅与该行为是否存在有关，而

与该行为是否合法无关。例如，一个以毒品为标的的买卖合同，在其订立之后，尽管该合同是严重非法的，但这并不影响其已经成立的判断。

确定一个法律行为是否成立的法律意义在于，法律行为的成立是其有效与生效的逻辑前提。如前文所述，法律行为作为民事主体进行私法自治的法律工具，其法律功能的实现，可划分为两个阶段：一是行为人完成法律行为；二是法律根据该行为的合法性，决定是否以及在多大程度上赋予行为以法律效力。由此可见，一个法律行为，只有在其确已“存在”后，才会进一步涉及其是否“合法”的问题。换言之，法律行为的成立，是法律对其进行效力性判断的前提。

（二）法律行为的成立要件

1. 法律行为的一般成立要件。所谓法律行为的一般成立要件，是指任何一种法律行为的成立均需具备的要件。显然，一般成立要件是法律行为最一般的共性所在，而法律行为最一般的共性，就是意思表示。由于意思表示总是与表意人及其行为目的密切联系的，因此，法律行为的一般成立要件包括：

（1）主体。主体是意思表示的行为人，即表意人。自然人、法人均可作为意思表示的主体，非法人团体在法律允许的范围内也可以作为意思表示的主体。

（2）意思表示。表意人内在意愿的对外表达行为，即为意思表示。意思表示与表意人主体密切联系：单方法律行为，需要有一方主体作出意思表示；双方、多方法律行为，则需要两方或者多方主体均作出意思表示。欠缺相关主体或者意思表示，法律行为不成立。

（3）标的。标的是意思表示的目的，既包括意思表示的目的意思，也包括其效果意思。法律行为成立要件中的“标的”要求具体体现在三个方面：一是标的必须明确具体。如当事人双方订立买卖合同，而不约定买卖何种物品，该合同是不能成立的。二是标的必须在人力所及的范围之内。如当事人双方的买卖合同所约定的买卖物是月球上的土地，由于出卖人根本无法履行其义务，因此视为标的不存在，买卖合同不成立。三是标的必须具有法律意义。如前述不具有法律意义的观念通知、情感表达，由于没有法律意义上的标的存在，法律行为依然不能成立。

需要注意的是，主体、意思表示和标的作为法律行为的成立要件，仅涉及“有无”之判断：只要有主体、意思表示与标的，法律行为的一般成立要件即具备。换言之，在法律行为的成立问题上，无需判断主体、意思表示及标的是否合法。

[案例 7-4-1] 曙光出版社在某大学法学院举办新书推介会，推销新编写的《民法学教学案例》。会议室门口的桌上摆放着该书的介绍及优惠价格的海报，并说明想要买书的同学在桌上的登记册上签字。学生甲没有留意海报，以为桌上的登记册是签到本，遂在本子上签字。

本案中，学生甲的行为没有效果意思，并非意思表示，因此学生甲与曙光出版社之间的买卖合同并不成立。

2. 法律行为的特别成立要件。所谓法律行为的特别成立要件，是指一些特殊的法律行为之成立，在一般要件之外，所需具备的其他要件。特别成立要件作为一般要件的补充，是针对一些特殊的法律行为而言的。

（1）合意之于双方、多方法律行为。对于双方、多方法律行为，这些法律行为的成立，除需要双方、多方当事人均作出意思表示之外，还需要这些意思表示达成一致，即合意。换言之，未达成合意，双方、多方法律行为不成立。需要注意的是，如前文所述，在多方法律行为中，合意可以依法或依当事人的约定，采用“多数决”的方式达成。

[案例7-4-2] 曙光出版社在某大学法学院举办新书推介会，推销新编写的《民法学教学案例》。会议室门口的桌上摆放着该书的介绍及优惠价格的海报，并说明想要买书的同学在桌上的登记册上签字。学生甲看到海报后，遂在本子上签字，并注明出版社应给予更为优惠价格的要求。

本案中，学生甲的行为具有效果意思，是意思表示。但是由于出版社与甲学生的意思表示没有达成合意，因此买卖合同依然不成立。

（2）交付标的物之于实践法律行为。对于实践法律行为而言，其成立，除双方当事人的意思表示达成合意之外，还需要交付标的物。换言之，未交付标的物，实践法律行为不成立。

（3）形式要件之于要式法律行为。对于要式法律行为而言，必须具备法律规定或者当事人约定的形式要件，法律行为才成立。换言之，欠缺形式要件，要式法律行为不成立。需要注意的是，如前文所述，在不具备形式要件的要式法律行为中，如果法律行为所约定的主要义务已经履行，则视为法律行为成立。

[案例7-4-3] 买受人甲与出卖人乙订立买卖合同，并为买卖合同的履行约定了定金。同时，甲、乙在买卖合同中规定，定金合同的成立为买卖合同成立的要件。合同订立后，甲没有按照定金合同的约定向乙支付定金，却按照买卖合同的要求向乙支付了货款，乙收款时未提出异议。后来，乙以定金合同未成立为由，认为买卖合同也不成立，进而主张退还货款，拒绝交付货物。

本案中，定金合同为实践法律行为，由于当事人没有交付标的物（定金），定金合同不成立。与此同时，本案中的买卖合同为约定要式法律行为，以定金合同的成立为形式要件。原则上，约定的形式要件不具备，买卖合同不成立。但是由于本案中的买卖合同的主要义务（付款）已经履行，视为买卖合同成立。因此，乙不能拒绝交付货物。

二、法律行为的有效

（一）法律行为有效的概念

所谓法律行为有效，是指法律行为能够发生行为人所希冀的法律效果。行为人通过意思表示实施法律行为，旨在追求其所希冀的法律效果，以实现私法自治。此项法律效果的产生，不仅依赖于行为人的意思表示，而且有赖于法律的确认。而法律赋予行为人所追求的法律效果的前提，在于法律行为的各个要素具有合法性。我们通常讲“某一合同合法有效”，就是说法律行为唯有合法，方能有效。

法律行为的有效与法律行为的成立不同。两者的区别在于，法律行为是否成立，是“有无”的问题，属于事实判断；而法律行为是否有效，则是“合法与否”的问题，属于价值判断。两者的联系在于，只有当法律行为已经成立，才可能论及其是否有效。反之，倘若法律行为尚未成立，即此时并不存在一个法律行为，那么是否有效也就无从谈起了。

（二）法律行为的有效要件

法律行为的有效，意味着法律行为的各个成立要件合法。由于法律行为的特别成立要件，即合意、交付标的物与具备形式要件，没有鲜明的合法性判断问题，因此，法律行为的有效要件，其实就是指法律行为的三个一般成立要件合法。

1. 主体合法。所谓主体合法，是指行为人具有实施法律行为的资格，即该主体依法“能够”实施此项法律行为。具体而言，主体合法包括如下三个方面的要求：

（1）主体具有相应的行为能力。法律行为以意思表示为核心要素，意味着行为人必须具有相应的行为能力。对于完全行为能力人而言，其可以实施任何法律行为；但是对于限制行为能力人、无行为能力人而言，其只能实施与其行为能力相适应的法律行为，或者法律对行为能力不作要求的法律行为，如纯粹获得利益的法律行为。

（2）主体享有处分权。主体享有处分权，是财产处分行为中对处分人合法性的要求。享有财产处分权的人主要包括两种情形：一是财产的所有权人，且其对所有物的处分权未受到法律的限制，如不存在其他的共有人；二是财产的其他权利人，且其依法享有该财产的处分权，如国家设立的法人对所占有、使用的国有财产依法享有处分权。

（3）主体享有代理权。主体享有代理权，是代理人实施代理法律行为时对代理人合法性的要求。在代理关系中，代理人享有代理权是代理行为的法律效果之实现，即代理后果由被代理人承受的关键性因素。

2. 意思表示合法。所谓意思表示合法，是指意思表示真实，即行为人的表示是其真实意愿的自由表达。由此可见，意思表示真实包括两个方面的要求：（1）行为人所表达的是其真实的意愿。不真实的意愿并非行为人的意思所在，因而该表示不能当然产生相应的法律效果。（2）行为人的表示是在自由意志的支配下完成的。在其受到外力的干扰或强制的情况下所作出的表示，不能当然产生相应的法律效果。至于哪些意思表示是不自由、不真实的，本书将在“法律行为的效力瑕疵”一章展开说明。

3. 标的合法。所谓标的合法，是指意思表示的标的不违反法律的强制性规定，也不违背社会公益和社会公德。从范围上讲，标的合法既包括法律行为交易、处置的财产合法，如标的物不得为毒品等禁止流通物；也包括其行为的目的意思合法，如法律行为不得追求违法目的，不得损害国家、集体、他人利益。

由此可见，法律行为的有效要件是与一般成立要件相对应的。一般成立要件中“应当具备”的主体、意思表示和标的，在有效要件中被进一步施加“应当合法”的要求。成立要件与有效要件对于主体、意思表示和标的这三个要素的不同要求，所表现出的正是法律行为的成立与有效的事实判断和价值判断之间的差异。

三、法律行为的生效

（一）法律行为生效的概念

所谓法律行为生效，是指法律行为效力的发动，即法律行为之法律效果开始运转的状态。法律行为的有效与生效，是存在密切联系却不能完全等同的两个概念。两者的联系是，有效是生效的前提，一个无效的法律行为是不可能生效的。两者的区别则在于，对法律行为是否有效的考察，立足于法律行为的主体、意思表示和标的是否合法，即合法性之考察；而对法律行为是否生效的考察，则是在该行为合法有效的前提下，立足于其法律效果是否已经现实地发动，如权利人现在是否可以行使权利、义务人现在是否应当履行义务。这就意味着，一个有效的法律行为可能存在生效与未生效两种可能。在法律行为未生效的情况下，虽然权利义务效果尚未在当事人之间发动、运转，但该行为依然是合法的、有效的。例如，甲乙双方订立的赠与合同约定，甲赠与乙一辆汽车，但是必须以乙考上研究生为条件。这一作为双方法律行为的合同，已经成立并且有效，但是尚未生效。

（二）法律行为的生效时间

原则上，法律行为的生效时间与其成立的时间同步，即法律行为若成立时合法有效，则成立时便生效。需要注意的是，并非所有的法律行为均在成立时生效。对于一些特殊的法律行为，其在成立时虽然是合法有效的，但是成立时并不生效，而需待成立后某一事实的出现方能生效。

［案例 7-4-4］ 2017 年 9 月 10 日，甲乙订立书面形式的房屋租赁合同，约定甲将一套两居室房屋出租给乙，租金每月 2 000 元，租期 5 年。

本案中，租赁合同这一法律行为的成立时间与生效时间是同步的：在 2017 年 9 月 10 日合同成立时即生效。这就意味着，自合同成立时，当事人双方的权利、义务即开始运转：承租人有权要求出租人交付房屋、保障房屋的适用性，出租人则有权要求承租人支付租金。

［案例 7-4-5］ 2017 年 9 月 10 日，甲乙订立书面形式的房屋租赁合同，约定甲将一套两居室房屋出租给乙，租金每月 2 000 元，租期 5 年。并特别约定：由于甲正在办理出国留学手续，成败未知。如果留学之事办成，乙即开始承租甲的房屋。

本案中，租赁合同的成立时间与生效时间并不同步。在 2017 年 9 月 10 日合同成立时，由于“留学之事办成”这一条件尚未成就，并未生效。因此，在该条件成就之前，合同当事人双方的权利和义务并未开始运转，承租人此时无权要求出租人交付房屋，出租人也无权要求承租人支付租金。

成立、合法却不生效的法律行为，主要包括如下四种类型：

1. 附延缓条件的法律行为。在附延缓条件的法律行为中，法律行为有效成立之时尚未生效。在其成立之后，待所附之延缓条件成就时，方才生效。

2. 附始期的法律行为。与附延缓条件的法律行为相同，附始期的法律行为在所附期限到来时生效，在其成立时不生效。附条件、附期限的法律行为的理论与规则，本书将在“法律行为的附款”一节展开说明。

3. 遗嘱。遗嘱作为一种死因法律行为，在立遗嘱人订立遗嘱的行为完成时，即告成立，但此时遗嘱尚未生效，其生效的时间为立遗嘱人死亡时。

4. 依法需要审批、登记的法律行为。《合同法》第 44 条规定：“依法成立的合同，自成立时生效。法律、行政法规规定应当办理批准、登记等手续生效的，依照其规定。”据此，依法需要审批、登记的法律行为，在其有效成立后，办理批准、登记手续之前，尚未生效，只有在获得批准、登记之后，法律行为方才生效。需要注意的是，不能对依法需要审批、登记的法律行为之概念做宽泛的理解。具体而言，此类法律行为的要义在于：未经审批、登记，不允许该法律行为产生相应的法律效果。这一要求，本质上是法律在特定领域、行业的“准入”问题上所采取的核准主义立法模式对于民事主体私法自治的限制。例如，《证券法》第122条规定：“设立证券公司，必须经国务院证券监督管理机构审查批准。未经国务院证券监督管理机构批准，任何单位和个人不得经营证券业务。”该规定即体现出法律在证券业领域所奉行的核准主义立法模式。相应地，发起人的证券公司设立协议，即属于依法需要审批的法律行为。由此可知，在与核准主义无关的其他场合，为了行政管理的便利，有关机关也有可能要求一些法律行为办理审批、登记等手续，如商品房买卖中的预售登记、房屋租赁中的备案登记。但是，由于商品房买卖活动、房屋租赁活动本身与核准主义的“准入”制度无关，因此其不属于“依法需要审批、登记的法律行为”，这就意味着，商品房买卖合同、房屋租赁合同，不管是否办理相关手续，均在成立时生效。

[案例7-4-6] 2017年9月10日，甲乙订立书面形式的房屋租赁合同，约定甲将一套两居室房屋出租给乙，租金每月2 000元，租期5年。合同订立后，甲以该合同未按照主管机关的要求办理租赁合同备案登记手续为由，主张合同未生效，并拒绝交付房屋，乙遂将甲诉诸法院。

本案中，房屋租赁备案登记与核准主义之“准入”制度无关，不属于“依法需要审批、登记的法律行为”。因此，该房屋租赁合同在成立时生效，甲不能拒绝交付房屋。

第五节　法律行为的附款

[本节要点]

法律行为的附款是行为人对法律行为效力施加控制的法律工具，由条件和期限两部分组成。本节需要掌握的知识要点包括三个方面：一是法律行为附款的含义及其意义；二是条件的概念、分类及其法律规制；三是期限的概念和分类。

一、法律行为的附款概述

（一）法律行为的附款的概念和意义

所谓法律行为的附款，是指行为人对法律行为的效力所施加的控制。法律行为的实施，旨在满足行为人特定的生产、生活需要，因而是以当事人对自己特定需要的评估、预测为基础的。但是，如果在当事人实施法律行为时，相应的需要尚不存在，或者是否真的需要尚不能确定，那么当事人便会陷入一种两难境地：若等待这种需要成为现实之后再实施法律行为，眼前的交易机会将会丧失；若现在就实施法律行为，则该行为的法律效果又不是自己目前所需要的，或者未必将来真的需要。

[案例7-5-1] 甲的子女半年后初中毕业，正在准备报考A高中。为了便于孩子高中的生活、学习，甲欲在A高中附近租赁一套房屋，恰逢此时乙有合适的房屋出租。此时，甲所面临的问题就是，如果等孩子考上A高中之后再订立租赁合同，到时可能就找不到合适的房子；如果现在就和乙订立租赁合同，则半年之内甲并不需要该房屋，而且孩子能否考上A高中也不能确定。

显然，在这种情况下，便需要一项能够立足于当前，对未来法律行为的效力进行控制的工具。这个工具就是法律行为的附款，其包括两个方面：一是条件，二是期限。在民法学上，以条件为附款的法律行为，称为“附条件的法律行为”；以期限为附款的法律行为，则称为“附期限的法律行为”。

（二）法律行为的附款的特征

法律行为的附款，具有如下特征：

1. 法律行为的附款是法律行为的辅助工具。如上所述，通过法律行为的附款对法律行为附加条件或者期限，可以立足现在并把握未来，解决未来需要的不确定性，或者现在与未来时间上的矛盾，从而更好地实现法律行为私法自治的功能。

2. 法律行为的附款来自行为人的意愿。附款作为法律行为的辅助工具，意味着法律行为是否附加条件或者期限，由行为人根据自身需求来自主决定，而非法律强制规定的结果。因此，基于法律规定的条件或者期限，如某一法律行为的生效以审批为条件、遗嘱的生效以立遗嘱人的死亡为期限，均不是法律行为的附款。换言之，依法需要审批的法律行为不能称为附条件的法律行为，遗嘱也不能称为附期限的法律行为。

3. 法律行为的附款的意义在于对法律行为的效力进行控制。在这里，所谓效力控制，是指以未来特定条件的成就或某一期限的到来，作为法律行为生效或者失效的事实。由此可见，法律行为的附款是通过将某一条件或期限设定为行为效力产生或丧失的触发器，来实现其立足现在、把握未来的功能的。需要注意的是，在附条件、附期限的法律行为中，该行为的效力受到了限制，但是这种限制来自法律行为的附款，是当事人主动追求的结果，是其私法自治的体现，因而在性质上与法律行为因不合法而导致的效力瑕疵完全不同。换言之，附条件、附期限的法律行为的逻辑前提是有效的法律行为。

（三）不得适用附款的法律行为

根据私法自治原则，民法原则上允许当事人对法律行为附加条件或者期限。但是，出于社会公共秩序与善良风俗、相对人利益以及交易安全等方面的考虑，民法要求某些法律行为的效力确定或者即时发生，因而禁止这些法律行为附加条件或期限。不得适用附款的法律行为主要包括：

1. 行使形成权的法律行为。形成权的行使以单方法律行为的方式为之。相对人对于形成权之行使行为的法律效果，只能被动接受。此时，若对形成权的行使行为附加条件或期限，意味着相对人不仅要被动接受一个法律效果，而且这个效果还是不确定的，如此将导致形成权人与相对人的利益关系的失衡，损害交易安全。因此，行使形成权的法律行为不得附条件或期限。例如，《合同法》第 99 条规定：“当事人主张抵销的，应当通知对方。通知自到达对方时生效。抵销不得附条件或者附期限。”需要说明的是，法律禁止形成权行使行为附加条件、期限，旨在避免相对人被动陷入不确定的法律效果状态。因此，倘若该状态的产生经过了相对人的同意，或者相对人能够主动把握这种状态的发展，如条件的成就与否完全取决于相对人的行为，法律则允许对行使形成权的行为附加附款。

2. 具有身份要素的法律行为。婚姻、收养等身份法律行为，以及接受或拒绝继承、遗赠的法律行为，其行为或后果具有鲜明的伦理属性，与公序良俗具有密切联系。此类行为的法律效果必须即时确定地发生，而不得附加条件或期限。

3. 物权登记行为。物权登记行为具有使第三人察知物权归属状态的公示意义，其效力必须即时、明确，才能获得第三人的信赖，保护交易安全，因此物权登记行为不得附加条件或期限。

4. 票据行为。为维持票据行为的确定性，保护交易安全，出票、背书等票据行为不得附条件或者期限。《票据法》第33条第1款规定："背书不得附有条件。背书时附有条件的，所附条件不具有汇票上的效力。"

上述不得适用附款的法律行为，一旦附加条件或者期限，原则上法律行为无效。但是法律对其效力另有规定的，从其规定。例如，根据上述《票据法》第33条的规定，背书行为附有条件的，背书行为仍然是有效的，只不过该条件在票据法层面无效，即不具有限制背书行为的法律效力。

二、条件

（一）条件的概念

所谓条件，是指作为法律行为生效或失效依据的未来不确定的事实。以条件作为效力限制手段的法律行为，称为附条件的法律行为。例如，甲与乙订立租赁合同约定：如果甲出国留学，则甲将房屋出租给乙。在这里，"出国留学"即为条件，而该租赁合同即为附条件的合同。

（二）条件的要求

作为法律行为附款的条件，应当符合如下要求：

1. 意定性。条件的意定性具有两个方面的含义：（1）条件是行为人根据意思自主决定的结果，而非法律强制规定的产物。（2）行为人自主决定的条件，必须是法律强制性规定之外的事实。例如，中外企业订立合资经营合同，约定"本合同以主管机关批准为生效条件"。由于《中外合资经营企业法》已经作出了"合营各方签订的合营协议、合同、章程，应报国家对外经济贸易主管部门审查批准"（第3条）的规定，上述约定不过是对法律强制性规定的重复，其并无意义。

2. 不确定性。条件的不确定性也具有两个方面的含义：（1）条件现在尚未发生，属于未来的事实。（2）将来该事实是否会发生仍然不确定。因此，将来必然会发生的事实，或者必然不会发生的事实，均不能作为条件。例如，甲向乙表示："如果江水倒流，我就把钱借给你。"此时甲的真实意思并非出借行为附有条件，而是不愿意借钱给乙。又如，甲向乙表示："如果明天的太阳还是从东方升起，我就把钱借给你。"此时甲的表示其实并未附加条件。

3. 合法性。条件的合法性是指条件不得违反法律的强制性规定。以违法事实作为条件，将导致法律行为无效。例如，甲乙约定，如果乙在网上公开丙的隐私照片，甲就把房屋出租给乙。由于该合同所附的条件具有违法性，因此该合同无效。

4. 与法律行为内容的协调性。条件作为法律行为的附款，不得与法律行为的内容相互矛盾，即法律行为不得因条件的成就或不成就而丧失意义。例如，甲向乙表示，如果丙买下甲的房子，甲就将该房屋出租给乙。

（三）条件的分类

1. 延缓条件与解除条件。根据条件的法律意义是促使法律行为生效还是导致其失效，条件可以划分为延缓条件与解除条件。

所谓延缓条件，又称停止条件、生效条件，是指作为法律行为生效依据的条件。附延缓条件的法律行为的特点是：（1）法律行为合法成立时，其尚未生效。（2）只有在条件成就时，该法律行为方才生效。所谓解除条件，又称消灭条件或失效条件，是指作为法律行为失效依据的条件。附解除条件的法律行为的特点是：（1）法律行为合法成立时，即已生效。（2）条件成就时，其效力消灭。

［案例 7-5-2］ 正在办理出国留学手续的甲与乙订立房屋租赁合同，双方约定：如果甲留学申请成功，则甲将房屋出租给乙。在此，“留学申请成功”即为延缓条件。

［案例 7-5-3］ 正在国外留学的甲与乙订立房屋租赁合同，约定甲在国内的房屋由乙承租，但是如果甲回国，租赁合同效力终止。在这里，“甲回国”即为解除条件。

2. 积极条件与消极条件。根据条件以某一事实的发生或不发生为内容，条件可以划分为积极条件与消极条件。

所谓积极条件，是指以某一事实的发生为内容的条件。在积极条件中，某一事实发生，则条件成就。所谓消极条件，是指以某一事实的不发生为内容的条件。在消极条件中，某一事实没有发生，则条件成就。

［案例 7-5-4］ 甲、乙约定，如果甲考上公务员，乙就送给甲一部汽车作为奖励。“考上公务员”即为积极条件。

［案例 7-5-5］ 甲、乙约定，如果甲没有考上研究生，乙就送给甲一台电脑作为安慰。“没有考上研究生”即为消极条件。

3. 偶成条件、随意条件和混合条件。根据条件的成就是否以当事人的意志为转移，条件又可以划分为偶成条件、随意条件和混合条件。

所谓偶成条件，是指是否成就不以当事人的意志为转移的条件。是否发生某种自然灾害、社会事件，第三人是否实施某种行为等，均不以当事人的意志为转移，因而属于偶成条件。所谓随意条件，是指是否成就以当事人的意志为转移的条件。所谓混合条件，是指成就与否既取决于当事人的意志，也取决于与当事人意志无关的其他事实的条件。

［案例 7-5-6］ 甲、乙约定，如果明天不下雨，则甲、乙间的演出合同生效。在这里，“不下雨”即为偶成条件。

［案例 7-5-7］ 甲、乙约定，如果甲同意嫁给乙，乙就赠送给甲一套房屋。在这里，“甲同意嫁给乙”即为随意条件。

［案例 7-5-8］ 甲、乙约定，如果甲同意嫁给乙，且甲仍然没有找到工作，乙就赠送给甲一套房屋。在这里，“甲同意嫁给乙”与“甲仍然没有找到工作”共同构成了混合条件。

（四）条件成就或不成就的拟制

在附条件法律行为的条件成就之前，当事人的利益关系处于一种不确定的地位：各方当事人最终所面临的法律后果如何，将完全根据条件是否成就来决定。此时，根据诚实信用原则，法律要求条件最终成就或不成就，均必须在正常状态下完成，禁止当事人不当地主动干预条件向有利于自己的方面发展。否则，法律将拟制条件的最终发展结果为不利于干预者一方。因此，《民法总则》第159条规定："附条件的民事法律行为，当事人为自己的利益不正当地阻止条件成就的，视为条件已成就；不正当地促成条件成就的，视为条件不成就。"此外，《合同法》第45条也有类似的规定。

[案例7-5-9] 甲、乙订立合同约定，如果甲评上教授，乙就赠与甲一台电脑。后来乙反悔，为阻止条件成就，遂给职称评审单位写匿名信，对甲进行学术造假诽谤，最终使甲未能通过评审。此时，根据拟制规则，法律视为甲评上教授之事已经成就，乙应当履行电脑赠与义务。

需要注意的是，条件成就或不成就的拟制规则，以当事人的"不当干预"为适用前提。对这一前提的理解应当把握如下两点：

1. 当事人的干预改变了条件发展的正常状态。如果当事人的主动介入并未改变条件发展的正常状态，则不适用该拟制规则。对于随意条件而言，条件的成就与否本来就取决于当事人的意志行动。此时，当事人自主决定条件是否成就，并未改变条件发展的正常状态。

2. 当事人一方的干预虽然改变了条件发展的正常状态，但是该结果也是对方当事人所乐见的，则此时当事人对条件的干预并无不当。

[案例7-5-10] 甲、乙约定，如果甲的儿子考上大学，便将房屋出租给乙。乙为了促使条件成就，便每天给甲的儿子补习功课，最终使甲的儿子顺利考上大学。在这里，乙的干预行为并不适用拟制规则。

三、期限

（一）期限的概念

所谓期限，是指作为法律行为生效或失效依据的未来确定的事实。以期限作为效力限制手段的法律行为，即为附期限的法律行为。例如，甲、乙约定，3个月后，甲将房屋出租给乙。期限与条件同为法律行为的附款，两者的相同之处在于，条件和期限均具有意定性，即法律行为是否附加期限，也是当事人自主决定的结果。两者的不同之处在于，条件在将来是否会发生，在法律行为实施时，处于不确定状态；而期限则具有确定性，即作为期限的事实，是必然会到来、必然会发生的。由此可见，期限在本质上是一种必然会发生的事实，其可以表现为未来一定时间的到来，也可以表现为未来某一注定会发生的事实的发生。

[案例7-5-11] 甲、乙同乘列车回家，甲在中途下车，乙则在终点站下车。甲、乙约定，如果列车到达甲的目的地，甲就将随身携带的茶叶赠送给乙。在这里，"列车到达甲的目的地"并非条件，而是期限。

（二）期限的分类

1. 始期与终期。根据期限的意义在于促成法律行为生效还是失效，期限可以划分为始期和终期。

所谓始期，又称延缓期限，是指作为法律行为生效依据的期限。附始期的法律行为与附延缓条件的法律行为效力相同，其特点是：(1) 法律行为合法成立时，尚未生效。(2) 期限到来，法律行为生效。所谓终期，又称解除期限，是指作为法律行为失效依据的期限。附终期的法律行为与附解除条件的法律行为的效力相同，其特点是：(1) 法律行为合法成立时，即告生效。(2) 期限到来，法律行为效力消灭。

[案例 7-5-12] 甲、乙订立买卖合同约定，本学期结束，甲将自行车出卖给乙。在这里，“本学期结束”为始期，甲乙之间的买卖合同即为附始期的法律行为。

[案例 7-5-13] 甲、乙订立借用合同约定，甲将自行车出借给乙，在下学期开学时，借用合同终止。在这里，“下学期开学”为终期，甲乙之间的借用合同即为附终期的法律行为。

2. 确定期限与不确定期限。根据期限何时到来是否确定，期限可以划分为确定期限与不确定期限。所谓确定期限，是指到来的时间可以确定的期限。所谓不确定期限，是指到来的时间不能确定的期限。

[案例 7-5-14] 甲、乙约定，1个月后，甲将自己居住的房屋腾出租赁给乙。在这里，“1个月后”即为确定期限。

[案例 7-5-15] 甲、乙约定，如果丙死亡，甲将现由丙居住的房子出租给乙。在这里，“丙死亡”即为不确定期限。

由确定期限与不确定期限的划分可以看出，一个限制法律行为效力的事实，只要必然会发生，即为期限。至于何时发生是否明确，则不影响其作为期限的性质。

第六节　法律行为解释

[本节要点]

法律行为的法律效果源自行为人的意思表示。在行为人的意思表示存在疏漏、矛盾或者理解分歧的时候，对法律行为进行解释，便成为确定当事人权利与义务的前提。因此，本节需要掌握的知识要点包括如下三个方面：一是法律行为解释的功能和意义；二是法律行为解释的原则，即“意思”与“表示”何者应成为法律行为解释的准据；三是法律行为解释的方法。

一、法律行为解释概述

所谓法律行为解释，又称意思表示解释，是指对法律行为中意思表示的内容予以确定。法律行为作为私法自治的工具，其所创设的法律效果的内容归根到底源自行为人的意思表示。因此，意思表示的内容是界定法律行为效果中当事人权利、义务的准据。

从理想状态来讲，行为人所作出的意思表示，最好能够完整、清晰地反映行为人的意愿，并对各种可能发生的情况作出充分的预见与合理的安排。但是，在现实生活中，这种理想状态往往是难以实现的。在大多数情况下，行为人实施法律行为时，并不会对未来可能发生的问题提前通过意思表示作出处置，而是普遍存在着过于追求便捷而忽略安全的倾向。由此可能产生的结果就是：一方面，意思表示模糊暧昧，在理解上会发生歧义；另一方面，意思表示的内容存在漏洞，即对于相关的问题，行为人没有作出界定。如此一来，本应作为界定当事人权利义务的基础性依据的意思表示，便丧失了其应有的功能。一个存在模糊暧昧和漏洞的法律行为，不仅无法为当事人权利义务的确定提供依据，反而有可能成为当事人恶意逃避债务、规避责任的依据。由此可以看出，法律行为解释对于消除意思表示内容的模糊暧昧，弥补意思表示的漏洞，牢固确立法律行为之于当事人权利、义务之准据的地位，至关重要。

需要注意的是，法律行为解释不同于法律解释。所谓法律解释，是指立法机关、司法机关或者法学理论对于法律规定的内涵、外延以及不同规定之间的逻辑关系所进行的阐释。尽管从解释的目的、解释的方法上讲，法律解释与法律行为解释具有相似之处，即两者均以确定规则的含义、消除规范之间的冲突、弥补规范性规则的漏洞为宗旨，但两者的区别仍然不容忽视：一方面，两者解释的对象不同。法律行为解释针对的是作为特定当事人权利、义务依据的法律行为；而法律解释则针对作为不特定多数人的权利、义务依据的现行法律。解释对象的差异决定了法律解释具有更为广泛的利害性，而法律行为解释则仅仅涉及个案中当事人的利益。另一方面，两者解释的目的不同。法律行为解释的出发点在于寻求当事人的真实意思，旨在使解释的结果在最大程度上与当事人的意思相符，从而有利于当事人私法自治的实现；而法律解释的出发点，并不在于探究立法者当初立法时的意思，而在于如何使现行法律最为有效地适应社会生活，发挥法律对社会关系的调整作用。

二、法律行为解释的原则

所谓法律行为解释的原则，是指进行法律行为解释活动时应当遵循的准据。法律行为解释是对行为人意思表示的解释。在构成上，意思表示包括内在意思（目的意思、效果意思）和表示行为两方面的要素，因此法律行为解释也就应当立足于这两个方面。对于意思而言，意思是行为人实施法律行为的目的的集中体现。立足于意思对法律行为进行解释，能够最为充分地发现当事人的真实意图，从而使法律行为解释符合行为人的本意。但是，意思具有主观性，不仅法律行为的解释者难以充分地发现，即便是当事人，往往也难以完全准确地把握对方的意思。对于表示而言，表示具有外在性，容易使人察觉、感知，立足于表示来解释合同，简便易行。然而，由于表示未必能够准确反映行为人的意思，在出现对表示内容的理解存在争议的情况下更是如此，因此，立足于表示来解释法律行为，往往容易忽略对行为人真实意思的把握。由此所产生的问题便在于，法律行为解释究竟应当以行为人的意思为准据，还是应当以其表示为准据？法律行为解释中意思主义与表示主义的理论分歧即发端于此。

（一）意思主义

所谓意思主义，是指以探究、发现行为人的意思作为法律行为解释的根本性准据的法律行为解释理论。意思主义学说强调法律行为是行为人实现其私法自治的重要手段，强调行为人的意愿对于相关法律效果之产生、变更和消灭的直接决定作用。在意思主义理论看来，表示行为不过是行为人意思的外在流露，是意思的表现形式。由此出发，对于法律行为解释，不应当拘泥于行为人的表示，而应当深入探究其意思，以行为人的真意作为法律行为解释的准据，这是法律行为解释活动的根本的出发点和落脚点。由此可见，意思主义的法律行为解释理论建立在如下判断之上：法律行为以体现私法意思自治原则为其根本目标。在私法自治原则的实现中，人的自由意志乃驱动人从事理性活动的根本要素。意思与表示之间，具有“源”与“流”的关系，意思应当成为法律行为的本质所在。至于表示，其意义仅在于使人的自由意志在外部获得定在，使他人得以察知。表示仅仅是意思的形式。因此，在法律行为解释活动中，如果忽略对行为人真实意思的探究，将会导致法律行为解释与私法自治原则的背离。由此可见，意思主义理论崇尚个人意志自由在法律行为中的作用，强调寻求行为人的真意是法律行为解释活动的根基，其本质上是个人自由主义法学思想在法律行为解释理论中的体现。

（二）表示主义

所谓表示主义，是指以行为人的表示作为法律行为解释活动的根本性准据的法律行为解释理论。从表示主义出发，法律行为的本质并不在于行为人的意思，而在于行为人的表示。因为意思具有纯粹的主观性，不仅外人难以察知，在法哲学的意义上也不应具有法律效力。事实上，只有当内在的意思通过表示行为被表达于外界的时候，其意思才可能通过表示为外人所了解，并且脱离纯粹的主观性而获得法律上的效力。换言之，对于法律行为而言，真正具有意义的，乃是行为人外在化的意思，即通过表示行为而表达于外的意思。对于相对人而言，由于其唯一能够察知的就是对方的表示，而对于其内在意思，相对人是无从知晓的。因此，立足于表示来进行法律行为的解释活动，便具有了维护交易安全的意义。因为，对表示作为法律行为解释之准据的强调，就是对对方当事人信赖利益的保护。反之，倘若将法律行为的解释基础从表示偏移至意思，则无异于许可行为人以变化无常的意思，肆意损害意思表示内容及法律行为效力的稳定性。从表示主义出发，法律行为解释应当完全立足于表示，纵然行为人的表示行为非基于其意思而实施，其作出的表示也同样应当作为一个真正的意思表示而得到承认。显而易见，表示主义的本质是侧重交易安全的社会本位的法学思想在合同解释理论领域的体现。

（三）我国民法上的法律行为解释原则

意思主义与表示主义各有侧重，难以简单评价孰优孰劣。对于立法而言，将这两种理论混合加以规定，乃是最为明智的选择。我国民事立法对于意思主义和表示主义两种合同解释的理论，同样采取混合规定的做法。例如，我国《合同法》上的合同订立制度，以要约和承诺作为合同的成立要素，并未规定与当事人意思相符的表示方构成“要约”与“承诺”，此即立足于表示主义的做法。与此相适应，我国可撤销的法律行为制度则表明，一个意思表示不真实的法律行为，后果是“可撤销”而非“不成立”，这种做法也是基于表示主义。此外，从法律行为的解释方法方面来讲，《合同法》第 125 条第 1 款“当事人对合同条款的理解有争议的，应当按照合同所使用的词句、合同的有关条款、合同的目的、交易习惯以及诚实信用原则，确定该条款的真实意思”的规定所确立的文义解释、体系解释等解释方法，同样立足于行为人的表示，而不是意思。与此同时，我国民事立法也并非完全不考虑当事人的意思。虽然法律行为的成立基础在于行为人的表示，但是其依然可以依据意思表示不真实，通过撤销权的行使来撤销该法律行为。这一点，则体现出法律对于行为人意思的尊重。另外，法律行为解释方法中的目的解释、诚信解释、习惯解释等，也反映出在法律行为解释的过程中，法律对于探究当事人真实意思的努力。

由此可见，我国民事立法所采取的法律行为解释原则，与世界上大多数国家所奉行的原则相同，即采取以表示主义为主，辅之以意思主义的解释原则。

三、法律行为解释的方法

（一）文义解释

所谓文义解释，是指通过对意思表示所使用的文字语句的含义的解释，来确定法律行为所表达的行为人的真实意思。我国《合同法》第125条规定，当事人对合同条款的理解有争议的，应当按照合同所使用的词句确定该条款的真实意思，此即文义解释。基于文义对法律行为所作的解释，有两种方法：（1）个别解释。当事人之间对相关词句有特殊用法的，应根据当事人的特殊情况作个别解释。（2）一般解释。即根据该争议词句的通常用法，以相关词语在一般情况下使用的社会规则为基准，进行解释。如果当事人之间及其所属地域、领域、行业，就该词句的用法不存在特别习惯，则按照社会观念作一般解释。

［案例7-6-1］王某与保险公司订立的房屋财产保险，约定了免责条款："因地震、海啸等导致的保险房屋出现损害，保险公司不负赔付责任。"合同生效后不久，王某房屋所在地附近的储油罐发生剧烈爆炸，引起地表震动，王某的房屋因此出现墙体裂缝。保险公司认为，该房屋的损害是"地震"引起的，保险公司不负赔付责任。王某遂将保险公司诉诸法院。

本案的关键，即在于如何解释"地震"一词。根据文义解释中的一般解释方法，"地震"一词是指由地壳内部力量所引起的地面震动。据此，本案的致损原因并非"地震"，保险公司应当赔付。

（二）目的解释

所谓目的解释，是指依据行为人实施法律行为之目的对法律行为进行解释。行为人实施法律行为，必然是为了实现特定目的。因此，行为人的效果意思乃实现其目的意思的手段。正是由于目的意思与效果意思之间存在着这种密切的联系，通过探究行为人的目的意思来探究其效果意思，成了法律行为解释的重要方法。我国《合同法》第125条规定，当事人对合同条款的理解有争议的，应当按照合同的目的确定该条款的真实意思，这就是对目的解释的规定。

［案例7-6-2］刘先生从迅达手机销售公司购买到某国外品牌最新型号的手机1部。拿到该部手机后，却发现无法拨打电话。经查，该型号手机本来是生产商专门供应美洲市场的产品，若要在我国使用，必须重装手机软件。于是，刘先生要求迅达公司重装软件。迅达公司则认为，双方订立的合同中并没有重装软件的约定，如果重装软件，需额外向迅达公司支付费用。

在本案中，从目的解释出发，刘先生购买手机是为了在国内使用。保障该手机的正常使用，便构成了该买卖合同的目的。因此，迅达公司应当承担免费重装软件的义务。

（三）整体解释

所谓整体解释，是指以意思表示的部分内容为依据，对该意思表示的其他内容进行解释。法律行为的意思表示内容是一个统一的整体。在当事人对意思表示的部分内容的理解有争议的情形下，不是孤立地分析某一条款或词句，而是从意思表示的整体性出发，根据争议内容与意思表示的其他部分内容的相互关系，及其意思表示中各个内容所处地位等因素进行解释，以确定争议内容的含义。就此以观，在当事人对于法律行为部分内容的理解发生争议时，其他的、不存在争议的内容便有可能成为解释该争议条款的依据。我国《合同法》第125条规定，当事人对合同条款的理解有争议的，应当按照合同的有关条款确定该条款的真实意思，此即整体解释规则。

[案例7-6-3] 甲向乙借款1万元，双方订立书面借款合同。合同中还约定“明年8月3日还款”。同时，该合同的落款日期为“2017年8月3日”。

本案中，根据整体解释方法，还款条款中的“明年8月3日”应解释为“2018年8月3日”。

（四）协商条款优于格式条款解释

所谓协商条款优于格式条款解释，是指在意思表示中协商条款与格式条款在内容上发生冲突的情况下，以协商条款的内容作为法律行为解释的依据。格式条款由当事人一方事先制定，并由相对人附和签字而成立，其特征在于排除相对人提出异议或者协商的可能。而协商条款则是当事人协商一致的结果，较之于格式条款，其更为真实地反映出当事人的真实意思。因此，在协商条款与格式条款的内容发生冲突时，为使法律行为解释合乎行为人的真意，应当根据协商条款的含义对法律行为进行解释。我国《合同法》第41条规定，对格式条款的理解发生争议，格式条款和非格式条款不一致的，应当采用非格式条款。

[案例7-6-4] 赵某与家园房地产公司订立的商品房买卖合同中的打印条款规定：“出卖人迟延交付房屋6个月，买受人有权解除合同。”但是，在该条款的下方，却有一行手写文字：“出卖人迟延交房，买受人有权解除合同。”

本案中，打印条款为格式条款，手写条款则为协商条款。根据协商条款优于格式条款的解释方法，买受人解除权的成立，应当以手写条款为准。

（五）习惯解释

所谓习惯解释，是指根据习惯、惯例，对法律行为争议内容予以解释。在这里，作为合同解释依据的习惯、惯例，既包括在特定地域、领域、行业通常采用的做法，也包括特定的当事人双方经常使用的习惯做法。需要注意的是，上述习惯、惯例，必须在法律行为实施时为行为人知道或者应当知道。习惯解释方法的基础，在于习惯、惯例对于行为人意思的影响。在行为人所实施的法律行为中，其真实意思往往是在习惯、惯例的基础上形成的。相应地，通过客观的习惯、惯例来探究行为人的主观意思，也就成了法律行为解释的一个重要途径。我国《合同法》第125条规定，当事人对合同条款的理解有争议的，应当按照交易习惯确定该条款的真实意思，该条就是对习惯解释的确定。

[案例7-6-5] 批发商甲公司与零售商乙公司具有多年合作关系，以往每次甲向乙供货，均为送货上门。2017年3月5日，甲、乙再次订立买卖合同，合同中并未约定履行地点。结果在约定的交货日，乙公司没有收到甲公司的送货。经查，甲公司新的业务人员系备好货物后，等待乙公司前来提货。

本案中，根据习惯解释的方法，甲公司应负上门送货的义务。

（六）公平原则解释

所谓公平原则解释，是指从民法的公平原则出发，对法律行为进行解释。公平原则解释方法，主要表现在如下两个方面：

1. 权利人不利解释。所谓权利人不利解释，是指对于存在争议的意思表示内容，作不利于权利人的解释。通常而言，在法律行为的实施过程中，当事人一方总是自己权利的维护者。如果在事关其权利的问题上，意思表示未作出明确的约定，其就是由权利人疏于考虑而造成的。从公平原则出发，由权利人所造成的意思表示不明确，不应当由义务人承受不利后果。因此，对争议条款应当作不利于权利人的解释。

2. 格式条款提供方不利解释。所谓格式条款提供方不利解释，是指在格式条款合同中，对于存在争议的条款，在无法通过文义解释予以确定的情况下，应当作不利于格式条款文本提供一方的解释。其原因在于：一方面，格式条款的全部内容，均系文本提供一方事先拟定的，如果出现难以明确的事项，则是文本提供一方的原因所致；另一方面，提供一方在合同文本中竭力扩张己方利益的倾向实属必然，为了平衡当事人的利益，实现合同的实质公平，亦有对争议的格式条款作不利于文本提供一方解释的必要。

[案例 7-6-6] 孙某以 8 折价格购买从北京到上海的机票一张，因不能成行，前往退票。按照航空公司的规定，退票需收取“票价”20%的手续费。航空公司认为应当按照原票价计算，孙某则认为应当按照折扣价计算，双方发生争执。

本案中，有关退票手续费的规定属于格式条款。根据格式条款提供方不利解释规则，在通过文义解释不能确定“票价”的含义时，应按照折扣价计算手续费。

（七）依据诚实信用原则解释

所谓依据诚实信用原则解释，是指在行为人对法律行为内容的理解有争议的情形下，还应依据诚实信用原则来解释该行为。诚实信用原则作为一种具有极大弹性和极为广泛的适用范围的民法基本原则，也是法律行为解释的重要依据之一。依据诚实信用原则对法律行为进行解释，要求解释的结果符合这一法律原则所强调的诚实守信、善良无欺的市场道德标准。我国《合同法》第 125 条规定，当事人对合同条款的理解有争议的，应当按照诚实信用原则，确定该条款的真实意思。该条就是对依据诚实信用原则解释规则的确定。

延伸思考

1. 民法理论是为何以及如何创设“法律行为”这一概念的？

2. 《民法通则》为什么要以“合法行为”来界定法律行为的本质？

3. 从民法典的体系看，如果取消“法律行为”这一概念，会对民法典总则部分的结构产生怎样的影响？

4. 共同法律行为与团体之间的关系是什么？

5. 为什么实践法律行为需要以标的物的交付为成立要件？

6. 负担行为、处分行为与要因行为、不要因行为之间的关系是什么？

7. 婚姻意思表示与婚姻登记之间的关系和房屋租赁法律行为与房屋租赁备案登记之间的关系是否相同？

8. 目的意思欠缺对于法律行为的影响与效果意思欠缺对于法律行为的影响是否相同？

9. 在法律行为法律效果的形成中，意思与表示各自的作用是什么？

10. 意思表示的形式与要式法律行为的要式是否相同？

11. 将沉默规定为意思表示的形式，是否背离了意思自治原则？

12. 法律行为的成立与法律行为的概念之间的关系是什么？

13. 意思表示与法律行为的一般成立要件、特别成立要件的关系是什么？

14. 区分法律行为的成立与有效有无现实意义？

15. 区分法律行为的有效与生效有无现实意义？

16. 法律行为的附款与目的意思、效果意思之间的关系是什么？

17. 附条件、附期限法律行为的效力状态如何？

18. 解除条件与合同约定解除权有无不同？

19. 始期与合同履行期限有无不同？

20. 法律行为解释是否具有寻求案件审理结果的正义性功能？

21. 从法律对于意思表示不自由的法律后果的界定出发，考虑意思主义与表示主义对于法律行为制度构建的影响。

22. 不同类型的法律行为的解释原则是否有所不同？

23. 本节所阐释的法律行为解释的方法，哪些侧重于意思主义，哪些侧重于表示主义？

法条链接

《民法通则》第54条、第55条、第56条、第57条；《民通意见》第65条、第66条、第75条、第76条；《民法总则》第133条、第134条、第135条、第136条、第137条、第138条、第139条、第140条、第141条、第142条、第158条、第159条、第160条；《合同法》第2条、第37条、第44条、第45条、第46条、第60条、第61条、第62条、第63条；《合同法解释（一）》第9条；《物权法》第15条、第23条。

扩展阅读

1. 朱庆育：《法律行为概念疏证》，载《中外法学》2008年第3期。

2. 薛军：《法律行为"合法性"迷局之破解》，载《法商研究》2008年第2期。

3. 易军：《私人自治与法律行为》，载《现代法学》2005年第3期。

4. 徐涤宇：《法律行为概念的缘起及其精神气质》，载《南京大学法律评论》2004年第2期。

5. 易军：《法律行为制度的伦理基础》，载《中国社会科学》2004年第6期。

6. 高在敏、陈涛：《论"质、剂、契、券"不等于法律行为——对民事法律行为本质合法说质疑之四》，载《法律科学（西北政法学院学报）》2002年第6期。

7. 王洪亮：《法律行为与私人自治》，载《华东政法大学学报》2016年第5期。

8. 陈醇：《论单方法律行为、合同和决议之间的区别——以意思互动为视角》，载《环球法律评论》2010年第1期。

9. 王新峰：《对民事无因法律行为的几点思考》，载《黑龙江省政法管理干部学院学报》2004 年第 1 期。

10. 杨立新：《论亲属法律行为》，载《南阳师范学院学报（社会科学版）》2005 年第 5 期。

11. 韩长印：《共同法律行为理论的初步构建——以公司设立为分析对象》，载《中国法学》2009 年第 3 期。

12. 张康林：《负担行为与处分行为区分之我见》，载《武汉大学学报（哲学社会科学版）》2007 年第 5 期。

13. 杨善长等：《无因行为、有因行为划分理论之质疑》，载《政治与法律》2010 年第 9 期。

14. 陈卫佐：《处分行为理论之正本清源》，载《政治与法律》2015 年第 7 期。

15. 张金海：《意思表示的主观要素研究》，载《中国法学》2007 年第 1 期。

16. 林国华：《德国民法与意思表示理论的缘起》，载《理论学刊》2006 年第 5 期。

17. 韩光明：《论作为法律概念的"意思表示"》，载《比较法研究》2005 年第 1 期。

18. 高在敏：《论意思表示真实的法哲学价值——兼论法律行为的法理逻辑结构》，载《法学评论》2002 年第 3 期。

19. 朱庆育：《意思表示与法律行为》，载《比较法研究》2004 年第 1 期。

20. 纪海龙：《走下神坛的"意思"——论意思表示与风险归责》，载《中外法学》2016 年第 3 期。

21. 李宇：《基础回填：民法总则中的意思表示与法律行为的一般规则》，载《华东政法大学学报》2017 年第 3 期。

22. 曹琳琳：《论法律行为的成立》，载《法制与社会》2011 年第 3 期。

23. 易军：《对民事法律行为成立"事实判断说"的质疑》，载《法学》2004 年第 9 期。

24. 董学立、王晓燕：《论民事法律行为的成立与生效》，载《山东大学学报（哲学社会科学版）》2003 年第 4 期。

25. 宋炳庸、朴兴镇：《民事法律行为成立要件与有效要件区别论》，载《当代法学》2001 年第 4 期。

26. 唐晓晴：《论法律行为的形式——罗马法的传统与近现代民法的演变》，载《法学家》2016 年第 3 期。

27. 李军：《法律行为的效力依据》，载《现代法学》2005 年第 1 期。

28. 徐涤宇：《合同效力正当性的解释模式及其重建》，载《法商研究》2005 年第 3 期。

29. 周哨龙：《停止条件与法律行为的效力》，载《海南师范大学学报（社会科学版）》2010 年第 5 期。

30. 白玉廷：《法律行为效力的限制条件研究——论不完全控制条件与不平衡条件》，载《东岳论丛》2002 年第 1 期。

31. 袁文全、杨天红：《附条件法律行为中的"条件"及其规制》，载《西南大学学报（社会科学版）》2010 年第 2 期。

32. 郭翔峰：《附条件合同的再认识——以英美法上的条件制度为比较对象》，载《广西政法管理干部学院学报》2010年第2期。

33. 张豪：《附解除条件的合同与合同解除之适用比较》，载《法律适用》2009年第11期。

34. 程国彬：《附条件与附期限合同及其效力解析》，载《法学杂志》2006年第1期。

35. 米健：《意思表示分析》，载《法学研究》2004年第1期。

36. 常鹏翱：《法律行为解释与解释规则》，载《中国社会科学院研究生院学报》2007年第6期。

37. 韩世远：《民事法律行为解释的立法问题》，载《法学》2003年第12期。

38. 叶金强：《私法效果的弹性化机制——以不合意、错误与合同解释为例》，载《法学研究》2006年第1期。

39. 张建军、刘晓康：《对格式合同特殊解释规则的法理探讨》，载《甘肃社会科学》2005年第3期。

40. 周新军：《论合同解释中的主观主义与客观主义的对立统一》，载《江西社会科学》2005年第1期。

41. 崔建远：《合同解释与法律解释的交织》，载《吉林大学社会科学学报》2013年第1期。

第八章　法律行为的效力瑕疵

本章要点

法律行为的效力瑕疵是由法律行为的违法性所引起的效力缺陷，即违法性为因，效力瑕疵为果。因此，本章需要掌握的知识要点便由三个方面展开：其一，哪些违法事由可以导致法律行为的效力瑕疵？其二，法律行为效力瑕疵的类型包括哪些？其三，哪些违法事由会导致哪些效力瑕疵？此为上述两方面的结合。

第一节　法律行为效力瑕疵概说

[本节要点]

本节重在阐释法律行为效力瑕疵的概念及其成因。基于法律行为的三个有效要件，即主体合法、意思表示合法与标的合法，法律行为的效力瑕疵成因也便分作主体不合法、意思表示不合法与标的不合法三个方面。因此，本节需要掌握的知识要点包括两个方面：一要把握法律行为效力瑕疵与前述法律行为成立、有效与生效的逻辑关系；二要把握作为法律行为效力瑕疵成因的诸种违法事由。

一、法律行为效力瑕疵的概念

所谓法律行为效力瑕疵，是指由于当事人所实施的法律行为不符合或者不完全符合法定的生效要件，因而不能发生或者不能完全发生行为人实施法律行为时所预期的法律目的的情形。法律行为的效力，不仅是行为人意思表示所追求的结果，也是法律对于行为人意思表示的合法性予以肯定的结果。法定的法律行为有效要件，就是法律对于法律行为的合法性进行衡量、约束的表现。因此，如果当事人基于意思表示所实施的法律行为，不符合或者不完全符合法律所规定的有效要件，那么该法律行为就不能产生行为人所预期的法律效力。此时，该法律行为因具有违法性，也便具有了效力瑕疵。

二、法律行为效力瑕疵与法律行为成立、有效、生效的关系

法律行为的效力瑕疵，是法律对法律行为进行价值判断并作出的一种判断结果。由此，法律行为效力瑕疵与法律行为成立、有效、生效的关系，可以表述如下：

第一，如前文所述，法律行为的成立是指法律行为的存在。因此法律行为成立与否之判断，是一种事实判断。在此事实判断过程中，根据法律行为存在或者不存在，逻辑上可能得到两种事实判断的结果：一是法律行为成立；二是法律行为不成立。在这两种事实判断结果中，只有第一种结果，即法律行为成立，才可以进一步引起法律对法律行为的价值判断。至于第二

种结果，即法律行为不成立，其无法导向法律行为的价值判断——一个并不存在的法律行为，其是否合法也就无从谈起。

第二，在法律行为成立的前提之下，法律对法律行为所作的价值判断，以该法律行为是否合法为标准，从主体、意思表示与标的三个方面进行。由此，可能得到的价值判断结果也有两个方面：一方面，已经成立的法律行为，若主体、意思表示与标的三个方面均符合法律行为的有效要件，则该法律行为有效。进而，再根据该有效的法律行为是否附延缓条件或始期、是否需要以行为人的死亡为生效依据、是否需要审批等要素，确定该有效的法律行为的生效时间，即其为成立时生效还是成立时未生效。另一方面，已经成立的法律行为，若主体、意思表示与标的三个方面完全不符合或者不完全符合法律行为的有效要件，则该法律行为具有效力瑕疵。由此可见，法律行为的有效与效力瑕疵，是法律对已经成立的法律行为进行价值判断所可能得出的两种对立的结果。

三、法律行为效力瑕疵的原因

法律行为的效力瑕疵，根源于该行为不具备或不完全具备法律所要求的法律行为有效要件，即具有违法性。如前文所述，如果说法律行为的有效根源于该行为合法，即主体、意思表示与标的三个方面合法，那么作为有效的对立概念的法律行为的效力瑕疵，其法律上的瑕疵则同样来源于主体、意思表示与标的这三个方面。

（一）主体瑕疵

所谓主体瑕疵，是指法律行为的行为人不具有实施该项法律行为的资格或者权限。在民法上，主体瑕疵包括如下情形：

1. 行为能力瑕疵。法律行为作为一种以意思表示为要素的行为，对于行为人的民事行为能力是有所要求的，即行为人实施法律行为，应当具有相应的民事行为能力。根据《民法总则》第18—22条的规定，完全行为能力人可以独立进行民事活动；限制行为能力人可以进行与他的年龄、智力相适应的民事活动，其他民事活动由他的法定代理人代理，或者征得他的法定代理人的同意；无民事行为能力人由他的法定代理人代理民事活动。据此，限制行为能力人或无行为能力人，在未经其法定代理人代理或同意的情况下，所独立实施的超越其行为能力的法律行为，即存在行为能力瑕疵，该行为能力瑕疵进而会导向法律行为的效力瑕疵。

2. 代理权瑕疵。在行为人（代理人）以他人（被代理人）名义与相对人实施法律行为的情况下，代理人应当享有被代理人的代理权。这是由被代理人承受代理人与相对人之间法律行为之法律后果的前提条件。《民法总则》第162条规定：“代理人在代理权限内，以被代理人名义实施的民事法律行为，对被代理人发生效力。”据此，倘若行为人在不享有代理权、超越代理权或者代理权过期的情况下，以被代理人名义与相对人实施法律行为，则该行为即具有代理权瑕疵。除非相对人有客观事由相信行为人具有代理权，被代理人可以选择承担或拒绝承担代理后果。

3. 处分权瑕疵。在行为人与相对人实施处分法律行为的情况下，行为人应当享有对相应财产、权利的处分权。《合同法》第51条规定：“无处分权的人处分他人财产，经权利人追认或者无处分权的人订立合同后取得处分权的，该合同有效。”据此，无处分权人的财产处分行为具有处分权瑕疵。

需要注意的是，在前述“处分法律行为”与“负担法律行为”的区分中，只有处分法律行为的生效以处分权为要件。而所谓无权处分行为，是指没有处分权的处分法律行为。相应地，负担法律行为的效力，不以行为人享有处分权为条件。

[案例8-1-1] 某甲将一台电脑出借于乙，乙将其出卖给丙。在这里，乙、丙之间的买卖法律行为即要求乙享有对该电脑的处分权，否则，该行为构成无权处分。未经该电脑所有权人甲的同意，丙不能通过法律行为取得该电脑的所有权。换言之，此时该处分行为因处分权瑕疵而具有效力瑕疵。

[案例8-1-2] 甲、乙共有一台电脑，乙擅自将其出卖给丙。在这里，虽然乙为电脑的共有人之一，但是共有人擅自处分共有物的行为，也属于无权处分。与［案例8-1-1］的后果相同，未经另一共有人甲的同意，丙不能通过法律行为取得该电脑的所有权。

[案例8-1-3] 甲将一台电脑出租给乙，乙又擅自将其出租给丙。在这里，乙、丙之间的租赁法律行为作为一种负担法律行为，并不要求乙享有处分权。这就意味着乙、丙间的租赁合同有效。若丙对标的物的租赁因甲返还原物请求权的行使而不能继续，丙有权要求乙承担履行不能的违约责任。

（二）意思表示瑕疵

所谓意思表示瑕疵，是指行为人在实施法律行为、作出意思表示时，其外部表示行为与内在意思不一致，或者在意志不自由的情况下作出外部表示。法律行为制度作为民法意思自治原则的载体，要求行为人的表示应当为其真实意思的表达。在存在表示与意思不一致或者表示不自由的情况下，由于行为人的对外表示未必反映其真实意思，因此这种有瑕疵的意思表示将会导致该法律行为的效力瑕疵。意思表示瑕疵可以分为如下两大类型：

1. 意思与表示不一致。所谓意思与表示不一致，是指行为人在未面临外力作用的情况下，主动作出与其真意不相符的表示行为。在行为人意思与表示不一致的情况下，尽管行为人对外作出了表示行为，但这种行为并未反映其真实的意思。这就意味着，行为人并不具有使其表示内容发生法律效力的内在愿望。我国民法并未就意思与表示不一致作出规定。在理论上，其类型包括：

（1）真意保留。所谓真意保留，是指行为人明知所表示的意思并非其真实意思，却故意将该意思表达于外。真意保留是就行为人一方的意思表示而言的，其要件包括：第一，行为人所表示的意思，形式上以设立、变更或消灭法律关系为目的，具有法律意义；第二，行为人所表示的意思，并非其真实意愿；第三，行为人明知所表示的意思并非其真实意愿，却故意为之。

真意保留行为的效力，应当根据该行为有无相对人以及相对人的主观心态来确定：第一，无相对人的真意保留行为，由于行为人的表示行为不构成意思表示，故而该真意保留的行为不发生法律效力。第二，有相对人的真意保留行为，倘若相对人知道或者应当知道行为人真意保留的，其行为不发生法律效力；倘若相对人不知道且不应当知道该行为人真意保留的，为保护善意相对人的信赖利益，其行为有效。

[案例 8-1-4] 老周家里养了一盆名贵花草，老吴在欣赏时啧啧称奇。老周就说："如果喜欢就拿去吧!"事实上，老周只是在客气，并无真实的赠与意思。在这里，老周的话即真意保留。按照一般社会观念，老吴是知道老周在客套的，因此这句话并不会对老周产生法律上的约束力。

（2）虚伪表示。所谓虚伪表示，又称虚假意思表示，是指行为人明知所表示的意思并非其真实意思，却与相对人通谋，将该意思表达于外。与真意保留不同，虚伪表示是就行为人与相对人双方而言的，因此，虚伪表示的要件，除了上述真意保留的要件之外，还需要行为人与相对人之间的通谋。通谋之构成，需要具备如下要素：第一，虚伪表示仅仅发生在有特定相对人的意思表示情形下。无相对人或相对人不特定的意思表示，不可能构成通谋，也就不可能构成虚伪表示。第二，相对人知道行为人所表示的意思并非其真实意思。第三，相对人与行为人之间存在意思联络，即相对人对行为人的非真意表示予以配合，并达成合意。

虚伪表示行为的法律效力，针对行为的内部关系与外部关系而有所不同：第一，在行为人与相对人之间，虚伪表示行为不发生法律效力。《民法总则》第 146 条第 1 款规定："行为人与相对人以虚假的意思表示实施的民事法律行为无效。"显而易见，这一规定是针对行为人与相对人之间的法律约束力而言的。第二，在涉及第三人的情况下，倘若该第三人知道或应当知道行为人虚伪表示的，虚伪表示行为对第三人不发生法律效力；倘若该第三人不知道并且不应当知道行为人虚伪表示的，为保护善意第三人的信赖利益，虚伪表示行为不得对抗善意第三人，即行为人对第三人应当受虚伪表示行为的约束。

[案例 8-1-5] 甲准备购买一套商品房。受当地"限购令"的限制，遂与好友乙商量：甲与乙订立一个表面上的买卖合同，并将现有的一套房屋在形式上登记到乙的名下，但是实际上该房仍然为甲所有。乙表示愿意配合。

本案中，甲、乙所订立的"买卖合同"即构成虚伪表示。甲、乙双方之间并不发生买卖法律关系，乙也不会因登记而获得房屋的所有权。但是，倘若乙在获得登记后，把房屋出卖给不知情的丙，并为丙办理了登记手续，那么甲不能以其与乙的买卖合同是虚伪表示为由，对抗丙取得所有权。

（3）隐藏行为。所谓隐藏行为，又称隐藏意思表示，是指行为人隐藏真实的效果意思，而与相对人通谋，将与效果意思不一致的其他意思表示于外。关于隐藏行为与虚伪表示的关系，如上文所述，虚伪表示是就行为人与相对人通谋为虚伪表示而言的，至于行为人在虚伪表示的背后是否隐藏着另一个真实的效果意思，则在所不问。在此基础上，如果行为人的虚伪表示隐藏着另一个真实的效果意思，即行为人与相对人通谋，以虚伪的表示来掩盖真实的效果意思，这种被掩盖于虚伪意思之下的真实意思表示行为，即为隐藏行为。

隐藏意思既然是行为人的真实意思，且相对人知道并予以配合，那么倘若隐藏意思具备法律行为的有效要件，自然可以在行为人与相对人之间发生法律效力。《民法总则》第 146 条第 2 款规定："以虚假的意思表示隐藏的民事法律行为的效力，依照有关法律规定处理。"在涉及第三人的场合，行为人的隐藏意思是否可以对抗第三人，则根据该第三人是否为善意，即是否知道或应当知道该隐藏意思来区别对待。

[案例 8-1-6] 老杨见小儿子一家生活拮据，遂打算把自己的一套房子赠与小儿子。又担心大儿子有意见，遂与小儿子商量：房子算是赠送，但是形式上用买卖的方式进行。于是，双方订立买卖合同，并办理了所有权转移登记。

在这里，老杨与小儿子的行为就是隐藏行为，即以虚假买卖的外表来隐藏真实的赠与。因此，在老杨与小儿子之间，应按照赠与行为来界定双方的关系；在涉及第三人的情况下，如老杨将形式上的“买卖合同”中的“价金债权”转让给不知情的第三人，小儿子则应当向该第三人履行债务，而不能以买卖合同并非真实合同为由，对抗善意第三人。

2. 意思表示不自由。所谓意思表示不自由，是指行为人在面临外力作用的情况下，违背自己的真实意愿，对外作出表示行为。根据我国《民法总则》《民法通则》以及《合同法》的规定，意思表示不自由的类型包括：

（1）欺诈。所谓欺诈，是指以使他人陷入错误并因而为意思表示为目的，故意提供虚假信息或者隐瞒真实信息的行为。对于欺诈概念的理解，需要注意以下几个问题：第一，欺诈的构成，要求欺诈一方所提供的虚假信息或隐瞒的真实信息，必须是与交易事项有关的信息。例如，出卖人谎称质次商品为质优商品，从而使买受人陷入错误认识，并与之订立买卖合同，此情形即属于一方以欺诈手段订立合同。第二，欺诈的构成，不仅要求行为人具有欺诈的行为与故意，而且要求相对人因欺诈而陷入错误的认识。否则，倘若仅有一方的欺诈，而另一方并未因此陷入错误，仍愿与之实施法律行为的，则不构成欺诈。第三，欺诈的构成，要求故意提供虚假信息或者隐瞒真实信息的人，必须是交易中负有真实信息披露义务的一方。不负此项义务的人，不可能构成欺诈。

[案例 8-1-7] 某商场门前放置“搬迁大甩卖”的牌子，某甲见里面商品便宜，就买了一条牛仔裤。事后发现，该商场事实上并未搬迁。某甲认为受到欺骗，遂诉请法院要求撤销合同。

本案中，“搬迁”本身与牛仔裤买卖合同的内容无关，并非交易事项。商场虚构交易背景的行为，不构成这里的欺诈。

[案例 8-1-8] 某甲是假冒伪劣电池的鉴定专家。一日在商场，甲看到货架上的电池是假货，大量购入。随后，以商场欺诈消费者为由，根据《消费者权益保护法》诉诸法院，主张惩罚性赔偿。

本案中，如果某甲“知假买假”的事实得以证实，则应认定其并未因商场的欺诈陷入错误认识。换言之，在民法上，商场对某甲并未构成欺诈。

（2）胁迫。所谓胁迫，是指行为人向相对人实施威胁、逼迫，迫使其违反真实意愿而作出订立合同的意思表示。“胁迫”这一概念，意味着一方对于另一方的强制。这种强制，既应当包括心理上的强制，也应当包括身体上的强制。换言之，身体上的逼迫和心理上的威胁均应属于胁迫。需要注意的是，胁迫的构成，同样要求行为人的胁迫行为与相对人的不自由的意思表示之间具有因果关系。若相对人对行为人的胁迫并未感到畏惧，仍然愿意与之实施法律行为的，即不构成胁迫。

（3）重大误解。所谓重大误解，是指行为人一方由于对与法律行为相关的重要事项理解错误或者表示失误所作出的意思表示。与欺诈、胁迫相比较，重大误解纯粹是由产生误解或者错误的一方当事人自身的原因造成的，而对方并没有任何的诸如欺诈、胁迫或者乘人之危的不法行为。需要说明的是，我国民法并未规定“表示错误”这一事由。所谓表示错误，是指当事人并未发生误解，其内在意思的形成是真实的，只不过在这种真实的内在意思对外表示的过程中，发生了错误，因而形成了意思与表示不相符的情况。例如，将“单价 2 000 元”错误地表述为“单价 200 元”即属此类。虽然表示错误并不是一种当事人对于事关合同实现的重要误解，而是一种表示上的错误，但是，在表示错误的情况下，其对于当事人的不利影响，与其他的重大误解情形其实并无不同，因此，“表示错误”在解释上应当被纳入“重大误解”的范畴。

（4）显失公平。所谓显失公平，是指行为人一方利用自己经验上或者议约地位上的优势，或者利用相对人的危难处境，与相对人实施权利和义务明显失衡的法律行为。显失公平的构成要件有二：第一，后果要件。即法律行为中权利和义务的内容明显失衡。第二，原因要件。即权利和义务的内容明显失衡，是行为人与相对人交易地位事实上的不对等所导致的。这种交易地位的不对等包括两方面含义：一是行为人利用自己经济地位或者交易经验上的优势；二是行为人利用相对人的为难处境。由此可见，与前述欺诈、胁迫和重大误解相比较，尽管在欺诈、胁迫和重大误解的情况下，也会产生法律行为的权利和义务明显失衡的结果，但是，这种权利和义务的明显失衡，倘若并非交易地位的不对等所导致，则可以构成欺诈、胁迫或重大误解，但不能构成显失公平。

需要说明的是，在《民法通则》和《合同法》所规定的意思表示不自由的各类情形中，“显失公平”与“乘人之危”为并列关系，即“行为人利用相对人的危难”为乘人之危，“行为人利用自己的优势”则为显失公平。《民法总则》第 151 条将“显失公平”界定为“一方利用对方处于危困状态、缺乏判断能力等情形，致使民事法律行为成立时显失公平”，因此在《民法总则》中，“显失公平”与“乘人之危”为包容关系，即“显失公平”吸收了“乘人之危”的内容。这种吸收之所以可能，是因为无论是“行为人利用相对人的危难”，还是“行为人利用自己的优势”，其本质上都属于交易地位的不对等，即相对人在行为人面前毫无回旋余地，因别无选择而只能就范。

［案例 8-1-9］ 甲将一个价值 200 元的精仿的明代花瓶赝品称作明代花瓶，以 5 万元的价格出卖给乙，造成双方损益的严重失衡。在这里，甲作为出卖人，应对标的物的性质负有真实信息披露义务。因此，甲披露虚假信息的行为构成欺诈，而非显失公平。

［案例 8-1-10］ 甲与乙开发商订立商品房买卖合同，交付房款后，因乙开发商不能按期竣工，交房无望，甲主张解除合同。乙开发商要求甲签署“解约协议”，放弃违约责任请求权。面对疯涨房价，甲为了及时要回房款另行购房，无奈在“解约协议”上签字。在这里，乙开发商利用了自己经济地位上的优势，“解约协议”构成显失公平。

［案例 8-1-11］ 甲带儿子到水库边游玩，孩子失足落水。乙对甲说：“如果你给我 1 万元，我就把孩子从水里救出来！”甲无奈，给了乙 1 万元。在这里，甲的被动境地是自己一方造成的，却被乙利用，乙的行为构成显失公平。

[**案例 8-1-12**] 一件价值 100 元的衬衣，在豪华购物中心标价 5 000 元。企业家郝总见到后当即买下，造成双方损益的严重失衡。在这里，商场既不存在欺诈、胁迫、乘人之危，郝总也不存在重大误解。同时，商场的天价标价，纯属愿者上钩，并没有“利用优势”的要素。因此，本案中，商场与郝总的买卖合同中，双方的意思表示并无瑕疵。

（三）标的瑕疵

所谓标的瑕疵，是指法律行为的目的违反法律的强制性规定，损害国家、集体或他人利益，以及有悖于社会公共利益。根据《民法总则》《民法通则》与《合同法》的规定，法律行为标的瑕疵的类型包括：

1. 违反法律、行政法规的强制性规定。法律行为不得违反法律、行政法规的强制性规定的要求，反映出强行法对于民事主体私法自治的约束。为了合理地保障民事主体的私法自治，避免国家公共权力对私法自治的任意干预，对于这里的“法律”“行政法规”的范围及其内容，应予明确界定。首先，根据最高人民法院《合同法解释（一）》第 4 条的规定，合同法实施以后，人民法院确认合同无效，应当以全国人大及其常委会制定的法律和国务院制定的行政法规为依据，不得以地方性法规、行政规章为依据。此处所称的“法律”，应当是指全国人民代表大会及其常务委员会颁布的法律；而“行政法规”，则应当是指国务院颁布的法规。除此之外，其他国家机关颁布的规范性文件，不应成为民事主体私法自治的强行法约束。其次，《民法总则》第 153 条第 1 款规定：“违反法律、行政法规的强制性规定的民事法律行为无效，但是该强制性规定不导致该民事法律行为无效的除外。”可见，并非违反任何强制性规定均会导致法律行为归于无效。在民法学理论上，“法律、法规的强制性规定”可以分作两类：一是效力性强制性规定；二是取缔性强制性规定。尽管这两类规定均具有强行性，但是违反的法律后果却并不相同。违反效力性强制性规定的后果，在于法律行为不能发生行为人所预期的法律效力，即导致法律行为的效力瑕疵；违反取缔性强制性规定的后果，则在于承担公法上的责任，而不会发生民法上的法律后果。至于效力性强制性规定与取缔性强制性规定之间的辨别标准，理论上则见仁见智。已经为学界所公认的标准包括：（1）法律、法规明确规定违反禁止性规定将导致法律行为无效的，该规定为效力性强制性规定。（2）如果立法目的是禁止行为本身，保护社会公共利益不受该行为侵害，则该规定就是效力性强制性规定；反之，如果立法目的并不在于禁止行为本身，而是为了管理、约束行为的实施，该规定则是取缔性强制性规定。

2. 恶意串通，损害国家、集体或者第三人利益。法律行为不得损害国家、集体或者第三人利益的要求，反映出国家、集体与他人利益对民事主体私法自治的约束。所谓恶意串通，是指行为人双方相互通谋，以损害行为人之外的国家、集体或者第三人利益为目的而实施法律行为。恶意串通的表现形式可以是多样的：可以表现为当事人之间的明确约定，也可以表现为当事人之间“心领神会”的默契配合。在恶意串通，损害国家、集体或者第三人利益的场合，如果说“损害国家、集体或者第三人利益”是行为人实施法律行为的目的所在的话，那么“恶意串通所实施的法律行为”就是行为人实现这种目的的手段。

3. 以合法形式掩盖非法目的。所谓以合法形式掩盖非法目的，是指行为人所实施的法律行为，在形式上是合法的，但是在目的上则是非法的。将以合法形式掩盖非法目的的法律行为与恶意串通，损害国家、集体或者第三人利益之法律行为进行比较，两者的相同之处在于，均存在行为人双方的恶意通谋，也均利用法律行为的方式来达到损害国家、集体、第三人利益或者其他违法目的。两者的不同之处在于，以合法形式掩盖非法目的的法律行为，行为人双方并无真实的效果意思，其所达成的形式上的合意，纯粹是掩盖其非法目的的一种手段；而恶意串通，损害国家、集体或者第三人利益之法律行为，虽然也具有违法性，但是当事人仍然具有效果意思，其所实施的法律行为本身并不是虚假的。

[案例 8-1-13] 大王村村主任张某与小舅子陈某约定，张某利用职权，以极低的承包价格将集体所有的收益丰厚的鱼塘发包给陈某，并在承包期内分得鱼塘承包收益的40%。在这里，张某与陈某的行为即为恶意串通、损害集体利益的行为。

[案例 8-1-14] 地王房地产开发公司为了顺利获得市区中心的一块土地的使用权，在主管此项工作的官员王某的孩子过4岁生日的时候，以生日礼物为名，赠送法拉利汽车一辆。在这里，该公司的行为就是以合法形式（赠与）掩盖非法目的（行贿）的行为。

4. 损害社会公共利益。所谓社会公共利益，是指为多数社会成员所认同的社会秩序和社会道德风尚，即公序良俗。法律行为不得损害社会公共利益的要求，源自道德规范对民事主体私法自治的约束。需要注意的是，可以作为私法自治之限制的公共利益，仅限于严重违反公序良俗规范要求的情形，如违反人伦、正义观念，剥夺或极端限制个人自由等法律行为。

[案例 8-1-15] 甲与乙比武，决战前订立生死状，约定造成死伤概不负责。结果乙被甲打成重伤，遂起诉索赔。甲则以该生死状进行抗辩。

本案中，此生死状即属违反了社会道德风尚的法律行为，不能作为甲的免责事由。

[案例 8-1-16] 外地人甲来到本市自助旅游，找不到目的地，本地人乙见状表示，愿意带路，但是要收取带路费10元，甲同意。到达目的地后，甲以两人的约定违反社会公德为由，认为无效，拒不支付费用。

本案中，带路收费诚然违反了助人为乐的道德准则，但是其对于公序良俗的违反并不严重，不能构成这里的“损害公共利益”。

第二节　法律行为效力瑕疵分述

[本节要点]

本节重在阐释法律行为效力瑕疵的类型及各种效力瑕疵类型的违法性成因。因此，本节需要掌握的知识要点包括两个方面：一是法律行为无效、可撤销与效力待定三种效力瑕疵类型的含义与制度规则；二是上述三种效力瑕疵类型分别是由怎样的违法事由引起的。

法律行为的效力瑕疵，具体包括无效、可撤销或可变更和效力待定三种类型。笼而统之地讲，这三种效力瑕疵的类型，均是由于法律行为的主体、意思表示和标的这三个方面中的一方面或若干方面不符合法律行为的有效要件，致使法律行为不能产生或者不能当然产生行为人所预期的法律后果。但是，上述三种具体的效力瑕疵类型，其各自产生的违法性原因并不相同，因而其具体的效力瑕疵状况也各不相同。

一、法律行为的无效

（一）法律行为无效的概念

所谓法律行为无效，是指已经成立的法律行为自始、当然、确定地不能产生行为人所预期的法律后果的效力瑕疵情形。需要注意的是，法律行为无效不同于法律行为不成立。所谓法律行为不成立，是指法律行为不具备成立要件，因而“法律行为不存在”；而法律行为无效，首先意味着法律行为已经成立、存在，只不过这种已经成立的法律行为违反了法律规定的有效要件，因而自始、当然、确定地不能发生行为人所预期的法律后果。法律行为无效具有如下几个方面的特征：

1. 自始无效。所谓自始无效，是指法律行为自成立时就不能产生行为人所预期的法律后果。换言之，这种法律行为自其成立之初就是无效的。

2. 当然无效。所谓当然无效，是指法律行为的无效，是由于该行为违反了法律所规定的有效要件。因此该法律行为的无效，根源于法律的强制性规定，是基于法律规定所作出的判断。换言之，这种判断并不依赖于当事人的意志，甚至也不依赖于法院的意志。

3. 确定无效。所谓确定无效，是指该法律行为不仅自成立时是无效的，而且在成立之后，其最终也是无效的。因此，对于一个无效的法律行为来讲，不可能通过行为人的决定或者法院的裁量而使之获得效力。

需要注意的是，法律行为的无效仅仅是针对一个法律行为当中的违反有效要件的内容而言的。因此，根据法律行为的内容是否全部违反有效要件，法律行为的无效可以分为全部无效和部分无效两种情形。当法律行为的核心内容违反了法定的有效要件，行为人不可能就其中任何一部分履行时，构成全部无效；而当法律行为的非核心内容违反了法定的有效要件，并不影响法律行为的其他内容，即法律行为的其他部分之履行，仍然不失为合法时，则构成部分无效。显然，在法律行为无效的基础上区分全部无效和部分无效的意义就在于，全部无效的法律行为，禁止履行；部分无效的法律行为，则可以就其有效部分履行。

[案例 8-2-1] 王鹏将李明打成重伤，依法需要追究王鹏的刑事责任。王鹏与李明亲属达成协议：王鹏一次性赔偿李明医疗费 5 000 元，李明不再告发王鹏。

在本案中，“李明不再告发王鹏”的协议内容属于私了条款，依法应属无效。但是“王鹏向李明赔偿医疗费”的约定，则并无违法之处。因此，上述协议为部分无效的法律行为。

（二）法律行为无效的原因

法律行为的无效所蕴含的自始无效、当然无效与确定无效的特征，表明这是一种最为严重的效力瑕疵类型。相应地，导致法律行为无效的原因，自然也在于该法律行为违反了法律所规定的根本性有效要件。所谓违反根本性有效要件，是指法律行为违反法律的强制性规定，违反社会公共利益，损害国家、集体或者他人利益等情形。在这些情形之下，法律行为的无效后果之所以不能根据行为人的意愿而加以改变，原因在于该法律行为已经不再是对行为人私法上的利益造成损害，而是损害国家、集体或者他人的利益，因而法律必须通过强行规定使之无效。

根据我国《民法总则》及《合同法》的规定，法律行为无效的原因包括：

1. 无民事行为能力人独立实施法律行为。无民事行为能力人受其心智水平的影响，依法不能实施法律行为。因此，《民法总则》第20、21条规定，无民事行为能力的未成年人与成年人，由他的法定代理人代理民事活动。据此，无民事行为能力人只能通过法定代理方式来实施法律行为，而不得独立完成。否则，无民事行为能力人独立实施的法律行为无效。需要注意的是，由于纯获利益的法律行为、小额的法律行为，民法理论上并不要求行为人具有行为能力，因此无民事行为能力人独立实施这类法律行为，并不构成行为能力瑕疵，其法律行为有效。

2. 一方以欺诈、胁迫的手段订立合同，损害国家利益。根据《合同法》第52条的规定，一方以欺诈、胁迫手段订立合同，损害国家利益的，合同无效。在构成欺诈、胁迫的情况下，不仅被欺诈、胁迫一方的利益可能遭受损害，国家利益也有可能因此遭受损害。在这种情况下，由于该合同的消极影响业已溢出当事人双方的范围，而危及国家利益以及国家所代表的公共利益，因此这种合同便违反了法律行为的根本性有效要件，应当归于无效。

[案例8-2-2] 东川建设工程公司（简称“东川公司”）为国家某一大型重点建设项目的总承包商，法定代表人为陈某。一日，踏浪贸易公司（简称“踏浪公司”）董事长李某找到陈某，想让东川公司购买踏浪公司生产的建筑材料，用于项目建设。由于踏浪公司的产品质量达不到标准，如用于工程建设，将导致项目质量受损，陈某表示拒绝。李某说：“我掌握你的生活作风问题的证据。如果你不购买，我就把这些证据在网络上公开。”陈某害怕，便在合同书上签字、盖了公章。

在本案中，李某的胁迫行为损害了国家利益，因此该合同依法应属无效。

3. 恶意串通，损害国家、集体或者第三人利益。由于在这种情况下，法律行为的消极影响同样损害到行为人双方之外的国家、集体和第三人的利益，因此该法律行为违反了法律行为的根本性有效要件，应当归于无效。

4. 以合法形式掩盖非法目的。以合法形式掩盖非法目的的法律行为，行为人真实的效果意思在于追求合法形式之下的违法目的，这种行为违反了法律行为的根本性有效要件。此时，倘若法律确认该伪装为合法的法律行为，必将使该行为的非法目的得以实现。因此，以合法形式掩盖非法目的的法律行为应当归于无效。

5. 损害社会公共利益。损害社会公共利益的法律行为，其行为的危害性同样具有超越行为人关系以外的特征。这种法律行为违反了法律行为的根本性有效要件，应当归于无效。

6. 违反法律、行政法规的效力性强制性规定。违反法律、行政法规效力性强制性规定的法律行为，本质上属于依法禁止实施的法律行为。该行为一经实施，便与法律、行政法规禁止性立法目的相冲突。因此，违反法律、行政法规效力性强制性规定的法律行为，应当归于无效。

二、法律行为的可撤销

（一）法律行为的可撤销的概念和特征

所谓法律行为的可撤销，是指已经成立的法律行为，因实施法律行为的行为人的意思表示不真实，法律赋予行为人一方以撤销权，撤销权人通过行使撤销权，可以使法律行为的效力归于消灭的效力瑕疵状况。作为效力瑕疵的一种类型，法律行为的可撤销具有如下特征：

1. 法律行为的可撤销，是由行为人的意思表示瑕疵引起的。从法律行为所表彰的意思自治原则来看，行为人的真实意志的外在体现，即意思表示真实，是法律行为获得法律的认同、具备法律效力的必要条件。反之，倘若行为人的意思表示不真实，则法律行为的内容是对行为人意志的一种扭曲，因而须归入“可撤销”的效力瑕疵范畴。

2. 可撤销的法律行为，在行为成立时，具有法律上的约束力。这一点构成了法律行为的可撤销与法律行为的无效之间的区别之一。这意味着，倘若享有撤销权的当事人一方没有行使该项权利，没有依法撤销该意思表示不真实的法律行为，则其必须按照该法律行为的现有内容行使权利并履行义务。

[案例 8-2-3] 甲胁迫乙签订书面合同，将乙价值 100 万元的房屋 1 套以 15 万元的价格出卖给甲。合同订立后，乙没有按照约定向甲交付房屋、办理过户登记。甲将乙诉诸法院，要求乙履行合同。

在本案中，如果乙不以胁迫为由行使撤销权，主张撤销合同，法院即使能够查明胁迫事实存在，也将判决乙败诉。

3. 可撤销的法律行为，经享有撤销权的当事人一方行使撤销权，将自始无效。尽管可撤销的法律行为在成立时具有法律约束力，但是我们并不能就此认为，该法律行为就是“有效”的。因为可撤销法律行为所具有的这种约束效力，使该法律行为具有通过行为人行使撤销权而被否定的可能——这种可能性，在有效的法律行为中是不会存在的。由此可见，可撤销的法律行为，其最终属于有效还是无效，在成立之时，具有不确定性：倘若撤销权人行使撤销权，该行为归于自始无效；倘若没有行使撤销权，该法律行为则继续有效。这种最终效力归属上的不确定性，是可撤销的法律行为与无效法律行为的另一个区别——如前文所述，违反根本性有效要件的无效法律行为，其无效的后果在行为成立时就是确定无疑的。

4. 在可撤销的法律行为中，撤销权的享有者是法律行为的行为人，而非行为人之外的他人。可撤销的法律行为是由行为人意思表示不真实的瑕疵引起的，因而其所损害的利益亦限于行为人的范围之内，而与他人无关。故此，是否对这种行为予以撤销，纯属行为人自身的事务，法律在此规定的撤销权，也就仅因意思表示不真实而遭受不利的行为人才能享有。

（二）法律行为可撤销的原因

概括地讲，法律行为的可撤销这一效力瑕疵，源自行为人的意思表示瑕疵，即意思表示不真实。根据我国《民法总则》《民法通则》以及《合同法》的规定，其具体包括如下情形：

1. 无损于国家利益的欺诈与胁迫。《合同法》第 52 条将“一方以欺诈、胁迫手段订立合同，损害国家利益”的情形界定为合同无效的情形，这本身就意味着“一方以欺诈、胁迫手段订立合同，无损于国家利益”的情形，属于纯粹的意思表示瑕疵，应当属于可撤销的情形。在此基础上，《民法总则》第 148—150 条将欺诈、胁迫区分为“行为人欺诈、胁迫”与“第三人欺诈、胁迫”两种情形，分别加以规定。具体来讲：

第一，行为人实施欺诈、胁迫行为的，受欺诈、胁迫方有权依法撤销该法律行为。

第二，第三人实施欺诈行为，相对人知道或应当知道该欺诈行为的，受欺诈方有权依法撤销该法律行为。

［**案例 8-2-4**］甲的汽车长期由乙使用，乙在使用中发生交通事故，自行维修后并未告知甲。后甲欲将该车出卖给丙。丙问及该车是否发生过交通事故，乙向丙表示自己在使用期间从未发生过交通事故，丙遂与甲订立汽车买卖合同。

本例中，甲、丙为买卖合同的双方，乙对丙实施欺诈，构成第三人欺诈。由于甲不知道且不应当知道此事，故丙不得撤销该汽车买卖合同。

第三，第三人实施胁迫行为的，受胁迫方有权依法撤销该法律行为。

可以看出，在第三人欺诈、胁迫的情形下，受欺诈、胁迫方撤销该法律行为，是否应当以"相对人知道或应当知道"欺诈、胁迫之事实为条件，《民法总则》的规定是不同的。其原因在于，就对意思自由的打压程度而言，欺诈较为轻微，而胁迫则较为严重。故而在第三人欺诈的情况下，法律需要在受欺诈方与相对人之间进行利益衡量；而在第三人胁迫的情况下，利益衡量则不再必要，法律保护的天平全面倒向被胁迫方。

2. 重大误解、显失公平。在重大误解、显失公平的情况下所实施的法律行为，行为人一方的意思表示，并不真实地反映其内在意愿，具有意思表示瑕疵。因此，因重大误解、显失公平所实施的法律行为，后果为可撤销。

由上述法律行为可撤销的原因可以看出，法律行为的无效与可撤销这两种效力瑕疵之区分的关键点，在于该法律行为所损害的利益是否逾越了行为人的范围，而蔓延至包括国家在内的"他人"。在无损他人利益的情况下，法律行为的效力最终归属于自始有效还是自始无效，是一个行为人自己是否愿意接受由此造成的不利的问题，属于当事人的私人事务，应当由当事人自己作出决定。而其作出决定的方式，就是是否行使撤销权。反之，在有损他人利益的情况下，该法律行为已不再仅仅是行为人内部的事务，而涉及了第三人。此时，由于行为人不能够以自己的意愿来决定他人的事务，故行为人通过撤销权而获得的法律行为效力的决定权被否定，该法律行为直接依法归于无效。

（三）撤销权的行使

可撤销的法律行为，在其成立之时，行为人便享有了撤销权。从法律性质上讲，撤销权属于形成权，撤销权人仅仅享有撤销权，并不能自动使一个可撤销的法律行为归于无效。换言之，要消灭这种法律行为的法律效力，撤销权人必须行使其撤销权。

1. 撤销权人。由于法律赋予当事人以撤销权的目的在于救济其因意思表示不真实所遭受的不利，因此撤销权人为法律行为的行为人，即意思表示不真实一方。由于撤销权是一项没有人身专属性的民事权利，《民法总则》第 152 条规定，撤销权人可以明示或默示的方式放弃该项权利。需要注意的是，撤销权的放弃，需要以权利人知道可撤销事由为前提。

［**案例 8-2-5**］甲对乙实施欺诈，与乙订立买卖合同后，乙向甲支付了货款。

本例中，如果乙是在知道甲的欺诈事实后支付货款的，则构成默示放弃撤销权；反之，如果乙是在不知道甲欺诈事实的情况下支付货款的，不构成放弃撤销权。

2. 撤销方式。根据《民法总则》第 147—151 条的规定，撤销权的行使方式是提起诉讼或者申请仲裁。这就意味着，由于法律对于撤销权行使的方式有着特别的规定，因此当事人行使该项权利必须遵守法律的规定，而不能仅仅通过单方通知的方式行使该项权利。

3. 撤销权的行使期间。撤销权作为一种形成权，其行使应当受到除斥期间的制约，即形成权应当在除斥期间内行使，否则该权利消灭。根据《民法总则》第152条的规定，有关撤销权行使期间的规则是：(1) 原则上，撤销权的行使期间为当事人自知道或者应当知道撤销事由之日起1年。(2) 例外情况有二：第一，重大误解的当事人，其撤销权行使期间为自知道或者应当知道撤销事由之日起3个月；第二，受胁迫的当事人，其撤销权行使期间为自胁迫行为终止之日起1年。在此基础上，前述的原则与例外均应受到最长撤销期间的限制，即当事人自民事法律行为发生之日起5年内没有行使撤销权的，撤销权消灭。

[案例8-2-6] 2017年4月1日，甲将一幅价值500元的古画赝品冒充真迹，与乙订立书面买卖合同，以15万元的价格出卖给乙。乙拿到该画后，尚未付款。2017年6月1日有人告知乙这是赝品。乙便口头通知甲，买卖作废。甲则表示：货已售出，概不退换；白纸黑字，不得抵赖。乙遂向律师进行咨询。

本案中，律师的咨询意见应当包括：(1) 用口头或书面通知的方式表示"买卖作废"没有法律意义。(2) 乙应在2017年6月1日起1年内通过起诉或仲裁方式，主张撤销合同。(3) 如果乙没有在1年内行使撤销权，撤销权消灭。甲有权诉诸法院，请求乙支付15万元的价金。

三、法律行为的效力待定

(一) 法律行为的效力待定的概念和特征

所谓法律行为的效力待定，是指已经成立的法律行为，因欠缺相应的权利或者能力，不能当然发生法律效力，而需要相关的权利人表示追认方能有效的效力瑕疵状况。效力待定是法律行为效力瑕疵的第三种类型，其具有如下几个方面的特征：

1. 引起法律行为效力待定的原因，在于法律行为的行为人一方不具有相应的权利或者能力，即效力待定源自主体瑕疵。在法律行为的实施过程中，法律对于行为人的行为能力、处分权、代理权等具有严格的要求。如果行为人实施相关的法律行为，却不具有相应的行为能力、处分权或者代理权，其所实施的法律行为就不符合法律的有效要件，不能当然发生行为人所预期的法律后果。

2. 在法律行为效力待定的情况下，在该法律行为成立时，其效力悬而未决。这一点是效力待定的法律行为与无效法律行为、可撤销法律行为的区别之处。如前文所述，在无效法律行为的场合，法律行为自成立时就是无效的；而在可撤销法律行为的场合，法律行为在成立时是具有约束力的。然而，对于效力待定的法律行为而言，在成立时，其效力却是悬而未决。所谓效力悬而未决，是指法律行为虽然已经成立，但是在法律效力上，既不能说有效，也不能说无效。

3. 效力待定的法律行为，最终有效还是无效，需要相关权利人的追认和拒绝。对于效力待定的合同而言，其效力最终归属于何处，是有效还是无效，依赖于相关权利人的意思表示，即相关权利人对该法律行为的效力予以追认或者否认：如果该权利人表示追认，法律行为自始有效；如果其表示否认，则法律行为自始无效。由此可以看出，与可撤销的法律行为相同，效力待定的法律行为在其成立之后，最终有效还是无效，同样具有不确定性，完全取决于相关权利人的意思表示。

4. 对效力待定的法律行为享有追认权或者否认权的权利人，是法律行为人之外的第三人。这一点与可撤销的法律行为不同。如前文所述，在可撤销的法律行为中，有撤销权的人是行为人。由行为人之外的第三人对效力待定的法律行为予以追认或者拒绝，这与效力待定法律行为产生的原因密切相关。由于效力待定的法律行为是行为人欠缺行为能力或者相关权利所致，因此，这种法律行为的效力需要相关的具有行为能力或者权利的人的意思表示予以补正。而具有相应行为能力或权利，并可对该法律行为的效力予以补正的权利人，不可能是法律行为的行为人双方，而只能是行为人以外的第三人。

（二）法律行为效力待定的原因

1. 限制行为能力人超越行为能力独立实施法律行为。《民法总则》第 19、22 条规定，限制行为能力的未成年人与成年人，可以进行与其行为能力相适应的民事活动；其他民事活动由他的法定代理人代理，或者征得他的法定代理人的同意。据此，限制行为能力人超越行为能力独立实施的法律行为为效力待定的法律行为：如果其法定代理人表示追认，法律行为自始有效；如果其法定代理人表示否认，则法律行为自始无效。

2. 狭义无权代理人所实施的法律行为。根据代理制度，行为人以被代理人的名义，与相对人实施代理行为，该行为的后果要由被代理人承受。行为人应当享有代理权，并且应在代理权限内实施该代理行为。在狭义无权代理的情况下，行为人并不享有代理权，因此其无权代理行为所引起的法律后果，被代理人并不一定要予以承受；与此同时，由于行为人的代理行为所引起的法律后果，未必不利于被代理人，所以被代理人是否承受狭义无权代理行为的法律后果，应当由其自己根据利弊作出取舍。因此，《民法总则》第 171 条第 1 款规定："行为人没有代理权、超越代理权或者代理权终止后，仍然实施代理行为，未经被代理人追认的，对被代理人不发生效力。"即法律通过赋予被代理人追认权和否认权的方式，实现被代理人对是否承受狭义无权代理行为的法律后果的决定权。根据上述两项权利，如果被代理人对该行为予以追认，则被代理人承受该行为的法律后果；如果被代理人否认，则被代理人不承受该行为的法律后果，而由无权代理的行为人自负其责。如此一来，基于狭义无权代理行为所订立的合同，便被纳入效力待定合同的范畴了。

3. 无权处分的法律行为。所谓无权处分，是指行为人不享有标的物的处分权，或者处分权受到限制，却与相对人订立合同，将该标的物转让给相对人，或者为相对人设立他物权的行为。对于"无权处分"这一概念的理解，应当注意如下两个方面的问题：

（1）所谓"无权"，既包括行为人不享有处分权，如非所有权人处分标的物给相对人；也包括处分权受到限制，如共有人未经其他共有人的同意，擅自将共有物处分给相对人。另外，"无权"之构成，还必须考虑一个时间标准，即在法律行为所生之义务履行时，处分人不享有处分权。换言之，在处分人与相对人实施处分标的物的法律行为时，处分人不享有处分权，但是如果在履行时，其已经取得了处分权的，该法律行为就不能称为无权处分。

（2）所谓"处分"，即处分法律行为，是指处分人向相对人让渡权利的归属，或者使相对人在所处分的标的上成立担保物权或用益物权的法律行为。在前述"负担法律行为"与"处分法律行为"的区分下，只有"处分法律行为"在处分权欠缺的情况下，其财产权利转移或物权变动是否发生才效力待定。"负担法律行为"的债权效力的发生，则不以处分权为条件。最高人民法院《买卖合同解释》第 3 条第 2 款规定："出卖人因未取得所有权或者处分权致使标的物所有权不能转移，买受人要求出卖人承担违约责任或者要求解除合同并主张损害赔偿的，人民法院应予支持。”由此可见，在行为人不享有处分权的情况下，其所实施的负担法律行为依然是有效的。

实施处分法律行为，处分人应当享有处分标的物的权利，即享有处分权。倘若其不享有处分权而实施处分法律行为，自然应当征得享有处分权的人的同意。换言之，处分权人对于无权处分行为享有追认权与拒绝权；相应地，无权处分所实施的处分法律行为的效力待定性质也就由此界定：如果处分权人表示追认，该行为自始有效；如果处分权人表示拒绝，则该行为自始无效。

[案例 8-2-7] 甲将电脑出租给乙，乙与丙订立该电脑买卖合同，将甲的电脑出卖给丙，并向丙交付电脑。

本案例中，乙、丙间的买卖合同为负担法律行为，属有效，故而双方的买卖债权债务关系可以成立；乙向丙交付电脑的行为为处分法律行为，丙能否因此取得电脑的所有权，需要甲的追认或者拒绝。

4. 债务承担的法律行为。所谓债务承担，是指债务人与受让人订立的、将其对债权人所负的债务转让给受让人的合同法律行为。债务人转让债务于受让人，使得债权人主张权利的对象发生了改变。由于不同债务人的债务履行能力不同，因此债务承担合同的订立，有可能增加债权人不能实现其权利的风险，因此需要征得债权人的同意。我国《合同法》第 84 条规定：“债务人将合同的义务全部或者部分转移给第三人的，应当经债权人同意。”据此，债务人与受让人所订立的债务承担合同，在征得债权人同意后，自始有效；而倘若未征得债权人的同意，则自始无效。这就意味着，债务承担行为在性质上是一种效力待定的法律行为：债权人表示同意或者不同意的权利，正是效力待定法律行为中的追认权与否认权。

（三）效力待定法律行为中的权利配置与行使

1. 追认权与否认权。在上述限制行为能力人超越行为能力、狭义无权代理、无权处分和债务承担这四种效力待定的法律行为中，限制行为能力人的法定代理人、被代理人、有处分权人以及债权人，均享有追认权与否认权。这两项权利作为形成权，意味着上述权利人均可以单方决定相应效力待定法律行为自始有效或自始无效。需要注意的是，在上述四种效力待定的法律行为中，追认权与否认权的行使，仅需要权利人向相对人单方通知即可完成，无须征得相对人的同意，也无须通过提起诉讼或者申请仲裁的方式来主张权利。

2. 催告权与撤销权。上述四种效力待定的法律行为中，在限制行为能力人超越行为能力与狭义无权代理两种情况下，与限制行为能力人、无权代理人实施法律行为的相对人，还依法享有催告权与撤销权。

（1）相对人的催告权。所谓相对人的催告权，是指相对人将其与限制行为能力人或者无权代理人实施法律行为的事实告知追认权人，即限制行为能力人的法定代理人或者无权代理人的被代理人，征询其是否行使追认权。催告权的法律意义，不仅在于催告追认权人作出是否追认的决定，还在于限制其追认的时间。根据《合同法》第 47、48 条的规定，限制行为能力人的法定代理人或者无权代理人的被代理人，接到催告通知后 1 个月内未作表示的，视为拒绝追认。这里法定的 1 个月期间，即可理解为以相对人作出催告为前提的追认权的除斥期间。

（2）相对人的撤销权。所谓相对人的撤销权，是指相对人主动撤销其与限制行为能力人、无权代理人之间的法律行为，并使之归于无效的权利。根据《合同法》第47、48条的规定，相对人撤销权的行使，应当受到两个条件的限制：一是相对人善意，即其与限制行为能力人、无权代理人实施法律行为时，不知道也不应当知道对方为限制行为能力人或无权代理人。二是追认权人尚未作出追认。倘若限制行为能力人的法定代理人或者无权代理人的被代理人已经作出追认，则该法律行为中行为人行为能力不足或者没有代理权的缺陷已经得到弥补，法律行为自始有效，相对人自然不能够再撤销该合同。需要注意的是，在限制行为能力人超越行为能力与狭义无权代理这两种效力待定的情况下，相对人行使撤销权，法律并不要求以起诉或申请仲裁的方式进行，只需要对限制行为能力人或者无权代理人单方作出撤销法律行为的通知即可。

四、法律行为归于无效的法律后果

所谓法律行为归于无效，是指法律行为因无效、被撤销或者被否认而最终自始不产生行为人所预期的法律后果的情形。法律行为归于无效有四种原因：一是成立时无效的法律行为，最终会归于无效；二是成立时可撤销的法律行为，可因撤销权的行使而归于无效；三是成立时效力待定的法律行为，可因追认权人拒绝追认而归于无效；四是在前述限制行为能力人超越行为能力与狭义无权代理两种效力待定的法律行为中，其还可因相对人行使撤销权而归于无效。

法律行为归于无效，仅仅意味着该法律行为自始不能产生行为人所预期的法律后果，并不意味着其不会产生其他的法律后果。事实上，法律行为归于无效的原因，不过是法律行为主体、意思表示或者标的的瑕疵，而这些瑕疵的存在本身即表明这种法律行为已经损害了行为人或者国家、集体、第三人的利益。因此，对于这种归于无效的法律行为，法律必须规定一系列法定的后果，从而使这些遭受损害的行为人或者国家、集体、第三人的利益得到救济。我国《民法总则》第157条及《合同法》第58、59条均规定，法律行为归于无效后，因该法律行为取得的财产，应当予以返还；不能返还或者没有必要返还的，应当折价补偿；有过错的一方应当赔偿对方因此所受到的损失，双方都有过错的，应当各自承担相应的责任；当事人恶意串通，损害国家、集体或者第三人利益的，因此取得的财产应收归国家所有或者返还集体、第三人。据此，合同归于无效的法律后果在于返还财产、赔偿损失与收缴财产三个方面。

（一）返还财产

所谓返还财产，是指基于无效法律行为而取得对方财产的当事人，应当将所取得的财产向对方予以返还，从而使双方的财产状况恢复到法律行为成立之前的状态。相应地，因无效法律行为而交付财产于对方的当事人则享有请求对方返还财产的权利。在不能返还或者没有必要返还的情况下，应当以折价补偿的方式作为返还财产的替代手段。

法律行为归于无效时的财产返还义务的依据在于：法律行为效力的存在，是行为人取得并维持从对方取得的财产的前提条件。在法律行为归于无效的情况下，一方从另一方所得到的财产，已经不再具有法律上的依据，其财产之取得不应当得到维持，而应当予以返还。需要注意的是，法律行为归于无效之返还财产的后果，其目的并非仅限于在财产之占有上恢复原状，还在于将财产之权属维持在法律行为成立时的状态。因此，一旦法律行为归于无效，基于该行为所产生的物权变动视为自始没有发生，因此不仅行为人从对方取得的财产应当返还对方，行为人从对方所获得的物权登记也应当予以回复。总之，在法律行为归于无效时，不仅交付财产的行为人有权请求对方返还财产，向对方办理物权登记的行为人，也有权请求对方回复登记。

（二）赔偿损失

所谓赔偿损失，是指因法律行为归于无效而产生的损失，由有过错的行为人进行赔偿。双方均有过错时，根据双方过错的比例来分担损失。法律行为归于无效时的赔偿损失之后果，性质上属于缔约过失责任，即当事人双方在合同生效之前的订立、磋商过程中，一方因过错而违反基于诚实信用原则所生的先合同义务，给对方造成损失的，违反义务的过错方应当对此损失承担赔偿责任。在法律行为归于无效的时候，虽然法律行为已经成立，但是那些最终导致法律行为效力瑕疵或者归于无效的事由，却来自行为的订立阶段。因此当这些事由最终导致法律行为归于无效时，由此所产生的损害赔偿责任，也便具有了缔约过失责任的性质。

需要说明的是，法律行为归于无效时，过错一方的赔偿责任，性质上属于信赖利益的赔偿责任，其目的在于恢复原状，将当事人的财产状况回复到合同订立之前的状态。因此，这种赔偿责任的范围，以对方当事人因法律行为归于无效所导致的现实财产损失为限，并不包括对方当事人实施法律行为时所期待的利益损失。

（三）收缴财产

所谓收缴财产，是指因恶意串通，损害国家、集体或者第三人利益而归于无效的法律行为，行为人所取得的对方的财产，不再返还对方，而应当予以收缴，并交给受到损害的国家、集体或第三人。可见，这里的收缴财产，正是法律行为因“恶意串通，损害国家、集体或者第三人利益”的事由而归于无效的法律后果。

从民法的私法性质来看，在民事主体的财产利益基于他人的恶意串通或者其他的不法原因遭受损害时，民法所安排的受损人救济之道，应当是赋予受损人一定的权利，然后其通过权利的行使，来维护、救济自己受损的利益。换言之，民法不会强制受损人接受保护。由此以观，法律行为归于无效的收缴财产制度，直接将恶意串通的当事人从对方所得到的财产予以收缴，并给予受损人，而忽略了受损人是否愿意接受该救济的意愿，其做法与民法对于社会关系的调整方法不符。因此，在性质上，这一制度并非一项民事法律制度，而是一项公法上的制度。

延伸思考

1. 法律的强制性规定为什么要区分“效力性强制性规定”与“取缔性强制性规定”？其标准应当如何界定？

2. 法律的强制性规定与社会公共利益对于法律行为效力限制的出发点是否相同？违反的后果是否应当区别对待？

3. 意思表示不一致当中的真意保留、虚伪表示与隐藏行为三种形式，是否存在统一的效力界定规则？

4. 意思表示中的目的意思缺陷，是否应当对法律行为的效力产生影响？

5. 无效、可撤销与效力待定这三种效力瑕疵的划分依据是什么？

6. 可撤销法律行为的制度设计是否有悖于交易安全？

7. 在实践中，将不能履行的合同界定为无效合同的做法，是否合乎民法理论？

8. 阐释显失公平的法律行为瑕疵理论对于反暴利立法的意义。

法条链接

《民法总则》第134条—第157条；《民法通则》第60条、第61条；《民通意见》第67条—第74条；《合同法》第47条—第59条；《合同法解释（一）》第3条、第10条；《合同法解释（二）》第9条、第10条、第11条、第14条；《房屋租赁合同解释》第2条、第3条、第4条、第5条；《商品房买卖合同解释》第2条、第6条。

扩展阅读

1. 谢鸿飞：《论法律行为生效的“适法规范”——公法对法律行为效力的影响及其限度》，载《中国社会科学》2007年第6期。

2. 许中缘：《论违反公法规定对法律行为效力的影响——再评〈中华人民共和国合同法〉第52条第5项》，载《法商研究》2011年第1期。

3. 李昊：《论须批准法律行为在民法总则中的规范方式》，载《法学论坛》2017年第1期。

4. ［德］康·茨威格特、海·克茨：《违背法律和善良风俗的法律行为后果比较》，孙宪忠译，载《环球法律评论》2003年第4期。

5. 杨代雄：《法律行为基础瑕疵制度——德国法的经验及其对我国民法典的借鉴意义》，载《当代法学》2006年第6期。

6. 罗昆：《合同效力瑕疵制度中的类型思维及其问题》，载《法学评论》2010年第6期。

7. 林国华：《意思表示瑕疵对法律行为效力的影响》，载《青海师范大学学报（哲学社会科学版）》2008年第3期。

8. 朱广新：《意思表示错误之撤销与相对人的信赖保护》，载《法律科学（西北政法学院学报）》2006年第4期。

9. 崔建远：《合同效力瑕疵探微》，载《政治与法律》2007年第2期。

10. 陈小君：《民事法律行为效力之立法研究》，载《法学家》2016年第5期。

11. 张弛：《法律行为效力评价体系论》，载《法学》2016年第5期。

12. 杨立新：《我国〈民法总则〉法律行为效力规则统一论》，载《法学》2015年第5期。

13. 尹田：《论法律行为无效后的财产返还》，载《时代法学》2010年第5期。

14. 黄忠：《法律行为部分无效的处理规则研究》，载《当代法学》2010年第3期。

15. 张广兴：《法律行为之无效——从民法通则到民法典草案》，载《法学论坛》2003年第6期。

16. 董迎雪：《无效法律行为效力转换制度研究及借鉴》，载《法学杂志》2014年第2期。

17. 朱广新:《法律行为无效事由的立法完善》，载《政法论丛》2016 年第 3 期。

18. 朱广新:《论“以合法形式掩盖非法目的”的法律行为》，载《比较法研究》2016 年第 4 期。

19. 徐涤宇:《非常损失规则的比较研究——兼评中国民事法律行为制度中的乘人之危和显失公平》，载《法律科学（西北政法学院学报)》2001 年第 3 期。

20. 薛军:《论可撤销法律行为撤销权行使的方法——以中国民法典编纂为背景的分析》，载《法学家》2016 年第 6 期。

第九章　代　　理

本章要点

代理是法律行为的一种特殊的实施方式，其特殊之处在于作出意思表示的行为人（代理人）与法律行为效果的承受人（被代理人）的分离，而代理权正是这种分离的法律基础。因此，本章需要掌握的知识要点，从三个方面展开：一是代理的一般原理；二是代理权；三是无权代理。

第一节　代理概述

[本节要点]

本节作为对代理法律制度一般原理的阐述，需要掌握的知识要点由三个方面组成：一是代理是什么，涉及代理的概念、特征及其与相关概念的区别；二是哪些行为可以代理实施，涉及代理的适用范围；三是代理的表现形式有哪些，即代理的分类，需要掌握各种分类的标准及其法律意义。

一、代理的概念与特征

（一）代理的概念

代理的概念，有广义与狭义之分。广义的代理，是指被代理人通过代理人所实施的法律行为。至于代理人是否以被代理人的名义实施该法律行为，则在所不问。《民法总则》第161条第1款规定："民事主体可以通过代理人实施民事法律行为。"可见，《民法总则》中的代理，即采用广义的代理概念。狭义的代理，则是指代理人在代理权限内以被代理人的名义与相对人实施法律行为，由此所产生的法律效果，由被代理人承受的法律制度。尽管《民法总则》对于代理的界定采取广义概念，但是《民法总则》中所规定的代理制度，则是以狭义的代理概念为出发点的。因此，把握狭义代理的概念，是理解代理法律制度的基础。故本书所称的代理，在未特别说明的情况下，系指狭义的代理。

根据狭义代理概念，代理存在三方当事人：依照代理权实施代理行为的人，为代理人；代理人所实施的法律行为的对方当事人，为相对人；与相对人共同承受代理行为法律效果的人，为被代理人。进而，在这三方当事人之间，代理制度的内在法律机制包括以下三个环节：

1. 代理人享有代理权。在被代理人和代理人之间，存在着依法使代理人享有代理权的法律关系，如代理人对被代理人的监护关系、被代理人对代理人的委托授权关系。代理人基于这些法律关系所享有的代理权，是其实施代理行为的法律前提，也是被代理人承受代理行为法律效果的法律基础。

2. 代理人实施代理行为。所谓代理行为，是指代理人以被代理人名义，与相对人所实施的法律行为。代理行为的实施是发生代理法律效果的法律事实基础。

3. 被代理人承受代理法律效果。由于代理行为是以被代理人名义实施的，因此代理行为所产生的法律效果所约束的对象，并非代理人与相对人，而是相对人与被代理人，即被代理人承受代理行为的法律效果。

[案例 9-1-1] 甲有一台旧的笔记本电脑欲出卖，委托乙办理此项事宜。乙遂与丙协商后，以甲的名义与丙订立了电脑买卖合同。

在本案中，代理机制的三个环节表现为：第一，甲与乙之间存在着导致乙享有代理权的法律关系；第二，乙与丙之间存在着代理行为；第三，丙与甲之间存在着代理效果承受法律关系，即代理行为的法律效果，是在丙与甲之间展开的。

代理是法律行为的一种特殊实施方式。在法律行为的一般情况下，行为人与行为效果的承受者是合一的，即行为人就是法律行为之效果的承受者；而在代理的情况下，行为人与行为效果的承受者却是相互分离的。代理人作为实施法律行为（代理行为）的人，并不承受该行为的后果。被代理人作为承受该后果的人，又不是实施法律行为（代理行为）的人。这种行为人与行为效果承受者相互分离的特性，使得代理制度具有了重要的现实意义。在被代理人由于行为能力、专业知识、时间、精力等局限，无法亲自实施法律行为的情况下，由代理人实施该行为，并由被代理人承受法律效果，恰恰弥补了被代理人的上述局限，满足了被代理人相应的生产、生活需要。

（二）代理的特征

1. 代理人在代理权限内自主实施代理行为。在代理行为的实施过程中，代理人怎样作出意思表示、是否接受相对人作出的意思表示，均由代理人根据具体的情况进行自主判断，并且独立完成。这就意味着，代理人并非仅仅是被代理人手足的延伸，更是被代理人头脑的延伸。代理人有权自主实施代理行为，是代理制度所具有的弥补被代理人行为能力等方面局限之功能的基点。需要注意的是，代理人实施代理行为的自主性，必须限制在代理权限之内，即代理权限决定着代理人自主的空间范围。

2. 代理人以被代理人名义实施代理行为。代理人以被代理人的名义实施代理行为，意味着代理人向相对人表明自己的代理人身份并指明被代理人，使相对人知道被代理人才是自己真正的交易对象，从而决定是否进行该项交易，以保护相对人利益。

3. 代理行为的法律效果归属于被代理人。由于代理人享有代理权，因此代理人能够以自己的代理活动为被代理人创设权利和义务；由于代理行为的实施是以被代理人的名义进行的，因此接受代理行为的相对人也便接受了被代理人作为自己的对方当事人。上述两个事实，均导向代理行为的法律效果归属于被代理人的判断，即由被代理人与相对人直接作为法律关系的当事人双方，承受代理行为所引起的权利与义务。

（三）代理与相关法律概念的区别

对于代理的概念与特征的把握，可以通过对代理与相关法律概念的比较，得到进一步的强化。

1. 代理与行纪。所谓行纪，是指行纪人受委托人之托，以自己名义与他人订立合同，从事贸易活动的行为。与代理相比较，尽管代理的产生也可以源自受人之托，但是代理人以被代理人的名义实施代理行为，而非以代理人自己的名义，此为代理与行纪的区别所在。

［**案例 9-1-2**］甲有一台旧的笔记本电脑，委托乙寄卖行出卖。丙看到乙寄卖行柜台上陈放的该台电脑后，即与乙寄卖行订立买卖合同，买下该电脑。乙寄卖行扣掉约定报酬后，将余款交给甲。

本案中，乙、丙之间的买卖行为即为行纪。

2. 代理与居间。所谓居间，是指居间人受委托人之托，为委托人与他人订立合同提供机会或者充当媒介的行为。由此可以看出，居间的本质在于中介，居间人仅仅为他人合同之订立提供机会或充当媒介，而并不参与合同的订立过程，即不对外作出订立合同的意思表示。而代理行为是一种意思表示行为，代理人从事代理行为，必须以被代理人的利益为出发点，与相对人实施相关法律行为。

［**案例 9-1-3**］甲有一台旧的笔记本电脑欲出卖，委托乙中介商寻找买主。乙中介商最终联系到有购买意愿的丙，遂促成甲、丙联系协商，达成买卖合同，并从甲处取得约定的报酬。

本案中，乙的中介行为即为居间。

3. 代理与传达。所谓传达，是指传达人受委托人之托，将委托人的相关意思表示告知相对人。由此可以看出，传达行为是以委托人的名义实施的，传达人所表达的意思表示，本质上不过是委托人意思表示的复述。而代理行为作为一种意思表示行为，意味着代理人在实施代理行为时，是独立地作出意思表示的，即代理人在代理权限内基于理性、专业知识及经验所作的判断取舍，乃代理行为的固有要素。

［**案例 9-1-4**］甲有一台旧的笔记本电脑欲出卖，闻知丙欲购买二手电脑，就委托乙前往与丙洽谈。乙告知丙甲的出卖意向，获得丙的出价后，立刻电话告知甲。甲表示价位应当再提高 150 元，乙遂将甲的意见告诉丙，丙表示同意。于是，乙以甲的名义与丙订立了电脑买卖合同。

本案中，乙的行为即为传达。

二、代理的适用范围

所谓代理的适用范围，是指哪些行为可以通过代理来完成。从整个法律体系而言，可以通过代理来完成的行为，包括如下两类：

第一，法律行为。法律行为作为以意思表示为要素的行为，可以通过代理来实施。例如，合同的订立、权利的处分等法律行为，均可通过代理完成。代理适用于法律行为的结果，就是意思表示的实施与法律行为效果的承受在主体上出现分离：代理人实施意思表示，却不承受法律行为的效果；被代理人承受法律行为的效果，却不作出意思表示。需要注意的是，并非所有法律行为均可以通过代理来实施。婚姻、收养等身份法律行为，以及订立遗嘱的法律行为，由于其具有强烈的人身专属性，法律上只能由当事人亲自作出意思表示，而不得由他人代理。

第二，特定的公法行为。在公法行为中，具备行为人与行为后果可分离的特性者，也可以通过代理来完成。例如，知识产权的申请行为、报缴税务行为以及诉讼行为等。需要注意的是，代理制度适用于公法行为时，代理人以被代理人名义所实施的行为，即为公法上的行为，而不再为法律行为。民法中法律行为的理论与制度规则，不能对其适用。

三、代理的种类

（一）单独代理与共同代理

以一个代理事项的代理人人数为标准，代理可以划分为单独代理与共同代理。

所谓单独代理，是指由一个代理人进行的代理；所谓共同代理，是指由两个或两个以上代理人共同进行的代理。需要注意的是，共同代理不同于若干个单独代理的叠加。在共同代理下，各个代理人并不是就代理事项的各个组成部分分别负责，而是就所有部分共同负责。相应地，各个共同代理人对于代理事项所为的意思表示，均是在共同协商的基础之上作出的。由此可见，通过共同协商实施代理行为，是法律对于共同代理人施加的义务。《民法总则》第166条规定："数人为同一代理事项的代理人的，应当共同行使代理权，但是当事人另有约定的除外。"《民通意见》第79条第1款规定："数个委托代理人共同行使代理权的，如果其中一人或者数人未与其他委托代理人协商，所实施的行为侵害被代理人权益的，由实施行为的委托代理人承担民事责任。"

[案例9-1-5] 南山贸易公司指派业务员王某、李某两人去外地购买一批海鲜产品，并办理提货托运手续。

本案中，无论是购买海鲜产品事项，还是提货托运事项，均由王某、李某二人共同决定，此即为共同代理。

[案例9-1-6] 南山贸易公司指派业务员王某去外地购买一批海鲜产品，并指派李某负责办理提货托运手续。

本案中，王某、李某各自的代理均为单独代理。

（二）本代理与复代理

以代理人是否由其他代理人选任为标准，代理可以划分为本代理与复代理。

所谓本代理，是指非基于其他代理人的选任而产生的代理。本代理的产生，可以基于被代理人的授权，也可以基于法律的直接规定或者有关机关的指定，但是并不源自其他代理人的选任。所谓复代理，是指由代理人再次选任代理人的代理。在复代理中，实施选任行为的代理人，为本代理人；被选任为代理人的人，为复代理人。关于复代理，需要注意的问题有二：一是复代理人的法律地位。尽管复代理人是由本代理人选任的，但是复代理人依然为被代理人的代理人，而非本代理人的代理人。因此，复代理人实施代理行为，依然是以被代理人的名义进行的，其所引起的法律效果依然由被代理人承受。二是本代理人的复任权。原则上讲，由于代理行为事关代理人的身份、经验、知识、能力，因此代理人应当亲自完成代理行为，不得随意选任复代理人从事代理活动。由此可见，本代理人只有在一些特殊的法定条件下才能享有复任权。《民法总则》第169条规定："代理人需要转委托第三人代理的，应当取得被代理人的同意或者追认。转委托代理经被代理人同意或者追认的，被代理人可以就代理事务直接指示转委托的第三人，代理人仅就第三人的选任以及对第三人的指示承担责任。转委托代理未经被代理人同意或者追认的，代理人应当对转委托的第三人的行为承担责任，但是在紧急情况下代理人为了维护被代理人的利益需要转委托第三人代理的除外。”据此，本代理人享有复任权的条件是：（1）被代理人事先授权或事后同意；（2）出现本代理人不能履行代理职责的紧急情况，为了保护被代理人的利益。

［案例 9-1-7］南山贸易公司指派业务员王某去外地购买一批海鲜产品，并负责办理提货托运手续。王某以南山贸易公司名义与东海渔场订立买卖合同，约定三天后前来提货。随后，王某在与八达运输公司联系运输事宜的过程中，因急病住院。为防止海鲜产品因运输不及时而腐坏，王某遂委托当地的朋友李某继续办理委托事宜，李某便以南山贸易公司的名义与八达运输公司订立了货物运输合同。

本案中，王某对于李某的复代理选任是合法的，南山贸易公司不得以自己并未同意为由，拒不承担李某代理行为的法律效果。

（三）一般代理与特别代理

以代理权限是否受到限制为标准，代理可以分为一般代理与特别代理。

所谓一般代理，是指代理权限范围及于代理事项全部的代理。在一般代理中，代理权限除了受代理事项本身的约束外，没有其他限制。因此，在一般代理中，代理人对于代理事项下的一切事务，均享有代理权限。所谓特别代理，是指代理权限仅仅局限于代理事项中的某一特定事务或者对代理人自主决定空间具有限制的代理。

［案例 9-1-8］某服装商场采购员与他人订立购货合同，根据服装商场的规定，其有权购买进价在 400 元以下的女式风衣。在这里，“女式风衣”的品种要求，即为代理权在代理事务上的约束；400 元以下的价格要求，则为代理人自主空间上的约束。因此，本案为特别代理。

［案例 9-1-9］某服装商场采购员与他人订立购货合同，服装商场规定其有权购买女式风衣。在这里，由于代理权限只有代理事务上的约束（“女式风衣”），而没有代理人自主空间上的约束，因此，本案为一般代理。

（四）显名代理与隐名代理

显名代理与隐名代理是对前述广义代理进行的分类，分类标准是代理人实施代理行为所使用的名义。

所谓显名代理，是指代理人以被代理人名义所实施的代理。前述“狭义代理概念”就是显名代理；所谓隐名代理，是指代理人以自己名义所实施的代理。《合同法》在委托合同、行纪合同中，规定了隐名代理的制度内容。区分显名代理与隐名代理的意义，在于代理行为使用的名义不同，对于代理后果及其承受方式产生的影响也不同。具体来讲：

1. 代理行为使用的名义不同，决定了相对人信赖利益的承载主体不同。在显名代理中，由于代理人以被代理人的名义从事代理行为，相对人知道其对方当事人为被代理人，因此相对人与代理人达成的交易是建立在对被代理人的信赖的基础之上的；在隐名代理中，由于代理人以自己的名义从事代理行为，相对人只能够将代理人认作自己的对方当事人，因此相对人与代理人达成的交易是建立在对代理人的信赖的基础之上的。

2. 代理行为使用的名义不同，决定了代理效果法律关系的承载主体不同。在显名代理中，既然相对人知道其对方当事人为被代理人，代理行为的法律效果就直接约束相对人与被代理人，被代理人可以直接对相对人主张权利、履行义务。《民法总则》第 162 条规定：“代理人在代理权限内，以被代理人名义实施的民事法律行为，对被代理人发生效力。”在隐名代理中，既然相对人只能够将代理人认作自己的对方当事人，那么代理行为的法律效果，则直接约束代理人与相对人。此时只有代理人可以对相对人主张权利、履行义务，被代理人并不是隐名代理的代理效果法律关系的当事人。

3. 代理行为使用的名义不同，决定了被代理人承受代理行为法律效果的方式不同。对于被代理人而言，代理的意义在于其无须作出意思表示，即可获得代理的法律效果。在显名代理中，由于代理效果直接由被代理人与相对人承受，代理的目的直接实现，故而显名代理又称为直接代理；在隐名代理中，由于代理效果由代理人与相对人承受，被代理人并不能直接获得代理效果，而只能通过其与代理人之间的代理基础法律关系，接受由代理人移交的代理效果，故而隐名代理又被称为间接代理。

4. 代理行为使用的名义不同，还决定了隐名代理具有转化为显名代理的可能。在隐名代理中，之所以由代理人与相对人承受代理法律效果，原因无非是相对人不知被代理人的存在。那么如果隐名代理人以自己的名义与相对人从事代理行为后，又实施披露行为，即向被代理人披露相对人，或者向相对人披露被代理人，此时，隐名代理即因披露行为而转化为显名代理，被代理人与相对人之间便可以建立起直接的法律关系。需要注意的是，在这种转化的过程中，要考虑相对人信赖利益的保护问题。如前所述，隐名代理中相对人的信赖利益是以代理人为对象的。因此，要通过披露行为将相对人的对方当事人由代理人转变为被代理人，必须以相对人接受被代理人为前提。正是基于此，我国《合同法》第 402 条规定：“受托人以自己的名义，在委托人的授权范围内与第三人订立的合同，第三人在订立合同时知道受托人与委托人之间的代理关系的，该合同直接约束委托人和第三人，但有确切证据证明该合同只约束受托人和第三人的除外。”第 403 条第 1、2 款规定：“受托人以自己的名义与第三人订立合同时，第三人不知道受托人与委托人之间的代理关系的，受托人因第三人的原因对委托人不履行义务，受托人应当向委托人披露第三人，委托人因此可以行使受托人对第三人的权利，但第三人与受托人订立合同时如果知道该委托人就不会订立合同的除外。受托人因委托人的原因对第三人不履行义务，受托人应当向第三人披露委托人，第三人因此可以选择受托人或者委托人作为相对人主张其权利，但第三人不得变更选定的相对人。”

[案例 9-1-10] 甲欲购买一套二手房，又不愿让他人知道，遂委托好友乙以自己的名义办理此事。乙与丙协商的过程中，向丙说明自己是受人之托，但是委托人身份保密。丙调查了乙的信用，认为乙诚信可靠，就与乙订立了房屋买卖合同。合同订立后，由于甲未按时将购房款给乙，乙未能如约向丙支付款项。丙以乙为被告向法院起诉后。乙提出：丙事先知道自己系受人之托，且自己未支付款项的原因是委托人没有把钱给自己，因此自己不应成为被告。

本案中，乙的行为即为隐名代理，只要乙没有将甲披露给丙，乙就是丙的合同当事人，对丙享有合同债权、承担合同债务。因此，乙的主张不能成立。

[案例 9-1-11] 若［案例 9-1-10］中，在丙起诉前，乙向丙披露了自己的委托人是甲，但是丙仍然将乙告上法院。乙提出：既然丙已经知道自己是受甲之托订立合同，那么便应该告甲，而不应当告自己。

本案中，由于乙是以自己名义与丙订立合同的，丙交易信赖的对象是乙，因此乙向丙披露甲后，丙有权选择甲作为主张权利的对象，也有权仍然选择乙作为对象。可见，乙的主张仍不成立。

第二节 代 理 权

[本节要点]

代理权是整个代理法律制度的基础与核心。围绕着代理权，本节需要掌握的知识要点包括四个方面：一是什么是代理权？应把握代理权与代理权限的概念；二是代理权是怎样产生的？应把握各种代理权的法律事实基础；三是怎样行使代理权？应把握代理权的行使原则与代理权之滥用的三种类型；四是代理权是如何消灭的？应把握导致代理权消灭的法律事实及其法律后果。

一、代理权与代理权限

所谓代理权，是指代理人所享有的，得以被代理人名义与相对人实施法律行为，并且由被代理人承受该行为的法律效果的权利；所谓代理权限，是指代理人根据代理权可实施代理行为的范围及自主决定的空间。从上述概念可以看出，如果说代理权表明的是一种行为自由的话，那么代理权限表明的就是一种自由的领域、范围。代理权与代理权限是一组紧密联系的概念。代理制度是一种代他人实施意思表示的法律规范，在私法自治原则之下，代理权的范围不可能是漫无边际的，代理权享有的同时也就意味着代理权应当受到代理权限的约束。因此，代理权限不仅是代理人自主行使代理权的领域，也是代理权合法存在的领域。换言之，代理人超越代理权限实施代理行为，与其没有代理权而实施代理行为，在性质上并无区别，均构成无权代理。

二、代理权的产生

代理权产生的依据具有多样性。当事人的意定、法律的规定以及有关机关的指定，均可以构成代理权的产生依据。

（一）基于当事人的意定而产生的代理权

所谓基于当事人的意定而产生的代理权，是指基于当事人的合意以及一方的代理授权产生代理权的情形。基于当事人意定所产生的代理权，称为意定代理权。当事人的意定是社会生活中最为常见的代理权的产生方式，其代理权的法律依据，分为两个层面：

1. 被代理人与代理人之间存在基础法律关系。在这里，所谓基础法律关系，是指能够导致被代理人向代理人授予代理权的法律关系，亦即代理权的原因法律关系。基础法律关系是被代理人向代理人授予代理权的法律上的原因。

2. 代理授权法律关系。被代理人与代理人之间形成了基础法律关系，仅仅表明具备了代理授权的可能。代理人要实际享有代理权，还需要被代理人的代理授权行为。可见，代理授权是代理人在基础法律关系的基础上，取得代理权的直接法律依据。换言之，如果说基础法律关系是被代理人向代理人授予代理权的法律上的原因的话，那么代理授权行为就是代理人享有代理权的法律上的原因。在我国民法上，代理授权行为的书面形式被称为代理证书。《民法总则》第165条对代理证书的基本内容作出了规定："委托代理授权采用书面形式的，授权委托书应当载明代理人的姓名或者名称、代理事项、权限和期间，并由被代理人签名或者盖章。"

［案例 9-2-1］ 甲房地产开发商（简称甲公司）与乙房地产销售代理公司（简称乙公司）订立委托合同，约定由乙公司代理甲公司建设的商品房的销售事宜，并且约定了乙公司的报酬计算方法及其他权利义务。在此基础上，甲公司向乙公司授予的代理权是：只能代理销售1—5号楼的房屋，6—10号楼乙公司不能销售。同时，根据买受人款项支付方式的不同，在公布的房价基础上，乙公司最高享有两个百分点的优惠权。

本案中，甲、乙两公司之间的委托合同关系，即为基础法律关系。正是由于乙公司接受甲公司的委托，甲公司才有向乙公司授予代理权的可能性；在委托合同的基础上，甲公司向乙公司作出的销售范围、优惠幅度等表示，即为代理授权行为，这是乙取得代理权的直接法律基础。

在法律逻辑上，区分基础法律关系与代理授权法律关系是必要的。两者得以产生的法律事实与法律意义截然不同。首先，从法律事实上看，基础法律关系是由双方法律行为引起的，是当事人合意的产物。换言之，在委托、劳动、雇用合同的订立中，受托人、劳动者、雇员对于是否与对方订立相应的合同，享有选择权。比较而言，代理授权法律关系则是基于单方法律行为产生的，即被代理人的单方授权即可形成该项法律关系。换言之，对于受托人、劳动者、雇员而言，其对于是否接受代理授权、接受多大范围的代理授权，没有选择权。因为，其一旦与对方形成基础法律关系，即意味着必须接受对方任何范围的授权。而且，从法律意义上看，基础法律关系中的权利和义务，是厘定被代理人与代理人之间内部关系的法律准据；而代理授权法律关系则具有外部意义，事关相对人利益。这是代理人能够在多大范围内与相对人从事法律行为、被代理人是否承受由此而来的权利和义务的依据。正是由于代理授权法律关系具有外部意义，被代理人的代理授权行为才既可以向代理人作出，也可以向相对人作出。

（二）基于法律规定而产生的代理权

所谓基于法律规定而产生的代理权，又称法定代理权，是指具备法定条件的民事主体，根据法律的直接规定，享有代理权的情形。在我国民法上，法定代理主要适用于监护关系中。《民法总则》第23条规定："无民事行为能力人、限制民事行为能力人的监护人是其法定代理人。"据此，监护人身份是其依法直接取得对被监护人的法定代理权的依据。

三、代理权的行使

所谓代理权的行使，是指代理人根据代理权实施代理行为。由于在代理关系中，存在着意思表示的作出者与法律效果的承受者之间的分离，即代理人行使代理权的最终结果，是由被代理人承受法律效果，因此代理人行使代理权，必须以被代理人的利益为出发点。具体而言，代理权的行使，应当遵循如下准则：

（一）为被代理人利益从事代理行为

代理人在与相对人实施法律行为时，不能以自己的利益为导向，而必须以被代理人的利益为导向，来作出意思表示。为被代理人利益从事代理行为的代理权行使准则，具有如下法律意义：

1. 界定了代理三方关系的利益格局。在被代理人、代理人与相对人的三方关系中，被代理人与相对人作为最终的交易双方，其利益是相互对立的。代理人必须站在被代理人的立场上，将相对人作为利益的对立方，从事代理活动、行使代理权，为被代理人赢得最大化的利益。若上述利益格局得以维持，代理制度的法律功能便能正常发挥；上述格局如果被打破，被代理人的利益将遭受损害，代理制度的法律功能的发挥便会受到阻碍。

2. 界定了代理人的忠诚义务。所谓代理人的忠诚义务，是指代理人行使代理权，必须忠诚于被代理人的利益，而不得与被代理人的利益相冲突。如上文所述，在代理三方关系的利益格局中，代理人必须站在被代理人的立场之上，而代理人的忠诚义务正是代理人与被代理人的利益保持同一性的法律保障。因此，在代理权行使的过程中，如果代理人的利益与被代理人的利益相冲突，则不仅意味着代理关系的利益格局被破坏，也意味着代理人的忠诚义务被违反，因而代理人要对被代理人由此所遭受的损失，负赔偿责任。

3. 界定了代理人的勤勉义务。所谓代理人的勤勉义务，是指代理人行使代理权时，必须恪守职责、努力工作，尽到善良管理人的注意。勤勉义务是法律对代理人在忠诚义务之外的进一步的要求，意味着代理人行使代理权，不仅要忠诚于被代理人的利益，而且要在为被代理人争取利益的过程中，谨慎而勤奋，力争使被代理人的利益获得最大化。

［案例 9-2-2］ 华美公司委托刘某在本市范围内购买特定品牌、型号的电脑 10 台，价格不得高于 8 000 元/台。刘某经过市场调查后确认，本市信誉可靠的专卖店有 3 家，其报价分别为 8 200 元、7 800 元与 7 500 元。由于报价 7 500 元的卖家地处市郊，刘某懒得奔波，遂与报价 7 800 元的卖家订立了买卖合同。

本案中，虽然刘某的代理行为没有预约代理权限，但是其没有使被代理人的利益实现最大化，因此违反了代理人的勤勉义务。刘某对华美公司的消极利益损失，应承担赔偿责任。

（二）禁止滥用代理权

所谓滥用代理权，是指代理人违背代理关系的利益格局行使代理权的行为。由于滥用代理权的行为有可能或者会现实地导致被代理人的利益遭受损害，所以滥用代理权为法律所禁止。在现实生活中，滥用代理权的行为包括如下三种情况：

1. 自己代理。所谓自己代理，是指代理人代理被代理人与自己从事民事活动的代理行为。

［案例 9-2-3］ 华美公司委托刘某在本市范围内购买特定品牌、型号的电脑 10 台，价格不得高于 8 000 元/台。刘某恰好拥有一个电脑专卖店。刘某遂将自己专卖店中该品牌、型号的电脑 10 台，以 8 000 元的价格出卖给华美公司。在这里，刘某的行为即为自己代理。

由此可见，自己代理的本质，是代理人与相对人合二为一，即代理人同时也是相对人。在这种情况下，代理人的相对人地位与其代理人的地位在利益上发生冲突：一方面，其作为相对人，即被代理人的交易对方，在利益上与被代理人是相互对立的；另一方面，其作为代理人，又应站在被代理人的立场上。由于兼具了相对人身份的代理人，不可能兼顾这利益截然对立的双重身份，因而代理人有可能背叛被代理人的利益，而为了自己的利益从事代理活动。有鉴于此，自己代理被界定为滥用代理权的行为，而为法律所禁止。关于自己代理的后果，根据《民法总则》第168条的规定，除非征得被代理人的同意，自己代理依法无效；由此给被代理人造成损害的，代理人应负损害赔偿责任。

2. 双方代理。所谓双方代理，是指代理人同时担任被代理人与相对人的代理人的代理。

[案例9-2-4] 华美公司委托刘某在本市范围内购买特定品牌、型号的电脑10台，价格不得高于8 000元/台。本市有一家电脑专卖店，恰好委托刘某从事电脑销售。刘某遂将该专卖店中该品牌、型号的电脑10台以8 000元的价格出卖给华美公司。在这里，刘某的行为即为双方代理。

如上文所述，在代理的利益关系中，被代理人与相对人作为交易的双方，利益相互对立。代理人实施代理行为，应当站在被代理人的立场上，因而也与相对人的利益成对立关系。但是在双方代理中，由于代理人同时还是相对人的代理人，这意味着其同时还必须为相对人的利益实施同一代理行为。在被代理人与相对人的利益彼此对立的大前提下，代理人是不可能兼顾双方的利益的，其有可能为了一方的利益而损害另一方的利益。因此，双方代理也为滥用代理权的行为，为法律所禁止。根据《民法总则》第168条的规定，代理人通过双方代理所订立的合同，除非征得被代理人的同意，依法无效；由此给被代理人造成损害的，代理人应负损害赔偿责任。

3. 恶意串通。所谓恶意串通，是指代理人与相对人以损害被代理人利益为目的，相互通谋的代理。

[案例9-2-5] 华美公司委托刘某在本市范围内购买特定品牌、型号的电脑10台，价格不得高于8 000元/台。刘某经过市场调查后确认，本市信誉可靠的专卖店有两家，其报价分别为7 800元与7 500元。报价7 800元的卖家自知竞争力较弱，遂向刘某表示：可在买卖合同上注明单价为8 000元，多出的2 000元溢价归刘某，刘某同意。在这里，刘某即构成与相对人的恶意串通。

由此可见，代理人与相对人恶意串通，不仅使得正常的代理利益关系被破坏，代理人也违反了对于被代理人的忠诚义务，因此恶意串通的代理，也作为一种滥用代理权的行为，为法律所禁止。代理人与相对人恶意串通所订立的合同依法无效，由此给被代理人造成损害的，代理人与相对人应负连带损害赔偿责任。

（三）禁止违法代理

所谓违法代理，是指代理人就违反法律的强制性规定的事项所实施的代理。法律行为的实施不得违反法律的强制性规定，这是法律对于民事主体的意思自治所施加的一项重要的限制。由此出发，既然行为人实施法律行为不得违反法律的强制性规定，行为人也就不能通过代理方式实施违反法律强制性规定的法律行为。有鉴于此，《民法通则》第67条规定："代理人知道被委托代理的事项违法仍然进行代理活动的，或者被代理人知道代理人的代理行为违法不表示反对的，由被代理人和代理人负连带责任。"

四、代理权的消灭

（一）代理权消灭的概念

所谓代理权的消灭，亦即代理关系的终止。代理权消灭之后，被代理人与代理人之间的代理关系即告终止。代理人不得再以被代理人名义从事代理活动，否则将构成无权代理；被代理人也不再当然地承受该无权代理行为的法律后果。

（二）代理权消灭的原因

根据代理权产生的法律依据的不同，代理权消灭的原因也有所不同。

1. 意定代理权消灭的原因。

（1）代理期间届满或者代理事务完成。若代理权有期间限制的，代理权仅存续于代理期间，一旦代理期间届满，代理权即告消灭；若代理权是针对特定代理事务而设定的，代理事务一旦完成，代理权自然也随之消灭。

（2）被代理人取消委托或者代理人辞去委托。如前文所述，意定代理权基于代理授权行为发生，因此法律允许被代理人取消代理授权，也允许代理人辞去授权，从而使代理权归于消灭。被代理人取消委托或者代理人辞去委托的，根据诚实信用原则，应当向相对方承担期前通知、利益保护等义务。否则，因此给相对方造成损害的，取消委托的被代理人或者辞去委托的代理人须向相对方承担损害赔偿责任。

（3）代理人死亡。由于代理权与代理人的经验、知识、技能密切联系，具有人身专属性，因此在代理人死亡的情况下，代理权不属于遗产，不能由代理人的继承人继承，而随同代理人的死亡归于消灭。

（4）代理人丧失民事行为能力。代理行为的实施要求代理人具有民事行为能力，一旦代理人丧失行为能力，即不能再从事代理活动，代理权消灭。

（5）作为被代理人或者代理人的法人终止。法人终止时，在法人的清算阶段，仅为清算活动正常开展的需要保留行为能力，不可再行创设与清算活动无关的新的法律关系。因此，一旦作为被代理人或者代理人的法人终止，代理权即告消灭。

2. 法定代理权、指定代理权消灭的原因。

（1）被代理人取得或者恢复民事行为能力。法定代理权依监护人身份而产生。一旦被代理人取得或者恢复行为能力，监护关系即告终止，相应地，法定代理权也就随之消灭。

（2）被代理人或者代理人死亡。在被代理人或者代理人死亡的情况下，作为法定代理权基础的监护关系也就不复存在，法定代理权遂告消灭。

（3）代理人丧失民事行为能力。法定代理人作为监护人，其丧失民事行为能力，不仅导致其无法再继续担任监护人，而且导致其无法再从事代理活动，因而代理权消灭。

（4）由其他原因引起的被代理人和代理人之间的监护关系消灭。一旦监护关系消灭，法定代理人丧失监护人身份，法定代理权即无据可凭，归于消灭。

（5）指定代理的人民法院或者指定单位取消指定。指定代理权依人民法院或有关机关的指定而产生，其自得以指定机关的取消指定而消灭。

需要注意的是，出于对代理人利益以及被代理人的继承人利益保护的需要，在被代理人死亡的情况下，代理权并不当然归于消灭。《民法总则》第 174 条规定："被代理人死亡后，有下列情形之一的，委托代理人实施的代理行为有效：（一）代理人不知道并且不应当知道被代理人死亡；（二）被代理人的继承人予以承认；（三）授权中明确代理权在代理事务完成时终止；（四）被代理人死亡前已经实施，为了被代理人的继承人的利益继续代理。”

第三节 无权代理

[本节要点]

在代理人有代理权而实施代理行为的情况下，其行为的法律效果由相对人与被代理人承受。但在行为人没有代理权而实施代理行为的情况下，其行为的法律效果由谁来承担，便构成无权代理制度的核心问题。由此，本节需要掌握的知识要点包括两个方面：一是无权代理的两种类型，即狭义无权代理与表见代理的概念、构成要件及其区别；二是上述两种无权代理类型中，无权代理行为的法律效果的归属规则。

一、无权代理的概念

所谓无权代理，是指行为人在没有代理权、代理期间届满或者超越代理权的情况下，以被代理人名义与相对人实施代理活动的代理。代理权是被代理人承受代理行为法律效果的法律依据，在行为人不享有代理权而从事代理行为的情况下，并不存在被代理人承受该无权代理行为效果的法律基础。此时，被代理人是否承受这种法律效果，要根据被代理人、相对人利益保护的需要而区别处理。基于此，在民法上，无权代理可区分为狭义无权代理与表见代理两种类型。

二、狭义无权代理

（一）狭义无权代理的构成要件

所谓狭义无权代理，是指不存在表见事由的无权代理。由这一概念出发，狭义无权代理的构成要件，包括如下两个方面：

1. 行为人实施了无权代理行为。这是狭义无权代理客观方面的要件，其包含两个方面的要素：一方面，行为人不享有被代理人的代理权，即行为人没有代理权、代理期间届满或者超越代理权；另一方面，没有代理权的行为人以被代理人的名义，与相对人实施代理行为。

2. 不存在导致相对人可以信赖行为人享有代理权的客观事由，即不存在表见事由。如前所述，无权代理分为狭义无权代理与表见代理，其区分的标准即在于是否存在表见事由。在表见代理的情况下，相对人因表见事由的存在，有理由信赖行为人享有代理权，因而法律应当对相对人予以特别的保护；而在狭义无权代理的情况下，则不存在保护相对人信赖利益的问题。这一点，构成了狭义无权代理法律制度的基础。

需要说明的是，在无权代理中，相对人“不知行为人系无权代理”与“相信行为人系有权代理”是两种法律性质截然不同的主观心态。相对人“不知行为人系无权代理”的主观心态，导向狭义无权代理的成立。其作为一种消极心态，具有推定存在的效力，即只要没有相反证据证明相对人知道或者应当知道无权代理的事实，即可推定相对人上述主观心态存在，相对人无须对自己的不知道或者不应当知道的心态负证明责任。比较而言，相对人“相信行为人系有权代理”的主观心态，导向表见代理的成立。其作为一种积极心态，需要相对人“不知行为人系无权代理”，且相对人还需要对表见事由的存在加以证明。

［案例 9-3-1］ 甲服装商场委托乙采购女装，乙擅自做主，以甲的名义与丙订立了童装买卖合同。

在本案中，如果甲要主张丙明知乙为无权代理，需要对“导致丙明知之事实的存在”负证明责任；如果丙要主张自己相信乙为有权代理，则需要对“导致自己相信之事实的存在”负证明责任。如果没有上述反证，法律将推定丙不知乙为无权代理。换言之，丙主张自己不知道乙为无权代理，无需负证明责任。

（二）狭义无权代理的法律后果

法律以被代理人与相对人利益之保护为出发点，将狭义无权代理的法律后果界定为如下两个方面：

1. 被代理人享有追认权与拒绝权。对于被代理人而言，在狭义无权代理的情况下，尽管行为人不享有代理权，但是其所实施的无权代理行为的后果，未必不利于被代理人。因此，民法并未将狭义无权代理行为界定为一种无效法律行为，而是将其界定为一种效力待定的法律行为，即将该行为最终能否发生行为人所预期的法律效果的决定权，赋予被代理人。这种决定权由两项权利组成，即追认权与拒绝权。从权利性质上讲，追认权与拒绝权属于形成权，其行使的方式为被代理人向相对人进行单方通知，而无须征得相对人的同意。

（1）行使追认权的法律效果。被代理人一经行使追认权，即表明被代理人愿意承受该无权代理行为的法律效果。于是，狭义无权代理行为中的代理权瑕疵因追认权的行使而被补足，该行为自始有效，其法律效果自始归属于被代理人，即被代理人自行为成立时就与相对人共同承受其法律效果。

（2）行使拒绝权的法律效果。被代理人一经行使拒绝权，即表明被代理人拒绝承受该无权代理行为的法律效果。由此所导致的结果是，该狭义无权代理行为自始无效，被代理人自行为成立时即不承受其法律效果。

需要注意的是，由上述被代理人行使追认权与拒绝权的法律效果可以看出，狭义无权代理行为作为一种效力待定的法律行为，其待定之“效力”，是针对“被代理人是否承受行为效果”而言的，而不是针对“该行为是否具有法律上的约束力”而言的。《民法通则》第 66 条第 1 款规定：“没有代理权、超越代理权或者代理权终止后的行为，只有经过被代理人的追认，被代理人才承担民事责任。未经追认的行为，由行为人承担民事责任……”据此，被代理人行使拒绝权的法律意义，仅仅在于拒绝享有和承担该无权代理行为所引起的权利和义务，而并不在于否定该行为所引起的权利和义务本身。换言之，在被代理人行使拒绝权时，狭义无权代理行为的法律效果，直接归属于行为人与相对人，即相对人有权将行为人作为自己的对方当事人，展开权利义务关系。在此基础上，《民法总则》第 171 条规定了在被代理人表示拒绝的情况下，有关相对人与行为人之间关系的规则：

（1）行为人实施无权代理行为时，在相对人不知道且不应当知道其为无权代理的情况下，善意相对人有权请求行为人履行债务或者就其受到的损害请求行为人赔偿，但是赔偿的范围不得超过被代理人追认时相对人所能获得的利益。

（2）行为人实施无权代理行为时，在相对人不知道且不应当知道其为无权代理的情况下，相对人和行为人按照各自的过错承担责任。

［案例 9-3-2］ 甲服装商场委托乙采购女装，乙擅自做主，以甲的名义与丙订立了童装买卖合同，丙并不知道乙为无权代理。甲服装商场得知此事后，明确表示拒绝。

本案中，甲行使拒绝权的法律意义，在于不承担该买卖合同的法律效果，即拒绝成为该童装买卖合同的买受人。但是，该买卖合同本身却并不因甲的拒绝而归于无效。由于甲行使拒绝权，该买卖合同的效力自然在乙、丙间展开，乙作为合同的买受人，对丙享有债权、承担债务。因此，丙有权请求乙支付童装价款，或者请求乙赔偿损失。

2. 相对人享有催告权与撤销权。对于相对人而言，在狭义无权代理的情况下，被代理人追认权或者拒绝权的单方行使，将决定与相对人交易的对方当事人究竟是被代理人还是行为人。由于这种被动的地位，导致相对人的法律地位相对薄弱，不利于相对人利益的保护，因此法律在赋予被代理人追认权与拒绝权的同时，也赋予相对人催告权与撤销权，使相对人能够主动采取行动，保护自己的利益。

（1）行使催告权的法律效果。在这里，所谓催告权，是指相对人享有的、征询被代理人是否对行为人的无权代理行为予以追认的权利。催告权应当在被代理人表示追认或者拒绝之前行使，否则将丧失意义。相对人一经行使催告权，被代理人应当在催告通知指定的期间内表示追认或者拒绝。根据《民法总则》第 171 条第 2 款的规定，相对人可以催告被代理人自收到通知之日起 1 个月内予以追认。被代理人未作表示的，视为拒绝追认。

（2）行使撤销权的法律效果。在这里，所谓撤销权，是指相对人享有的撤销其与行为人之间法律行为，使之自始无效的权利。根据《民法总则》第 171 条第 2 款的规定，行为人实施的行为被追认前，善意相对人有撤销的权利。撤销应当以通知的方式作出。据此，相对人行使撤销权的条件是：第一，只有在行为人实施无权代理行为且相对人不知道且不应当知道其为无权代理的情况下，才能享有撤销权。反之，对于恶意相对人而言，因其应当知道无权代理行为存在不被追认的可能性，故而不得享有撤销权。第二，在被代理人行使追认权的情况下，因被代理人所表明的愿意承受法律效果的意思，已经与相对人最初的交易目的相吻合，故相对人不得再行使撤销权。相应地，在相对人行使催告权且催告期间尚未届满的情况下，由于存在被代理人予以追认的可能性，故相对人不能行使撤销权。

［案例 9-3-3］ 甲服装商场委托乙采购女装，乙擅自做主，以甲的名义与丙订立了童装买卖合同，丙并不知道乙为无权代理。甲服装商场得知此事后，明确表示拒绝。丙见此情形，遂向法律顾问咨询该如何应对。

本案中，法律顾问的意见应包括：（1）既然甲表示了拒绝，丙再行使催告权已无意义；（2）甲拒绝后，丙可向乙行使债权，请求乙履行合同；（3）如果由乙向丙履行合同没有可能或没有意义，丙可行使撤销权，使买卖合同的效力自始归于消灭，然后要求乙承担合同无效的赔偿责任。

三、表见代理

（一）表见代理的构成要件

所谓表见代理，是指相对人相信无权代理的行为人享有代理权的代理。表见代理的构成要件包括如下三个方面：

1. 行为人实施了无权代理行为。表见代理作为无权代理的一种类型，自然具备与狭义无权代理相同的客观要件，即没有代理权、代理权到期或者超越代理权的行为人，以被代理人的名义，与相对人实施代理行为。

2. 相对人相信行为人具有代理权。与狭义无权代理相同的是，表见代理的主观方面，也是就相对人的心态而言的。但是，与狭义无权代理不同的是，在表见代理中，相对人的主观心态并不是不知道或者不应当知道行为人不享有代理权，而是相信行为人具有代理权。相对人相信行为人具有代理权的主观心态，由两个要素构成：一是相对人对于行为人无权代理的事实并不知情。否则，倘若相对人知道行为人的代理行为系无权代理，则相信有权代理的心态便无从谈起。二是存在某种客观事由，足以使相对人产生错觉，令其有理由认为行为人享有代理权。在狭义无权代理中，如果没有相反证据，法律即推定相对人具有不知道或者不应当知道行为人为无权代理的心态；但是在表见代理中，相对人要主张自己相信行为人具有代理权，必须对其相信的理由进行举证。换言之，表见代理中相对人相信行为人系有权代理的主观心态，必须建立在某种能够导致其相信的事实基础之上。这种事实，被称为表见事由。

3. 客观上存在表见事由。所谓表见事由，是指能够导致不知情的相对人误认为行为人享有代理权的客观事实。表见事由的存在，是相对人相信行为人享有代理权的事实基础，也是一个无权代理构成表见代理的事实基础。何种事实可以构成表见事由，可依照一般社会观念加以确定。概括地讲，凡是根据一般社会观念，可以令相对人相信行为人具有代理权的事实，均为表见事由。例如，无权代理的行为人所持有的被代理人的介绍信、空白合同书、合同专用章，以及相对人与被代理人之间业已形成的交易习惯、惯例等。

（二）表见代理的法律效果

在构成表见代理的情况下，相对人对于表见事由的信赖，必须得到法律的保护，这是社会交易安全对法律的要求。因此，在表见代理的法律效果安排上，对相对人利益的保护成为了法律的首要价值。

1. 被代理人不享有追认权与拒绝权。尽管表见代理也是无权代理的一种形式，但是由于相对人对表见事由的信赖须得到法律的保护，因此法律未赋予被代理人以追认权与拒绝权。这就意味着，相对人有权要求被代理人承受表见代理的法律效果，被代理人则无权予以追认或者拒绝。若被代理人由于承受表见代理的法律效果而遭受损害，其有权向行为人追偿。由此可见，从效力上看，表见代理行为是有效的法律行为。

［案例 9-3-4］ 甲服装商场与丙长期存在业务关系，且均是由乙代理甲向丙采购服装。久而久之，乙已经无须通过代理证书表明代理权，且从未出过问题。一日，甲服装商场委托乙采购女装，乙擅自做主，以甲的名义与丙订立了童装买卖合同。甲服装商场得知此事后，明确表示拒绝。丙则起诉至法院，要求甲承担买受人的义务。

本案中，甲、乙、丙间长期以来形成的交易习惯，构成表见事由，其足以使丙相信乙享有代理权。因此，如果丙能够证明此交易习惯的存在，则可主张乙的无权代理为表见代理，进而主张乙的代理行为有效，甲不享有拒绝权，要求甲承受表见代理的法律效果。

2. 相对人可以主张狭义无权代理。由于表见代理中存在着相对人对表见事由的信赖，所以法律赋予相对人请求被代理人承受表见代理行为法律效果的权利。作为相对人享有的一项权利，相对人有行使的自由，也有不行使的自由。在相对人不行使此项权利的情况下，即意味着相对人有权按照狭义无权代理的规则来界定表见代理的法律效果。需要注意的是，表见代理的相对人主张狭义无权代理时，由此所产生的法律效果，与狭义无权代理并不完全相同。一方面，表见代理的相对人对于狭义无权代理的主张，是相对人为自己利益依法所作的选择，因此被代理人并不能因而获得追认权与拒绝权。另一方面，既然被代理人此时并不享有追认权与拒绝权，那么相对人也不会因主张狭义无权代理而获得催告权。由此可见，表见代理的相对人主张狭义无权代理的法律意义在于，保留狭义无权代理中的撤销权，相对人可以行使撤销权，撤销表见代理行为的法律效力；也可以不行使撤销权，令表见代理的行为人向自己履行义务、承担责任。

[案例 9-3-5] 甲服装商场委托乙代理采购服装，给了乙一份代理证书。2017 年 5 月 10 日，甲取消委托，但是乙并未将代理证书交还给甲。2017 年 6 月 10 日，乙凭此代理证书，以甲的名义与丙订立了童装买卖合同。甲服装商场得知此事后，明确表示拒绝。丙遂向法律顾问咨询该如何应对。

本案中，法律顾问的意见应包括：(1) 代理证书构成表见事由，乙的无权代理构成表见代理，故甲无权表示拒绝。丙有权主张表见代理，将甲作为合同对方，要求甲向自己履行合同。(2) 如果丙认为令乙履行该合同更有意义，可以主张狭义无权代理，将乙作为合同对方。(3) 如果丙认为令甲、乙履行合同均无意义，可以主张狭义无权代理，行使相对人的撤销权，使该童装买卖合同自始归于无效。

延伸思考

1. 被代理人的过错，是否应当作为表见代理的构成要件？

2. 民法将无权代理区分为狭义无权代理与表见代理的理论依据是什么？

3. 《民法通则》第 66 条“本人知道他人以本人名义实施民事行为而不作否定表示，视为同意”的规定，与《合同法》第 48 条第 2 款“相对人可以催告被代理人在一个月内予以追认。被代理人未作表示的，视为拒绝追认”的规定，是否冲突？

4. 狭义无权代理中被代理人的追认与拒绝，与限制行为能力人超越行为能力时其监护人的追认与拒绝，所指向的法律效果是否相同？

法条链接

《民法总则》第 171、172 条；《民法通则》第 66、68 条；《合同法》第 48、49 条；《合同法解释（二）》第12、13条。

扩展阅读

1. 叶金强：《表见代理构成中的本人归责性要件——方法论角度的再思考》，载《法律科学（西北政法大学学报）》2010年第5期。

2. 董学立：《重新审视和设计无权代理》，载《法学》2006年第2期。

3. 吴国喆、张飞虎：《表见代理制度中第三人信赖合理性的判断及弹性化机制的应用》，载《西北师大学报（社会科学版）》2007年第3期。

4. 纪海龙：《论无权代理中被代理人的追认权》，载《清华大学学报（哲学社会科学版）》2002年第3期。

5. 林占发、童伟华：《无权代理中的拟制追认效果述评》，载《华侨大学学报（哲学社会科学版）》2006年第3期。

6. 朱虎：《表见代理中的被代理人可归责性》，载《法学研究》2017年第2期。

第四编　权　　利

第十章　权利的一般原理

本章要点

权利是民法的体系主线和方法论基础。所谓权利，是指民法确认和保护的主体以为或不为的方式而享有或实现的利益。非民事主体不能享有权利；权利在主观上表现为主体为或不为的自由，在客观上则是对合法利益的追求；权利需要法律的确认和保护。权利可依不同标准进行分类，常见的分类方式有：财产权、非财产权；绝对权、相对权；支配权、请求权、形成权、抗辩权；原权、救济权；既得权、期待权；主权利、从权利；等等。在上述两极之间可以存在中间状态，如兼具财产权、非财产权性质的权利。权利的行使是实现权利内容的方式，包括了法律行为、准法律行为、事实行为甚至无意识的行为等，可以是作为或不作为。权利行使并不一定意味着权利的实现。权利并非绝对的自由，其行使须受到必要限制。由正面看，权利行使须遵守诚实信用原则；由反面看，权利行使不得侵害社会公共利益，不得违反公序良俗，也不得滥用权利。

第一节　权利的概念与本质

[本节要点]

在一个复杂的知识体系中，基本元素或事物往往具备广泛的适用性，随着外延的扩大，内涵的固有属性也日渐淡化；随着时代的发展，原来约定俗成的理念也很容易被抛弃。基于此，人们难以奢望一劳永逸地界定基本元素或事物。权利之于法律体系就是这样的基本元素。在罗马法上，权利体现为各类“诉权”（actio），权利界定称不上什么难题。近世以来，权利须承载“平等”“自由”的理念，兼容因科技发展、伦理变化等带来的层出不穷的新问题，满足正当性和技术性的双重要求，因此权利就越发不易界定。

长期以来，人们试图抓住权利确定不变的本质，为权利设定一个普适性的“定义”，出现了“意思说”“利益说”“法力说”和“否认说”多种学说。然而，事实上，权利只能是一个开放式、框架性的概念，无法统摄到唯一不变的本质。本书以“主体、自由、利益、法律”四项基本要素界定权利。而权利的本质则需从主观（自由）、客观（利益）、基础（法律）等角度进行考察。权利广泛适用于法律的各个领域，以下除特别指出外均指民事权利。

一、权利的概念

我国古文中就有“权利”一词，但多采“争权夺利”“利害”等义，今天作为法律术语的权利则来自于日语。权利是无须法律明文规定的基本概念，但又与法律存在紧密关联。权利的拉丁文为*jus*，英文为right，法文为driot，德文为recht。上述外语均为“正直、公正”之义。

可以说，权利为主观的法，法为客观的权利。

在学理上，权利可从不同角度进行界定。综合起来，权利指民法确认和保护的主体以为或不为的方式享有或实现的利益。权利具有下列法律特征：

（一）权利为民事主体所享有

在特定条件下，公法主体可以参与民事法律关系，成为民事主体，享有民事权利，例如，国家可以成为所有权主体（见《物权法》第五章）、县政府可以为购买办公用品与商店订立合同从而成为债权主体（《民法总则》第97条）。民事权利能力是成为民事主体的固有要求，也是享有民事权利的基本前提。非民事主体不能享有民事权利，同时，享有权利也是实现人格尊严的重要保障。

［案例10-1-1］ 原告霍寿金是爱国武术家霍元甲长子霍东章的第四个儿子，2006年其起诉被告电影《霍元甲》侵害霍元甲生前名誉及其名誉权，认为《霍元甲》电影情节歪曲史实，臆造情节。法院以霍元甲亡故，且侵害霍元甲生前名誉没有事实和法律依据为由驳回原告诉讼请求。①

本案中，霍元甲已经死亡，所谓侵害霍元甲生前名誉及其名誉权只是对侵害事实的便利表述，并不意味着已经去世的霍元甲可以继续成为名誉权的主体。名誉权是人格权，也不能为其子孙继承。

（二）权利是主体为或不为的自由

权利可从不同角度予以透视（见本节“二、权利的本质”）。从主观角度言之，权利表现为自由。此处所谓的自由，是指行为自由，包括为或不为两种形态。例如，对于人格权，主体无须积极作为即可实现权利目的；而对于债权，主体则往往须请求相对人为给付。行为是主体有意识的身体动静，故行为自由往往首先表现为意志自由。自由既可体现为权利的静态享有，也可体现为权利的动态行使或变动。“自由”一词适用于法律各个领域或场合，我国民法也有直接以“自由”命名的权利，如人身自由权（《民法总则》第109条），但我们却不能在“自由”和权利之间直接画等号。理由如下：其一，违法或超出必要限度的“自由”已经不属于权利。其二，宗教自由、言论自由、通信自由等宪法上的基本权利不能被直接说成民事权利。其三，民事权利可派生出以“自由”命名的权能，权能是权利的下位概念而不是权利本身。例如，健康权中包含健康自由权的权能，所有权中包含自由使用标的物的权能。其四，法无明文禁止者视为当事人的自由，这种自由虽可以称为推定权利，却不能直接等同于民事权利。

［案例10-1-2］ 甲、乙二人同村，宅基地毗邻。甲的宅基地倚山，地势较低，乙的宅基地在上将其环绕。乙因琐事与甲多次争吵而郁闷难解，便沿二人宅基地的边界线靠己方一侧，建起5米高的围墙，使甲虽在自家院内却有身处监牢之感。②

由于法律并未禁止土地权利人建起5米高围墙的举动，我们可以先推定他享有该权利，但却不能直接说其享有这种权利，因为建5米高围墙的行为可能会侵害邻地人甲的权利，超越必要的界限。

① 北京市高级人民法院民事判决书（2007）高民终级字第309号，原文有删节。

② 2017年国家司法考试试卷三真题第1题。

（三）权利以实现合法利益为目的

从客观角度言之，权利的目的是实现合法利益。所谓利益，是指客体对主体的好处，可分为经济利益、精神利益。利益原则上为“自利”，即对主体自身的好处；例外地也有“利他”的权利，即以保护和实现他人利益为目的的权利，如监护权、代理权等。只有合法利益才能上升为权利，法律禁止的利益即便能给主体个人带来好处也不是权利，如我国历史上的夫权的核心利益是丈夫对妻子的支配和控制，在现代社会里夫权不能成为权利。侵害权利可产生不利益，也就是损害。而对权利侵害进行事后救济的基本手段就是弥补这种不利益，使主体的利益回复到未被侵害的状态。权利和合法利益可以合称合法权益，而合法利益与权利也并非一回事。首先，某种利益在特定时刻能否上升为权利，在一定意义上取决于立法者的判断。基于立法者的有意预留，某种重要的利益可能尚不构成权利。例如，2007 年我国制定《物权法》时，社会上已经出现了大量的网络财产，但立法者认为尚不足以将其上升为法定物权；按照《民法总则》第 127 条的规定，法律可以对网络财产作出专门规定，网络财产权可成为物权、知识产权之外的独特权利。其次，因为社会发展超出了立法者的预料，新出现的利益也不能直接称为权利。最后，公共制度反射至个人而使个人享有的反射利益不属于民事权利，例如，遵守交通规则可使每位社会成员享有安全、舒适地出行的利益，但这种利益却不是民事权利。

（四）权利需要民法的确认和保护

《民法总则》第 1 条开宗明义，将“保护民事主体的合法权益”设为立法目的。紧接着第 3 条确立了“私权神圣”这一民法的总基调：民事主体的人身权利、财产权利以及其他合法权益受法律保护，任何组织或者个人不得侵犯。

保护权利以民法确认权利为前提。这里的民法绝不限于成文法，还应包括习惯、法理等。确认权利可采用积极和消极两种方式，所谓积极方式，就是在权利法（如物权法、知识产权法）上直接、明确地规定权利的类型和内容；所谓消极方式，就是在责任法（如侵权责任法）上间接地、通过救济的方式承认权利。积极方式和消极方式在逻辑上可互相推导，由积极方式可以推导出消极方式，反之亦然。由此而论，立法上似乎没有必要在以积极方式规定权利法的同时，又以消极方式规定责任法。然而，从《民法通则》到《民法总则》，我国民法已经形成了同时规定权利法（《民法总则》第 5 章）和责任法（《民法总则》第 8 章）的传统，比较起来，积极方式和消极方式在法律功能、立法技术等方面均存在差别，不可相互替代。

规定权利的法律在立法技术上有法定主义（如物权）和非法定主义（如合同债权）的区分。于前者，权利的类型和内容由法律明文规定；于后者，即便是现行法未规定的新兴合同也可以产生合同债权。权利被侵害后，主体可以进行自我保护（又称私力救济）或寻求国家保护（又称公力救济）。在法治社会里，国家保护是一般性的保护方式。从一定意义上说，民事立法的完备或体系化是权利获得全面保护的前提。为此，法律往往设立兜底性的制度（如《民法总则》第 110 条的一般人格权、《物权法》第 19 章的“占有”制度），以避免出现明显的法律漏洞，从而充分保护民事权利，应对现代社会的快速发展，使法定权利之外的利益也可以得到保护。同时，现代民法通过物权法、债权法，合同法、侵权法等二元对立式的制度构建体系，使权益保护范围能够无缝对接，避免出现某种合法利益不被法律保护的问题。不过，也正是这种二元对立式的法律制度导致了新的法律漏洞的产生，使某些合法利益仍难获得法律的充分保护，纯粹经济损失就是典型。

[**案例 10-1-3**] 2002 年 5 月 13 日，上海市方舟旅行社接到了一单“黄山三日游”的生意。方舟旅行社以团购的方式为其客户从东方航空公司购买了 10 张飞机票。旅行社还选派了最有工作经验的导游。5 月 17 日一大早，在导游的带领下，旅行团一行 10 人赶往上海浦东国际机场，准备乘坐早晨 7 点整的一趟航班飞往黄山。他们在 6 点之前都到了机场办好登机卡。然而，由于航班延误，直到下午 1 点多钟仍然不知道航班可以起飞的具体时间。于是，方舟旅行社不得不为旅客办理了退票手续，取消了此次黄山之行。2002 年 8 月，原告方舟旅行社诉求被告东方航空公司赔偿因未履行承运合同造成原告的经济损失共计人民币 6 800 元。①

本案原告与被告之间不存在合同关系，原告的经济损失不能依据合同进行救济。因为侵权法原则上保护绝对权而不是相对权，也不对纯粹经济损失进行救济。总而言之，本案中，纯粹经济损失不能得到法律的全面保护。

二、权利的本质

权利是一个抽象事物。在不同历史阶段或不同理论学派看来，其具有不同的本质属性。

（一）意思说

又称意思力说、主观说等。该说认为，权利的本质乃意思之自由或意思之支配。申言之，权利为个人意思所能自由活动或个人意思所能任意支配之范围。意思为权利之基础，无意思就无权利。意思说承续了自然法思想，秉持西欧文艺复兴以及宗教改革的精神，有深刻的思想智慧和哲学内涵；将权利的本质定位于意思的效力，是与人的本质之定位相和谐的。②

意思说存在下列缺陷：其一，该说长于阐述动态中的权利行使，在一定程度上忽视了静态中的权利享有，容易将权利与权利的行使混为一谈。具体地说，权利之取得，未必基于意思，由于他人之行为或基于自然事实而取得权利者，亦多有之。权利之行使，亦未必基于意思。权利有时亦不受意思支配，如自由权不得抛弃等。③ 其二，依意思而支配事物者，可有适法与不适法两种情形。意思说未排除不适法的情形，其外延过广。④ 为弥补意思说的不足，还必须进一步承认主体的意志并非自主的、自我满足的，权利是客观法所认可的意志力量，须立足于对现有法律体系的依附。⑤

（二）利益说

又称利益保护说、客观说等。利益说为目的法学或利益法学所倡导，认为法律所保护的利益就是权利。利益说不考虑权利的行使而落脚于权利的目的，揭示了权利的个体需求和社会价值，克服了意思说的缺陷，具有明显的进步。

利益说存在下列缺陷：其一，法律所保护的利益未必为权利，如拆除附近违章建筑而使地

① 《航班延误之后（2004.02.20）》，载央视国际 http://www.cctv.com/progrm/jjyf/20040220/101629.shtml，2018 年 1 月 12 日访问。

② 张俊浩主编：《民法学原理》（上册），中国政法大学出版社 2000 年版，第 65—67 页。

③ 郑玉波：《民法总则》，中国政法大学出版社 2003 年版，第 60—61 页。

④ 曾世雄：《民法总则之现在与未来》，中国政法大学出版社 2001 年版，第 50 页。

⑤ [法] 雅克·盖斯坦、吉勒·古博：《法国民法总论》，陈鹏等译，法律出版社 2004 年版，第 133 页。

价上涨获利甚多，这只是一种反射利益，并非权利；反之，行使权利也未必获得利益，如法定代理人行使监护权未必自身获得利益。因此，民法规范不得不联用权利和利益，创造并广泛使用“民事权益”“合法权益”等术语。[①] 其二，该说否定了自然法的存在，剪断了权利与理性的联系而转向实证法，使权利与国家主义联姻。尽管利益说在纠正法的泛道德化倾向上有其积极作用，其基本定位却是成问题的。[②]

（三）法力说

又称法律力量说、法律实力说、折中说。该说认为权利是受法律保护的享有特定利益的法律实力。权利由内容和外形两要素组成，前者为法律上的特定利益，是人类为求生存不得不发生的人类与事物之间的各种关系；后者为法律上之力，即法律为充实其所认许的利益而不得不赋予的一种力量。[③] 法力说对利益从法律基础的角度进行了限制，有利于理清利益和权利的关系，避免了权利的泛滥。其暗合了权利法定主义的要求，具有更加强烈的实证色彩。

法力说的缺陷有：其一，相较“自由”“利益”，“法力”一词过于抽象，也较远地偏离法律规范世界，其名称并不妥当。其二，“法力说”过度重视权利的法律基础，容易走权利法定主义的道路，忽视了无须法定的权利。值得强调的是，《民法总则》第五章在列举了主要民事权利后，于第126条规定“民事主体享有法律规定的其他民事权利和利益”。本条并不意味着民事权利都须采取法定主义立法技术，也不意味着一切民事权利都可以为“法力说”所涵盖。其三，“法力说”将权利与实证法直接对接，容易割裂权利与自然法、社会需求之间的紧密关联，其法理层次远不如意思说及利益说。[④]

（四）权利否定说

又称社会连带说。该说认为，人们在社会生活中只有社会连带责任，而无所谓权利。法律上没有主观权利，只有客观规范的连接。权利否定说并不绝对排斥“权利”名词本身，而是拒绝承认它具有赋予个人特权的含义。从带有强制力的规范中，可推知个人有义务使其行为不同于强制力所要制裁的行为。因此，存在的是义务、服从，而不是权利。

权利否认说既然不承认权利之存在，在事实上也就谈不上权利的本质。这只能属于“对权利概念极端批判而产生的过激反应”[⑤]。在当代社会里，人们不再接受权利否定说。只是在学理上存在“权利本位”“义务本位”“社会本位”的争议，其中的焦点是在研究法律理论、确定法律关系以及判断法律价值等活动中，法律人究竟应该以“权利”还是“义务”作为逻辑起点、基石范畴的问题。《民法总则》第1条明确了民法以“保护民事主体的合法权益”为目的；第3条规定了“私权神圣”这一民法的总基调，即“民事主体的人身权利、财产权利以及其他合法权益受法律保护，任何组织或者个人不得侵犯”；第五章又专章规定民事权利。这些都是权利本位的体现。然而，权利本位并不意味着忽视对他人利益、社会利益的考虑，也要求民事主体认真履行对他人、对社会的义务，权利本位必须发展成为社会本位。对此，《民法

① 参见《侵权责任法》第1条、第2条、第6条、第7条、第23条、第36条、第64条；《民法总则》第1条、第3条、第34条、第43条、第44条、第120条、第132条、第154条、第183条、第186条。

② 张俊浩主编：《民法学原理》（上册），中国政法大学出版社2000年版，第65—67页。

③ 胡长清：《中国民法总论》，中国政法大学出版社1997年版，第38页。

④ 曾世雄：《民法总则之现在与未来》，中国政法大学出版社2001年版，第51页。

⑤ ［法］雅克·盖斯坦、吉勒·古博：《法国民法总论》，陈鹏等译，法律出版社2004年版，第128页。

总则》第 1 条同时承认“维护社会和经济秩序”这一立法目的。第 86 条规定了“法人的社会责任”，即“营利法人从事经营活动，应当遵守商业道德，维护交易安全，接受政府和社会的监督，承担社会责任”。第 128 条又承认特别法可以“对未成年人、老年人、残疾人、妇女、消费者等的民事权利”进行特别保护。

长期以来，人们都在为权利设定一个普适性的“定义”和确定的本质，使这一本质属性能涵盖所有权利类型，解释不同时期、不同领域的权利现象。然而以上研究说明我们很难从某一理论出发得出权利的本质，相反每一种本质规定性都存在与它相悖的一面。其实，概念界定和本质探讨都是寄托讨论者特殊目的的思维活动。对权利概念和权利本质的探讨启发我们思考这样一个问题：我们为什么需要“权利”？权利的概念在整个私法制度中的意义是什么？回答应该只能是一个开放式概念，或者是一个框架概念。①

第二节　权利的分类

[本节要点]

类型化研究既有利于透析具体权利的结构和效力，又有利于以权利为枢纽建立民法的整体知识体系。诉讼请求能否被法院支持的关键前提就是权利类型判断是否准确，然后才能论及权利的构成和效力。按照不同的标准，民事权利可作不同的分类：以权利的内容、标的、目的等是否为财产利益为标准，可分为财产权和非财产权；以权利的效力范围为标准，可分为绝对权和相对权；以权利的作用方式为标准，可分为支配权、请求权、形成权、抗辩权；以与主体的结合程度为标准，可分为专属权与非专属权；以权利间的依存关系为标准，可分为主权利和从权利；以实现要件是否已全部具备为标准，可分为既得权与期待权；以权利之间是否具有派生关系为标准，可以分为原权与救济权。

一、财产权与非财产权

以权利的内容或目的是否为财产利益为标准，可将民事权利分为财产权和非财产权。财产权多于交易中实现其目的，并不专属于特定主体，可与主体分离、转让；非财产权是伦理规范、人格价值的要求，其专属于权利人，不得与权利人分离、转让。市场经济以追求效益最大化为主要目的，这决定了民事权利原则上都应成为交易的客体，具有可让与性，只有在例外的情形下，权利才不能交易、不得让与。基于此，要确定财产权和非财产权的范围，应先确定非财产权，其他的则为财产权。非财产权主要包括人格权、身份权，可统称为人身权。

非财产权并不是绝对无财产价值，而是无法以财产价值进行衡量。非财产权的无法衡量性是文明社会伦理秩序的基本要求，否则，非财产权或人身权将有被财产化之虞。财产权和非财产权有时候并不具有明晰的界限，民法上存在兼具财产利益和非财产利益属性的综合性权利，如继承权、社员权等。②

有的财产权虽然以财产为载体，其主要目的却是非财产利益，如信函、私人相片等。这一

① ［德］卡尔·拉伦茨：《德国民法通论》（上），王晓晔等译，法律出版社 2003 年版，第 276 页。

② 郑玉波：《民法总则》，中国政法大学出版社 2003 年版，第 65—66 页。

类财产权在受到侵害时，不能仅按照财产价值确定其损害赔偿范围。《精神损害赔偿责任解释》第4条规定，“具有人格象征意义的特定纪念物品，因侵权行为而永久性灭失或者毁损，物品所有人以侵权为由，向人民法院起诉请求赔偿精神损害的，人民法院应当依法予以受理”。

[案例10-2-1] 原告何宏耀、邓守年给死者何士洪所立墓碑被被告何宏益砸碎。原告主张精神损害赔偿，被告则认为只能按照石碑价值予以赔偿。最终法院认定原告为死者所立石碑是具有人格象征意义的特定纪念物品，被告将其砸毁严重损害了原告对死去亲人的感情。被告不仅不能免除财产损害赔偿的民事责任，还要对原告赔偿精神抚慰金。①

（一）非财产权

非财产权，指与权利主体之人格、身份不可分离且不能以财产价值进行衡量的权利。非财产权可分为人格权、身份权两大类。人格权指存在于权利人自己人格上的权利，亦即以权利人自己的人格利益为标的的权利。人格权因出生、设立而取得，因死亡、终止而消灭，不得让与或抛弃。自然人、法人和非法人组织都可作为人格权的主体，但其所享有的人格权的范围不同：其一，自然人享有一般人格权，即人格尊严和人格自由；法人、非法人组织不享有一般人格权（《民法总则》第109条）。其二，自然人享有个人信息权益，法人、非法人组织不享有个人信息权益（《民法总则》第111条）。其三，自然人的具体人格权主要包括生命权、身体权、健康权、姓名权、肖像权、名誉权、荣誉权、隐私权、婚姻自主权等；法人、非法人组织的具体人格权主要包括名称权、名誉权、荣誉权等（《民法总则》第110条）。

身份权为存在于一定身份关系上的权利，如亲权、监护权、夫妻之间的权利、亲属权等（《民法总则》第112条）。在封建社会，身份是配置社会资源的基础或前提，身份权是统摄一切权利的基础性权利；现代社会坚持平等原则，仅于亲属法等领域存在法律特别规定的有限几类的身份权。

（二）财产权

财产权至少包括最广义、广义、狭义三种用法。最广义的财产权指一切以财产利益为内容的权利，包括了有形财产（如建筑物、动物）权利、无形财产权利；物权、准物权、债权、知识产权等。广义的财产权是物权和债权的统称。狭义的财产权仅指物权。此处的财产权采取最广义的用法。其中，物权指权利人依法对特定的物享有直接支配和排他的权利，包括所有权、用益物权和担保物权（《物权法》第2条）。准物权指不以现有特定之物为标的，而以无形的资格（如可以从事开矿、捕鱼等特定行为的资格）为标的的财产权利，包括探矿权、采矿权、取水权等。对此，《物权法》第123条特别规定：“依法取得的探矿权、采矿权、取水权和使用水域、滩涂从事养殖、捕捞的权利受法律保护。”债权是权利人依据当事人的意思或法律规定而享有的请求相对人为或不为特定行为的权利，可分为意定债权和法定债权两大类型。知识产权是权利人依法就智力成果享有的专有的权利。智力成果包括作品，发明、实用新型、外观设计，商标，地理标志，商业秘密，集成电路布图设计，植物新品种，以及法律规定的其他客体（《民法总则》第123条）。

① 湖北省宜昌市中级人民法院判决书（2001）宜中民终字第521号，原文有删节。

二、绝对权与相对权

以权利的效力范围为标准，权利可分为绝对权与相对权。绝对权又称为对世权，指对一般人请求不作为的权利，如人格权、身份权、物权等；相对权，又称对人权，指对特定人请求其为一定行为的权利，如债权。绝对权包括人格权、身份权、物权、知识产权、继承权等。相对权主要指债权。

绝对权和相对权分别与绝对法律关系和相对法律关系相对应。绝对法律关系的义务人是不确定的；而相对法律关系的义务人是确定的。绝对法律关系的权利人所享有的权利通常并不伴随相应的义务；义务人所负有的义务通常并不意味着对应有一定的权利。在相对法律关系中，权利义务常常具有对应性①：一方的权利对应另一方的义务，反之亦然。绝对权和相对权效力范围上的差别决定了权利保护方式的不同。当绝对权正在遭受侵害或者妨碍时，权利人可以要求义务人承担停止侵害、排除妨碍、消除危险等责任。绝对权遭受现实侵害、发生损害后，权利人可以主张侵权损害赔偿请求权。相对权一般不享有上述保护方式，相对权被侵害意味着相对人违反了义务，应产生继续履行、采取补救措施、承担违约金等责任方式。效力上的差别进而对权利的公示要件提出了不同要求：为防止绝对效力伤及一般社会主体的行为自由，作为绝对权的财产权一般须有适当的公示方式，而相对权则无须公示。效力上的差别也进一步决定了权利人地位之不同：在相对人破产时，绝对权人可以享有别除权或取回权；如果某人只是拥有债权，则只能与其他债权人一并平等地获得清偿。

绝对权和相对权有时候并不具有明晰的界限：

第一，与绝对权类似，相对权也具有不可侵性，只不过因为相对权不具备社会典型公开性，其易受侵害性要低于绝对权，通常情况下对其的保护程度和方式有别于绝对权。例外情况下，对债权人（如承租人）也可以准用绝对权请求权；特定条件下相对权还可以成为侵权的客体。《侵权责任法》第 2 条规定："侵害民事权益，应当依照本法承担侵权责任。本法所称民事权益，包括生命权、健康权、姓名权、名誉权、荣誉权、肖像权、隐私权、婚姻自主权、监护权、所有权、用益物权、担保物权、著作权、专利权、商标专用权、发现权、股权、继承权等人身、财产权益。"债权不属于本条明文列举的权利，但属于本条中的"财产权益"。而且，在侵权法的视角中债权只能按照"财产利益"来对待，比起绝对权，侵害债权的构成要件要严格得多，其要求侵权人主观上存在故意。

[案例 10-2-2] 2007 年 4 月 28 日，港闸区法院受理了瑞奇公司申请执行诚益公司加工合同纠纷一案。同年 6 月 4 日，法院作出（2007）港执字第 0188 号民事裁定书，裁定：划拨被执行人诚益公司的银行存款计人民币 70 万元至法院账户。次日，港闸区法院要求被告工行城南支行予以协助，被告出具协助扣划存款通知书回执，载明：关于诚益公司在我行账户的存款 82 588 元，已扣划至港闸区人民法院，未扣划 617 412 元，原因为账户余额不足。2007 年 6 月 26 日，港闸区法院在扣除了执行费后将执行款 73 768 元给付瑞奇公司。2007 年 8 月 25 日，港闸区法院向工行城南支行发出责令限期追回款项通知书，载明：因你行出具不

① 王利明：《民法总则研究》，中国人民大学出版社 2003 年版，第 228—229 页。

实的冻结存款通知书（回执），使得本院（2006）港民二初字第0192号民事裁定书未能得以切实执行，给债权人造成重大经济损失，也损害了人民法院生效裁判文书的权威。依照《最高人民法院关于人民法院执行工作若干问题的规定（试行）》第3条的规定，责令你单位于2007年8月31日之前将人民币617 559.75元予以追回，逾期，本院将依法裁定你行在人民币617 559.75元范围内承担赔偿责任。①

本案中，被告银行作为专业金融机构，负有法定的协助执行义务，熟知协助执行相关程序，却没有尽到这些义务，出具不实冻结存款通知书，具有侵害瑞奇公司债权的故意，应承担侵害债权的侵权责任。

第二，经预告登记后，债权具有对抗第三人的效力（《物权法》第20条）。按照买卖不破租赁原则，承租人在一定条件下有权对抗第三人（买受人）（《合同法》第229条）。

三、支配权、请求权、抗辩权、形成权

以权利的作用方式为标准，权利可分为支配权、请求权、形成权、抗辩权。这四种权利在民法上的法律地位不同。其中，支配权、请求权是以应受保护的利益为内容的实质性权利，而形成权、抗辩权等权利则是保护和实现上述权利的服务性或手段性权利。②

（一）支配权

支配权指仅凭权利人之意志，可直接对标的物加以支配并排斥他人干涉的权利。根据支配客体之不同，支配权又可分为：（1）对物的支配权，主要指物权，既包括对实体价值的支配（实体权，如用益物权），也包括对物的交换价值的支配（价值权，如担保物权）。（2）对人身利益的支配权。人身利益包括人格利益和身份利益。（3）对无形财产的支配。主要指知识产权。③ 支配权具有下列特征：

第一，支配权具有直接支配性。与请求权不同，支配权的权利人直接作用于权利标的，无须相对人履行特定义务予以配合即可实现权利内容或目的。支配权人可以在法律许可范围内为任何行为，如占有、使用、收益、处分等。如果标的物脱离管领，权利人有权取回，以实现继续支配。支配权的支配方式或程度因类型不同而存在差异，一般地说，对物的支配权的支配程度要高于对人身利益的支配权的支配程度。例如，从社会公共秩序的角度考虑，法律并不愿意承认自然人对自己的生命享有任意处分（自杀）的权利。

第二，支配权具有排他性。按照对标的物支配管领程度的不同，支配权的排他程度也不同。对标的物的支配程度越高，越不能兼容其他支配权。例如，一物之上不得同时存在两个所有权，但一物之上可同时存在所有权和他物权。在经济社会发展过程中，为解决资源的有限性和人们需求的多样性之间的矛盾，立法者多采取灵活的方式降低物权的排他性，容许不同物权的并存。如《物权法》第136条规定："建设用地使用权可以在土地的地表、地上或者地下分别设立。新设立的建设用地使用权，不得损害已设立的用益物权。"

第三，支配权具有优先效力。如果客体上同时存在支配权和请求权，则支配权效力优先于

① 江苏省南通市中级人民法院民事判决书（2010）通中民终字第0022号，原文有删节。

② ［日］四宫和夫：《日本民法总则》，唐晖、钱孟姗译，台湾五南图书出版公司1995年版，第31页。

③ 王利明：《民法总则研究》，中国人民大学出版社2003年版，第212—213页。

请求权。客体上存在多个支配权时，其优先顺位应首先适用法律的明文规定。例如，《物权法》第239条规定："同一动产上已设立抵押权或者质权，该动产又被留置的，留置权人优先受偿。"如果法律没有明文规定的，一般而言，成立在先者的效力优先于成立在后者。

第四，支配权具备绝对性、不可侵性，这也是支配性、排他性的当然结果。支配权受到侵害时，权利人有权禁止他人干涉妨害，这在法律上表现为绝对权；权利人也有权请求损害赔偿，在法律上表现为侵权损害赔偿请求权。

[案例10-2-3] 1990年5月，原西峰市人民政府给贾庆妮颁发了西集建（1990）558号《集体土地建设用地使用证》。2013年，贾庆妮将其所有的旧宅拆除重建时，被李陇平、李陇峰、李陇宁于2013年10月13日阻挡一次。同年10月17日，三人又将砌了11层砖的围墙推倒，阻挡贾庆妮建房。贾庆妮起诉要求判令李陇平等三人停止阻挡，赔偿损失。①

此案中，贾庆妮依法取得的土地使用权及对宅基范围内的建筑物所有权，属于支配权的范畴。基于此，贾庆妮有权对旧宅拆除重建，他人无权干涉。李陇平等三人推倒围墙阻止重建的行为侵害了贾庆妮的支配权。贾庆妮可以行使停止侵害请求权，要求李陇平等三人停止对贾庆妮重建房屋的阻挡；贾庆妮还可请求因支配权受侵害不能回复圆满状态而产生的损害赔偿请求权。

（二）请求权②

在德国普通法时代，法学家温德赛以罗马法上的诉权为基础衍生出实体法上的请求权。时至今日，请求权已成为现代民事权利体系之中枢：首先，请求权具有普遍适用性，既可以成为债权的主要内容，又可以为所有权受到的侵害提供救济。其次，民法典中有关债权的规定也能够准用于其他请求权，请求权的概念联系了不同法律部门，进一步增进了民法的体系性。再次，请求权是诉讼时效制度的基础，而诉讼时效与取得时效一起完善了法律事实制度。最后，实体法上的请求权往往需要经由程序法上的请求权即实体诉权来行使，从这个意义上说，请求权是连结民法与民事诉讼法的纽带。③

1. 请求权的概念和特征。请求权指要求他人为特定行为（作为或不作为）的权利。其具有下列特征：

第一，请求权人不能直接支配义务人或管领标的物，必须经相对人履行特定义务，始能实现请求权的内容。请求权和义务是一一对应关系，其权利或义务的内容可以是作为也可以是不作为。

[案例10-2-4] 2012年7月12日，原告云南利欧公司与被告田玉贵签订书面劳动合同，约定未经原告允许，被告不得在其他单位兼职；在竞业限制期间，被告不得到任何与原告相同或相似的行业就职，也不得自办与原告有竞争关系的企业，且禁止被告从事与原告商

① 甘肃省庆阳地区中级人民法院判决书（2014）庆中民终字第400号，原文有删节。

② 进一步的研究，请参见本书第十一章第一节"请求权基础理论"。

③ 在现代民事实体法和诉讼法之间，有着这样一个过渡：实体法上的基础权利——实体法上的请求权——诉讼法上的请求权主张——具体诉讼请求。参见江伟、段厚省：《请求权竞合与诉讼标的理论之关系重述》，载《法学家》2003年第4期。

业秘密有关的产品的生产。2014 年 4 月 20 日，利欧公司与云南华瑞经贸有限公司签订《产品订购合同》。原、被告双方对是否违反禁止同业经营义务发生争议。①

本案中，原告有权请求被告在竞业限制期间，不得从事与云南利欧公司存在竞争的行业，保守商业秘密；且在就职期间，未经原告允许，被告不得在其他单位兼职。这三项请求权都以不作为为内容。

第二，请求权不具有排他性，在同一客体之上可并存两个以上请求权。例如，多重买卖中两个买卖合同都有效，两项债权同时存在。《合同法解释（二）》第 15 条规定："出卖人就同一标的物订立多重买卖合同，合同均不具有合同法第五十二条规定的无效情形，买受人因不能按照合同约定取得标的物所有权，请求追究出卖人违约责任的，人民法院应予支持。"这就不同于支配权，同一客体上原则上不得并存两个以上内容抵触的物权（支配权）。

第三，请求权不具有优先性。同一客体上并存物权和债权时，一般来说物权优先于债权。在同一客体上并存的数项请求权，原则上各请求权彼此平等，不能按照成立在先等原则排列权利位阶。但在破产等情形下允许存在例外，不同请求权间可存在权利位阶，体现了立法者特殊的价值判断。按照《企业破产法》第 43 条的规定，债务人财产不足以清偿所有破产费用和共益债务的，先行清偿破产费用。债务人财产不足以清偿所有破产费用或者共益债务的，按照比例清偿。按照《企业破产法》第 113 条的规定，破产财产在优先清偿破产费用和共益债务后，依照下列顺序清偿：（1）破产人所欠职工的工资和医疗、伤残补助、抚恤费用，所欠的应当划入职工个人账户的基本养老保险、基本医疗保险费用，以及法律、行政法规规定应当支付给职工的补偿金；（2）破产人欠缴的除前项规定以外的社会保险费用和破产人所欠税款；（3）普通破产债权。

2. 请求权的类型。

（1）以独立性程度为标准，请求权可分为独立请求权与非独立请求权。独立请求权可独立存在，可被单独转让、处分，既不依赖于先前存在的权利，也不为其他权利服务，如合同债权请求权、亲属法中的抚养请求权。非独立请求权则依赖于先前存在的权利，是为实现其他权利服务的，不能独立地被转让、处分，它可以和基础权利一起转让给新的权利人，如物权请求权。物权请求权与债权请求权在因相对人之义务履行能否导致权利消灭上的效力不同。物权请求权所对应的义务被履行后，物权本身依然存在。如有新的妨害发生，可再发生物权请求权。债权请求权则因相对人的适当履行而消灭。

（2）以内容为标准，请求权可分为积极请求权和消极请求权，二者分别以请求为和不为特定行为为主要内容。当然，请求权中也可能同时包含为和不为的内容，例如，主给付请求权的内容是作为，而从给付请求权的内容是不作为。

（3）以效力为标准，请求权可分为绝对请求权和相对请求权。其中，绝对请求权在应然、实然两种状态中的效力不同：在应然状态中，绝对请求权可以针对一般人而设，一旦权利受到侵害而转化为实然状态，则只能对特定人行使。由物权或其他支配权所产生的请求权均属此类。相对请求权无论是应然还是实然状态都是对于特定人之请求权，典型者如债权请求权。

---

① 云南省昆明市中级人民法院民事判决书（2016）云 01 民终 5152 号，原文有删节。

［案例 10-2-5］原告马战方拥有一台搅拌机。杨宗祥租赁马战方的搅拌机修建工程，后被告曹勤乐以工程质量有问题为由，将原告的搅拌机扣留。①

在应然状态下，任何人非法占有原告的搅拌机，原告都可行使绝对权请求权。现在搅拌机已被被告扣留，在此实然状态下，原告可以对被告行使请求权。

（4）以产生基础为标准，请求权可以分为：① 债权请求权，包括履行合同请求权、违约损害赔偿请求权、缔约过失请求权、无因管理请求权、侵权请求权、不当得利返还请求权等。② 物权请求权，包括返还原物请求权、停止侵害请求权、排除妨碍请求权、妨碍预防请求权等。③ 占有保护请求权，主要包括在占有受到侵害的情况下占有人享有的占有返还请求权、妨碍排除请求权、消除危险请求权。④ 人格权上的请求权，主要是指在人格权受到侵害的情况下产生的停止侵害、排除妨碍、消除危险的请求权。⑤ 身份权上的请求权，主要包括履行抚养义务的请求权、赡养请求权等。⑥ 知识产权法上的请求权，主要是指知识产权受到侵害的情况下产生的停止侵害、排除妨碍、消除危险请求权等。②

3. 请求权的行使。不具有人身专属性的请求权既可由请求权主体自己行使，也可以由他人代理行使，还可以成为代位权的客体；具有人身专属性的请求权只能由权利人自己行使。标的不可分的请求权只能全部行使，标的可分的请求权则可以被部分行使。附条件或期限的请求权须条件成就或期限届至时方能行使。

通常情形下，请求权可以不依公力而由权利人直接向相对人提出，由相对人自愿履行，请求人受领给付。请求权还可以依据诉讼或仲裁行使，构成给付之诉。如果相对人不履行给付义务，请求权人可以请求强制执行。在特殊情形下，请求权人可以进行自力救济。

绝对请求权原则上不适用诉讼时效，但返还请求权为例外。按照《民法总则》第 196 条的规定，“不动产物权和登记的动产物权的权利人请求返还财产”的，不适用诉讼时效。债权请求权原则上适用诉讼时效，但也存在例外。按照《诉讼时效解释》第 1 条的规定，下列债权请求权不适用诉讼时效：支付存款本金及利息请求权；兑付国债、金融债券以及向不特定对象发行的企业债券本息请求权；基于投资关系产生的缴付出资请求权等。

（三）抗辩权

1. 抗辩权的含义与特征。抗辩权是对抗权利人行使权利的权利。抗辩权具有下列法律特征：

第一，抗辩权为对抗权，其承认对方权利的有效存在，以阻止对方权利发生效力为目的。抗辩权不同于形成权：形成权之行使，可以导致相对人权利的变更或消灭。抗辩权不同于异议：异议为否认权，所主张的异议如果成立，可能导致对方的请求权不发生、未生效或消灭等。抗辩权主要用于对抗请求权，但又不限于请求权，也得对抗抵销权或其他抗辩权。请求权与抗辩权之间的对立性思考是民法基本的思维方式。

第二，抗辩权因权利人的积极行使而生效，如果当事人未主张抗辩权，法院不得依职权予以适用，一般也无释明的必要。③

---

① 山西省运城市中级人民法院民事判决书（2018）晋 08 民终 887 号，原文有删节。

② 王利明：《民法总则研究》，中国人民大学出版社 2003 年版，第 215 页。

③ 有关进一步的研究，请参见本书第十二章第二节。

第三，抗辩权主要依法律的明文规定而产生。依据私法自治原则，法律并无理由禁止当事人通过约定抗辩事由设置抗辩权。不过，为维护私权神圣原则，通常情形下抗辩权应该依据法律的明文规定而产生。《担保法》第20条第2款规定："抗辩权是指债权人行使债权时，债务人根据法定事由，对抗债权人行使请求权的权利。"依此规定，担保法上的抗辩权限于法定抗辩权。法律不仅规定抗辩权的类型，也应规定抗辩权的构成要件。

[案例10-2-6] 2000年1月10日，A公司与B公司签订100吨棉纱购销合同。合同约定："A公司供给B公司21支棉纱100吨，18 300元/吨，合同签订之日B公司预付货款50万元，A公司应于同年1月20日送货至B公司，B公司验货付款100万元，余款同年3月底前付清。"合同签订后，B公司交付了50万元预付款，A公司按约将货送至B公司指定地点。此时B公司只筹集50万元，要求按照100万元的货款卸车验货。A公司拒绝卸货，等候3日，B公司仍未筹到100万元，A公司将货拉回。此后，B公司诉至法院要求A公司返还50万元预付款，并偿付违约金7.5万元。A公司辩称其不构成违约，并要求B公司赔偿运输等经济损失2.6万元。

本案，B公司预付款50万元和交货付款100万元，与A公司的交货义务构成牵连性义务。依据《合同法》第66条的规定，同时履行抗辩权须满足以下条件：(1) 当事人互负债务，没有先后履行债务顺序；(2) 一方在对方履行之前有权拒绝其履行要求；(3) 一方在对方履行债务不符合约定时，有权拒绝其相应的履行要求等。现B公司未筹集到约定货款，按照同时履行抗辩权的规定，A公司有权拒绝交货。不过，因棉纱可以部分交付，若B公司请求交付与所筹集到钱款相应的货，而这种部分履行又不会给A公司造成不利的，A公司应该交付部分货，只能对超出相应部分的请求权行使同时履行抗辩权。

2. 抗辩权的分类。以是否从属于主债权为标准，抗辩权可分为独立抗辩权和从属抗辩权。独立抗辩权指抗辩权的一方当事人自己不必享有主债权，只是在另一方行使债权请求权时，有对该请求权主张抗辩的权利。如时效完成抗辩权。而从属抗辩权则指有抗辩权的一方当事人须有请求对待给付的债权或其他权利，此时抗辩权是从权利，如同时履行抗辩权、不安抗辩权等。

依作用不同，抗辩权可分为永久的抗辩权和一时的抗辩权。永久的抗辩权指能永久阻止请求权效力的抗辩权，如已罹于消灭时效的债权请求权之抗辩。一时的抗辩权又称延期抗辩权，指抗辩权的行使可以暂时地拒绝相对人的请求权效力。如双务合同中的同时履行抗辩权、不安抗辩权、先诉抗辩权等。

（四）形成权

1. 形成权的含义与特征。形成权指依照权利人单方权利行使行为就能使权利产生、变更和消灭的权利，如追认权、解除权、撤销权、抵销权等。形成权具有下列特征：

第一，形成权具有单方变动性。形成权人得依单方行为使已成立之法律关系变更或消灭，可构成"合同原则"的例外。① 形成权通常构成债权（或物权）请求权的前提条件，但其并

① 《德国民法典》第305条规定："以法律行为为债之关系的建立及债之关系内容的变更，除法律另有规定外，应有当事人间之契约。"依本条之规定，原则上只有通过当事人之间的契约才能引起法律关系的变动，单方行为不足以引起法律关系的变动。

不需要相对人的履行，故不属于请求权，对方并不负有履行义务。[①] 形成权并无通常意义上的权利客体，在其未行使时仅为一抽象的权利，他人无从侵犯，所以形成权，无论存续还是行使，都不存在被侵害的可能性，其并非侵权行为的客体。[②] 关于形成权的判决自动生效，无须强制执行。

第二，形成权的单方变动性使当事人之间既有的法律关系处于非稳定状态。形成权一旦被行使，相对人只能接受或容忍其法律后果，为防止过度限制相对人的自由[③]，民法对形成权整体采取了保守态度。形成权或者基于当事人的清楚明白的约定产生，或者基于法律的明确规定产生，其类型或构成要件取决于当事人的约定或法律的规定。

第三，形成权不得附条件或附期限。为建立稳定的预期，避免相对人长期处于不确定之法律状态，形成权原则上不得附条件或附期限。例如，法定抵销权是形成权，单方行使抵销权即可导致合同之债的消灭。我国《合同法》第 99 条第 2 款规定，当事人主张抵销的，应通知对方。通知自到达对方时生效。抵销不得附条件或者附期限。

第四，形成权原则上适用除斥期间。形成权与相对方利害关系紧密，为此，法律上需要设立一种制度促使法律关系早日确定，防止相对人因为消极等待而蒙受损害，这种制度就是除斥期间。《民法总则》第 199 条规定："法律规定或者当事人约定的撤销权、解除权等权利的存续期间，除法律另有规定外，自权利人知道或者应当知道权利产生之日起计算，不适用有关诉讼时效中止、中断和延长的规定。存续期间届满，撤销权、解除权等权利消灭。"

2. 形成权的分类。依据产生原因的不同，形成权可分为法定形成权和约定形成权。法定形成权指基于法律的直接规定而产生的形成权，大多数形成权都是法定形成权。约定形成权指基于当事人的约定而产生的形成权，如约定合同解除权。无论法定形成权还是约定形成权，其基本内容及效力都由法律直接规定，只不过在约定形成权的情况下，形成权产生的原因、行使的条件以及期限等可以由当事人约定。当前，我国法上的形成权散见于法律、法规、司法解释等，系统性的规定尚付之阙如，未来立法有必要对其作出统一规定。

[案例 10-2-7] 吴某为盖房子借刘某 5 000 元、王某 4 000 元、华某 8 000 元，其中刘某为吴某的亲戚。三人债务期限均到 2000 年 10 月 5 日。2000 年 7 月房子盖好。债务届期后，刘某、王某、华某一起到吴某家里讨债，吴某声称无力还债，只有借钱盖的房子一栋。2000 年 9 月 1 日吴某与刘某曾设定抵押合同，并将房屋进行了登记，王某与华某知道这一情况后，向法院提起诉讼，要求撤销吴某与刘某之间的抵押合同。

本案中，事后设定抵押为没有对价的无偿行为，按照《合同法》第 64 条，即使原告的

① 日本民法制定者不了解形成权的概念，因而，在表示行使形成权时，亦曾使用"请求"一词。参见［日］四宫和夫：《日本民法总则》，唐晖、钱孟姗译，台湾五南图书出版公司 1995 年版，第 32—33 页。

② 《房屋租赁合同解释》第 21 条规定："出租人出卖租赁房屋未在合理期限内通知承租人或者存在其他损害承租人优先购买权情形，承租人请求出租人承担赔偿责任的，人民法院应予支持。但请求确认出租人与第三人签订的房屋买卖合同无效的，人民法院不予支持。"本条中出租人承担的赔偿责任并非侵权责任。

③ 迪特尔·施瓦布认为，形成权也是相对权，通过单方意思表示即可对另一个人的法律状态产生影响，其在一定程度上具有"支配"的性质，尤其是形成权的效果通常必须事先经过法院诉讼程序才可产生，这种支配权的性质便越发明显。因此，民法制度必须对形成权加以限制。参见［德］迪特尔·施瓦布：《民法导论》，郑冲译，法律出版社 2006 年版，第 143 页。

债权尚未届清偿期，债权人也可行使债权人的撤销权。《最高人民法院关于适用〈中华人民共和国担保法〉若干问题的解释》（法释〔2000〕44号）第69条规定，债务人有多个普通债权人的，在清偿债务时，债务人与其中一个债权人恶意串通将其余全部或部分财产抵押给该债权人，因此丧失了履行其他债务的能力，损害了其他债权人的合法权益的，受损害的其他债权人可以请求人民法院撤销该抵押行为。因此，本案原告有权依照《合同法》第64条的规定提起撤销之诉。

依行使方式不同，形成权可分为裁判外的形成权和裁判上的形成权。裁判上的形成权指必须经裁判方能行使的形成权。之所以规定裁判上的形成权，往往是因为此类形成权严重影响第三人的利益（如债权人的撤销权），有严格适用法律、避免再生纠纷的必要。如无法律特别规定或当事人的明确约定，形成权应为裁判外的形成权，如法定代理人的追认权、无权代理情况下本人的追认权、选择之债中的选择权、抵销权、合同解除权等。

依法律目的不同，形成权可分为创设性形成权、变更性形成权、消灭性形成权。① 创设性形成权旨在设立法律关系或者使法律关系发生效力。例如，法定代理人对于被代理人（被监护人）行为的追认权、本人对无权代理的追认权以及债权人对于债务人与第三人间的债务承担行为的同意权。变更性形成权的目的是使法律关系变更，如债权人选择某一标的使选择之债变为特定之债的权利。消灭性形成权会使已经成立并生效的法律关系消灭，如撤销权、解除权、抵销权和终止权等。

依法律效力是否涉及他人，形成权可分为不影响他人的形成权（如物权抛弃权、先占等）与影响他人的形成权。多数形成权都是影响他人的形成权。

依适用领域的不同，形成权可分为财产法上的形成权和身份法上的形成权。财产法上的形成权包括两种类型：一是债权性形成权。此种形成权主要依附于债权产生并与债权不可分离，主要包括撤销权、撤回权、追认权、解除权、终止权、选择权、抵销权、免除权、买回权、减价请求权、租金减少请求权等。二是物权性形成权。它是依附于物权并与物权不可分离的权利，主要包括撤销权、所有权的抛弃、其他物权的抛弃、共有物分割请求权、典物回赎权等。身份法上的形成权主要是指基于身份关系而产生的形成权。财产法上的形成权一般都是基于法定和约定产生的，而身份法上的形成权一般都基于法定产生。身份法上的形成权包括两类：一是纯粹身份上的形成权。主要包括婚约撤销权、婚约解除权、婚姻撤销权、离婚请求权、婚生子女否认权、子女认领权、撤销及终止收养关系之诉、监护资格辞去权、遗嘱撤回权等。二是具备身份财产综合效力的形成权。主要包括继承人或者受遗赠人对继承权或受遗赠权的抛弃权、遗产分割请求权等，此种形成权尽管是基于身份产生的，但它与财产还是有着密切的联系的。②

四、专属权与非专属权

以与主体的结合程度为标准，权利可分为专属权与非专属权。专属权指专属于权利人一身

① ［葡］Carlos Alberto Da Mota Pinto：《民法总论》，林炳辉等译，澳门法律翻译办公室、澳门大学法学院1999年版，第91页。

② 王利明：《民法总则研究》，中国人民大学出版社2003年版，第225—227页。

之权利，可进一步分为“享有的专属权”与“行使的专属权”。前者专归于特定主体享有，不得让与或继承，但不妨碍代位行使，如姓名权；后者行使与否，专由权利人之意思决定，他人不得代位行使，但特定情形之下不妨让与或继承，例如因侵害人格权所生之损害赔偿请求权，即不得由他人代位行使，但其赔偿金额，如已依契约承诺或起诉者，即得让与或继承。① 实际上，此时的损害赔偿请求权已经转变为金钱赔偿请求权，专属权已改变为非专属权，自然具有移转性。

非专属权指专属权以外的权利，其非专属于权利人本身，可被他人享有或行使。人身权多为专属权，而财产权多属于非专属权，但也存在例外。例如，国家可对土地、森林、山岭、草原、荒地等自然资源等享有专属所有权；按照《合同法解释（一）》第 12 条，基于扶养关系、抚养关系、赡养关系、继承关系产生的给付请求和劳动报酬、退休金、养老金、抚恤金、安置费、人寿保险、人身伤害赔偿等权利，不属于代位权的标的，这些权利也是专属权。

五、主权利与从权利

以权利间是否存在依存关系为标准，权利可分为主权利与从权利。主权利指不必依赖其他权利而能独立存在的权利。从权利指须从属于其他权利始能存在的权利，如保证债权、抵押权、质权、留置权等。主权利与从权利是相对而称的概念：没有主权利，则从权利不能存在；没有从权利，主权利也就没有存在的意义。笼统地说所有权、债权、人格权、身份权是主权利，并无多大价值。

原则上，从权利与主权利命运相同：（1）主权利存在，从权利始能存在。然而，这种主从关系不宜简单理解为严格的时间先后顺序。在最高额担保或者以将来发生的债务为标的的担保的场合，完全可以先成立从权利，再成立主权利。对此，《物权法》第 203 条、第 222 条分别规定了最高额抵押、最高额质押。（2）主债权因清偿或基于其他原因消灭时，作为担保的从债权同时消灭。主权利罹于时效者，其效力及于从权利，但法律有特别规定者除外。②（3）从权利原则上不得与主权利分离而单独转让。

[案例 10-2-8] 2013 年 1 月 31 日，被告恒诚担保公司与原告中国民生银行股份有限公司福州分行签订《最高额质押合同》，约定被告恒诚担保公司为该金融服务合同向原告提供最高额质押担保，所担保的最高债权额本金余额为 500 万元，被担保的主债权发生期间为 2013 年 1 月 31 日至 2014 年 1 月 31 日，质押物为被告恒诚担保公司在原告的单位保证金账户内的存款（余额 2 000 万元）。③

本案中，中国民生银行股份有限公司福州分行对恒诚担保公司在未来一年内连续产生金融服务金请求权，而最高额质权则于价金请求权之前已经成立。

---

① 郑玉波：《民法总则》，中国政法大学出版社 2003 年版，第 71—72 页。

② 关于进一步的研究，请参见本书第十二章第二节“诉讼时效”。

③ 福建省福州市中级人民法院民事判决书（2015）榕民初字第 982 号，原文有删节。

六、既得权与期待权

以是否已全部具备权利要件为标准，民事权利可分为既得权与期待权。既得权指已经具备全部要件并由权利人实际享有的权利，一般的民事权利都是既得权；期待权指尚不具备全部要件，待要件齐备后才能被实际享有的权利。

（一）期待权的特征

1. 期待权具有较强的确定性。虽然权利构成要件尚有欠缺，但是法律已然赋予期待权以“先期效力”，其已经确定地具有民事权利的地位。

2. 期待权是独立的权利。期待权具有一定的经济价值，使得法律有必要将其晋升为一种权利状态，可以像一项独立的权利那样，进行转让、继承、在其上设定负担或作为强制执行的标的。① 期待权不同于单纯期待：前者是受法律保护的权利；而后者不是权利，不存在被侵害的可能，法律没有必要也不可能给予现实保护。例如，被继承人在世时，继承人享有的客观意义上的继承权只是一种“期待”而不是期待权。

3. 期待权具有过渡性。期待权是居于单纯期待到既得权利之间的过渡状态。为确保法律秩序的安定性，加快财产流转，大部分情形下民法会简化中间过渡状态，而直接承认既得权而不承认期待权。只有在例外的情形下，法律才会承认期待权，以既得权的方式保护当事人的期待利益。期待权不一定都会转变为既得权，这取决于权利人能否补齐欠缺的要件。

（二）期待权的类型

1. 基于附条件或期限法律行为所生之法律地位，例如，保险事故发生前或约定期限届满前，保险合同受益人的权利。

2. 拾得人在尚未取得遗失物所有权时所享有的期待利益。

3. 采登记要件的物权让与（或设定）尚未办理登记时，受让人的法律地位。

4. 占有人在取得时效届满前的法律地位等。

［案例 10-2-9］ 吴氏夫妇以 42 万元的价格将北海市铜鼓里二巷 11 号三层楼房卖给郑某、徐某。合同约定：郑、徐二人预付 40 万元购房价款后，吴氏夫妇应在 6 个月内办理过户手续。双方签约后，郑徐二人按约预付房款 40 万元。吴氏夫妇在出具收款收据的同时将房屋钥匙及房产证交与郑徐二人，半月后又将房屋腾空交与郑徐二人营业，双方未办理房产过户手续。半年后吴氏夫妇下落不明。在郑徐二人购得此房后不久，因吴某拖欠他人工程价款及利息 24 万余元，债权人申请强制执行。一审法院遂裁定将前述房屋查封拍卖，郑徐二人提出异议。但一审法院以双方房屋买卖因没有办理过户手续而无效为由驳回异议，仍将房屋拍卖给他人。

《物权法》第 14 条规定：“不动产物权的设立、变更、转让和消灭，依照法律规定应当登记的，自记载于不动产登记簿时发生效力。”房屋所有权的变动须经登记才能生效。本案当事人对房屋未进行变更登记，因此所有权尚未转至原告（郑徐二人）。原告尽管不享有既得权，却享有期待权，其法律地位应受法律的保护。从经济效益的角度考虑，加之类推适用

① 参见申卫星：《期待权基本理论研究》，中国人民大学出版社 2006 年版，第 41 页。

《合同法》第 229 条、第 230 条，或者承认所有权转至拍卖买受人，原买卖合同应继续有效；或者原告有权以同等条件优先购买。

七、原权与救济权

根据权利之间是否具有派生关系，民事权利可以分为原权与救济权。原权为基础权利，救济权为由基础权利派生的权利。救济权是在原权受到侵害或有受侵害的现实危险时才发生的权利。救济权一般属于请求权，但请求权并非都为救济权。在法律关系中，原权与义务相对应，而与救济权相对应的是民事责任。

第三节 权利的行使

[本节要点]

权利行使实践着主体自由，包含着利益之可能性转化为现实性的过程。权利的行使须受必要限制，兼顾个人利益、第三人利益及社会公共利益。权利须依其内容行使，除了遵守当事人的约定和法律规定之外，还应遵守法律基本原则。其中，自由原则是权利行使的核心原则，诚实信用原则是从正面规制权利行使的引导性原则，禁止权利滥用原则是从反面规制权利行使的禁止性原则。

一、权利行使的含义

权利行使是权利主体实现权利内容的行为。其具有下列特征：

（一）权利行使以主体享有权利为前提

不享有权利者，不能行使权利。主体行使确认权利请求权、发动权利确认之诉，是行使权利的前提，而非权利行使行为本身。《物权法》第 33 条规定："因物权的归属、内容发生争议的，利害关系人可以请求确认权利。"其中，因为物权归属发生争议而提起的确认之诉，不属于行使权利；如果物权的归属没有争议而只是物权内容发生争议，当事人为此提起的确认之诉，可以属于行使权利。

为被管理人的利益而管理他人事务的，由于管理人不享有相关权利，该管理行为可以构成无因管理，却不属于权利行使，此时不能说管理人在行使管理他人事务的权利。

（二）权利行使体现了主体的自由

主体自由的范围取决于权利的内容，而权利内容源自当事人的约定或法律的规定。当然，自由的范围极其广泛，不可能通过当事人的约定或法律的规定给予绝对、全面的涵盖。按照"法无明文禁止即为自由"原则，凡未违反当事人约定，没有违反法律禁止性规定，没有违反法律原则的，均属于正当地行使权利。在法律允许的范围内，权利人可以按照权利的内容任意行使权利，不必取得他人或有关部门的同意。《民法总则》第 130 条规定："民事主体按照自己的意愿依法行使民事权利，不受干涉。"主体可以行使权利，也可以不行使甚至抛弃权利，也可以基于法律所允许的各种目的而行使权利。例如，甲拥有一袋面粉，可以用来做馒头、出售、换点心、抵债、赠与他人等。权利可由权利人自己行使，也可以由代理人代为行使。当然，专属权只能由权利人自己行使，而不能由他人代为行使。

（三）权利行使可形成民事法律事实

权利行使可以体现为与主体的意志有关的行为，包括民事法律行为、准民事法律行为、事实行为，甚至公法意义上的行为（如诉讼行为）等。行使权利的行为可以形成民事法律事实，进一步引起民事法律关系的变动。权利类型不同，权利行使的方式也不同。例如，行使请求权的方式是请求义务人为或不为特定行为；行使支配权的方式则包括直接管领、处分权利客体。

（四）权利行使包含着从利益之可能性转化为现实性的过程

权利行使以最终实现权利内容为目的，但权利行使并不当然意味着权利实现。有的基于相对人的原因而未实现权利，债法上的履行不能即为典型适例；有的则基于权利人自身的原因而未实现权利，如因为自己生活习惯不良而导致健康权不能实现；有的是因为不同权利主体都在行使权利，从而发生权利冲突，使其中一方或双方不能同时实现权利之目的。

［案例 10-3-1］ 2016 年 8 月 31 日凌晨，被告崔永强与朋友彭伟、钱多多在崔永强租住的房屋内喝酒划拳，因声音过大造成扰民，楼下住户即原告陈国云、刘金平夫妇在与被告短信沟通等无效后上楼理论，随即发生冲突。①

本案中，原告陈国云、刘金平的休息权和被告的娱乐自由权发生冲突，二者不能同时实现。

（五）权利行使可构成民事责任的免责事由

主体依法行使权利而造成他人损害时，只要行使权利的行为符合权利内容的要求，则应该构成侵权责任的免责事由。

［案例 10-3-2］ 被上诉人（原审被告）吴月娥、邓珍与上诉人（原审原告）吴志模之妻王月花基于铲沙及其他原因发生纠纷，王月花召集其亲戚 6 人到两被上诉人家中对两被上诉人的身体进行伤害。两被上诉人认为其所受损害系上诉人及其妻子二人所为，便在伤愈后，于 2000 年 3 月 9 日，分别呈诉状将上诉人列为被告诉至原审法院，要求上诉人赔偿损失。最终，法院基于两被上诉人没有证据证明上诉人参与了殴打行为，故对两被上诉人针对上诉人的诉请不予支持。上诉人据此于 2000 年 7 月 13 日以两被上诉人侵犯其名誉权为由，向法院提起诉讼。②

两被上诉人向法院提起诉讼的行为系为了解决其与上诉人和王月花的民事赔偿纠纷而向法院寻求司法救济，上诉人亦在法律允许的范围内行使自己的抗辩权，双方的行为属正常行使权利范畴。因此，两被上诉人的起诉行为不构成对上诉人名誉权的侵害。

当然，行使权利应受合理的限制，如果行为人逾越权利边界、滥用权利，则所谓权利行使行为不仅不是免责事由，反而可能导致侵权责任。对此，《民法总则》第 132 条规定：“民事主体不得滥用民事权利损害国家利益、社会公共利益或者他人合法权益。”

① 青海省西宁市城西区人民法院民事判决书（2016）青 0104 民初 2278 号，原文有删节。

② 海南省海口市中级人民法院（2000）海中法民终字第 323 号民事判决书，原文有删节。

二、权利行使的原则：自由原则

权利行使虽属主体的自由，却可能影响相对人、第三人乃至社会公共利益，在法律没有禁止性规定的前提下，权利行使应当遵守民法的基本原则。其中，自由原则是权利行使的核心原则，诚实信用原则是从正面规制权利行使的引导性原则；禁止权利滥用原则是从反面规制权利行使的禁止性原则。以下首先研究权利行使中的自由原则。

从主体自身而言，权利行使是自由的体现，最大限度地保障自由应为权利行使制度的核心。自由原则包含下列两项基本要求：

第一，不存在绝对的自由，任何权利或自由均应受一定的限制。在一定程度上，我们可以通过权利限制来确立权利边界。

［案例 10-3-3］ 某市一立交桥经常上演“自杀秀”。2009 年 10 月 11 日，甲与女友吵嘴后骑到立交桥上的栏杆上，扬言如果女友田某某不来桥边赔礼道歉，他就跳下桥去……桥下聚集上百人围观，导致以立交桥为中心的交通瘫痪两个多小时，公安部门出动营救，采取疏散等措施，总计花费 1 000 余元。最后甲的女友闻讯赶来，把他劝下桥去。

本案中，甲以自杀为手段，将自杀与特定目的相关联，造成严重的社会后果，属于扰乱社会秩序、损害社会公共利益的行为。这说明即便是生命权也不是绝对不受限制的权利。

第二，不能过度限制自由。为此，在立法或适用法律时，我们应坚持法律保留原则、比例原则等。按照法律保留原则的要求，原则上有关权利限制的实体内容只能由法律规定。所谓法律，特指全国人大及其常委会制定的法律，特殊情况下立法者可授权国务院通过制定行政法规限制权利。按照比例原则的要求，限制自由的措施必须有合法的目的，限制手段必须符合目的要求，限制措施须将可能产生的副作用降至最低限度。当面对多数可选方法时，应尽可能选择最少不良作用者，“不可以用大炮打小鸟”。

［案例 10-3-4］ 某幼儿园女老师唐某，因为班上孩子在手工课上调皮捣乱，竟用胶带粘住孩子的嘴以示惩罚，其中一名孩子因受惊吓出现尿失禁的症状，并已经停学。①

本案中，部分幼儿喜欢调皮捣乱，在手工课上多动属情有可原。此时即便为了维护课堂秩序有必要限制幼儿的权利、制止幼儿的违纪行为，也不必用胶带封嘴，以致严重侵害幼儿身体健康权。故唐某的行为违反了比例原则，须承担侵权责任。

三、权利行使的原则：诚实信用原则

诚实信用原则是号称君临各个法域的“帝王条款”，对权利行使当然也不应例外。如何在权利行使中适用诚实信用原则？诚实信用原则和禁止权利滥用原则在法律适用上有何不同的地位？对此，不同的国家给出了不同的答案。在德国法上，诚实信用原则具备超越其他法律原则的优越地位。禁止滥用权利原则并不是一个独立的原则，而是诚实信用原则之下位原则。法国法院并不像德国法院那样高度重视诚实信用原则，大部分与其相关的问题，通过适用禁止滥用

① 改编自《美国话痨女生被老师用胶带封嘴》，载优酷 http//v.youku.com/v_show/id_XMjU2NDk5MzY0.html，2018 年 1 月 13 日访问；赵波、徐艳：《幼儿园小朋友被老师用胶带封嘴 受惊致尿失禁》，载《齐鲁晚报》2010 年 12 月 11 日。

权利原则予以解决——尽管法国法上的禁止权利滥用原则是以诚实信用原则为基础发展起来的。在日本法上，诚实信用原则和禁止权利滥用原则大体上存在这样的区分：在存在特别权利义务关系的人之间适用诚实信用原则，在没有特别权利义务关系的人之间适用禁止权利滥用原则；财产货物的移转问题适用诚实信用原则，财产货物的归属问题适用禁止权利滥用原则。实务上则经常模糊二者的界限，经常出现“被告违反诚实信用原则，构成滥用权利”的裁判结论。①

诚实信用原则和禁止权利滥用原则的适用关系取决于两项原则含义宽窄、法律传统或裁判习惯等多元而又复杂的因素。从权利行使的角度看，两者在紧密协作、共同实现民法基本价值的前提下，大体上可作出这样的分工：诚实信用原则正面引导主体按照权利内容正当、合法地行使权利，体现了民法基本原则的过程控制作用；禁止权利滥用则从反面规范权利行使，以防止行为越过权利边界，侵害他人合法权益或社会公共利益，体现了民法基本原则的结果控制作用。

诚实信用原则在引导主体正当合法地行使权利的过程中，可派生出一些下位原则，具体化为特定的法律制度。此时，按照具体规定优先于一般规定的民法适用原则，法官直接适用上述下位原则或法律制度即可，而不必上溯至诚实信用原则。例如，当事人须按照诚实信用原则的要求保守商业秘密，否则构成侵权。债权人须按照诚实信用原则的要求协助债务人履行义务，及时受领债务人的履行，否则构成受领迟延。在行使债权的过程中，如果出现了“当事人在订立合同时无法预见的、非不可抗力造成的不属于商业风险的重大变化，继续履行合同对于一方当事人明显不公平或者不能实现合同目的”，可以按照情势变更原则的要求“变更或者解除合同”（《合同法解释（二）》第26条）。当事人应按照诚实信用原则的要求行使不动产所有权或使用权，妥善处理相邻关系。民事主体需要按照诚实信用原则的要求协助办理物权变动相关手续等。

依据诚实信用原则解释法律或填补法律漏洞，也可以起到规范权利行使的作用。在［案例10-1-2］中，乙修建围墙可以认定为在行使权利，对于如何行使修建围墙的权利，修建5米高围墙的行为是否合理，法律并无明文规定。法官可以按照诚实信用原则填补该法律漏洞，认为行使建起5米高围墙的权利的行为已经超越了必要的界限，侵害了邻地人甲的权利。

四、权利行使的原则：禁止权利滥用原则

权利滥用指违反权利的目的或内容，侵害他人或社会的权利行使行为。禁止权利滥用原则是世界各国普遍承认的民法社会化的重要标志。《民法通则》在总体精神上十分强调禁止权利滥用，但在文字上却没有直接规定。② 多数学者认为，《民法通则》第7条（或《物权法》第7条）在广义上可以包含禁止权利滥用原则，即“民事活动应当尊重社会公德，不得损害社会公共利益，扰乱社会经济秩序”。《民法总则》第8条确立了守法原则或公序良俗原则，规定：“民事主体从事民事活动，不得违反法律，不得违背公序良俗。”禁止权利滥用可以被上述原则涵盖。此外，在第五章（民事权利）则进一步将“禁止权利滥用”确立为权利行使的基本

① ［日］山本敬三：《民法讲义1·总则》，解亘译，北京大学出版社2004年版，第407—408页。

② 张俊浩主编：《民法学原理》（上册），中国政法大学出版社2000年版，第85页。

原则，其第132条规定："民事主体不得滥用民事权利损害国家利益、社会公共利益或者他人合法权益。"

（一）权利滥用的构成要件

关于权利滥用的构成要件，有主观说与客观说两种学说。主观说以主体行使权利是否具有恶意为判断权利滥用的决定性要件，认为凡是以损害他人为主要目的的恶意行使权利的行为均构成权利滥用。客观说不以主观过错为权利滥用的必要条件，认为权利滥用是不正当地行使权利而损害他人或社会利益的行为。通说采折中说，以主客观相统一的标准构造权利滥用：首先，须有权利的存在。只有存在权利并行使之，才可能构成权利滥用。只不过，滥用权利人采取了法律不允许的方式行使权利，违背了权利的正当目的或内容。其次，须因行使权利而侵害了他人的权益或社会公共利益。行使权利虽违背了权利的目的但并未侵害他人或社会利益的，不构成权利滥用。例如，在自己的身体上刺青、烧毁自己的财物、喝得酩酊大醉等举动虽违背相关权利的目的，也不构成权利滥用。侵害不以造成现实损害为必要，还可包括对他人权益、国家利益、社会公共利益等构成妨碍或危险。侵害后果和行使权利之间须存在因果关系。最后，权利人主观上有过错。如果权利主体在行使权利过程中主观上没有过错，其行为不构成权利滥用。这里的主观过错不限于恶意，还包括过失滥用权利。

（二）权利滥用的类型

权利滥用的类型包含恶意的权利滥用、违反目的的权利滥用、侵害较重利益的权利滥用、与所引起信用相违背的权利滥用和滥用垄断地位的权利滥用。此外，以被滥用的权利为标准，常见的权利滥用还包括滥用股东权利、滥用诉权、滥用物权、滥用知识产权、滥用代理权等。及时总结权利滥用的类型，既可实现抽象原则的具体化，也将助推法律制度的发展。

［案例10-3-5］ 1986年10月被告张学珍负责的青年合作服务站承包了天津碱厂除钙塔厂房拆除工程。在施工拆除大梁时，大梁从中折断，临时工张国胜（本案原告张连起之子、张国莉之兄）等人滑落坠地，致张受重伤，后不治身亡。张连起、张国莉向塘沽区人民法院提起诉讼，请求被告赔偿全部经济损失。被告辩称：张入站填写登记表时同意了"工伤概不负责"的说明，因而其无须承担责任。

本案争议的焦点是被告将"工伤概不负责"写入合同，该条款是否有效。对此，法院依据《宪法》以及《民法通则》第6、7条判决其无效。事实上，被告的行为也属于对合同自由权的滥用，故相关条款不能发生法律效力。1999年制定的《合同法》吸收了上述案例的经验，明确规定免除"造成对方人身伤害"的违约责任的条款无效（《合同法》第53条第1项）。

（三）权利滥用民事法律后果

1. 滥用权利的法律行为无效，当事人行使权利的非法目的不能实现。

2. 滥用权利行为不构成免责事由。

3. 行为人须承担侵权责任。从构成要件看，权利滥用不属于正当地行使权利，构成侵权，受害人可请求行为人承担排除妨碍、消除危险、赔偿损失等责任。

4. 限制或剥夺滥用者的权利。例如，滥用驾驶自由权，严重违反交通规则者可被限制或者剥夺这种权利。

5. 权利失效。权利失效是一种特殊的权利滥用，指权利人在相当期间内不行使其权利，足以使义务人合理地相信权利人不欲行使其权利时，则基于诚实信用原则，权利人不得再主张权利。

延伸思考

1. 试述“权利概念的兴起”与“民法体制演进”的关系。

2. 试解释“法无明文禁止即为自由”原则。

3. 权利的本质是否应该因类型不同而存在差别？

4. 按照何种标准，民事权利可以分为基本权利和一般权利？这一分类在立法和司法实践中具有什么意义？

5. 按照何种标准，民事权利可以分为实质性权利和技术性权利？这一分类在立法和司法实践中具有什么意义？

6. 请求权存在应然意义上的请求权和实然意义上的请求权之区分，请以实际案件为例分析以上两种请求权的构成要件和意义。

7. 试论继承权的法律性质。

8. 我国未来民法应如何规制权利失效？

9. 禁止权利滥用原则和诚实信用原则、公序良俗原则之间存在何种关系？

10. 滥用权利是侵权行为吗？为什么？

11. 试述权利限制和权利边界的关系。

法条链接

《宪法》第51条；《民法通则》第7条；《物权法》第2条、第5条、第6条、第7条、第9条、第20条、第32—39条、第84条；《著作权法》第10条；《民法总则》第五章；《合同法》第54条、第55条、第73条、第74条；《侵权责任法》第2条、第15条、第21条；《婚姻法》第13—15条；《继承法》第7条、第8条；《著作权法》第10条；《专利法》第2条、第11—13条；《精神损害赔偿责任解释》第1—4条。

扩展阅读

1. 王利明：《民法总则研究》，中国人民大学出版社2003年版。

2. 张俊浩主编：《民法学原理》（上册），中国政法大学出版社2000年版。

3. 曾世雄：《民法总则之现在与未来》，中国政法大学出版社2001年版。

4. ［德］卡尔·拉伦茨：《德国民法通论》（上），王晓晔等译，法律出版社2003年版。

5. 彭诚信：《现代权利理论研究》，法律出版社2017年版。

6. ［美］W. N. 霍菲尔德：《司法推理中应用的基本法律概念》（上），陈端洪译，载《环球法律评论》2007年第3期。

7. 夏勇：《权利哲学的基本问题》，载《法学研究》2004 年第 3 期。

8. 史尚宽：《民法总论》，中国政法大学出版社 2000 年版。

9. 郭明瑞、房绍坤、唐广良：《民商法原理（一）：民商法总论　人身权法》，中国人民大学出版社 1999 年版。

10. 郑玉波：《民法总则》，中国政法大学出版社 2003 年版。

11. 施启扬：《民法总则》，台湾三民书局 2000 年版。

12. 王泽鉴：《民法概要》，中国政法大学出版社 2003 年版。

13. 龙卫球：《民法总论》，中国法制出版社 2002 年版。

14. ［日］四宫和夫：《日本民法总则》，唐晖、钱孟姗译，台湾五南图书出版公司 1995 年版。

15. ［德］迪特尔·梅迪库斯：《德国民法总论》，邵建东译，法律出版社 2000 年版。

16. ［德］迪特尔·施瓦布：《民法导论》，郑冲译，法律出版社 2006 年版。

17. 金可可：《论温德沙伊德的请求权概念》，载《比较法研究》2005 年第 3 期。

18. 申卫星：《形成权基本理论研究》，载梁慧星主编：《民商法论丛》（第 30 卷），法律出版社 2004 年版。

19. ［法］雅克·盖斯旦、吉勒·古博：《法国民法总论》，陈鹏等译，法律出版社 2004 年版。

20. ［日］山本敬三：《民法讲义 1·总则》，解亘译，北京大学出版社 2004 年版。

21. ［日］菅野耕毅：《诚实信用原则与禁止权利滥用法理的功能》，傅静坤译，载《外国法译评》1995 年第 2 期。

22. 梁上上：《利益衡量的层次结构与利益衡量的展开》，载《法学研究》2002 年第 1 期。

23. 张平华：《私法视野里的权利限制》，载《烟台大学学报（哲学社会科学版）》2006 年第 3 期。

第十一章　权利救济

本章要点

在权利不能正常享有或行使时，主体可以采取合法补救措施，这就是权利救济。权利救济的基本宗旨是回复权利的应有状态，其基本手段是排除妨碍、消除危险，填补已发生的损害。权利救济包括公力救济和私力救济两种途径，其中的主渠道是公力救济，只有在紧急情形下才允许进行私力救济。请求权基础理论建立了民事诉讼救济的方法论基础。自力救济包括自卫行为和自助行为，前者包括正当防卫、紧急避险等。

第一节　请求权基础理论

［本节要点］

法谚曰：没有救济就没有权利。权利救济是权利理论的必要组成部分，其贯穿于民法各个部门，具有强烈的现实价值。民法上的权利救济具有独特的制度设计，体现于权利救济的前提、宗旨、手段、途径等方面。民事裁判中最常见的推理方法有历史方法和请求权方法，二者虽非对与错的问题，不过后者更具合目的性；请求权基础是指足以支持某项特定请求权之法律规范，其类型包含合同请求权、与合同相关的请求权、物上请求权、无因管理费用或损失请求权、不当得利返还请求权、侵权请求权及其他类型的请求权。学习本节应学会熟练运用请求权基础体系，并掌握法律规范竞合和请求权竞合及其类型。

一、权利救济概述

权利救济是指在权利不能正常享有或行使时，权利主体可以采取的合法补救措施。

（一）权利救济以权利受到侵害为前提

所谓权利受到侵害，是指权利不能被正常享有或行使，权利目的不能实现。包括下列三种情形：权利人有遭受侵害的危险；权利人正在遭受侵害，该侵害妨碍了权利之享有或行使；权利人已经遭受侵害，产生了现实损害。

［案例 11-1-1］ 2010 年，郭城不听李志宪多次劝阻，在李志宪院内西北角强行盖房两处。更恶劣的是，其在房内圈养了多只藏獒，且没有可靠的安全防护措施，对李志宪山庄的工作人员及客人造成了严重的精神恐慌和生命威胁。①

本案中，如果郭城让藏獒坐在院内，虎视眈眈地盯着李志宪山庄的工作人员上班、外出，其中工作人员甲，因为害怕被咬而拒绝出门。甲可以请求郭城将藏獒牵走，以消除侵害

---

① 北京市第一中级人民法院民事判决书（2016）京 01 民终 1397 号，原文有删节。

危险。如果郭城让藏獒守在李志宪山庄的门口，导致客人乙不敢出入，则郭城的行为已经构成对客人乙通行权的妨碍，客人乙可以请求郭城将藏獒牵走，以排除妨碍。如果郭城唆使藏獒咬伤李志宪，则郭城的行为已经构成侵权，须赔偿李志宪遭受的损害。

（二）权利救济的基本宗旨是回复原状

法治国家的基本使命就是保护人权，对权利进行救济是整个法律体系的核心任务。从法律渊源角度看，权利救济包括公法救济和私法救济。公法救济包括刑法、行政法、社会法等上的救济；私法救济主要指民法上的救济。公法救济和私法救济的宗旨不同：私法救济以回复原状为基本宗旨，目的是消除不公平的法律后果，将受害方回复到权利未被侵害的应有状况；公法救济主要以惩罚、威慑为目的。基于不同的救济宗旨，原则上公法救济和私法救济不发生竞合。为此，《侵权责任法》第 4 条规定，“侵权人因同一行为应当承担行政责任或者刑事责任的，不影响依法承担侵权责任”，不过，当“因同一行为应当承担侵权责任和行政责任、刑事责任，侵权人的财产不足以支付的，先承担侵权责任”，这体现了民事责任对公法责任的优越地位。《民法总则》第 187 条则将上述做法推及一切民事责任，规定：“民事主体因同一行为应当承担民事责任、行政责任和刑事责任的，承担行政责任或者刑事责任不影响承担民事责任；民事主体的财产不足以支付的，优先用于承担民事责任。”

在现代社会里，为全面保护权益，私法救济在特定情形下也须兼顾惩罚、威慑功能。非财产损害赔偿制度的制裁功能愈发明显，可谓带有制裁功能的“私罚”；惩罚性赔偿以超出补偿性赔偿数倍的赔偿额度实现着惩戒、遏制等传统民法不具备的功能。《侵权责任法》第 47 条规定：“明知产品存在缺陷仍然生产、销售，造成他人死亡或者健康严重损害的，被侵权人有权请求相应的惩罚性赔偿。”当然，民法不可滥用惩罚性赔偿，《民法总则》第 179 条第 2 款规定：“法律规定惩罚性赔偿的，依照其规定。”按此规定，惩罚性赔偿应坚持法定原则，其类型和内容都取决于法律的明文规定。

（三）权利救济的基本手段是填补损害、消除危险及排除妨碍

损害赔偿是对已经发生的损害进行填补。消除危险或排除妨碍则可以避免将来可能发生的损害，具有更加积极的救济意义。

在损害赔偿领域，为更及时、更全面地保护受害人，实现社会正义，现代国家多创设无过失补偿、社会安全保障制度，与传统侵权损害赔偿一起形成多层次的综合性损害救济制度。无过失补偿制度是指对一定范围之人因意外事故而生的损害予以补偿，其不以具备侵权行为的成立要件为必要，其法律表现形式主要是强制责任险，如机动车强制责任险。为保障人民生存的基本权利，由国家创设了各种社会福利、社会救助、社会保险制度等社会安全保障制度。社会安全保障制度的法律表现形式主要是社会保险，包括工伤保险、失业保险等。

（四）权利救济的基本途径是公力救济

权利救济的宗旨、手段都需要依靠具体的救济途径实现。所谓救济途径，可分为公力救济和私力救济。前者是主体通过国家公权力机关主要依靠民事诉讼进行的救济，后者则是主体自行对侵害人采取的对抗措施。法治社会不允许私人报复，公力救济成为权利救济的主渠道，只有在紧急情形下才允许进行私力救济。请求权基础理论建立了民事诉讼救济的方法论基础。自力救济包括自卫行为和自助行为，前者包括正当防卫、紧急避险等。

二、历史方法与请求权方法

民事裁判包含着依据事实、适用法律的推理进程。尽管不同的法律推理方法所产生的结果可能并无差别，但不同的方法却代表着不同的思考进程和成本。科学的法学方法既可以代表着民法知识体系化的结果，也是运用民法知识体系解决现实案件的最好途径。民法常见的推理方法有历史方法和请求权方法。

（一）历史方法

历史方法是指就案例事实发生的过程，依序检讨其法律关系。王泽鉴先生在《法律思维与民法实例——请求权基础理论体系》一书中以下述案例予以说明：A于4月1日借某名贵照相机给B，B于4月3日擅自出售该照相机与善意的C，C再将之让售与恶意的D，并交付之。D是否取得该照相机的所有权？按照历史方法，法律推理是按部就班、正置的进程：

首先，A于4月1日借某名贵照相机给B，则在A和B之间成立使用借贷契约，B为直接占有人，A为间接占有人，并且A仍为该照相机的所有人。

其次，B于4月3日擅自出售该照相机与善意的C，B与C之间的买卖契约有效，但B对于照相机所有权的转让属于无权处分，效力未定。C以该照相机所有权的移转为目的善意受让照相机的占有，虽然B没有让与的权利，但C的占有仍然受到法律保护而取得该照相机的所有权。

最后，C再将照相机出售与恶意的D，由于C已取得照相机的所有权，所以他让与照相机所有权给D属于有权处分，D虽然知道B无权处分，但仍然取得照相机所有权。

结论：B无权处分A所有的照相机，C善意取得其所有权，将其让与给D，属于有权处分，D虽然属于恶意，但仍然取得其所有权。①

（二）请求权方法

请求权方法是以提出这样一个基本问题为开始的，即“谁以什么为规范基础向谁提出何种请求？”该方法强调请求权的媒介作用，以引导确立法律要件、发现案件事实。由此形成的法律推理是设问式、倒置的进程。以上述案件为例，为回答A能否向D请求返还其照相机的问题，请求权方法的分析步骤如下：

A若能够向D请求返还照相机的话，必须满足两个条件：A是该照相机的所有人；D是无权占有。

首先，分析A是否该照相机的所有权人。如前所述，A于4月1日借某名贵照相机给B之后，A仍为照相机的所有人；B于4月3日擅行出售该照相机与善意的C之后，C的占有受到法律保护，而取得照相机的所有权，A对照相机的所有权因而消灭。

其次，分析D是否无权占有。如前所述，C再将照相机出售与恶意的D属有权处分，D能取得其所有权，因此其占有该照相机为有权占有。

结论：A因B无权处分其照相机，由C善意取得而失去照相机所有权，D自C处取得照相机所有权，不属无权占有，所以A不得向D请求返还照相机。

---

① 王泽鉴：《法律思维与民法实例——请求权基础理论体系》，中国政法大学出版社2001年版，第41—42页。

（三）请求权方法的优越性

历史方法的优点是按照时间顺序按部就班地展开分析，把整体案件事实区隔为不同的阶段或诸多下位事实，再以此为基础层层递推，可以对案件事实进行全面的回溯或重现。为避免疏漏，“无论需要分析的是什么时间发生的事实及其法律关系，都需要对于从一开始到事实发生时的一系列法律关系按时间进行分析，最后得到所需要的结果”。历史方法的缺陷也很明显：推理过程缺乏明晰的线索，没有主动运用民法知识体系（请求权）而以法律推理为媒介，属于缺乏目的的盲目的思考；不能明快地发现案件事实，建立事实与规范之间的联系，是高成本的思考。与历史方法按时间顺序进行分析不同，请求权方法按逻辑顺序进行分析，不关注案件全景式的回溯，而只注重问题之解决。该方法抓住请求权这一民法体系的核心概念，依此探寻案件事实，判断请求权是否存在。请求权方法并不一定要分析所有事实，只需对与请求权相关的事实进行分析，无关的事实则可不必理会。该方法有利于形成“请求权——抗辩权”的对论结构，一旦请求权可能成立，接下来要考虑的就是，对方当事人能否针对该请求权提出相应的抗辩权或其他抗辩事由。

请求权方法与历史方法不涉及“对”与“错”的问题，但前者更具合目的性：（1）适合实务需要。因为在诉讼实务上所争执的多属当事人一方是否负有为或不为的义务，而将请求权与对应的义务结合起来，有利于明晰方法，符合实务的要求。（2）符合经济原则。请求权基础有利于针对问题作答，集中检讨各种可能成立请求权基础的要件。（3）保障解题内容的妥当性。可从法律立场去思考问题，避免个人主观的价值判断及未受节制的衡平思想。①

请求权方法并不排除历史方法，在分析请求权基础时，对于事实和法律关系的分析仍然可以按照历史方法来进行分析。

［案例 11-1-2］ 原被告于案发当时为夫妻关系。1997 年 5 月 26 日凌晨，被告邓某某向熟睡中的原告石某连砍 13 刀，将石某砍成重伤。经鉴定，被告患有偏执型精神分裂症。1997 年 6 月 17 日原告提出离婚诉讼，法院于同年 9 月 5 日判决准予离婚。离婚后，原告石某诉至法院主张被告赔偿医疗费和精神损失费。②

依请求权方法，石某要向邓某某主张损害赔偿，必须证明邓某某的行为符合侵权损害赔偿构成要件。依据《民法通则》第 106 条的规定，这些构成要件包括损害、因果关系、行为违法性和过错。被告患有偏执型精神分裂症，属于无行为能力人，依据《民法通则》第 133 条的规定，其侵权责任应该由监护人承担，但如果自己有财产的应该从其财产中支付，不足部分再由监护人承担。

按照历史方法，1997 年 5 月 26 日被告邓某某砍伤石某，此时夫妻关系存在，应该以夫妻共同财产来支付石某的医药费。1997 年 9 月 5 日原被告离婚，并对夫妻共有财产进行分割。分割财产时，法院已经考虑了被告对原告的侵权损害赔偿，而对原告适当多分财产。

综上所述，原告不应再向被告请求赔偿损失。

① 王泽鉴：《法律思维与民法实例——请求权基础理论体系》，中国政法大学出版社 2001 年版，第 43—44 页。

② 本案例参见《中华人民共和国最高人民法院公报》2000 年第 2 期。

三、请求权基础

当事人所声明的请求权能否被裁判支持，关键取决于案件事实能否被证实（事实问题）以及该项请求权是否存在请求权基础（法律问题）。请求权基础又称请求权规范基础，指足以支持某项特定请求权之法律规范，广义上的请求权基础还可以包括合同、单方行为等法律事实，因为法律事实也可以具备法律规范的性质，在当事人之间具有法律效力。

依规范目的不同，我们可以将法律规范大体上分为权利救济规范、权利创设规范、权利变更规范等。其规范目的分别是为权利提供救济、创设或确认权利、变更权利。法律规范对应于具体的法条。其中，法律要件与法律效果齐备的法条可称为完全法条，而仅就法律效果或构成要件的部分内容作出规定的法条则为不完全法条。完全法条的权利救济规范可以独立成为请求权基础，不完全法条的权利救济规范则往往需要与权利创设规范、权利变更规范相结合才能成为完整的请求权基础。例如，《物权法》第 37 条规定："侵害物权，造成权利人损害的，权利人可以请求损害赔偿，也可以请求承担其他民事责任。"本条是物权请求权基础规范之一，而为了行使损害赔偿请求权，我们必须进一步判断被侵害者是否为"物权"或者是何种"物权"。要判断是否为用益物权，则须依据以下两个法条：《物权法》第 135 条规定："建设用地使用权人依法对国家所有的土地享有占有、使用和收益的权利，有权利用该土地建造建筑物、构筑物及其附属设施。"第 136 条规定："建设用地使用权可以在土地的地表、地上或者地下分别设立……"再如，《民法总则》第 62 条第 1 款规定："法定代表人因执行职务造成他人损害的，由法人承担民事责任。"本条的目的仅仅是明确责任的归属，规定了法人须对法定代表人的职务致害行为承担责任，而所谓法定代表人的职务致害行为又必须满足侵权法上有关过错责任（《侵权责任法》第 6 条）、无过错责任（《侵权责任法》第 7 条）的规定。基于此，《民法总则》第 62 条并非完整的请求权基础，也不是完全法条。

有权利就有救济，凡属原权利都应产生救济权，救济权都应有请求权基础规范与之对应。民法体系既是权利体系也是救济体系，请求权基础规范是否体系完整、对应是否明确是判断民法体系是否完善的重要标准。民事权利具有普遍性、广泛性，新兴权利层出不穷；成文法受制于特定时代，也难以与时代发展同步，于是，通过救济达到创设新兴权利成为必然的要求。这意味着民法中必然存在这样的情形：成文法未承认原权利，却存在救济权利及请求权基础规范。例如，《侵权责任法》第 2 条规定："侵害民事权益，应当依照本法承担侵权责任。本法所称民事权益，包括生命权、健康权、姓名权、名誉权、荣誉权、肖像权、隐私权、婚姻自主权、监护权、所有权、用益物权、担保物权、著作权、专利权、商标专用权、发现权、股权、继承权等人身、财产权益。"本条中的"民事权益"是民事权利和法益的统称，明文列举的 18 种民事权利都可以以本条作为请求权基础规范，提起侵权救济。而诸如"被遗忘权"等新兴权利尽管目前尚未成为基础性权利，也可以适用本条进行救济。

我国立法习惯通过对责任承担的宣示，笼统地确定违法行为的法律后果。例如，《侵权责任法》第 2 条第 1 款规定："侵害民事权益，应当依照本法承担侵权责任。"第 3 条规定："被侵权人有权请求侵权人承担侵权责任。"再如《合同法》第 107 条规定："当事人一方不履行合同义务或者履行合同义务不符合约定的，应当承担继续履行、采取补救措施或者赔偿损失等违约责任。"《民法总则》第 176 条则试图建立覆盖一切民事责任的一般条款："民事主体依照法律规定和当事人约定，履行民事义务，承担民事责任。”依此立法技术产生的请求权基础与传统大陆法系的请求权基础存在一定的差别：一是一项请求权基础容易派生多项具体请求权，例如，《合同法》第107条可成为继续履行、采取补救措施、损害赔偿请求权的基础。具体案件中如何适用本条，还需要按照请求权竞合或聚合的法则作进一步选择或判断。二是请求权的具体性质或类型尚不明确，有待其他法条予以补充，从而降低了请求权基础规范的价值。例如，《侵权责任法》第2条第1款规定：“侵害民事权益，应当依照本法承担侵权责任。”该条并未明确侵权责任或侵权请求权的具体类型，在具体案件中则需要按照《侵权责任法》第15条等条款进一步确定。

四、请求权基础的类型

1. 合同请求权。

（1）主债务履行请求权（以买卖合同为例）。包括：买受人请求出卖人交付标的物并移转其所有权（《合同法》第135条）；出卖人请求买受人支付价款（《合同法》第159条）。

（2）从债务履行请求权。包括：当事人约定的从债务（《合同法》第136条）和依法律规定或交易习惯产生的从债务（《合同法》第136条）。

（3）违约损害赔偿请求权（《合同法》第107条、第113条）及“一物数卖”中违约损害赔偿请求权（《买卖合同解释》第3条）。

（4）解除契约回复原状请求权（《合同法》第97条、第111条）及“一物数卖”中解除契约回复原状请求权（《买卖合同解释》第3条）。

2. 与合同相关的请求权。包括缔约过失损害赔偿请求权（《合同法》第42条）、效力未定合同（无权代理）中的损害赔偿请求权（《合同法》第48条，《民法总则》第171条）、合同无效或被撤销后的损害赔偿请求权（《合同法》第58条，《民法总则》第157条）。

3. 无因管理费用或损失请求权（《民法总则》第121条）。

4. 物上请求权。包括：

（1）物权请求权，如返还原物请求权（《物权法》第34条），排除妨害、消除危险请求权（《物权法》第35条），恢复原状请求权（《物权法》第36条），损害赔偿请求权（《物权法》第37条）。

确认物权请求权可成为后面所列物上请求权的前提。

（2）占有请求权，如占有物返还请求权（《物权法》第245条），占有妨害除去、妨害防止请求权（《物权法》第245条），损害赔偿请求权（《物权法》第245条）。①

5. 不当得利返还请求权（《民法总则》第122条）。

6. 侵权请求权。包括：

（1）特别法上的侵权损害赔偿请求权，如《侵权责任法》第3条，《国家赔偿法》第2条，《食品安全法》第147条。

（2）一般法上的侵权损害赔偿请求权，如无过错侵权责任请求权（《侵权责任法》第7条、41、65、69、80条）、过错推定侵权责任请求权（《侵权责任法》第6条第2款、第38、

① 关于《物权法》第36、37、245条所规定的是物上请求权还是侵权损害赔偿请求权的问题，理论上存有争论。

58、81、85 条)[1]、过错侵权责任请求权(《侵权责任法》第 6 条第 1 款)。

7. 其他。如遗失物拾得人的费用请求权(《物权法》第 112 条)、因利用相邻建筑造成损害而生的请求权(《物权法》第 92 条)、共有人的请求权(《物权法》第 98 条)、基于亲属或继承关系的请求权(《婚姻法》第 46 条)。

五、请求权基础体系的运用

应该指出，上述请求权基础体系是以买卖合同为例进行的说明，而实务上可以按照所保护权益的不同性质或类型，结合具体情形进行微调。例如，如果保护的客体是知识产权或人格权，则上述体系中的物权请求权应换成知识产权请求权或人格权请求权。民法上的请求权存在内在的、紧密的关系，可构成严密的体系，而请求权基础体系是运用民法知识归纳总结现有生效法律的结果。随着民法知识理论研究的深入和法律制度的变迁，请求权基础体系也会发生变化。例如，《侵权责任法》生效后，原则上侵权请求权的基础就不是《民法通则》了。

运用请求权基础体系进行法律推理，不是将当事人提出的多项请求分别寻找与之对应的请求权基础并排列而形成体系，而是将每项请求权都按上述请求权基础体系进行快速排查、试错。如果当事人提出多项请求权，则针对每一项请求都应按照体系要求寻找请求权基础，最后裁判支持当事人的多项请求。至于多项请求权的关系，还须按照请求权聚合或请求权竞合理论作进一步判断。

当某一请求存在多个请求权基础时，除非该案件所提出的问题已经指明特定的请求权基础，否则，应当依照下列顺序通盘检讨：合同上请求权、无权代理等类似合同关系上请求权、无因管理请求权、物权上请求权、不当得利请求权、侵权行为损害赔偿请求权和其他请求权。之所以特别强调应依据此顺序检讨各项请求权，避免凭直觉任意寻找一个请求权基础，理由在于：首先，非如此，不足以养成缜密深刻的民法思维方式；其次，唯其如此，方可避免遗漏；最后，可以切实维护当事人的合法权益，因为各项请求权在构成要件、诉讼时效、举证责任、法律效果等方面存在巨大的差异。[2] 为每一项请求权寻找请求权基础的过程因为简单案件、疑难案件而存在差别，应该说在疑难案件中，请求权基础体系更能发挥它的作用。

[案例 11-1-3][3] 2004 年 1 月 5 日原告从被告处购买联想 G320C 手机一部，当时该机有两块电池：一块为原装，一块为赠品。在 2004 年 4 月 22 日原告结婚的前一天晚上，手机充电时，赠品电池充爆，导致手机死机，并烧烂原告裤子一条。原告随后与被告交涉，经被告与许昌市鹏达通信联系，将原告手机修复后，又更换一块新电池交给原告，原告在使用时手机显示屏仍出现光线时明时暗等问题。现原告提起诉讼，请求被告退回手机价款 1 260 元或更换同型的新手机，赔偿物品损失 100 元及精神损失费 2 000 元。

本案件中的请求和请求权基础的对应关系如表 11-1 所示：

[1] 无过错侵权责任和过错推定侵权责任实行法定主义立法技术，《侵权责任法》第 6、7 条不能独立成为请求权基础。

[2] 王泽鉴：《法律思维与民法实例——请求权基础理论体系》，中国政法大学出版社 2001 年版，第 76 页。

[3] 河南省禹州市人民法院 (2004) 禹民一初字第 1080 号民事判决书，原文有删节。

表 11-1 请求和请求权基础对应关系示例

	请求	思维媒介	请求权基础
1	请求退还手机价款、更换同型新手机	请求权基础体系	退还手机价款：解除契约回复原状（《合同法》第 97、111 条） 更换手机（《合同法》第 97、111 条）
2	赔偿物品损失 100 元		对以下三种可能的请求权基础，进行试错： （1）解除契约回复原状（《合同法》第 97、111 条） （2）物上请求权中的损害赔偿请求权（《物权法》第 37 条） （3）侵权损害赔偿请求权（《侵权责任法》第 41 条）
3	赔偿精神损失费 2 000 元		对以下两种可能的请求权基础，进行试错： （1）违约损害赔偿请求权（《合同法》第 107、113 条） （2）侵权精神损害赔偿请求权（《侵权责任法》第 22 条）

六、请求权并存

请求权基础理论体系以一项请求权作为事实和法律的媒介，但现实中当事人往往并非只有一项请求权，当多项请求权并存时，请求权或者请求权所对应的规范是何种关系？这可分为三类情形：

1. 法条竞合。按照“特别法优先于一般法”规则的要求，某项请求权因具有特别性，应当排除适用一般性请求权规范。

[案例 11-1-4] 2014 年 12 月 17 日上午 9 时许，被告丁志辉饲养的两条罗威纳烈性犬突然出现在被告于都县贡江镇中心小学下属的于都县新地小学校园内，将正在该校园操场边与同学玩耍的原告咬伤。①

表面上，为实现损害赔偿请求权，原告可以依据两个请求权规范基础：《侵权责任法》第 78、80 条。按照《侵权责任法》第 80 条的规定，禁止饲养的烈性犬等危险动物造成他人损害的，动物饲养人或者管理人应当承担无过错的侵权责任。而按照第 78 条的规定，动物饲养人或者管理人如能够证明损害是因被侵权人故意或者重大过失造成的，可以不承担或者减轻责任。禁止饲养的烈性犬等危险动物是特殊动物，其危险程度超越了一般动物，对其归责应更严格。《侵权责任法》第 80 条应构成第 78 条的特别法，本案应适用第 80 条而排除适用第 78 条。

2. 请求权聚合。针对同一事实，当事人同时享有多项互不冲突的请求权的，请求权人得对数个请求权同时或先后就全部或个别请求权主张之。每一个诉请履行的请求权，构成一个诉讼标的。请求权聚合导致民事责任的聚合。《民法总则》第 179 条在列举了各种承担民事责任的方式后规定“本条规定的承担民事责任的方式，可以单独适用，也可以合并适用”，其中的

① 江西省赣州市中级人民法院民事判决书（2018）赣 07 民终 405 号，原文有删节。

合并适用就是责任的聚合。《物权法》《侵权责任法》也存在类似的规定。

[案例 11-1-5] 2017 年 7 月 28 日，马丽红、高爱民接到西宁房地产集团新旭物业管理有限公司电话通知，1043 室漏水流入楼道。经西宁房地产集团新旭物业管理有限公司工作人员检查，房屋漏水是该单元 1233 室（业主梁勤英）经营餐饮业倾倒大量油污，导致主管道堆积凝结堵塞所致。经协商未果，2017 年 9 月 14 日，马丽红、高爱民诉至法院，要求被告梁勤英承担停止侵害、排除妨碍及赔偿因房屋漏水造成的装修损失 22 174.96 元。①

《物权法》第 37 条规定："侵害物权，造成权利人损害的，权利人可以请求损害赔偿，也可以请求承担其他民事责任。"本案中，马丽红、高爱民的房屋被浸泡、毁坏，停止侵害、排除妨碍并不能替代损害赔偿，梁勤英需要同时承担停止侵害、排除妨碍及赔偿马丽红、高爱民因房屋漏水造成的装修损失 22 174.96 元。

3. 请求权竞合。请求权竞合是指针对同一事实，当事人理论上可以享有数项请求权，但各项请求权的目的冲突，法律只允许当事人实现一项请求权。请求权竞合导致民事责任的竞合。在请求权竞合时，权利人可以选择行使在实体效果上或者举证责任上对他最有利的请求权。

[案例 11-1-6] 1998 年 5 月 12 日，原告陆某乘坐被告美联航的 UA801 班机，由美国夏威夷经日本飞往香港。该机在日本东京成田机场起飞时，飞机左翼引擎发生故障，机上乘客紧急撤离。陆某在紧急撤离过程中受伤，被送往成田红十字医院救护。经该院拍片诊断为右踝骨折。原告请求判令被告赔偿原告伤残补助费及生活护理费计 7.5 万美元。②

本案中，原告与被告间存在航空旅客运输合同。原告在合同履行过程中遭受人身伤害，原告享有侵权损害赔偿请求权和违约损害赔偿请求权，两种请求权的目的相同，原告只能行使一种请求权，因而构成请求权竞合。

值得注意的是，连带债权关系既不是请求权聚合也不是请求权竞合。连带债权关系也存在数个请求权，这点与请求权聚合类似。两者的区别是，在请求权聚合中，数项请求权的主体是同一人，数项请求权可以同时实现；而连带债权存在数个请求权人，一项债权之实现会导致其他债权同时消灭。连带债权在消灭方式上类似于请求权竞合，其中一项债权实现后，其他请求权就消灭。两者的区别是连带债权存在数个请求权人，而请求权竞合只存在一个请求权人。

七、请求权竞合

1. 侵权请求权与违约请求权竞合。即合同当事人的违约行为同时侵害了履行利益之外的其他利益，违反了法律规定的强制性义务。从违反义务的性质看，这可以分为两种类型：一是基于违反主给付义务的请求权竞合。例如，在保管合同中，因保管人保管不善导致保管物灭失。二是基于违反保护、照顾、通知、忠实、保密等附随义务的请求权竞合。例如，因出租人提供的房屋有严重的污染导致承租人身染重病。

《合同法》第 122 条规定："因当事人一方的违约行为，侵害对方人身、财产权益的，受

① 青海省西宁市城中区人民法院民事判决书（2017）青 0103 民初 2537 号，原文有删节。
② 《中华人民共和国最高人民法院公报》2002 年第 4 期。

损害方有权选择依照本法要求其承担违约责任或者依照其他法律要求其承担侵权责任。”《民法总则》第 186 条基本承受了《合同法》的思路，规定：“因当事人一方的违约行为，损害对方人身权益、财产权益的，受损害方有权选择请求其承担违约责任或者侵权责任。”受害方在选择要求对方承担违约责任还是侵权责任时主要应考虑以下因素：（1）诉讼时效。按照《民法通则》和《合同法》的相关规定，违约损害赔偿请求权的诉讼时效一般为 2 年，而人身伤害损害赔偿请求权的诉讼时效为 1 年。如果人身伤害已经过了 1 年，则应选择让对方承担违约责任。《民法总则》第 188 条原则上统一规定诉讼时效期间为 3 年，这在一定程度上统合了违约和侵权责任，但并不会消除两种责任的竞合。（2）证明责任。在违约之诉中，权利人须承担违约行为、损害、因果关系的证明责任。在侵权之诉中，权利人须承担损害、因果关系、行为的违法性、过错等要件的证明责任。为举证便利，当事人可以选择提起违约之诉。（3）责任形式。违约责任形式主要有继续履行、支付违约金、赔偿损失等；而侵权责任形式则分为停止侵害，排除妨碍，消除危险，返还财产，恢复原状，赔偿损失，支付违约金，消除影响、恢复名誉，赔礼道歉等。为获得全面救济，受害人可以选择侵权之诉。（4）损害赔偿范围。违约责任中，损害赔偿责任的范围一般限于财产损害而不包括人身伤害以及其他非财产损害。侵权责任中，损害赔偿的范围不限于财产损害，还包括人身伤害及其他非财产损害。为获得非财产损害的赔偿，受害人可提起侵权之诉。（5）诉讼管辖。因合同纠纷提起的诉讼由被告住所地、合同履行地或合同约定的人民法院管辖，因侵权损害提起的侵权之诉由侵权行为地（包括侵权行为实施地和侵权结果发生地）或者被告住所地人民法院管辖。

2. 侵权请求权与不当得利返还请求权的竞合。

（1）非法使用他人财物并获取收益。非法使用他人的财物可构成侵权行为；行为人非法使用他人财物并获得收益的，则应负不当得利的返还责任。

（2）非法出租他人财产并获得收益。如擅自出租他人房屋并取得租金。非法出租他人房屋可构成侵权行为；同时，对于因非法出租他人财产取得的租金，应负不当得利的返还责任。

（3）非法处分他人财产并获得利益。在无权处分中，行为人擅自出卖他人财产构成对他人财产的侵害，应负侵权责任；同时，行为人擅自出卖他人财产获得的利益，构成不当得利。

（4）侵害他人知识产权而获得利益。例如，行为人非法使用他人专利构成对他人专利权的侵害，应负侵权责任；同时，行为人因非法使用他人专利而获取的不当利益，构成不当得利。

（5）侵害他人人格权而获得利益。例如，某杂志社非法使用他人肖像作为杂志封面的，应负侵权责任；同时，该杂志因此销路大畅、获利甚丰，所获得的利益构成不当得利。

值得指出的是，《侵权责任法》第 20 条规定：“侵害他人人身权益造成财产损失的，按照被侵权人因此受到的损失赔偿；被侵权人的损失难以确定，侵权人因此获得利益的，按照其获得的利益赔偿……”我国知识产权立法也有按照侵权人所获得的利益进行赔偿的规定。不当得利法以“得利”衡量“损害”，其“损害”与侵权法中的“损害”存在明显不同。但在损害无法确定时，以不当得利来确定损害赔偿，可以有效化解举证难题，实现当事人之间的利益平衡。① 在此情形下，可以将不当得利和侵权制度很好地统合起来，这就降低了承认请求权竞合

① 张平华：《事实与法律：损害的二象性及其展开》，载《现代法学》2016 年第 2 期。

的必要性。

第二节　权利的自力救济

［本节要点］

自力救济包括自卫行为和自助行为两类。其中，自卫行为包括正当防卫和紧急避险。前者是指在自己、他人的利益或公共利益正在遭受不法侵害时，为保护该法益而进行的必要抵抗行为；后者是指为了使公共利益、本人或他人的合法权益免受现实和紧急的损害危险，不得已而采取的导致他人或本人损害的行为。自助行为则是权利人为保证自己请求权的实现，在情事紧迫而又不能及时请求国家机关予以救助的情况下，对加害人的自由加以拘束或者对其财产实施扣押、毁损的行为。

一、自卫行为

（一）正当防卫

按照《侵权责任法》第30条、《民法总则》第181条的规定，正当防卫是指在自己、他人的利益或公共利益正在遭受不法侵害时，为保护该法益而进行的必要抵抗行为。正当防卫是免责事由。其构成要件为：

1. 防卫目的正当，即为了保护本人或者他人的合法利益或社会公共利益。正当防卫所保护的客体可以是本人、他人的合法权益或者社会公共利益，既可以是其中一种利益，也可以是多种利益。当然，这些利益也必须是合法利益。

［案例11-2-1］ 孙某某、李某某、张某某因生活琐事迁怒他人，于2003年9月9日通过电话威胁尹某某（女），扬言报复，并密谋将尹某某带到山下某旅馆关押。10日凌晨3时许，孙某某、李某某、张某某三人强行进入尹某某所住的女工宿舍。由孙某某对尹某某进行侮辱、殴打。尹某某的舍友吴某见状下床劝阻。孙某某转身殴打吴某。吴某顺手摸起水果刀将孙某某的左上臂划伤。李某某误将桌上的铁锁认为是瓶子砸向吴某，吴某持刀刺向李某某。李某某当即倒地，因急性失血性休克死亡。①

本案中，孙某某等人深夜闯入女舍，殴打侮辱妇女。在自己和他人的人身安全受到严重侵害的情况下，吴某持刀将孙某某划伤、将李某某刺死，防卫目的正当。

2. 防卫时机恰当，即针对正在实施的不法侵害行为进行防卫。对尚未发生或者已经结束的侵害行为，不能进行正当防卫。对于不法侵害行为，并不要求行为人有故意、过失和责任能力，只要该行为客观上违法就可以进行正当防卫。正当防卫的对象只能是不法侵害行为人本人，而不能连及无辜。在［案例11-2-1］中，李某某并不是正当防卫者，而是参与不法侵害的共同侵害人。其举起铁锁砸向吴某，是对吴某的继续加害。吴某持刀刺向李某某，是为了避免遭受严重暴力侵害而实施的防卫行为。

---

① 参见《中华人民共和国最高人民法院公报》2004年第11期。

[案例 11-2-2] 2016 年 11 月 13 日下午，原告任舒阳和被告侯贵君因债务纠纷发生争执后相约谈判。被告侯贵君纠集“张帅帅”、金婷七等人，并准备气枪、棍棒等斗殴工具赶赴约定地点。原告任舒阳先后纠集汪兵、黄光勇等人，并让黄光勇纠集人员、准备工具。当日 16 时许，双方发生争执。被告侯贵君遂持事先准备的气枪击伤原告任舒阳的腹部，原告任舒阳亦用事先准备的木棍击伤被告侯贵君头部，双方人员随即互相斗殴。①

本案中，原被告双方均事先预谋蓄意斗殴并准备工具，发生冲突后相互斗殴，主观上具有相互挑衅、持械斗殴的直接故意，故双方的行为不构成正当防卫。

3. 防卫限度必要，即防卫行为不能逾越必要限度。所谓不能逾越必要的限度，是指防卫的手段与防卫目的之间须符合比例，有多种防御方法时应选择后果相当的方法为之。否则，即属于防卫过当。在［案例 11-2-1］中，吴某于夜深人静之时和孤立无援之地遭受了殴打和侮辱，身心处于极大的屈辱和恐慌中。面对李某某进一步的加害行为，吴某使用手中的水果刀进行防卫，虽然造成李某某死亡，但不属于防卫过当。依《侵权责任法》第 30 条、《民法总则》第 181 条之规定，正当防卫超过必要的限度，造成不应有的损害的，应当承担适当的民事责任。所谓适当的民事责任，是指行为人仅对超出必要限度而造成的不应有的损害部分承担责任，而不是对防卫行为所造成的全部损害后果承担责任。

（二）紧急避险

紧急避险是指为了使公共利益、本人或他人的合法权益免受现实和紧急的损害危险，不得已而采取的致他人或本人损害的行为。按照《民法通则》第 129 条、《侵权责任法》第 31 条的规定，紧急避险是免责事由。紧急避险不同于正当防卫。它是损害一合法权益从而保全另一合法权益的救助措施。实施紧急避险，必须衡量损害和保全的利益，两者相较保其重；而正当防卫是对不法行为实施的保护合法权益的行为，并不发生所保全的利益与所造成损害的比较。此外，紧急避险中的危险可能是不法行为引起的，也可能是自然原因引起的；而正当防卫中对合法权益的侵害只能来自不法行为。②

紧急避险的构成要件包括：

(1) 须本人或者他人处于急迫危险中。急迫危险具有现实性、客观性和广泛性的特点。其中，现实性指危险已发生且尚未终了，或者危险虽现在不存在但随时可能出现。客观性指危险必须是客观存在的，而非主观臆想的危险，对假想的危险采取的避险行为，行为人不能免责。广泛性指此处的危险既包括一时的危险，又包括继续的危险；既包括人为危险，又包括天灾。

[案例 11-2-3] 2007 年 7 月 5 日晚，张某某驾驶浙 BEJ310 号二轮摩托车（未使用灯光）从浙江省宁海县长街镇三村村驶往塘地。20 时 30 分许，当其沿三村村道（5 米宽）中间自南向北刚行驶出三村村路口，与相对方向由叶某某靠右骑行的自行车交会时，双方为避

① 杭州市萧山区人民法院民事判决书（2018）浙 0109 民初 2720 号，原文有删节。

② 郭明瑞、房绍坤、唐广良：《民商法原理（一）：民商法总论 人身权法》，中国人民大学出版社 1999 年版，第 113 页。

免危险的发生，各向自身右侧倾斜，两车车身倒地，造成叶某某左肱骨骨折、张某某头部受伤的交通事故。为此叶某某花去医药费 17 418.88 元，后续费用 5 500 元，营养费 1 000 元。2008 年 7 月 15 日，叶某某向浙江省宁海县人民法院起诉，要求张某某赔偿医药费、误工费、精神损害抚慰金、营养费、鉴定费等损失合计 50 984.38 元。①

本案中，原告骑自行车与被告驾驶二轮摩托车交会时所造成的剐蹭、碰撞和人员损失的危险是即时的、紧迫的，而不是臆想的。

（2）为避免自己或他人的合法权益遭受损害。这里的合法权益包括国家利益、公共利益以及本人或者他人的人身、财产权益。

（3）须有避险意图。避险意图并非法律行为中的效果意思，避险人无须具备相应的行为能力。

［案例 11-2-4］ 2001 年 1 月 8 日 13 时许，下雪，案外人柳振海驾驶案外人卞迎秋所有的苏 CB4193 号半拖挂汽车，沿苏 239 线由西向东行驶至 80 公里+700 米处时，发现由南向北横过公路的骑车人王倩，立即采取向左打方向并刹车的避让措施。因有雪路滑和车速快，苏 CB4193 号的车头越过公路中心线，车尾向右甩尾侧滑。苏 CB4193 号的车头越过公路中心线后，与相向而行由原告周庆安驾驶的苏 CM4743 号大货车发生碰撞，致周庆安受伤，两汽车不同程度损坏。②

本案中，周庆安遭受的车毁人伤，是柳振海在试图避让横过公路的王倩时，不顾有雪路滑和对面来车的现场实际情况，大幅度向左打方向，使超速行驶的机动车越过公路中心线造成的，柳振涛具有紧急避险的主观意图。

（4）须在必要限度内不得已采取损害他人合法利益的行为。所谓不得已采取损害他人合法利益的行为，是指不得不采取避险行为以保全更大的合法权益。为此，须坚持下列两项原则：首先，避险行为的手段与所要达到的目的之间要成比例。其次，不违背法益权衡原则，即不得为了较低的法益而牺牲较高的法益。由于生命权在整个法价值位阶中居于基础地位、优先地位，通常认为，不能采取牺牲他人生命权的避险措施，哪怕避险也是为了挽救另外的生命权。

［案例 11-2-5］ 刘某受到不法侵害，身背其幼子跳入江中，企图渡江逃避。行至江中，水流湍急，力乏难支，若不弃子江中，势必两人均丧命江中，不得已舍子求生，才得以过江，安全逃离。刘某的行为是否构成紧急避险？

本案中，刘某为了保住自己的生命而牺牲了其子的生命，其行为不属于紧急避险。

此外，在［案例 11-2-3］中，当事人为了避免造成更大的损失，在双方交会的一瞬间，不得已采取了向自身右侧倾斜躲避的行为。原、被告采取避让行为导致双方车身倒地、人员受伤的损失，小于未采取避让行为时可能发生的两车直接剐擦、碰撞和人员伤亡的损失。因此，

---

① 本案案号为：（2008）宁民一初字第 2429 号；（2009）浙甬民二终字第 43 号。

② 《周庆安诉王家元、李淑荣道路交通事故损害赔偿纠纷案》，载《中华人民共和国最高人民法院公报》2002 年第 5 期，原文有删节。

原告骑自行车与被告驾驶二轮摩托车夜间相向而行，双方在交会时采取避让行为发生交通事故，构成紧急避险。

值得指出的是，紧急避险因危险而生，采取避险措施的目的虽然是化解危险，却仍难免损害的发生，此时原则上仍应认定损害可归因于危险，而非避险行为。正因此，按照《民法总则》第182条的规定，因紧急避险造成损害的，由引起险情发生的人承担民事责任；若危险系由自然原因引起的，紧急避险人不需要承担责任，但可以按照公平原则给予适当补偿；如果紧急避险因采取措施不当或者超过必要的限度，造成不应有的损害的，避险行为可构成侵权，避险人需要对因此而增加的损失承担责任。

二、自助行为

自助行为是指为确保自己请求权的实现，权利人在情势紧迫而又不能及时请求国家机关予以救助的情况下，对加害人的自由加以约束或者对其财产实施扣押、毁损的行为。我国民法没有明文规定自助行为。自助行为应具备下列条件：

第一，须为保护自己的合法权利。不可为了非法利益而实施自助行为①，也不能为了保护他人的合法权益而实施自助行为，这是自助行为与正当防卫、紧急避险的重要区别。

第二，须情势紧迫且来不及请求公力救济。所谓情势紧迫，是指倘不立即实施自助行为，则势必导致权利无从实现或其实现存在明显困难。如可在事后通过请求公力救济来保护其请求权，那么，即使会增加救济困难或者导致救济迟延，也不得实施自助行为。

［案例11-2-6］ 被告对湖岛湾4号海区拥有合法的承包经营权。原告对该海域没有任何合法的使用权利，却在该海域设置其养殖筏架。为排除原告的妨害，被告自行割掉了原告的养殖筏架。原告向法院起诉，要求被告赔偿损失。现被告以属于自助行为为由主张免责。②

本案不符合自助行为的条件，即使被告向原告发出了限期拆除的通知而原告拒不拆除，被告也并不因此就有权采取这样的所谓自我保护的方法。遇此情形，被告应通过法定程序向法院请求公力救济，而不是自行采取措施割除原告的养殖筏架。

第三，行为人所采取的方式须适当，不能超过必要的限度。与紧急避险、正当防卫一样，自助行为也不能违背手段与目的之间的比例关系，自助措施也应为法律和社会公德所允许。

第四，须于事后立即请求公力救济。自力救济是在紧迫情形下不得已采取的措施，其不能排除寻求国家公力救济的权利。

延伸思考

1. 依据特定顺序检索请求权基础，是否意味着排除了请求权竞合？为什么？
2. 试分析我国法上的损害赔偿请求权体系。

① 《最高人民法院关于对为索取法律不予保护的债务非法拘禁他人行为如何定罪问题的解释》（法释〔2000〕19号）规定：行为人为索取高利贷、赌债等法律不予保护的债务，非法扣押、拘禁他人的，依照《刑法》第238条的规定定罪处罚。

② 青岛海事法院民事判决书（2001）青海法海事初字23号，原文有删节。

3. 试述请求权竞合的理论本质。

4. 正当防卫、紧急避险、自助行为在民法上又被称为“放任行为”，为什么？

5. 试举例说明紧急避险、正当防卫、自助行为在实践中如何相互转化。

法条链接

《合同法》第42条、第48条、第51条、第58条、第97条、第107条、第113条、第111条、第135条、第136条、第159条；《物权法》第34条、第35条、第36条、第37条、第92条、第98条、第112条、第245条；《民法通则》第92条、第93条；《侵权责任法》第2条、第3条、第5条、第6条、第7条、第20条、第30条、第31条、第38条、第41条、第65条、第69条、第80条、第58条、第81条、第85条；《民法总则》第181条、第182条、第186条。

扩展阅读

1. ［德］卡尔·拉伦茨：《德国民法通论》（上），王晓晔等译，法律出版社2003年版。

2. 王泽鉴：《法律思维与民法实例——请求权基础理论体系》，中国政法大学出版社2001年版。

3. 黄茂荣：《法学方法与现代民法》，中国政法大学出版社2001年版。

4. 梁慧星：《裁判的方法》，法律出版社2003年版。

5. 王利明：《民法案例分析的基本方法探讨》，载《政法论坛》2004年第2期。

6. 季卫东：《法律解释的真谛（上）——探索实用法学的第三条道路》，载《中外法学》1998年第6期。

7. ［德］梅迪库斯：《德国民法总论》，邵建东译，法律出版社2000年版。

8. ［德］克雷斯蒂安·冯·巴尔：《欧洲比较侵权行为法》（下卷），焦美华译，法律出版社2002年版。

9. 赵秉志、刘志伟：《正当防卫理论若干争议问题研究》，载《法律科学（西北政法学院学报）》2001年第2期。

10. 黎宏：《紧急避险法律性质研究》，载《清华法学》2007年第1期。

11. 蔡桂生：《避险行为对被避险人的法律效果——以紧急避险的正当化根据为中心》，载《法学评论》2017年第4期。

第十二章　权利的时间属性

本章要点

时间之于权利具有重要的意义。时间可分为期日与期间，期日是时间点，期间是时间段。除斥期间和时效是特殊期间，前者是权利存续期间，期满可导致权利消灭；后者则是一定期间内某种事实状态之持续，主要包括取得时效和诉讼时效。取得时效届满无权占有人将取得对占有物的所有权或财产权；诉讼时效届满，义务人有权拒绝权利人的履行请求。诉讼时效以债权请求权为适用对象，可以中止、中断、延长。

第一节　法律关系与时间

[本节要点]

法律关系或权利深受时间的影响，故法律有必要建立有关时间的解释性规则。时间包含期日和期间。前者是指不可分割或被视为不可分割的一定时间；后者是指由某一期日至另一期日之间的时间段。有关时间的另一个重要概念是时效，意指根据法律的规定在一定期间内特定事实的持续状态将产生特定法律效果的制度。

学习本节需重点掌握除斥期间和取得时效。前者是指根据法律规定或按照当事人意志确定的权利的存续期间，期间届满权利应当消灭；后者是指无权利人以所有人的意思和平、公然、持续地占有他人之财产，从而取得该财产之所有权或其他财产权的法律制度。

一、时间与权利

“失之毫厘，谬以千里”，时间之于权利具有重要的意义：（1）权利具有时代特征，当事人只能创设为当时有效的法律所确认或保护的权利。（2）如果权利主体或权利客体因时间因素发生变动，则权利本身发生变动。例如，主体失踪满4年后可被宣告死亡，相关权利可以消灭，或转化为遗产归于继承人（《民法总则》第46、51、52、53条）。（3）与附期限的法律行为一样，权利也可以附期限，待期限届满再生效或失效。（4）形成权的除斥期间届满后，权利当然消灭；特殊情形下，附存续期间的权利期间届满后权利并不当然消灭。例如，《物权法》第149条第1款规定：“住宅建设用地使用权期间届满的，自动续期。”（5）权利可以因为特定时间内某一状态之持续而发生变动，这种状态主要指取得时效和消灭时效（诉讼时效）。

作为现实生活须臾不可分离的客观基础，时间本不必由法律加以规定。然而，时间制度却因国家或地区之不同而存在差异，时间的计算方式、表述方式也易生歧义。因此法律有必要建立专门的制度，尤其是规定关于时间的解释性规则。例如，《民通意见》第198条第1款规定：

“当事人约定的期间不是以月、年第一天起算的，一个月为三十日，一年为三百六十五日。”《民法总则》第201条规定：“按照年、月、日计算期间的，开始的当日不计入，自下一日开始计算。按照小时计算期间的，自法律规定或者当事人约定的时间开始计算。”关于时间的解释性规则是任意法，当事人可在法律行为中设定与此不同的规则。作为一般法，关于时间的解释性规则可以广泛适用于民商事、刑事、行政等领域，当然，特别法也可以作出不同规定（《民法总则》第204条）。时间可以是独立的法律事实，例如，权利存续期间届满本身就可以引起权利的消灭；也可以作为法律事实的构造要素，与其他要件一起构成法律事实，例如，诉讼时效中的时间仅仅是衡量权利人持续地不行使权利状态的尺度，而不是独立的法律事实。

二、期日

期日指法律上不可分割的特定时间。期日为“时之静态”，为时间点。所谓时间点，并不局限于几点几分，而是一个相对的、主观的概念，日、月、年等都可以是时间点。因此时间点是法律上不可分割而不是事实上不可分割。在表述方式上，期日既可以是直接的时间点，例如，2011年5月20日、2月3日12点；也可以是间接的时间点，例如，2010年春节、某人死亡之时等。如果当事人以“月初”“月中”“月末”定其期日者，应解释为月之1日、15日和最后一天。交易中的期日应该是工作日，如果当事人所确定的期日为法定节假日或休息日的，则应该顺延至次日。

三、期间

期间指由某一期日至另一期日之间的时间段，如自1月11日到2月10日。期间为“时之动态”，是时间段，可通过开始期日和终止期日定其长短，又须存在时间单位，即秒、分、小时、日、月、年。

（一）期间的起算和终止

规定按照小时计算期间的，从规定时开始计算。规定按照日、月、年计算期间的，开始的当天不算入，从下一天开始计算。期间的最后一天是星期日或者其他法定休假日的，以休假日的次日为期间的最后一天。期间的最后一天的截止时间为24点。有业务时间的，到停止业务活动的时间截止。

《民通意见》第198条第2款规定：“期间的最后一天是星期日或者其他法定休假日，而星期日或者其他法定休假日有变通的，以实际休假日的次日为期间的最后一天。”所谓“星期日或者其他法定节假日有变通的”，是指节假日的调休。为交易便利和生活稳定，避免不必要的纠纷，除当事人另有约定外，节假日调休仅限于国务院正式公布的调休。

（二）期间的分类

1. 以产生原因为标准，期间可分为法定期间、意定期间、指定期间。法定期间是基于法律的直接规定而产生的期间，如时效、除斥期间。意定期间是由当事人在合同中约定或在单方法律行为中确定的期间，如合同债务的履行期间。指定期间是由法官或仲裁机关等有权机构指定而产生的期间。法定期间属于强行法，不能为当事人变更、预先放弃。例如，《民法总则》第197条规定：“诉讼时效的期间、计算方法以及中止、中断的事由由法律规定，当事人约定无效。当事人对诉讼时效利益的预先放弃无效。”2016年7月5日全国人大发布的《关于〈中华人民共和国民法总则（草案）〉的说明》指出，诉讼时效“制度有利于促使权利人及时行使权利，维护交易秩序和安全”，“诉讼时效制度关系法律秩序的清晰稳定，权利人和义务人不可以自行约定”。①

2. 以是否固定为标准，期间可分为固定期间、非固定期间。固定期间不存在因中止、中断、延长而连续计算。非固定期间存在中止、中断、延长的可能。

（三）期间的计算

期间有两种计算方法：自然计算法、历法计算法。

1. 自然计算法就是按照实际时间累积计算，一日为24小时，一个月为30天，一年为365天。以小时以下为单位的期间，原则上适用自然计算法。以月、年为单位的期间，如果不需要连续计算的，原则上适用自然计算法。

2. 历法计算法不是按照实际时间而是按照历法规定具体确定，“月有大小、年有平润”，一个月未必有30天，一年也未必有365天。历法有公历、农历之分，《民法总则》第200条特别强调“民法所称的期间按照公历年、月、日、小时计算”。以月、年为单位的期间，如果需要连续计算的，原则上适用历法计算法。

四、除斥期间

除斥期间是指根据法律规定或按照当事人意志确定的权利存续期间。

1. 除斥期间是权利存续期间。除斥期间届满，权利人享有的实体权利就消灭（《民法总则》第199条）。

2. 除斥期间主要适用于形成权，如追认权、撤销权、解除权等。这并不意味着每一种形成权都存在除斥期间，例如，共有或遗产分割请求权可以随时提出而不受除斥期间的限制。除斥期间也可以适用于形成权之外的权利，如建设用地使用权的存续期间、保证期间、提存物领取期间、遗失物所有人请求遗失物受让人返还原物的2年期间、占有返还请求权等。

3. 除斥期间可分为法定除斥期间和意定除斥期间。前者由法律直接规定，后者按照当事人的意志确定。《合同法》第95条规定：“法律规定或者当事人约定解除权行使期限，期限届满当事人不行使的，该权利消灭。法律没有规定或者当事人没有约定解除权行使期限，经对方催告后在合理期限内不行使的，该权利消灭。”按照这一规定，合同解除权可以是法定除斥期间，也可以是意定除斥期间，在法律没有规定且当事人未约定期限时由对方催告确定合理期间。此外，如果既无法定除斥期间又无约定除斥期间，有的法院倾向于采用类推适用等方法予以确定。

① 《诉讼时效解释》第2条规定：“当事人违反法律规定，约定延长或者缩短诉讼时效期间、预先放弃诉讼时效利益的，人民法院不予认可。”上述司法解释和《民法总则》的措辞有所不同。比较而言，《民法总则》更进一步强调了诉讼时效的强行性。关于法定期间的强行性，理论上有不同见解。王泽鉴教授认为，消灭时效的规定是半强制性规定。因为时效的减轻是被允许的，也就是可以缩短时效期间长度。梁慧星教授认为，一味强调时效的强行性，可能产生妨碍交易效力的结果，在商事交易中尤其如此。新近的法律文件有放松时效强行性规定而赋予当事人变更权的趋势，如《国际商事合同通则》（PICC，2004年新版）和《欧洲合同法通则》都有当事人可以变更时效期间的规定。但较为谨慎的态度是设置当事人变更权的限度。同时，基于保护消费者的需要，即便承认当事人的变更权，也应仅限于商事合同的场合，消费者合同仍然不能适用。

［案例 12-1-1］甲租用乙房屋一间，租期为 2001 年 1 月 30 日至 2003 年 7 月 30 日。2002 年 2 月 1 日，因乙公司欠丙银行贷款，法院依法将该房屋强制执行给丙银行。在执行过程中，法院告知甲对房屋享有优先购买权，甲未主张该权利。同年 3 月 3 日，丙银行领取了该房屋的所有权证书。3 月 4 日，丙银行与第三人签订房屋买卖协议，将该房屋出卖给第三人。3 月 7 日，丙银行将房屋过户给第三人。第三人要求甲向其交纳房租费或迁让房屋，甲当即表示异议。2003 年 6 月 6 日甲以丙银行的行为侵害其优先购买权为由，向法院起诉，请求宣布丙银行与第三人的房屋买卖关系无效。此案主要的争点是甲的优先购买权是否适用除斥期间制度。法院认为，优先购买权属形成权，依其性质应适用除斥期间的规定。在法无明文规定的情形下，应类推适用民法相关规定。由于《合同法》规定撤销权的除斥期间为 1 年。因此承租人优先购买权的除斥期间也应为 1 年。①

4. 除斥期间原则上从权利人知道或应当知道权利产生之日起开始计算。按照《民法总则》第 199 条规定，除斥期间的起算点可以由法律特别规定。而按照法律的规定，在不同情形下，除斥期间的起算点可以不同。例如，《婚姻法》第 11 条规定，因胁迫结婚的，受胁迫的一方可以向婚姻登记机关或人民法院请求撤销该婚姻。受胁迫的一方撤销婚姻的请求，应当自结婚登记之日起 1 年内提出。被非法限制人身自由的当事人请求撤销婚姻的，应当自恢复人身自由之日起 1 年内提出。依《合同法》第 75 条的规定，债权人的撤销权应该自债权人知道或者应当知道撤销事由之日起 1 年内行使。自债务人的行为发生之日起 5 年内没有行使撤销权的，该撤销权消灭。② 如果法律没有作出特别规定的，除斥期间应该自权利人知道或者应当知道权利产生之日起计算。这更有利于权利人行使权利，对权利人更加公平。

5. 除斥期间原则上是固定期间，不因任何事由而中止、中断或者延长。

五、取得时效

时效是指根据法律的规定，特定事实的持续状态持续一定期间将产生特定法律效果的制度。时效并非单纯的时间的效力，而是主体为或不为某种行为的持续状态，时间只是衡量该状态的尺度。所谓特定法律效果，是基于表见推定、顺延事实状态或者“遵从该事实状态”得出的结果③，这种结果主要包括基于占有的表见推定取得权利或基于不行使权利的表见推定消灭权利。以此为据，时效可以分为取得时效和消灭时效两种。时效制度是法律行为制度的重要补充，它建立了非依当事人意志实现权利变动的主渠道，可以实现“稳定社会秩序”“督促当事人行使权利”“避免举证难题”等目的。

取得时效指无权利人以所有人的意思和平、公然、持续地占有他人之财产从而取得该财产之所有权或其他财产权的法律制度。取得时效的构成要件为：占有他人之动产或不动产；以所

---

① 李克才：《本案优先购买权应适用除斥期间》，载 110 法律咨询网 http://www.110.com/ziliao/article-44325.html。顺便指出，依据《房屋租赁合同解释》第 24 条第 3 项的规定，出租人履行通知义务后，承租人在 15 日内未明确表示购买的，承租人的优先购买权消灭。这就弥补了《合同法》未规定优先购买权除斥期间的法律漏洞。

② 值得指出的是，本条规定的债权人的撤销权以债务人的财产处分行为的发生为前提条件，而不以为了实现财产处分结果而进行的过户登记行为作为撤销权行使的条件。参见《江苏省高级人民法院关于债权人行使撤销权的五年除斥期间应从何时起算问题的纪要》（2015 年 8 月 29 日）。

③ ［日］山本敬三：《民法讲义 1 · 总则》，解亘译，北京大学出版社 2004 年版，第 344 页。

有人的意思占有；和平、公然地占有而不是暴力和隐蔽地占有；持续占有，即不间断地占有；达到法定期间，不同的国家对该期间有不同的规定。此外，动产和不动产的取得时效也不相同。

取得时效完成后，占有他人财产之人取得相应的财产权，如果以所有的意思而占有则取得该财产的所有权；若占有以行使地上权或者地役权为目的，则取得相应的地上权或者地役权。关于取得时效可参见《物权法》相关章节，此处唯须指出，我国《物权法》《民法总则》并未规定取得时效，但有关司法批复似认可该制度。①

第二节 诉讼时效

[本节要点]

诉讼时效指权利人在法定期间内持续不行使请求权，义务人有权拒绝履行义务的法律制度。诉讼时效届满不会导致请求权消灭，但会使请求权效力大幅削减。诉讼时效的客体可分为积极客体与消极客体，前者包含债权请求权、返还原物请求权、恢复原状请求权等。后者包括支配权、抗辩权、形成权，债权请求权中的支付存款本息请求权，兑付国债、金融债券和向不特定对象发行的企业债券本息请求权，基于投资关系产生的缴付出资请求权，未授权给公民、法人经营、管理的国家财产受到侵害的请求权，绝对权请求权中的禁令性请求权，以及身份法上的身份利益请求权。在我国，一般诉讼时效为 3 年。诉讼时效存在中止、中断、延长制度。

诉讼时效具有高度的实践性格，因而经常成为诉讼争点。在立法上，《民法通则》《民通意见》初步建立了诉讼时效基本制度，最高人民法院专门发布的一系列批复解答了实践中诉讼时效疑难问题②。在此基础上，2008 年出台的《诉讼时效解释》对诉讼时效进行了专门的系统的规定。《民法总则》在诉讼时效起算、适用范围、中止、中断等方面作出了重要创新。

一、诉讼时效的概念与效果

为准确界定诉讼时效，我们必须先明确诉讼时效的法律效果。对此，比较法上有三种立法例：权利消灭主义，即时效届满将导致实体权消灭；诉权消灭主义，即时效届满将导致当事人的诉权或胜诉权消灭；抗辩权发生主义，即时效届满将使相对人获得拒绝履行的抗辩权。权利

---

① 《最高人民法院关于国营老山林场与渭昔屯林木、土地纠纷如何处理的复函》规定："广西壮族自治区高级人民法院：你院一九九二年四月十日《关于国营老山林场与渭昔屯林木、土地纠纷案的请示报告》收悉。经研究，答复如下：国营老山林场与渭昔屯讼争的渭贵沟、渭贵坡位于渭昔屯村背后约三公里处。解放前后渭昔屯村民曾在该地割草、放牧，一九六一年、一九六二年曾在该地垦荒种植农作物。一九六五年老山林场将该地纳入林场扩建规划，并从一九六七年至一九六八年雇请民工种植杉木，但未经有关部门批准将该地划归老山林场。纠纷发生后，当地人民政府将该地确权归渭昔屯所有。据此，为了保护双方当事人的合法权益，我们基本上同意你院审判委员会的意见，即：本案可视为林场借地造林，讼争的土地权属归渭昔屯所有，成材杉木林归老山林场所有，由林场给渭昔屯补偿一定的土地使用费。此案政策性较强，且矛盾容易激化，请你院主动取得区委、区政府的支持，并与有关部门联系，共同做好双方当事人的息诉工作。以上意见，供参考。"

② 参见《最高人民法院关于债务人在约定的期限届满后未履行债务而出具没有还款日期的欠款条诉讼时效期间应从何时开始计算问题的批复》（法复［1994］3 号）、《最高人民法院关于超过诉讼时效期间当事人达成的还款协议是否应当受法律保护问题的批复》（法复［1997］4 号）、《最高人民法院关于超过诉讼时效期间借款人在催款通知单上签字或者盖章的法律效力问题的批复》（法释［1999］7 号）。

消灭主义完全剥夺了主体实体权，不利于激励义务人主动履行，不符合我国社会秩序和社会道德的基本要求。依照《民法通则》第135条之规定，我国法上采取诉权消灭主义，将诉讼时效规定为当事人向人民法院请求保护民事权利的期间。这一立法模式具有下列弊端：首先，违反当事人自治原则。在诉权消灭主义中，司法机关可以主动审查诉讼时效。而在抗辩权发生主义中，如果当事人不主张抗辩权，法院就无权主动适用诉讼时效。其次，不利于保护诉权。诉权是当事人享有的基本权利，这种基本权利不能被剥夺。这种基本权利如果因诉讼时效届满而被剥夺，使当事人丧失起诉的可能，将与上述精神背道而驰，明显不利于保护当事人。最后，诉权消灭主义存在内在矛盾。诉权消灭主义一方面坚持当事人因时效届满而丧失诉权；另一方面又承认如果义务人自愿履行，权利人仍可受领给付，而因受领给付发生纠纷时，债权人又不能丧失诉权。

为此，《民法总则》第192条第1款规定："诉讼时效期间届满的，义务人可以提出不履行义务的抗辩。"《诉讼时效解释》第3条规定："当事人未提出诉讼时效抗辩，人民法院不应对诉讼时效问题进行释明及主动适用诉讼时效的规定进行裁判。"上述规定表明我国现行民法明确采纳了抗辩权发生主义，既维持了请求权的效力，吻合了基本社会道德的要求；又赋予义务人以抗辩权，以此督促权利人及时行使权利，维持基本的社会秩序。本书认为，诉讼时效（又称消灭时效）是指权利人在法定期间内持续不行使其请求权的，义务人将有权拒绝履行债务的法律制度。诉讼时效届满后会产生以下法律效果：

（一）请求权继续有效

1. 请求权人可以直接或通过法院请求相对人履行债务，法院不能以诉讼时效届满为由不予受理。

2. 如果债务人提出抗辩权，则法院不支持权利人的诉讼请求。债权因其效力存在所谓的永久性障碍，而转变为不完全债权或自然债权。

3. 义务人或第三人自愿履行债务的，请求权人有权受领，义务人不能以不当得利等为由请求返还。《民通意见》第171条规定："过了诉讼时效期间，义务人履行义务后，又以超过诉讼时效为由翻悔的，不予支持。"按照《民法总则》第192条的规定，诉讼时效期间届满的，义务人已自愿履行的，不得请求返还。

（二）义务人享有抗辩权

1. 义务人因为诉讼时效届满而享有抗辩权。义务人如果行使抗辩权、拒绝履行，则会阻止请求权目的之实现，从而在事实上限制请求权发挥作用；如不行使抗辩权，请求权仍可畅通无阻。这种动态弹性机制可以实现诉讼时效的社会效果，有效平衡双方当事人的利益。

2. 义务人可以放弃或不行使拒绝履行抗辩权。按照当事人处分原则，首先，如果义务人不主张权利，法院不得"主动适用诉讼时效的规定"（《民法总则》第193条）①，既不得依职权查明诉讼时效是否经过以主动援引，也无须向义务人释明。对此，《诉讼时效解释》第3条规定："当事人未提出诉讼时效抗辩，人民法院不应对诉讼时效问题进行释明及主动适用诉讼

---

① 最高人民法院《民诉意见》〔法发（1992）22号〕第153条规定："当事人超过诉讼时效期间起诉的，人民法院应予受理。受理后查明无中止、中断、延长事由的，判决驳回其诉讼请求。"依本条，法官可主动查明、援引诉讼时效。《诉讼时效解释》生效后，上述法条失效。

时效的规定进行裁判。”① 其次，义务人于一审中未提出时效抗辩权的，视为放弃了抗辩权。《诉讼时效解释》第4条规定：“当事人在一审期间未提出诉讼时效抗辩，在二审期间提出的，人民法院不予支持，但其基于新的证据能够证明对方当事人的请求权已过诉讼时效期间的情形除外。当事人未按照前款规定提出诉讼时效抗辩，以诉讼时效期间届满为由申请再审或者提出再审抗辩的，人民法院不予支持。”最后，义务人缺席审判意味着放弃抗辩，法院可以作出对义务人不利的缺席判决。

[案例12-2-1] 2012年6月21日，李某3、贾某为霍某、李某2担保在张某处借款3万元，为张某出具借据一张，约定月利率为20‰，借款本息至今未还。2017年4月，张某将霍某、李某2、李某3、贾某诉至法院。②

本案中，担保人李某3、贾某一、二审未出庭，亦未提供证据证明张某主张权利超过担保时效，视为其放弃抗辩权利，法官不能主动阐明并适用诉讼时效之规定，故应缺席判决李某3、贾某承担担保责任。

3. 从债务人享有主债务人的诉讼时效抗辩权。按照从随主法则，从债务的强度不能超过主债务，因此，主债务诉讼时效期间届满时，作为从债务人的保证人可以享有主债务人的诉讼时效抗辩权。如果保证人未主张诉讼时效抗辩权而履行保证义务的，可构成自身存在过错的清偿，不能向主债务人主张追偿权。

二、诉讼时效客体的范围

（一）积极范围

1. 债权请求权。《诉讼时效解释》出台前，我国法上关于诉讼时效客体的规定宽泛而又存在矛盾。例如，《民法通则》第135条规定：“向人民法院请求保护民事权利的诉讼时效期间为2年，法律另有规定的除外。”如果按照文义解释，上条的诉讼时效适用范围为一切民事权利而没有限制。但第139条又有“在诉讼时效期间的最后6个月内，因不可抗力或者其他障碍不能行使请求权的，诉讼时效中止”的规定，明确使用了“请求权”字眼。《诉讼时效解释》第1条将诉讼时效客体限定于特定的债权请求权。债权请求权可源于合同之债、无因管理之债、不当得利之债、缔约过失之债、侵权损害赔偿之债等，绝对权受到侵害后产生的侵权损害赔偿请求权也是诉讼时效的客体。

2. 返还财产请求权。物权请求权中的返还财产请求权是否适用诉讼时效？《物权法》对此问题采取了回避态度。《诉讼时效解释》第7条第2款规定：“合同被撤销，返还财产、赔偿损失请求权的诉讼时效期间从合同被撤销之日起计算。”这表明尽管合同撤销权不适用诉讼时效，但返还财产请求权仍适用诉讼时效。按照扩张解释，确认合同无效的权利等也不适用诉讼时效，无效合同中返还财产请求权则适用诉讼时效。

通常情形下，是否承认返还财产请求权适用诉讼时效与两个问题存在紧密关联：一是法律是否规定了取得时效制度。在规定取得时效制度的背景下，返还财产请求权不宜适用诉讼时

① 另外一种观点认为，2008年的《诉讼时效解释》明确否定了法院的释明义务，而《民法总则》却没有承接这一做法继续规定释明问题，这可理解为《民法总则》对司法解释相关规定的否定或存疑。

② 内蒙古自治区赤峰市中级人民法院民事判决书（2017）内04民终3952号，原文有删节。

效，以免造成原物权人因诉讼时效届满不能有效行使返还请求权，“空有物权之名而无物权之实”；同时，也可避免造成占有人不能依时效取得物权，但又事实上占有财物的尴尬局面。如果法律同时承认取得时效和诉讼时效，则可以规定物的返还请求权适用诉讼时效，但要注意两种时效的衔接。二是区分请求权的基础是否为已登记的物权。已登记的物权不适用诉讼时效，未登记的物权适用诉讼时效。[①] 这种区别对待将明显有利于维护登记制度的公信力，维持交易中当事人的信赖利益。《民法总则（草案）》一审稿至三审稿均规定，“登记的物权人请求返还财产”的，不适用诉讼时效。在草案提请第十二届全国人民代表大会第五次会议审议时，有的代表提出，目前，不少农村地区的房屋尚未办理不动产登记，为更好地保护农民的房屋产权，建议将不适用诉讼时效的范围扩大至所有不动产物权的返还请求权。原全国人大法律委员会经研究，对这一项作出修改，明确不动产物权的权利人请求返还财产不适用诉讼时效。[②]

顺便指出，为保全证据，实现财产秩序的稳定，按照《物权法》第245条的规定，占有返还请求权适用1年的除斥期间，而不适用诉讼时效。

［案例12-2-2］ 原告刘某与被告高某之女高某某同居。一日高某某外出，后原告于2009年11月3日接到高某电话，通知原告去被告家接高某某。原告借同村村民卢某某的雅奇125型两轮摩托车去被告家，结果被告将原告所骑的摩托车扣下，原告要求被告返还摩托车，被告拒不返还。2011年12月10日，原告诉至法院请求被告返还摩托车。[③]

本案中，2010年11月3日刘某即享有占有返还请求权，直至2011年12月10日请求返还占有，因除斥期间届满，占有返还请求权已经消灭，原告只能按照侵权请求权请求返还财产或者赔偿损失。

3. 恢复原状请求权。恢复原状具有多种含义：首先，作为合同无效、被撤销、被解除的法律后果的“恢复原状”。《合同法》第97条规定：“合同解除后，尚未履行的，终止履行；已经履行的，根据履行情况和合同性质，当事人可以要求恢复原状、采取其他补救措施，并有权要求赔偿损失。”这里的“恢复原状”事实上指返还原物（财产）请求权，是物权请求权，应适用返还财产请求权的诉讼时效规则。其次，作为民事责任承担方式的“恢复原状”，这一含义又有广狭义之分，广义的恢复原状指回复权利未被侵害的状态，包括了《民法通则》上的恢复原状、消除影响、恢复名誉等责任形式，其主要适用于财产损害案件，但在人格权保护领域也有实际意义。狭义的恢复原状指将损坏的财产修复，即损坏他人财产的，侵权人应当将损坏的财产修复如初。如不能修复或事实上的恢复并无可能，则只能作经济上的恢复或赔偿。作为民事责任方式的恢复原状应该适用诉讼时效。

4. 担保物权是否为诉讼时效客体？担保物权既然是物权，原则上就不应该是诉讼时效的客体。但按照“主从法则”，当主债权罹于诉讼时效时，担保物权的效力不能不在事实上发生改变。《物权法》第202条规定：“抵押权人应当在主债权诉讼时效期间行使抵押权；未行使

---

① 崔建远：《绝对权请求权抑或侵权责任方式》，载《法学》2002年第11期。

② 《第十二届全国人民代表大会法律委员会关于〈中华人民共和国民法总则（草案）〉审议结果的报告》（2017年3月12日第十二届全国人民代表大会第五次会议主席团第二次会议通过）。

③ 案例改编自河南省太康县人民法院（2010）太民初字第0654号民事判决书。

的，人民法院不予保护。”在物权法起草过程中，比较一致的意见是应当规定抵押权的存续期间；但就如何规定抵押权存续期间的问题，存在不同意见。

第一种意见认为，抵押权所担保的债权的诉讼时效期间届满后，抵押权人在两年内不行使抵押权的，抵押权应当消灭。其理由是：主债权的诉讼时效期间届满后，主债权并没有消灭，而只是债权人失去了胜诉权，由于主债权的存在，其抵押权也附随存在。但如果抵押权一直存在，可能会由于抵押权人长期怠于行使抵押权，而不利于发挥抵押财产的经济效用，阻碍经济的发展。因此再给抵押权人两年的权利行使期间，两年内不行使的，抵押权消灭。最高人民法院就有关问题制定的司法解释也是这样规定的。这种观点的不足是：在抵押人为第三人的情况下，抵押人在这两年期间内承担了担保责任后，应当有权向债务人追偿。但由于主债权已过诉讼时效，债务人对抵押权人清偿债务的请求享有抗辩权，这种抗辩权能否对抗抵押人的追偿权？如果不能对抗，诉讼时效对债务人来说就失去了意义，债务人实际上还要履行债务；如果能够对抗，抵押人的追偿权就无法得到保障。

第二种意见认为，担保物权因其担保的主债权履行期间届满后 4 年内不行使而消灭。其理由是：将抵押权的存续期间与主债权的诉讼时效挂钩，由于诉讼时效有中止、中断的情形，可能会使担保物权长期存在，加重了抵押人的负担，也不利于法律关系的稳定和市场交易；而规定 4 年的除斥期间，可以解决这一问题。这一观点的不足是：依此设立的抵押权受制于除斥期间，该期间是一个固定期间，没有中止或者中断，而主债权的诉讼时效期间有中止或者中断，这就可能造成主债权的诉讼时效期间尚未届满而抵押权已经消灭的情形，从而使抵押权失去担保主债权履行的功能。

第三种意见认为，抵押权人应当在主债权诉讼时效期间行使抵押权，未行使的，人民法院不予保护。这种观点最终被物权立法所接纳，具备下列优势：一是符合了抵押权的从权利属性，保障物上保证人的利益，使其可以享有或行使抗辩权；主债权诉讼时效期间经过后，如果抵押人自愿履行担保义务的，抵押权人仍可以行使抵押权。二是符合比较法上的通例。

抵押权之外的其他担保物权是否也因为时效届满而不再受法律保护？一种观点认为，应当在“担保物权一般规定”一章中规定，主债权诉讼时效期间届满未行使担保物权的，担保物权消灭。这样规定可以将抵押权、质权和留置权的存续期间都包含进去。另一种观点认为，对占有型担保物权（质权、留置权），诉讼时效届满并不影响债权人依法行使担保物权。

（二）消极范围

1. 支配权、抗辩权、形成权不适用诉讼时效。名为请求权实为形成权者，也不适用诉讼时效。《物权法》第 33 条规定：“因物权的归属、内容发生争议的，利害关系人可以请求确认权利。”本条建立的确权请求权尽管被冠以“请求”的名义，但无须相对人为或不为给付，应属于形成权，不受诉讼时效的限制。同理，分割合伙财产请求权、分割家庭财产请求权、分割遗产请求权，其性质均为形成权，也不受诉讼时效的限制。

2. 债权请求权中的支付存款本息请求权，兑付国债、金融债券和向不特定对象发行的企业债券本息请求权，以及基于投资关系产生的缴付出资请求权不适用诉讼时效。这是因为支付存款本息请求权关乎公众利益，涉及基本金融信用，如适用诉讼时效，将难以保障公众生存权和金融秩序[①]；国债、金融债券和向不特定对象发行的企业债券实际上具有储蓄的性质，也关乎公共利益保护。缴付出资请求权不适用诉讼时效的规定，否则，有违公司资本充足原则，且不利于对其他足额出资的股东及公司债权人的保护。[②]《诉讼时效解释》明确对上述债权排除适用诉讼时效，而《民法总则》则未予以明确，只是在第196条第4项作了兜底性规定，承认法律可以特别规定不适用诉讼时效的其他请求权。在解释上，上述债权属于这一范畴，《诉讼时效解释》的上述规定应当继续有效。

［案例12-2-3］ 1995年8月，原告到被告的储蓄所反映其7月9日的存单面额应为2 000元，因储蓄所的工作人员疏忽少写了1 000元，要求储蓄所予以更正。储蓄所予以拒绝。2009年12月14日，原告诉至法院，要求确认1995年7月9日在被告储蓄所的存款金额为2 000元（其中原告已取1 000元），并要求被告向原告支付正常的银行利息。[③]

本案是确认之诉和支付存款本息请求之诉的合并，两项请求权都不受诉讼时效的限制。因此，诉讼中被告提出原告诉讼请求已超过诉讼时效的抗辩不能成立。

3. 绝对权请求权（包括人身权请求权、物权请求权、知识产权请求权、身份权请求权等）中的禁令性请求权（包括停止侵害、排除妨害、消除危险请求权）以侵害、妨害、危险的持续发生为前提，无法也没有必要适用诉讼时效。

4. 未授权给公民、法人经营、管理的国家财产受到侵害的，不受诉讼时效期间的限制（《民通意见》第170条）[④]。

5. 为维护基本社会伦理秩序，《民法总则》明确承认“请求支付抚养费、赡养费或者扶养费”的权利不受制于诉讼时效。因为既然财产性请求权不适用诉讼时效，按照举轻以明重原则，比其重要的身份请求权更不应适用诉讼时效。[⑤] 例如，父母请求返还子女的请求权。不过，规定于身份法上的侵权损害赔偿请求权，例如婚姻法上的损害赔偿请求权仍然适用诉讼时效。

6. 依法不适用诉讼时效的其他请求权。这是诉讼时效消极范围的兜底性规定。依此规定，《民法总则》生效后，新的立法仍可以将某类特殊请求权排除适用诉讼时效。

---

① 关于支付存款本息请求权的性质，理论上有两种观点：一是债权请求权说。该说认为货币是特殊种类物，占有即转移所有，储蓄存款合同中货币占有发生转移，所有权也发生转移，因此存款人只能享有请求支付存款本息的债权请求权。另一种观点认为，请求支付存款本息请求权为物权请求权。从社会生活常识看，存款本身并不转移货币的所有权，只是占有权转移。我国《物权法》第65条第1款规定，私人合法的储蓄、投资及其收益受法律保护。这表明储蓄不发生所有权转移。

② 宋晓明、刘竹梅、张雪楳：《〈关于审理民事案件适用诉讼时效制度若干问题的规定〉的理解与适用》，载《人民司法》2008年第21期。特别指出，《最高人民法院关于适用〈中华人民共和国公司法〉若干问题的规定（三）》第19条对此情形进行了明确肯定，规定：“公司股东未履行或者未全面履行出资义务或者抽逃出资，公司或者其他股东请求其向公司全面履行出资义务或者返还出资，被告股东以诉讼时效为由进行抗辩的，人民法院不予支持。公司债权人的债权未过诉讼时效期间，其依照本规定第十三条第二款、第十四条第二款的规定请求未履行或者未全面履行出资义务或者抽逃出资的股东承担赔偿责任，被告股东以出资义务或者返还出资义务超过诉讼时效期间为由进行抗辩的，人民法院不予支持。”

③ 柳州市柳北区人民法院（2010）北民二初字第30号民事判决书，原文有删节。

④ 《物权法》生效后，按照《最高人民法院关于废止2007年底以前发布的有关司法解释（第七批）的决定》的规定，《民通意见》第88条、第94条、第115条、第117条、第118条、第177条因与物权法有关规定冲突而被明文废止。按此规定，《民通意见》第170条因不与物权法冲突而继续有效。

⑤ 朱晓喆：《诉讼时效制度的立法评论》，载《东方法学》2016年第5期。

三、诉讼时效的起算

诉讼时效期间由法律明文规定，当事人和法院均无权变动，关键问题是如何确定诉讼时效的起算点。对此，比较法上有以请求权产生之时或以请求权可行使之时为起算点等不同的做法。我国《民法通则》第137条规定，诉讼时效期间从知道或者应当知道权利被侵害时起计算。《民法总则》第188条第2款规定："诉讼时效期间自权利人知道或者应当知道权利受到损害以及义务人之日起计算。法律另有规定的，依照其规定……"总体上是以请求权可行使之时为起算点。

（一）诉讼时效的一般起算点：知道或者应当知道权利受到损害及义务人之日

"权利受到损害"不同于"权利被侵害"，前者指权利遭受了现实损害，后者既可以指发生了现实损害，也可以指遭受了确定会发生的未来损害，以及妨害和危险。由于《民法总则》已经明确排除对停止侵害、排除妨害、消除危险适用诉讼时效，此处也没有必要为其设定时效的起算点。当然，如果妨害和危险与损害紧密关联，损害是妨害或危险的后续动作，则在证据法上，只要权利人知道或应当知道"妨害""危险"，往往也就可以进一步推定知道或应当知道"权利受到损害"。"权利受到损害"意味着相应的义务之违反。按义务形态之不同，"权利受到损害"的起算点也不同。如果相对人违反了作为义务，则诉讼时效应从不作为时开始；如果相对人违反了不作为义务，则从作为时开始。

"知道"是指权利人"了解"权利受到损害的事实。至于权利人是否意识到权利所受损害的法律性质等，则在所不问。"应当知道"是法律上的推定，指依据具体情形推定权利人了解到权利受到损害的事实。推定所依据的标准是客观标准，即社会一般成员的认知能力或水平，而不必拘泥于当事人自身是否知道权利受到侵害的事实。如果依社会一般成员的标准，权利人应当知道却因自己的过错不知道权利受侵害的事实的，诉讼时效也从应知道时起计算。义务人应当对权利人知道或应当知道权利受到损害的事实承担举证责任。由于知道和应当知道具有同等效果，而应当知道包含推定，降低了义务人的举证责任，因而常见的举证对象是"应当知道"。

从知道权利受到损害之时起计算诉讼时效，目的是督促权利人及时行使请求权。而为了行使权利，权利人知道的事项应当包括谁是"义务人"。对此，《诉讼时效解释》第8、9条分别要求：返还不当得利请求权的诉讼时效从知道对方当事人之日起计算；基于无因管理的必要管理费用、赔偿损失请求权，其诉讼时效从知道本人之日起计算；本人因不当管理行为产生的赔偿损失请求权的诉讼时效，从其知道管理人之日起计算。《民法总则》承受了上述司法解释的做法，统一规定诉讼时效都要从知道义务人之日起开始计算。

［案例12-2-4］ 2004年4月1日，河南电力建设总公司投资架设南郦220KV输电线工程，该工程由"送变公司"施工架设。2005年7月，"送变公司"在内乡县某村边的电杆上架设悬登梯子。7月13日，村民杨某之妻（精神病患者）至悬梯处沿梯上爬，坠地而亡。杨某于2006年7月7日以内乡县电业局为被告提起诉讼。后在答辩陈述中获知输电线路接受方为南阳市电业局而不是内乡县电业局，杨某遂撤回对内乡电业局的起诉，并于同月8日起诉南阳市电业局。2006年9月4日，庭审时，南阳市电业局在答辩中陈述了该线路的投资

及建设情况。基于此，杨某追加起诉电力建设总公司和“送变公司”。总公司认定杨某起诉超过诉讼时效，请求驳回其诉讼请求。杨某辩称其起诉导致诉讼时效中断。①

本案中，杨某在2006年7月7日已向法院起诉，但起诉被告有误，经过诉讼中的答辩才知道真正的侵权人，因此本案诉讼起算点不应为2005年7月13日，而是2006年9月4日。

（二）诉讼时效的具体起算点

1. 附生效条件或期限的请求权，从条件成就或期限届至时起算。

2. 债务有履行期限者，从履行期限届至时起算。

3. 当事人约定同一债务分期履行的，诉讼时效期间从最后一期履行期限届满之日起算（《诉讼时效解释》第5条、《民法总则》第189条）。

4. 未约定履行期限的合同，依照《合同法》第61、62条的规定，可以确定履行期限的，诉讼时效期间从履行期限届满之日起计算；不能确定履行期限的，诉讼时效期间从债权人要求债务人履行义务的宽限期届满之日起计算，但债务人在债权人第一次向其主张权利之时明确表示不履行义务的，诉讼时效期间从债务人明确表示不履行义务之日起计算（《诉讼时效解释》第6条）。

5. 债务不履行损害赔偿请求权从债务履行期限届满时起算。

6. 返还不当得利请求权的诉讼时效期间，从当事人一方知道或者应当知道不当得利事实及对方当事人之日起计算（《诉讼时效解释》第8条）。

7. 管理人因无因管理行为产生的给付必要管理费用、赔偿损失请求权的诉讼时效期间，从无因管理行为结束并且管理人知道或者应当知道本人之日起计算。本人因不当无因管理行为产生的赔偿损失请求权的诉讼时效期间，从其知道或者应当知道管理人及损害事实之日起计算（《诉讼时效解释》第9条）。

8. 人身损害赔偿的诉讼时效期间，伤害明显的，从受伤害之日起算；伤害当时未发现，后经检查确诊并能证明是由侵害引起的，从伤势确诊之日起算（《民通意见》第168条）。审判实务正是适用上述规定确定“潜在伤害”或“再生伤害”诉讼时效起算点的。

[案例12-2-5] 1990年3月11日下午2时许，被告刘某从广州市天河区某村某号某楼直接向楼下倾倒建筑垃圾，其中的砖块砸在路经该地的5岁原告李某的头部。刘某随即送李某去医院治疗。同月13日，X光检查诊断，李某头颅顶部颅骨凹陷性骨折。治疗半月后李某基本恢复正常，被告支付了医药费等。1993年3月24日，原告李某因突发昏迷就医，经CT检查后为“颅骨骨折后未排除外伤癫痫”。1993年5月，李某向法院提起诉讼，称其被刘某砸伤后，因未痊愈而常头痛、昏倒，要求被告一次性赔偿2万元。一、二审法院审理后认为：原告被伤害的时间为1990年3月11日，当时原、被告双方已自行解决医药费的赔偿问题。现时过3年，原告再次要求被告赔偿其医药费，其权利主张已逾法律规定的时效，故支持被告的诉讼时效抗辩。再审认为李某提起诉讼的时间为1993年5月17日，当时癫痫病症状已出现，但尚未确诊。由于外伤性癫痫病是在伤后才开始出现的，且外伤癫痫发病与外

① 河南省南阳市民事判决书（2006）南民二终字第432号，原文有删节。

伤伤害有一段时间，原审未查明发病原因及是否确诊，即以超过诉讼时效期间为由驳回其诉讼请求不当，应予纠正。

9. 不良债权转让合同被认定无效后，相关不良债权的诉讼时效自金融不良债权转让合同被认定无效之日起重新计算（《不良债权座谈纪要》第7条）。

10. 无民事行为能力人或者限制民事行为能力人对其法定代理人的请求权的诉讼时效期间，自该法定代理终止之日起计算（《民法总则》第190条）。

11. 未成年人遭受性侵害的损害赔偿请求权的诉讼时效期间，自受害人年满18周岁之日起计算。因为在此情形中，有的监护人或其他家庭成员本身是性侵害行为人；更多时候，监护人从未成年人隐私、成长等现实考量，而不主张请求权，从而会导致诉讼时效届满，待未成年人成年后决定主张损害赔偿请求权时，法院不会给予支持。基于此，比较法上往往承认未成年人遭受性侵害的损害赔偿请求权诉讼时效自受害人成年之时计算，《民法总则》第191条吸收了比较法通例，其做法是完全合理的。①

四、诉讼时效的类型

（一）普通诉讼时效

所谓普通诉讼时效，是指除法律另有特别规定外，向人民法院请求保护民事权利均应适用的诉讼时效期间。与域外立法相比，《民法通则》将普通诉讼时效期间设定为2年，明显较短。《民法总则》将“一般诉讼时效期间延长为3年，以适应社会生活中新的情况不断出现，交易方式与类型不断创新，权利义务关系更趋复杂的现实情况与司法实践，有利于建设诚信社会，更好地保护债权人合法权益”。② 从立法目的看，普通诉讼时效延长为3年的做法应具有普遍效力，《民法总则》之后的民事立法必须遵照执行，《民法总则》之前的法律也应当作相应的修改。

（二）特别诉讼时效

所谓特别诉讼时效是按照法律的特别规定，期间长于或者短于普通诉讼时效期间的诉讼时效，包括短期诉讼时效和长期诉讼时效。

按照《民法通则》，我国法上的短期诉讼时效为1年，长期诉讼时效可以是3年或者4年。《民法总则》未规定1年的时效期间，在解释上应认为《民法通则》第136条所规定的适用1年时效期间的四种情形都被取消，应统一适用3年的普通时效期间。具体而言，《民法通则》第136条所规定的“延付或者拒付租金”和“寄存财物被丢失或者损毁”两种情形，与一般请求权也无本质差别，区分对待并无充分且正当的理由。关于“出售质量不合格的商品未声明的”，所涉情形部分要适用《产品质量法》第45条第1款的规定，即“因产品存在缺陷造成

① 10多年前，重庆市巫山县双龙镇的马泮艳三姐妹，因为父亲身故、母亲离家，自幼被大伯父收养。年仅12岁的马泮艳就被监护人卖为“童养媳”嫁人。此后她在8年里曾4次出逃均失败，16年间两次报警均未能立案。2016年，年仅28岁却已有一个14岁女儿的马泮艳起诉要求离婚，并希望追究“丈夫”在自己还是幼女时强奸自己的法律责任，却被派出所民警告知案件已过追诉期。参见《专家建议：儿童被性侵应规定最低赔偿额 诉讼时效应延长》，载法制网 http//www.legaldaily.com.cn/Lawyer/content/2016-06/02/content_6657362.htm，访问日期：2017年10月20日。

② 李建国：《关于〈中华人民共和国民法总则（草案）〉的说明》（2017年3月8日在第十二届全国人民代表大会第五次会议上）。

损害要求赔偿的诉讼时效期间为二年”，还有部分情形根据《最高人民法院关于购销合同标的物掺杂使假引起的诉讼如何确定诉讼时效的复函》（法函〔1992〕10号）适用普通时效期间，剩余的适用余地较小，且同样无充分且正当的理由规定特殊的时效期间。至于“身体受到伤害要求赔偿”的情形，规定特殊时效期间更不具有合理性。在价值上我们经常认为生命、身体、健康较财产更为重要，但保护财产的时效期间却较保护价值上更重要的权利的时效期间更长，明显轻重失衡；许多国家（如法国）基于权利价值重要性的考虑，对人身损害赔偿请求权规定了更长时效期间，我国至少不应规定较保护财产更短的时效期间；在立法上，有的特别法不适用所谓的短期诉讼时效，例如，依据《海商法》第258条的规定，就海上旅客运输向承运人要求赔偿的请求权，时效期间为2年。在司法实践中，基于上述正当价值判断，有法院甚至违反文义对该规定采取了限缩解释，认为仅指健康权受到侵害，不应包括生命权受到侵害，故因身体受伤害致死的情形仍适用普通时效期间。①

问题是，《民法总则》生效后，是否所有的短期诉讼时效都应作废？也不尽然。立法上利益状态千差万别，为了及时保护受害者权益，督促当事人妥善保管、谨慎收集证据，快速恢复社会秩序，法律在特殊情形下有承认短期诉讼时效的必要。

1. 下列情形适用1年短期诉讼时效：

（1）因食品卫生引起损害赔偿的（《食品安全法》第96条）。

（2）拍卖标的存在瑕疵未声明的（《拍卖法》第61条第1款）。

（3）就海上货物运输向承运人要求赔偿的请求权（《海商法》第257条）。

（4）正本提单持有人以承运人无正本提单交付货物为由提起的诉讼（《提单交货解释》第14条）。

（5）海上拖航合同的请求权（《海商法》第260条）。

（6）海上船舶碰撞追偿请求权（《海商法》第261条）。

（7）共同海损分摊的请求权（《海商法》第263条）。

为保证实现短期时效的特定法律目的，在请求权竞合的情形下，如果其中一个请求权适用上述短期诉讼时效，则无论当事人是否选择上述请求权，都应适用短期诉讼时效。

2. 下列情形适用4年长期诉讼时效：

（1）国际货物买卖合同（《合同法》第129条）。

（2）技术进出口合同（《合同法》第129条），一般技术合同的诉讼时效仍为2年。

3. 下列情形适用3年的长期诉讼时效：

（1）环境损害请求权（《环境保护法》第66条）。

（2）船舶油污损害请求权（《海商法》第265条）。

4. 其他：

（1）《保险法》第26条第2款规定，人寿保险金赔付请求权适用5年长期诉讼时效。

（2）《海商法》第265条规定，船舶油污损害赔偿请求权适用6年长期诉讼时效。

（三）最长诉讼时效期间

《民法总则》承受了《民法通则》第137条，于第188条第2款规定“自权利受到损害之

① 朱虎：《诉讼时效制度的现代更新——政治决断与规范技术》，载《中国高校社会科学》2017年第5期。

日起超过二十年的，人民法院不予保护”。关于本条规定的“二十年”的法律性质，理论上有不同的看法。有的认为是最长诉讼时效期间，有的认为是最长权利保护期间，有的认为是除斥期间。本书认为该期间应该是最长诉讼时效期间。与一般诉讼时效相比，其具备两个突出特点：

1. 最长诉讼时效期间的起算点是权利被侵害之时，即使权利人不知道其权利被侵害的，亦只在20年内获取法律保护。这不同于普通诉讼时效以权利人知道或应当知道权利被侵害作为适用前提。

2. 最长诉讼时效可以延长但不能中止、中断，仅从此点看，最长诉讼时效又类似于除斥期间。一般诉讼时效以请求权人知道或应该知道权利受损害时为起算点，这就导致诉讼时效起算点因案而异、裁判不统一等状况。尽管我国诉讼时效期间较短，但考虑到诉讼时效的起算点不易确定，加上时效中止、中断等情形，导致诉讼拖延、长期不能结案的情形屡有发生，这并不利于社会关系的稳定。因而，用最长诉讼时效予以限制，不顾及权利人是否知情，也不允许时效中止、中断，是必要且可行的。当然，如果采取20年最长诉讼时效仍然不足以实现公平正义，则可以由法院根据实际情况予以延长。

五、诉讼时效的中止

（一）诉讼时效中止的概念

诉讼时效中止又称诉讼时效不完成，指在诉讼时效期间进行的最后6个月内，因不可抗力或其他障碍致使权利人不能行使请求权的，诉讼时效暂时停止计算，自中止时效的原因消除之日起满6个月，诉讼时效期间届满（《民法总则》第194条、《民法通则》第139条）。

尽管客观事由发生在诉讼时效最后的6个月之前，如果该事由持续到最后6个月，那么依然可以构成诉讼时效中止，只不过应该从最后6个月开始中止。

（二）诉讼时效中止的原因

1. 因不可抗力导致无法行使权利。

2. 权利被侵害的无民事行为能力人、限制民事行为能力人没有法定代理人，或者法定代理人死亡、丧失代理权、丧失行为能力。

3. 继承开始后未确定继承人或者遗产管理人。

4. 权利人因被义务人或者其他人控制而无法主张权利。

5. 义务人下落不明导致权利人不能主张权利。

6. 其他导致权利人不能行使请求权的障碍。

值得强调的是，《民法总则》将诉讼时效中止的原因由原来的“导致权利人不能主张权利的客观情形”改为“导致权利人不能行使请求权的障碍”，其包容性更强，而不限于“客观情形”[①]，还可以包括以下情形：交通事故受害人因司法鉴定机构鉴定为一级伤残，不能行使请求权；权利人在服刑期间，人身自由受到限制，无法正常行使诉讼权利等。

（三）诉讼时效中止的效果

诉讼时效中止的，诉讼时效暂时停止计算，自中止时效的原因消除之日起满6个月，诉讼

① 朱晓喆：《诉讼时效制度的价值基础与规范表达——〈民法总则〉第九章评释》，载《中外法学》2017年第3期。

时效期间届满。

六、诉讼时效的中断

（一）概念

诉讼时效中断是指在诉讼时效进行的过程中出现了与权利人不行使权利相反的事由，已经经过的诉讼时效归于无效，待该事由结束、有关程序终结时，诉讼时效重新开始计算（《民法总则》第195条）。

（二）诉讼时效中断的事由

诉讼时效中断的事由是与权利人不行使权利相反的事实。这种相反的事实主要指当事人一方提出要求和义务人同意履行义务。

1. 权利人提出要求。所谓提出要求，就是权利人不通过公权力机关而请求义务人履行义务。具体而言，包括以下情形：

（1）当事人一方直接向对方当事人送交主张权利文书，对方当事人在文书上签字、盖章，或者虽未签字、盖章但能够以其他方式证明该文书到达对方当事人的。对方当事人为法人或者其他组织的，签收人可以是其法定代表人、主要负责人、负责收发信件的部门或者被授权主体；对方当事人为自然人的，签收人可以是自然人本人、同住的具有完全行为能力的亲属或者被授权主体（《诉讼时效解释》第10条）。

（2）当事人一方以发送信件或者数据电文方式主张权利，信件或者数据电文到达或者应当到达对方当事人的（《诉讼时效解释》第10条）。

（3）当事人一方为金融机构，依照法律规定或者当事人约定从对方当事人账户中扣收欠款本息的（《诉讼时效解释》第10条）。

（4）当事人一方下落不明，对方当事人在国家级或者下落不明的当事人一方住所地的省级有影响的媒体上刊登具有主张权利内容的公告的。但法律和司法解释另有特别规定的，适用其规定（《诉讼时效解释》第10条）。

（5）国有银行或者金融资产管理公司在全国或省级有影响的报纸上发布有催收内容的债权转让通知或公告的，该公告或通知之日应为诉讼时效的实际中断日，新的诉讼时效应自此起算（《不良债权座谈纪要》第11条）。

2. 义务人同意履行义务。所谓同意履行义务，按字面解释是指义务人以明示或默示方式允诺履行义务。事实上，履行义务并不需要以同意为前提，先“同意”再“履行”义务的制度设计反而会使债的履行制度复杂化。因此，这里的“同意履行义务”解释为比较法上的“承认”更为恰当。承认是义务人承认权利人的权利，属于观念通知，是对事实的判断或接受。承认不以明示为限，义务人作出分期履行、部分履行、提供担保、请求延期履行、制定清偿债务计划等承诺或者行为的，均属于“同意履行义务”（《诉讼时效解释》第16条）。

3. 诉讼。所谓诉讼，既包括当事人在人民法院发起的诉讼，也包括其他与诉讼具有同一效力的行为。这包括：

（1）申请仲裁。

（2）申请支付令。

（3）申请破产、申报破产债权。

（4）为主张权利而申请宣告义务人失踪或死亡。

（5）申请诉前财产保全、诉前临时禁令等诉前措施。

（6）申请强制执行。

（7）申请追加当事人或者被通知参加诉讼。

（8）在诉讼中主张抵销。

（9）权利人向人民调解委员会以及其他依法有权解决相关民事纠纷的国家机关、事业单位、社会团体等社会组织提出保护权利请求。

（10）权利人向公安机关、人民检察院、人民法院报案或者控告，请求保护民事权利。

（11）其他与提起诉讼具有同等诉讼时效中断效力的事项。（《诉讼时效解释》第13、14、15条）

撤回起诉或者因起诉不合法等而被驳回起诉的，诉讼时效不中断。有关机关对报案或控告决定不立案、撤销案件、不起诉的，诉讼时效期间从权利人知道或者应当知道不立案、撤销案件或者不起诉之日起重新计算；刑事案件进入审理阶段，诉讼时效期间从刑事裁判文书生效之日起重新计算。

［案例12-2-6］ 2015年2月17日，温伟杰饮酒后驾驶轿车从陆丰市甲东镇大雷岛度假村往甲子镇方向行驶，途经甲东××路段时直行驶入可湖村路口土路，撞到正在勘查另一起交通事故现场的民警林福源、张伟新、陈木文及另一起交通事故当事人许应俊，造成林福源、张伟新、陈木文、许应俊受伤，林福源经送医院抢救无效死亡。经陆丰市公安局交通警察大队认定，温伟杰负事故全部责任。肇事车辆乘坐人员许怀晓等7人。公安交警部门确认，许怀晓、陈敏弟、陈佐衔在笔录上供述事故前与温伟杰共同饮酒。一审法院于2015年9月6日作出（2015）汕陆法刑初字第165号刑事判决，判决温伟杰有期徒刑2年3个月。2015年9月14日作出（2015）汕陆法民一初字第148号民事判决，判决温伟杰赔偿林梅等5人851 470.10元，林梅等5人于2016年11月23日向一审法院起诉。[①] 本案中，林梅等5人在诉讼时效期间内向一审法院起诉，要求温伟杰承担赔偿责任。一审法院于2015年9月14日作出判决后，林梅等5人依法申请了强制执行，该案进入强制执行程序，直到2017年11月17日一审法院裁定终结执行程序。

根据《诉讼时效解释》第12条、第13条、第17条，林梅等5人提起诉讼及后续参与诉讼审理、申请主动执行及后续参与强制执行的活动均应视为其作为权利人持续主张和实现自身权利的过程，均可发生诉讼时效中断的效力，且中断效力及于其他连带赔偿义务人许怀晓等7人。因此，林梅等5人于2016年11月23日起诉许怀晓等7人时，并未超出诉讼时效期间。

（三）诉讼时效中断的后果

中断后，诉讼时效期间重新计算。重新起算的时点有两种情形：一是不涉及司法程序的“提出履行请求”和“同意履行义务”自发生中断事由时，重新起算时效期间；二是涉及起诉

① 广东省汕尾市中级人民法院民事判决书（2018）粤15民终17号，原文有删节。

等司法程序者，须“有关程序终结时”重新起算时效期间。[①]

诉讼时效中断可以数次发生，但要受到20年最长诉讼时效的限制。

1. 权利人对同一债权中的部分债权主张权利，诉讼时效中断的效力及于剩余债权，但权利人明确表示放弃剩余债权的情形除外（《诉讼时效解释》第11条）。

2. 当事人一方向人民法院提交起诉状或者口头起诉的，诉讼时效从提交起诉状或者口头起诉之日起中断（《诉讼时效解释》第12条）。

3. 对于连带债权人中的一人发生诉讼时效中断效力的事由，应当认定对其他连带债权人也发生诉讼时效中断的效力。对于连带债务人中的一人发生诉讼时效中断效力的事由，应当认定对其他连带债务人也发生诉讼时效中断的效力（《诉讼时效解释》第17条）。

4. 债权人提起代位权诉讼的，应当认定对债权人的债权和债务人的债权均发生诉讼时效中断的效力（《诉讼时效解释》第18条）。

5. 债权转让的，应当认定诉讼时效从债权转让通知到达债务人之日起中断。债务承担情形下，构成原债务人对债务承认的，应当认定诉讼时效从债务承担意思表示到达债权人之日起中断（《诉讼时效解释》第19条）。

七、诉讼时效的延长

诉讼时效的延长指在诉讼时效期间届满以后，权利人因特殊情况向人民法院提出请求的，人民法院可以把时效期间予以延长。诉讼时效的延长适用20年最长诉讼时效制度。短期诉讼时效和长期诉讼时效存在时效的中止和中断，无须再延长时效。何为“特殊情况”？依《民通意见》第169条的规定，“特殊情况”是指权利人由于客观的障碍在法定诉讼时效期间不能行使请求权的情形。延长诉讼时效期间的决定权归法官，法官须慎重行使这项权利。

延伸思考

1. 保证期间是不是除斥期间？为什么？

2.《物权法》为什么未规定取得时效制度？这一制度缺失会给物权秩序带来何种影响？

3.《产品质量法》第45条规定：“因产品存在缺陷造成损害要求赔偿的诉讼时效期间为二年，自当事人知道或者应当知道其权益受到损害时起计算。因产品存在缺陷造成损害要求赔偿的请求权，在造成损害的缺陷产品交付最初消费者满十年丧失；但是，尚未超过明示的安全使用期的除外。”本条第2款规定的“十年”是否为最长诉讼时效？

法条链接

《民法通则》第154条；《民通意见》第198条；《合同法》第55条、第75条、第192条；《房屋租赁合同解释》第23条、第24条；《诉讼时效解释》全文；《民法总则》第九章。

① 朱晓喆：《诉讼时效制度的价值基础与规范表达——〈民法总则〉第九章评释》，载《中外法学》2017年第3期。

扩展阅读

1. 王泽鉴:《民法总则》, 中国政法大学出版社 2001 年版。

2. 龙卫球:《民法总论》, 中国法制出版社 2002 年版。

3. 郭明瑞:《诉讼时效的效力问题》, 载《法学》2008 年第 9 期。

4. 邹海林:《论保证责任期间——我国司法实务和立法的不同立场》, 载梁慧星主编:《民商法论丛》(第 14 卷), 法律出版社 2000 年版。

5. 李明发:《论法定保证期间的法律性质相关问题》, 载《法学》1998 年第 1 期。

6. 耿林:《论除斥期间》, 载《中外法学》2016 年第 3 期。

7. 梁慧星:《民法总论》, 法律出版社 2008 年版。

8. 王利明:《民法总则研究》, 中国人民大学出版社 2003 年版。

9. 宋晓明、刘竹梅、张雪楳:《〈关于审理民事案件适用诉讼时效制度若干问题的规定〉的理解与适用》, 载《人民司法》2008 年第 21 期。

10. 朱晓喆:《诉讼时效制度的价值基础与规范表达——〈民法总则〉第九章评释》, 载《中外法学》2017 年第 3 期。

11. 朱虎:《诉讼时效制度的现代更新——政治决断与规范技术》, 载《中国高校社会科学》2017 年第 5 期。